NHK BOOKS
1248

維新史再考
公議・王政から集権・脱身分化へ

mitani hiroshi
三谷 博

NHK出版

まえがき

明治維新について、我々は何ほどを知っているだろうか。西洋への開国、尊王攘夷運動、王政復古、戊辰《ぼしん》内乱、廃藩置県、文明開化、殖産興業、西南内乱、これらの事件や企図の連なりであったというのが大方の見方であろう。また、それを主導したのは薩・長であり、彼らが徳川幕府を打倒し、これに会津や東北諸藩が抵抗したという図式による理解も常識のようである。

しかし、明治維新はそれだけだったのであろうか。近世の支配身分だった武士がいなくなった。これは維新を世界の諸革命と比べて論ずる根拠となる重要な事実だが、それは右の理解に含まれているだろうか。また、統治身分の解体は一般には容易にはなしえぬことで、多大な犠牲を伴うはずであるが、維新での政治的死者はおよそ三万人であり、これは先行するフランス革命と比べると、二桁少なかった。これらの著しい特徴は、右のような図式で理解可能だろうか。

本書は、今まで等閑《とうかん》に付されてきた、このような維新の特徴を理解するために執筆された。筆者は従来、これを他の近代革命と比較可能とするため、普遍的な言葉や経験則を用いたり、作ったりしながら説明しようと試みてきた。しかし、ここでは、維新の過程で生じた政治的諸事件を丹念に記述するという、古来の方法に立ち戻ってやり直してみたい。

新たな酒を古い革袋に盛るには、新たな方法が必要である。そこで、ここでは、伝統的な主体中心の記述をやめ、課題の認識とその解決の模索というモデルを使った。維新というと、とかく活躍した特定の藩や個人、そして彼らの敵役に注目しがちである。しかし、この選択は実は後世になされ、定着したものである。具体的には、およそ明治の末期から形成されて、文部省『維新史』全五巻（一九三九―四二年）で集大成された。それは政治的には対極の立場にあった戦後の維新史学にも継承されている。いまでも多くの人はこれらで設定された枠組みに囚われているように見える。世襲身分制の解体と犠牲の少なさという基本的事実が忘れられがちなのは、そのせいに違いない。

本書では、十九世紀半ばの日本人が気づいた問題状況を再現した後、彼らがどのような課題を設定し、解決を模索したかを辿《たど》ってゆく。模索の中で課題が修正され、新たな課題も発見される。それに伴って政治的な提携と対抗の関係も再編成される。こうすると、変化が把握しやすくなる。とりわけ、維新のように、個々の時点での変化は微小でありながら、安政五年政変から西南内乱まで二十年の間には巨大な変化が生じていたというタイプの変革を理解するには都合が良い。また、この視角を採用すると、政界に登場した様々の主体を公平に評価できるようにもなる。

一八五八（安政五）年、アメリカとの修好通商条約の締結と将軍の養嗣子《ようしし》選定の問題が複合して近世未曽有《みぞう》の政変が勃発し、それを機に近世の政治体制が大崩壊を始めた。その時、認識された政治課題を集約する象徴は、「公議」「公論」、および「王政」であった。幕末十年の政治動乱はこの二点を軸に展開したのである。それが、二つの王政復古案に集約され、徳川支配を全面否定する方が勝利したときには、次の課題が発見されていた。集権化と脱身分化である。近世の日本は二人の君主と二百数十の小国家群からなる双頭・連邦の政治体制を持っていたが、これを天皇のもとに単一の国家に変える。これが集権化である。また、政府の構成員は生まれを問わずに採用し、皇族・大名・公家四百家あまり以外は、被差別民も含め、平等な権利を持つ身分に変える。これが脱身分化である。新政府は成立の三年半後には廃藩や身分解放令によってその枠組みを作った。極めて急進的な施策である。

後者が社会で実現するまでには多大の年月を要したが、廃藩も実は円滑に進んだわけではない。戊辰内乱が発生し、それに勝利した長州・薩摩・土佐の兵士たちが東京の政府を奪いとることを夢見始めた。政府は弥縫《びほう》に努め、それに失敗した結果、西南内乱が発生したが、その結果、反政府運動は武器を放棄し、言論のみに頼るようになった。その後、現在に至るまでの日本では、国内に関する限り、政治的理由で殺された死者は極めて少なく、一千人に満たない。本書の末尾では、幕末に同時に登場した言論と暴力がいかにして袂《たもと》を分かったかという問題も取り上げる。

本書では、「公議」「公論」という語をキイワードとして重視する。これは五箇条誓文《ごかじょうせいもん》第一条の「広く会議を興《おこ》し、万機《ばんき》公論に決すべし」によって有名であるが、起源は幕末の安政五年政変まで遡《さかのぼ》る。この年、越前福井藩主松平慶永《まつだいらよしなが》は、将軍の養嗣子に一橋慶喜《ひとつばしよしのぶ》を採用するよう大老井伊直弼《いいなおすけ》に進言したとき、一橋推戴《すいたい》は「天下の公論」だと述べた。「公論」「公議」は「輿《よ》議《ぎ》公論」とか

「公議輿論《よろん》」と、「輿論」と組み合わせて用いられることもあり、世の多数意見と普遍的に妥当すべき正論という二つの意味を持っていたが、いずれの面が優位に立つかは時により異なった。また、広く言えば、政府外からの政治参加を主張する語なので、本書では、人材の登用や政権への直接参加を求める主張もここに含めることとする。政治スローガンは曖昧なのが普通で、それゆえに世の支持を広く集めるが、「公議」「公論」は政治参加を肯定し、専制を批判する言葉という意味では一貫して用いられた。幕末に発見されたこの課題は、明治の立憲君主制を経て、今日のリベラル・デモクラシーに繫《つな》がっている。その起源についてじっくり読み、考えていただければ幸いである。

本書はまた、維新のグローバル・コンテクストを重視した。序章と終章で、維新の世界的背景と維新から世界へのインパクトを概観している。この面は維新の理解に不可欠なので、ぜひ注意していただきたい。ただし、本書は予想外に大部なものとなった。手っ取り早く維新の内実を知りたいという向きもあるかもしれない。それには、まず第九―十一章から入る手もあるだろう。

明治維新は自明の歴史ではない。また、日本人のためのみのものでもない。本書が維新を見直し、考えるきっかけとなるならば、幸いである。

二〇一七年十一月

三谷　博

目次

まえがき　3

序章　明治維新の前提
——グローバル化の第四波　17
一　グローバル化の第一波——人類の移住　18
二　第二波——リレー式交易と軍事遠征　19
三　第三・第四波——西洋起源の地球一体化　23
四　十九世紀半ばの交通革命と太平洋世界　25

第一章　近世東アジアの世界秩序　29
一　東アジアの世界秩序像　30
二　近世日本の世界秩序像　38

第二章　近世日本の双頭・連邦国家　49
一　大名の「国家」　51
二　中心1――「公儀」　58
三　中心2――「禁裏」　63

第三章　近世日本の社会
――構造・動態と社会結合の変化　71
一　「地下」の社会――本籍による身分　73

二　身分の動態――職能による身分　75
三　「地下」から「国民」へ　80
四　知的ネットワークの形成――身分と地域を超えて　83

第四章　十九世紀前半の国際環境と対外論の蓄積　87
一　東アジア国際環境の変化　88
二　鎖国政策へのコミットメント　92
三　知識人の世界認識　96

第五章　幕末：対外政策の変転　105
一　アヘン戦争と鎖国維持の模索　106
二　公儀の政策転換――限定的開国から積極的開国へ　114

三　国内の抵抗と外交　118

第六章　幕末：政治秩序の崩壊　127
一　外圧への技術的対応と政治的歪みの蓄積（一八五三―五八）　128
二　安政五年の政変（一八五八）　135
三　どんな悲劇だったのか　157

第七章　幕末：公議・尊攘・強兵の運動　161
一　公武和解の試み、および幕府の強兵改革と大大名の公議運動の交錯　165
二　尊攘運動の政局支配　176

第八章　幕末：秩序再建の模索
――「公武合体」体制の成立と武力衝突の出現　195
一　「名賢侯」の上洛と「政体一新」　198
二　「公武合体」体制と外部勢力　206
三　長州の京都進撃と朝敵化　213
四　「合体」と「公議」のせめぎ合い（一）
――第一次長州征討をめぐる掛け引き　218
五　「合体」と「公議」のせめぎ合い（二）
――長州の「待敵」体制、条約勅許問題　225
六　長州最終処分案と薩・長接近　230
第九章　維新：「王政」・「公議」政体へ（一）
――その最初の試みから最後の大名会議まで　237
一　長州戦争――「御威光」の失墜　238

二　「公議」政体転換の失機　241
三　最後の将軍の外交と政体一新　245
四　公議派四侯と将軍慶喜　250

第十章　維新：「王政」・「公議」政体へ（二）
——武力の動員と政策・提携関係の激変　257
一　薩摩と土佐の政策転換——武力動員と新政体構想　260
二　政権返上運動と挙兵策の相乗的展開　265

第十一章　維新：「王政」・「公議」政体へ（三）
——二つの「王政復古」　275
一　徳川慶喜の政権返上　275

二　薩摩と岩倉具視――挙兵からクーデタへの転換　283
三　王政復古クーデタ――公議派親徳川大名の参加　287
四　クーデタから内戦へ――慶喜議定就任工作と徳川方の反抗　295

第十二章　明治：政体変革の三年半
――「公議」・「集権」・「脱身分」　305
一　「一新」の制度――国家基本法「政体」の意味　306
二　戊辰内乱――規模の限定性・副次効果の大きさ　317
三　地域間競争と「公議」「集権」「脱身分」　329

第十三章　明治：改革急進と武力反乱　341
一　脱身分化へ――身分解放政策　344

二　「国民」育成策――教育と徴兵　348
三　地域間統合政策――土地人民の調査と交通・通信基盤の建設　351
四　財政統合と家禄処分　356
五　留守政府クーデタと征韓論政変　362
六　西南内乱――維新動乱の終結、暴力と公論の分岐　371

終章　明治維新と人類の「近代」　387

一　グローバルな交通・通信網への包摂　388
二　「東アジア」の誕生　391
三　人類の「近代」と日本の維新　397

参考文献　407

あとがき　423
明治維新史　主要事項年表　433
事項索引　439
人名索引　446

校閲　髙松完子

表記について

一、本文中の出典の略称は、正式名称と次のように対応する。

岩倉：『岩倉具視関係文書』／大久保日記：『大久保利通日記』／

大久保文書：『大久保利通文書』／忠義：『鹿児島県史料　忠義公史料』／

玉里：『鹿児島県史料　玉里島津家史料』／大久保伝：勝田孫弥『大久保利通伝』／

木戸伝：木戸公伝記編纂所『松菊木戸公伝』／木戸：『木戸孝允日記』／

西郷：『西郷隆盛全集』／昨夢：『昨夢紀事』／佐々木：『保古飛呂比』／

慶喜公伝：渋沢栄一『徳川慶喜公伝』／続再夢：『続再夢紀事』／

丁卯：（『再夢紀事・丁卯日記』のうち）「丁卯日記」／

伊達日記：『伊達宗城在京日記』／谷干城：『谷干城遺稿』／

寺村：「寺村左膳手記」／橋本：『橋本景岳全集』／

法令全書：『明治年間法令全書』／春嶽書簡：『松平春嶽未公開書簡集』

なお略称のあとの数字は巻数を示す。

一、本文中の人名については、一部の例外を除いて、晩年まで通用した名称で統一して記述する。

例：毛利敬親　永井尚志

序章
明治維新の前提
――グローバル化の第四波

十九世紀の日本におきた明治維新は、人類史の中で何度か生じたグローバル化の波のうち第四波のなかで生じたことであった。グローバル化の第四波は十八世紀の西洋に発生し、十九世紀に加速して、現在まで続いている。それはユーラシア大陸の東海中に比較的に孤立していた日本を全世界を結ぶネットワークの中に巻き込み、激変させた。のみならず、明治維新で激変した日本は近隣の諸国とも新たな関係に入り、東アジア全体を大きく変化させていったのである。

一　グローバル化の第一波——人類の移住

いま我々はグローバル化を、地球全域を瞬時に結びつけるインターネットや金融市場、あるいは空路網によるビジネスや観光を通じて、体験している。二〇〇八年秋にアメリカ合衆国で発生した金融危機が瞬く間に世界中を巻き込んだように、我々の日常生活は身近な世界だけで完結せず、地球の裏側での動きともつながっていて、その影響を免れうる人は今の地球上にはほとんどいなくなっている。

このような人々のつながりは実は古くから存在していた。地球各地を結ぶネットワークの成長が加速したのは、技術に科学が密接に結合し、交通・通信技術が飛躍的に向上した十九世紀のことであったが、それ以前にもグローバルなつながりは存在した。何よりも、人類の移住の歴史がそれを示している。ヒトが遺伝的に現在のサルたちの祖先から枝分かれしたのは数百万年前のアフリカでの出来事だったといわれる。その後、人類は何度かにわたってアフリカを旅立ち、ユーラシア大陸に拡がった。熱帯と異なって、ユーラシアの温帯には寄生虫や病原菌が少なかったため人類は各地で繁殖しはじめた（マクニール二〇〇七）。言葉、さらに狩りの技術や衣服を発明した現生人類に至っては、狩りへの警戒心がない動物たちを追って寒帯まで進出し、当時は陸橋でつながっていたアメリカ大陸へも渡って、一万数千年前にはその南端にまで到達した。二十万年ほど前に登場した現生人類は、いまなお一つの種として存在し続けている。

現生人類にはアフリカに居たときから姿かたちや生活様式にかなりの変異が生じていたが、その差異は移住に伴って拡大した。とくに、現生人類の最大の特徴である言語はきわめて多くの種類が生まれた。いま残っているだけでも六千語あるという。その結果、バベルの塔の伝説が示すように、生物的には同じ種に属しながら、人類は言語によっていまだに分断されている。いま地球を旅しようと思えば、どんな辺鄙《へんぴ》なところでも三日もあれば行き着けるはずだが、そこに住んでいる人と会話するとなると、途端に著しい困難を覚えるだろう。出会って挨拶し、飲食を共にするまでは難しくないだろうが、相手側の意思を正確に理解するのは易しくない。複数の言葉が理解できる人、またいま事実上の世界語となっている英語を話す人は、世界人口から見ればいまだ少数派である。

二　第二波——リレー式交易と軍事遠征

このように最初のグローバル化、人類の移住は、生物学的な同一性は維持させたものの、世界各地に散在する人々を結びつける力は弱かった。人類史の時間はほとんどこのような条件下で過ぎたのである。しかし、人類はそのような環境にあっても、リレー式のつながりは持っていた。狩猟・採集を生業として移動する人々も、定住して農耕や遊牧に従事する人々も、交易をした。食糧や道具を完全に自給自足できる人々は多くない。日本の縄文時代の遺跡には、かなりの遠隔地に産出する黒曜石《こくようせき》で作られた石器がしばしば発見される（堤二〇〇四）。このようなモノの交換はときに技術の伝播《でんぱ》を伴い、さらに特定のモノが多様なモノと交換されうる媒体として選び出されて、貨幣となった（黒田二〇〇三）。東アジアでは布や米が貨幣として使われた代表的なモノであった。このようなモノや貨幣の交換はリレー式につながっていた。太平洋のある群島の人々は、ある貝を宝として受け渡すことによって一つの世界を作っていたが、にもかかわらず、その一方の端と他方の端に住む人々は、一生の間まず出会うことがないのが普通であった（マリノフスキ二〇一〇）。それぞれのコミュニティが孤立し、互いが互いを直接に知らなくても、交換はかなりの時差を伴いながら、それらを結びつけていたのである。交通路が発達すると、シルクロードのように、ユーラシア大陸の端と端すら結びつけるようになった。

しかし、交換されたのは良いものばかりではなかった。人と人が出会うと病気もうつる。感染症もまたグローバルな現象であった。現在のインフルエンザはその代表例であるが、過去の世界でも天然痘、ペスト、チフス、梅毒、結核、コレラ、マラリアなどが、世界各地の人々を悩ませてきた。世界史上で有名なのは、西洋人がアメリカに現れたとき、現地の人々が天然痘に感染し、西洋人による征服や植民よりも先に人口が急減した事実である（ダイアモンド二〇〇〇）。ユーラシア大陸に生きた人々は長い時間の中で様々な感染症を経験し、それらへの免疫を持つ人々も増えていったのだが、古い時代にアメリカに移住した人々の子孫が持っていた免疫は範囲が狭かった。そのため西洋人からうつった天然痘が流行した結果、コロンブス到来後、人口は瞬時に以前の五パーセントまで激減したのである。感染症の流行は貿易の伸びに応じて増加する。十九世紀の日本も何度もコレラの流行に悩んだ（飯島二〇〇九）。公衆衛生事業の徹底のおかげでそれは明治の末には収まったが、結核は抗生物質の発見まで下火にならなかった。現在のインフルエンザがワクチン開発とウイルスの変異のイタチごっこになっているのは周知のとおりである。

リレー式のグローバル化は宗教の流布《るふ》にも見られる。仏教、キリスト教、イスラム教などは、多くの場合そうして拡がった。しかし、玄奘三蔵《げんじょうさんぞう》の仏典を求める旅やキリスト教イエズス会の宣教師たちの東アジア布教に見られるように、いわゆる世界宗教の場合は計画的に遠距離伝道が図られ、それが果たした役割も少なくなかった（前田二〇一〇。高橋二〇〇六）。

リレー式のグローバル化現象は古くから現在まで続いているが、時には軍事的な征服も大きな役割を果たすことがあった。今から二千三百年あまり前のギリシア世界に登場したアレクサンドロスが地中海東部を征服したのち、さらに東方に向かい、ペルシアから中央アジア、さらにインダス川流域まで足跡を印したのが、その最初の大規模な例である（森谷二〇〇七）。彼の帝国は短期間に瓦解《がかい》したが、現地民の文化に及ぼした影響は大きく、それは交易網に乗ってさらに広い地域に伝播した。ガンダーラの釈迦《しゃか》像に見られるように、仏教徒が偶像を作って崇拝することを始め、それが中国を経て日本まで伝わったのはその典型である。人類史上最大の征服は、無論、十三世紀のモンゴルによるユーラシア大陸のほぼ全域、インドと大陸西端を除くそれである（杉山二〇一〇）。この場合、モンゴル族自身の文化が拡がったわけではないが、アレクサンドロスと同じく、彼らは現地社会が支配を受け入れる限り現地の慣習を尊重した。とくに遠距離交易網を重視してそれを少数者による支配の財政と正統性の源泉としたので、大陸の東西を結ぶ文化的交流はなお盛んとなった。ただし、こうした軍事遠征と交易の活発化は先に見たように感染症の伝播を伴った。例えば、モンゴルの遠征は、元来はヒマラヤ山麓の風土病だった腺《せん》ペストをネズミやノミとともに北方に移し、十四世紀には中国の人口を激減させる一方、モンゴル高原から中央アジアの草原地帯に拡がっていった。ヨーロッパにまで到達し、「黒死病」の恐怖を引き起こしたことは有名である（マクニール前掲）。

その他のグローバルな影響を及ぼした軍事征服としては、七世紀に始まったムスリムによるユーラシア西南部・アフリカ北部での帝国の形成（小杉二〇〇六）、および交易を介したユーラシア・インド洋海域へのイスラム教の普及、そして十六世紀におけるユーラシア西端の国々によるアメリカ大陸の征服などが挙げられるだろう。

三　第三・第四波――西洋起源の地球一体化

十六世紀以来、西洋諸国は世界各地に支配を拡張してゆき、スペイン・ポルトガル・オランダ・イギリス・フランスは地球の各地に入植地と属領をもつ世界帝国を築いた。これはグローバル化の第三波と見なせるが、それは必ずしも軍事的征服が先行するものではなかった。かれらは航海術を磨きつつ地球大の交易と移民そしてキリスト教の布教を試み、それに伴ってその覇権が個別的、かつなし崩しに進行していったのである。例えば、イギリスの西インド（アメリカ）との関係が植民から領域支配に転じたのは早く十七世紀からであったが、東インド（インド以東日本まで）との関係は後々まで交易が主であった。十八世紀のイギリスでは茶の消費が急増したが、それは東インドにある中国から輸入される茶葉と、属領である西インドに設けたプランテーションで生産される砂糖とを組み合わせて進行したものであった（角山一九八〇。川北一九八三）。

グローバル化の第三波は十八世紀末から加速され、現在に至っている。これは、科学の技術への結合を基礎として展開し、「主権」「国民」「民主」といった新たな秩序範型の伝播を伴いながら、真に地球を一体化させていったので、第四の波と見なすのが適当だろう。

現生人類はその誕生以来、狩りや料理、農耕や牧畜をはじめ、言語と集団生活を頼りに多くの技術を開発・蓄積してきた。十九世紀には、それが十七世紀に発展を始めた科学と結合し、人類社会に永続的な影響を及ぼすようになったのである（村上一九八六）。この技術・科学結合のなかで、グローバル化の加速に直接に影響したのは交通・通信技術の飛躍的発展であった。十八世紀に鉱山の揚水《ようすい》に用いられ、科学を参照しながら改良が続けられていた蒸気機関は、十九世紀には鉄道と船に搭載《とうさい》され、それによって地球上の時間距離が急激に縮まり始めた。すぐあとに見るとおりである。

他方、電気の発見は、今日のインターネットのように世界を瞬時に結びつける可能性を開いた。電気は科学により初めて利用可能になったエネルギーで、十九世紀に生まれた技術・科学結合の特徴をよく示している。それは当初、エネルギーとしてよりは通信手段として注目された。電気通信は光の速さで遠隔地を結びつける。電信技術が開発されたのち、一八五〇年には英仏海峡で海底ケーブルが敷設された。さらに試行錯誤の末に一八六六年に大西洋を横断する大陸間の通信が成功すると、地球上の主要地を結ぶ電信網の形成が爆発的に始まった。ヨーロッパから中国へ、シベリア経由とインド洋経由の二つのケーブルが伸びてゆき、六年後の一八七一年には、その二つの海底ケーブルが長崎で結びつけられた（大野二〇一二。有山二〇一三）。北回りの終点ヴラジヴォストークと南回りの終点上海とが長崎への回線でつながり、そのおかげで日本は欧米との速達通信の手段を手に入れた。同年にアメリカとヨーロッパの訪問に出かけた岩倉《いわくら》使節団は、一八七三年の帰国に際しては、一部この世界電信網を使って本国と連絡を取っている。

四　十九世紀半ばの交通革命と太平洋世界

一八四八年二月、アメリカはメキシコと戦争した結果、太平洋岸のカリフォルニアを奪い取った。そこには当時、一万四千人ほどが住んでいたに過ぎなかったが、たまたま砂金が発見され、その噂が伝わると、翌四九年にはアメリカとヨーロッパから船が殺到し、一年の間に人口は十万人近くにふくれ上がった。

このゴールド・ラッシュは、アメリカ合衆国が大陸国家として発展する画期となった事件として知られているが、それ以上の意味も持った。以前から北大西洋を挟んで形成されていた貿易と移住のネットワークに太平洋岸を組み込み、さらに、それまではバラバラだった太平洋を取囲む諸地域の間にも、ネットワークを創り出すきっかけとなったのである（ホブズボーム一九八一・八二。同一九九三・九八）。カリフォルニアの人口急増は、そこで働く人々の食糧需要を喚起し、チリの穀物、メキシコのコーヒーとココア、オーストラリアのジャガイモ、中国の砂糖や米などを運ぶための交易網を太平洋上に創り出した。また、カリフォルニアは、北米東岸やヨーロッパの白人やメキシコ人の関心を引いただけではなかった。太平洋を航行する捕鯨船や商船の水夫たちには過酷な労働からの脱出の夢を与え、太平洋の彼方からは同じく貧しい中国人労働者を大量

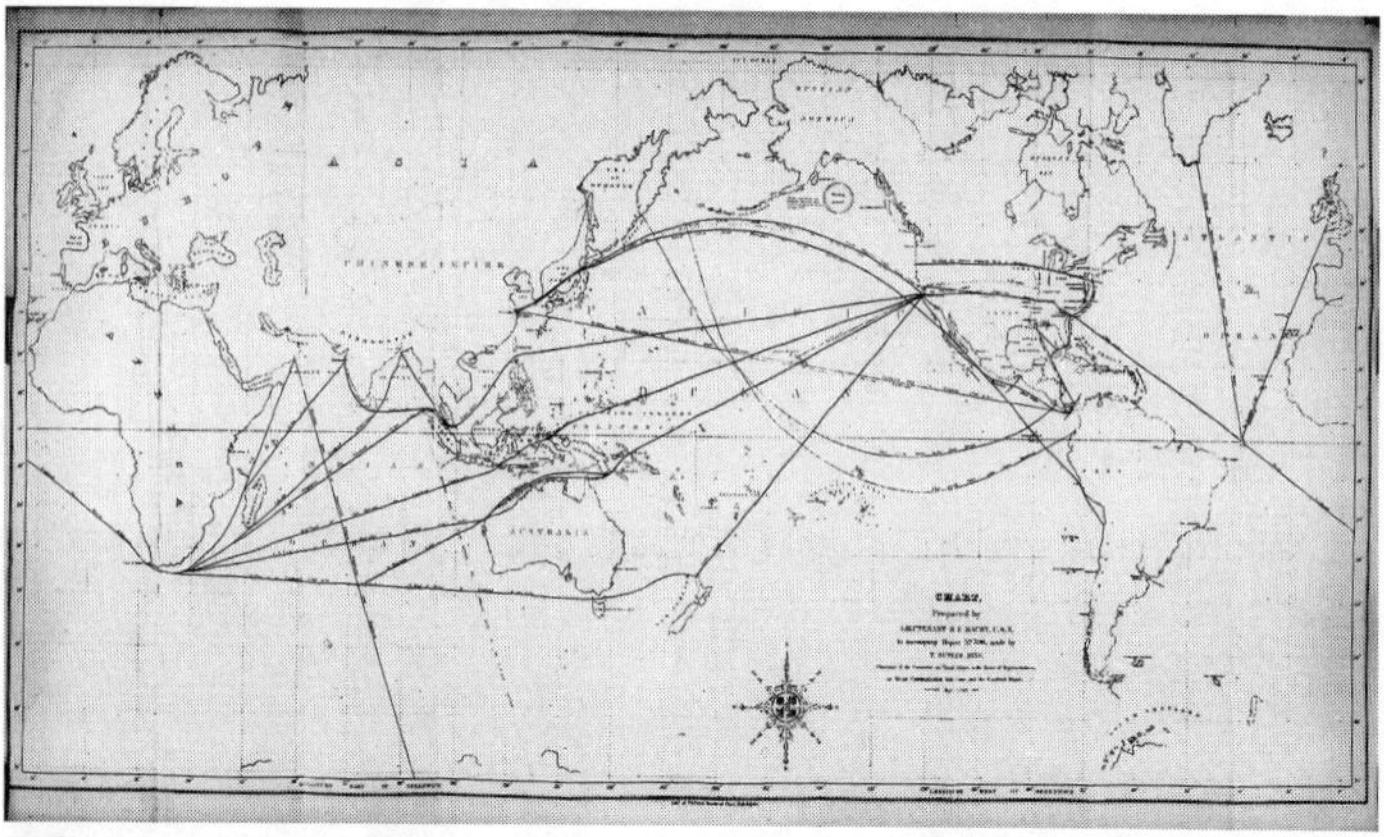

図序-1　1848年に米国議会で作られた太平洋の図と蒸気船の航路。CHART, Prepared by LIEUTENANT M. E. MAURY, U. S. N. to accompany Report No. 596, to House of Representatives, 30th Congress, First Session, May 4, 1848.

に引寄せたのである。それは、近代の太平洋地域を特徴づける華僑《かきょう》の大量移民の始まりであった。

一八五四年の日本の開国はこの事件と深い関係があった。ゴールド・ラッシュは、その直前からアメリカ政府が考えていた北太平洋横断航路の開設計画に現実的な根拠を与えたのである。この計画は、アヘン戦争の結果として西洋に開放された中国市場を目的としたもので、蒸気船を使ってニューヨークと上海の間をロンドン―広東《かんとん》間のイギリス商船より短時間で結び、価格競争でイギリスをうち負かそうというものであった。アメリカ下院の委託により海軍の専門家が作製した航路想定図には、北米西海岸から中国に至る二つのルートが描かれている。北寄りの弓なりに見えるのは大圏航路で、実は最短のルートであったが、中途に避泊に使える港がなく、気象も荒かったので、実際には南のハワイ経由のより長いルートが選択されることになった。蒸気船は大量の真水と石炭を必要とするから、商品を十分に積むためにはどうしても途中に補給港がいる。その一つとして石炭の産する日本の南部に港がほしい。それが、ペリーが日本に望んだことであった（ペリー一九九八。モリソン一九六八）。

アメリカ東海岸の港や工業都市から太平洋岸へ出るには、当初、南米の最南端、ホーン岬を回らねばならなかった。ここは気象条件が極めてきびしく、時間もかかったから、アメリカ政府はより良い交通路として北米と南米をむすぶ地峡に注目し、パナマに鉄道を建設した。日米和親条約の翌年のことである。東海岸から蒸気船でパナマへ行き、鉄道で太平洋岸に地峡を横断し、また蒸気船に乗ってカリフォルニアやオレゴンへ向かうというのがその経路であり、一八六〇年、修好通商条約の批准書交換のため太平洋を渡った日本使節は、これと逆の経路をたどって首都ワシントンに到達している。もっとも、その約十年後、一八七二年に米欧を訪れた岩倉使節団は別の経路を選んだ。サンフランシスコに上陸し、三年前に開通したばかりの大陸横断鉄道に乗って東海岸に向かったのである（久米二〇〇八）。最初のSF作家ジュール・ヴェルヌが『八十日間世界一周』を著したのはまさにこの年であったが、岩倉具視《ともみ》たちの米欧訪問もまた、東回りに同様のルートをたどり、当初の予定では十カ月半という短期間に地球を一周して帰ってくることになっていた。

以上のように、十九世紀半ばには、西洋が引き起した長期的・不可逆な変化が太平洋地域にも及んだ。それは、ユーラシア東端の海中にある国、日本に明治維新という激変を引き起こし、やがて十九世紀末から二十世紀に東アジア全体、さらに世界を変えてゆくことになる。

では、この西洋主導のグローバル化と新たな秩序原理を受け止めた側には、どんな社会があったのだろうか。まず東アジア全体の国際秩序、ついで「近世」の日本について見てゆこう。

第一章

近世東アジアの世界秩序

歴史始まって以来、東アジアでは、中華帝国を中心に世界秩序が形作られてきた。西洋が強烈な影響を及ぼし始める直前、十八世紀後半の様子を輪切りにして見ておこう。

太平洋の西岸には日本列島を含む弧状の列島が連なっている。それらと大陸の間にはやや広い海があり、そこに沿海各地を結びつける海上交易網が発達した。ただし、その北部と南部では国家のあり方がかなり異なっていた。東北には、中国・朝鮮半島・日本列島に強力な農業国家が存在して、厳格な国境管理を行っていたのに対し、南部には交易に依存する国家が多く、国境管理への関心は弱かった。そのため、東南アジアに華人（中国からの移民）が多数移住したのに対し、東北の朝鮮半島や日本列島に彼らが住み着くことはなかった。交易の面では太平洋西岸の地域はみな繋がっていたが、政治秩序の面では北と南でかなり異なっていたのである（羽田二〇一三。桃木二〇〇八）。以下では、主に東北の国々を対象に国際関係を概観しよう。

一　東アジアの世界秩序像

いま我々が東アジアと呼んでいる地域は、十九世紀に西洋が地球を一つにまとめ上げる以前においては、地球上にいくつかあった文明圏の一つ、理念上は自己完結した一つの世界であった。それは、ユーラシア大陸の東端に、今から二千年ほど前に生まれた中華帝国を中心に発達した世界であって、モンゴロイドが多数派をしめる点や漢字という表意文字を共有する点で、いまなお世界の他の地域とはっきり異なった特徴を持っている。そこには大小いくつもの国があったが、その国際関係は、政治・経済・文化のあらゆる面で卓越する一つの大帝国を「中国」とし、それと周辺の諸国家が結んだ関係の束として形づくられていた。いま、これを「中国的世界秩序」と呼んでいる。

この世界秩序は、今日の世界を支配する主権国家秩序とは、まったく別の構造を持っていた。後者が多数の主権国家の間の対等関係を基本とする多極秩序であったのに対し、中国的国際秩序は単極で、中心と周辺からなる上下の階層関係だった。清末《しん》の政治家康有為《こうゆうい》の述べた「一統垂裳《いっとうすいしょう》」（一人の皇帝の下に尊卑の秩序が定まる）という形である（図1-1）。この秩序を支配するルールは「中心」によって規定されたが、しかし、「周辺」の側はこれを受け入れつつも、「周辺」なりの別の解釈を下していた。ここでは世界秩序はいわば一枚の平面上にあるものでなく、中心からと周辺からと二つの見方が重なり合ってできていたのである。*1

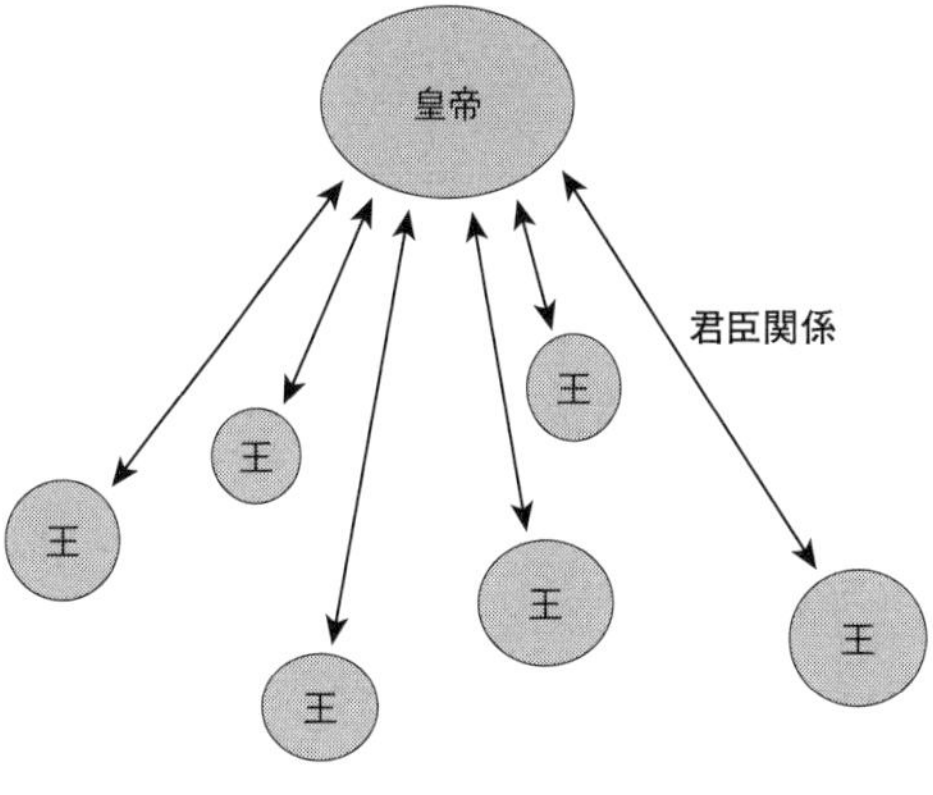

図 1-1　中国的世界秩序のモデル
康有為による「一統垂裳」のイメージ。諸国の王は皇帝の臣下となる

「中華」による世界規定

中国的世界秩序を支配した原理は「華夷《かい》」観念と呼ばれる。世界の中心に文明を築いた「天朝《てんちょう》」は、宇宙を支配する至高の存在である「天」がその「徳」を認めた君主が、地上の人類すべてに人の「道」を教える使命、すなわち「天命」を与えられ、これを統治する。人類はこの教化に浴しているか否かによって「華」と「夷」に二分される。しかし、その違いは固定的ではない。皇帝の居所、中心から遠ざかるに

つれて教化に従う人々は減少してゆくから、周辺に向かうにつれて「華」の度は減り、「夷」の度合いが増す。この世界観は、現在の主権国家と異なって一本の線で内外を峻別《しゅんべつ》するものでなく、中心から外に向かって同心円的に関係が弱くなって行く形をとっていた（岸本一九九八a。茂木一九九七）。*2

ただし、日本の近世とほぼ同時代に中国を支配した清朝は、漢民族の王朝とは異なる、やや複雑な秩序像を持っていた（杉山二〇一〇）。清朝は現在の中国の東北部に住んでいた女真族《じょしんぞく》が打ち立てた王朝で、十七世紀半ばに中国北部の中原《ちゅうげん》（文明の中心部である黄河中下流域）に入り、そこに住む漢民族も支配するに至った。それに先だって東北部を統一した頃、モンゴルの首長からチンギス・ハーン以来の「大汗《だいかん》」の称号を譲り受け、その資格でモンゴル族、西域の回族《かいぞく》（ムスリム）、南のチベット族の服属を取りつけた。種族名も自ら「満州」と改めている。マーク・マンコールはこれに着目して、清朝の支配は「大汗」として支配する西北部の半月と「皇帝」として支配する東南部の半月の二つの秩序の複合体であるとした（図1-2）。その支配は満州族を中心に他種族も組み込んだ「八旗《はっき》」という組織を核として行われたが、「東南の半月」を支配する行政組織は基本的には明《みん》朝の制度を踏襲していた。北京から外に向かって、次のように分かれている。

①地方、すなわち漢民族が多数派で、誰でも受験可能な科挙によって選ばれた皇帝直属の官を派遣して統治する省―府―県の範囲、②土司《どし》・土官《どかん》、すなわち種々の異民族が住み、その首長ら

に文官や武官の称号を与えて間接的に統治する範囲（四川・雲南などの西南部）、③冊封《さくほう》国、すなわち遠方の首長に使節の派遣を誘い、皇帝に服従の印として貢物を献上させ（朝貢《ちょうこう》）、その見返りに「王」号を与える（冊封の）範囲（朝鮮、琉球、ベトナム、ミャンマーなど）、④朝貢国、すなわち必ずしも冊封は求めないが、朝貢は許す範囲（タイなど）、⑤互市《ごし》、すなわち冊封も朝貢も求めないが、民間人による貿易は認める範囲（日本、西洋諸国など）。

　このうち、冊封と朝貢は今の外交にあたる関係であるが、あくまでも皇帝と周辺国王との間の君臣関係と見なされたので、礼部《れいぶ》という官庁が担当した。これに対し、「西北の半月」との関係は「理藩院《りはんいん》」が管轄した。満州族以外の西北の諸種族、「藩部」*3 との関係を司ったからである。

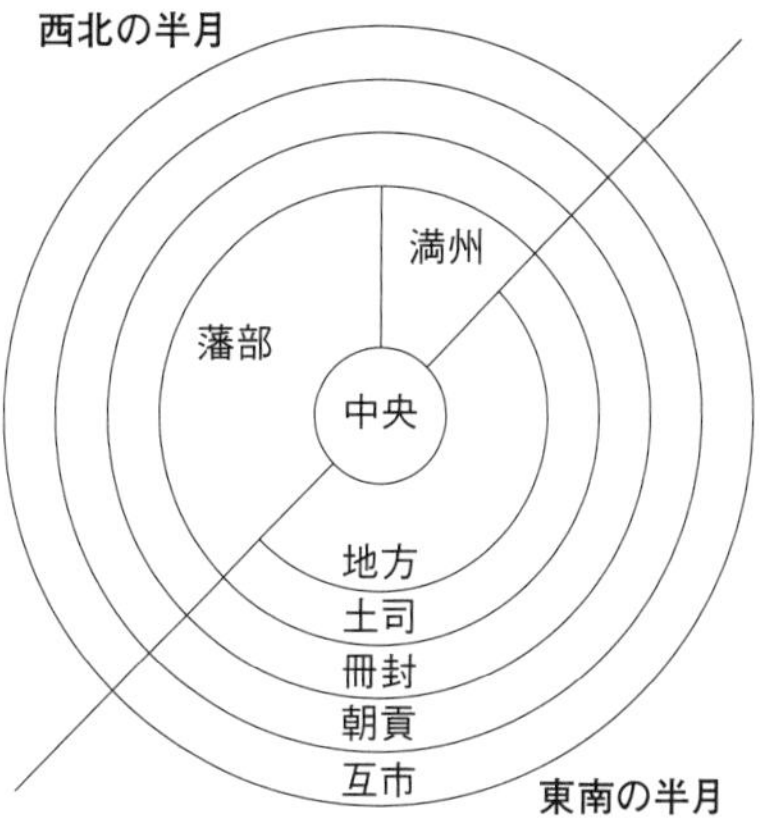

図 1-2　華夷概念のモデル

　「天朝」と周辺国の関係は華夷観念に基づいて組織されていた。周辺国の首長は、「天子」が派遣した使者の招きに応じ、「中華」の徳を慕い、使節を派遣して、臣下として服属する意を明らかにした文書（「表」と呼んだ）とともに国産の品々を献上する。これが朝貢である。皇帝はその忠誠をたたえ、文明にふさわしい上等の品々（高級な絹製品・陶磁器など）を下賜（回賜《かいし》）して帰国させる。君臣の上下関係を前提にした贈与交換のシステムである。「天朝」は、朝貢国と密接な関係を維持しようと考えた場合には、特に暦（正朔《せいさく》）を与えて「天」の秩序に組み込み、さらに文書（「冊《さく》」と呼んだ）と国王の印（国璽《こくじ》）を授けて、その首長を「王」の列に加えると宣言した。これが冊封である。冊封国は中華を「上国《じょうこく》」「宗主《そうしゅ》」と呼び、中華はこれらを「藩属《はんぞく》」と称したため、これを宗属関係と呼んでいる。この君臣関係は三跪九叩《さんききゅうこう》（皇帝の前で、三度ひざまずき、その度に額を三回地につけること）などの精緻な服属儀礼によって管理された。周辺国からするとあえて身を低くするわけだが、国家の安全、そして経済的・文化的な見返りは十分に大きかった。

ただし、近世の日本のように、民間人の交易、「互市」だけで済ませることも不可能ではなく、明朝の時代と異なって、清朝の時代には、中国と周辺国の関係は「互市」の部分がかなりの比重を占めた（岩井二〇一〇）。

この秩序は実際には柔軟に運用されたが、観念の上では上下関係を絶対視し、「天朝」は決して自らと対等な「他者」を認めなかった。「徳」による教化は「天命」を受けた皇帝が独占しているからである。反面、人間が人間である限り「道」に無縁なものはなく、したがって理論上、皇帝の徳治に従わないものはあり得ない。ここからは排斥の論理は生まれず、逆に、徳を慕ってくるものは誰でも受け入れ、しかるべき地位を与えるという包摂の論理が優位に立つ。世界は多様であるから、全世界の統治者を自認する皇帝にとって、このような論理は必須のものであった。

十九世紀に西洋が強く関与し始める以前の東アジアには、近代の国民国家における自他の峻別・他者の排斥という原理とは別の秩序観があったのである。

周辺国の世界像

一方、中華の規定する世界秩序は、そのまま周辺諸国によって受け入れられたわけではなく、受容とともに抵抗があった（三谷・李・桃木二〇一六）。この問題は十七世紀に発生した「華夷変《かいへん》態《たい》」、すなわち「夷」であったはずの満州族が北京に入って大清《だいしん》と名乗る王朝を建国し、夷狄《いてき》（夷）と漢民族の中華の地位が転倒したことによって、とくに鮮明となった。*4 中国の内部は無論、周辺諸国においても、「華」と「夷」の違いは何かという、王朝の根幹に関わる正統問題、さらに国家間の地位関係にまつわる疑念を引き起したのである。

華夷観念は、漢民族の優位と中国文明の卓越という二面を持っている。明のように両者が一致している場合は問題が起きないが、清のように異民族が統治者となった場合は、両者の間に不一致が生ずる。清は漢民族に対して元来は「夷狄」であった自らの統治を正統化するため、中華と夷狄を差別する根拠を文明の原理、普遍的な人の「道」、倫理を知っているか否かに移し替え、それを具体化した「礼」に従うか否かを判断基準とせよと主張した（岸本一九九八b）。しかし、「礼」を言うと、満州族の風俗が漢民族とかなり異なる点が問題にならざるを得ない。漢民族は

「身体髪膚《はっぷ》、之《これ》を父母に受く、敢て毀傷《きしょう》せざるは孝の始めなり」（孝経）と、髪を切らぬことを「孝」を守る基準と考えていたが、満州族は頭頂の前半を剃《そ》り、後ろの髪を編んで垂《た》らす「弁髪《べんぱつ》」を習俗とし、中原の民全員にも強制した。髪型一つをとってみても、満州族の慣習は漢民族の伝統と異質であり、少なくない抵抗を呼び起したのである。

周辺の国でも清の正統性は問題となった。夷狄の満州族が支配する国家をなぜ中華とし、敬い、仕えねばならないのか。この点でもっとも興味深いのは、朝鮮の場合である（桑野一九九六）。朝鮮は国号を明から授けられたように、元来は漢民族の中華ともっとも密接な関係を持った国であり、その立場から隣接地に住む女真族を自らより下位の夷狄と見なしていた。その夷狄に二度にわたって国土を蹂躙《じゅうりん》され、女真改め満州に宗属関係を強要されたことは、朝鮮内部に屈折した抵抗運動を呼び起こしたのである。儒者の中には清国征伐論（北伐論）を唱えるものがあったが、政府もまた、公式文書に清の年号を使いながらも、国内の祭儀には前代の明の年号を使い、十八世紀には宮中に大報壇《だいほうだん》を築き、わざわざ明皇帝の恩義を感謝し、清の正統性を否定する祭儀を行ったのである。「中華」本来の文明は明の滅亡によって中原を去り、今はこの朝鮮の地に移っている、そういう「小中華」の思想すら生まれている。朝鮮は、清に対して面従腹背の態度をとるのみならず、国内においては自らを文明の中心と見なすようになったのである。

同じ周辺国でもベトナムの場合はもっと大胆な態度をとっている。ベトナムの君主は、冊封されて「越南国王」の印璽《いんじ》をもらっていたが、国内と周辺諸国に対しては、「皇帝」「天子」と名乗り、大清を「北国」、自らを「南国」と呼んだ。中国自体に対する場合は別として、国内や近隣に対しては、中国との関係を宗属関係でなく、地理的に北にある国と南にある国の対等な「邦交」であると公言したのである。彼等はまた、近隣に対しては自身が「中華」として臨んだ。プノンペン、コンポンチャン、ヴィエンチャン、チェンマイ、ルアンプラバン、モールメン、ラングーン、マンダレー、そしてフランス、イギリス……、使節を送ってきた宮廷や国はみな朝貢している「封臣《ほうしん》」と位置づけたのである。

この事実は、ベトナムが朝鮮と同様に「小中華」と自己規定していたことを物語り、このような態度が中華帝国の周辺国家に共通の傾向であったことを示唆する。しかし、ベトナムの「小中華」を受け入れたのはベトナム自身のみであった。十九世紀初め、カンボジアの宮廷はベトナムとタイに同時に「朝貢」していた（小泉二〇一一）。この場合、ベトナムとタイの双方から二重朝貢を認められていたが、これを第三者から見ると、ベトナムとタイはカンボジアの上に立つ点で対等に見えていたはずである。このような二重朝貢システムは、次に見る琉球のように、世界的にしばしば見られる現象であり、それは大国の周辺に位置する小国家群の中に対等な国際秩序を生み出していた。

以上のように、「中華」と「周辺」のつくり出す世界像は、二重の視点の交錯からなっていた。その中で、「周辺」国は程度の差はあれ、「中華」に臣下として仕え、その関係を利用しつつ抵抗もし、さらにその世界像を再生産、複製して自らを「小中華」と位置づけた。そして、この構造はウチとソト、また相手によって言葉を使い分け、かつ相手側の解釈が自らのものと異なっていてもあえて問わないという慣習によって支えられていたのである（三谷二〇一〇。渡辺二〇一二）。

二　近世日本の世界秩序像

近世日本の世界像は、朝鮮やベトナムと同様に、中華帝国の周辺国に共通する特徴を持っていた。ただし、日本は、その中では中華帝国ともっとも疎遠な立場にあり、中国から冊封された首長は、古代における「倭《わ》の五王」や中世後期の足利将軍など、ごく僅《わず》かの例しかなかった。近世の場合は、それに加えて他にも無視できない特徴が生まれており、十九世紀における運命に深い関係を持った。以下ではまず、その外部との関係を個別に見ることから始めよう。

近世日本の国際関係

近世日本の国際関係は、かつては「鎖国」という一言で表現された。日本人の出入国禁止や外国人の渡来の制限が、キリシタンへの厳しい禁制とともに、「鎖《と》じられた国」というイメージをつくったのである。近年の学界は、これに対し、朝鮮との国交や朝鮮・琉球を介した中国との貿易、さらに蝦夷地《えぞち》における国境の曖昧さなどに着目して、「鎖国」という捉え方を批判してきた（荒野一九八八。トビ一九九〇）。それは、西洋との関係を過度に重視し、近隣の国や民との関係をおろそかにしがちだった傾向への反省でもあった。しかし、研究が進んだ今日では、あらためて、近世日本の閉鎖性に目を向けねばならない。その国際関係は、日本の他の時代や同時代の他の国々と比較すれば、つい最近までのミャンマーのように、やはり極度に閉鎖的であった。問題は、それがどのような特徴を持ち、長期的に見てどのように変化したかという点にある。

近世の国際関係は、近代のそれが中央政府によって独占されているのに対し、中央政府が地方の団体に特定の相手との外交を委任した点に特徴があった。対馬《つしま》の大名宗《そう》家と朝鮮、薩摩の大名島津家と琉球、蝦夷島南端の大名松前家と蝦夷地の住民、そして徳川公儀《こうぎ》の直轄する町長崎とその他すべての対外関係。これらは今、近世日本の「四つの口」と「異国」「異域」の関係と呼ばれている（加藤・北島・深谷一九八九）。これらの大名や町は、公儀の代理として相手との関係の維持にあたり、その報酬として貿易などの利益を与えられていた。

このうち、対馬を介した朝鮮と日本の関係は、ほぼ対等な国家間の外交と言って良いものであった（田代一九八一。鶴田二〇〇六）。近世を通じて、前後十二回、朝鮮から使節が訪れ、その際には、朝鮮国王と日本大君《たいくん》（徳川将軍）との間に、対等な書式の国書が交わされたのである。ただし、この関係は、こまかく見ると、複雑かつ不平等な関係からなるものであった。例えば、対馬の宗家は江戸の徳川将軍家に服属するだけでなく、朝鮮にも従属していた。釜山《ぷさん》に毎年何度も船を送り、そこにあった倭館《わかん》で貿易したが、正式の使節はその際、必ず廟《びょう》に詣《もう》でて朝鮮国王の位《い》牌《はい》に拝礼した。朝貢に類する儀礼を行っていたのである。江戸に屋敷を置き、大名自身が定期的に参勤したように、日本の政治秩序に深く組み込まれていたとはいえ、琉球や東南アジアの小国と同じく、宗家は二重の従属関係を持つ面もあったのである。

また、朝鮮国王と日本大君との関係を見ると、朝鮮の使節は大君の代替わりを機に日本を訪れるが、大君は答礼の使節も朝鮮国王の代替わりを祝う使節も送らなかった。人間関係の儀礼では自ら動く方が下位、それを受ける方が上位に立つ。したがって日本側はこの通信使を朝貢使節と見なしたが、朝鮮側はそのような見方はしていなかった。倭乱（豊臣秀吉の朝鮮出兵）の経験から、日本人に国内を見せないようにするため、使節の来訪を拒み、通信使はかつて侵略してきた「夷狄」の実状を偵察する絶好の機会と見なし、日本国内を「巡視」と記した旗を掲げて行進したのである。さらに、「大君」という称号は朝鮮では国王の王子つまり臣下に与える称号であった。朝鮮側はこれを以て日本より上位にあると見なしたのであるが、しかし、日本側は、「大君」の上には天皇が存在するから、「大君」と「国王」が対等な国書を交わす以上、日本は国としては朝鮮の上位にあるという解釈を行った。

このように、近世の日朝関係は、相手側が自らを蔑視していることを知りながら、互いにそれを黙認している関係、いわば等号でなく、逆向きの不等号を重ね、結果として対等性が生じている関係であった。それは二百年近く維持されたが、第四章に見るように、十八世紀の後半には双方の国内で不満が高まることになった。

次に、琉球は、清の冊封を受ける王国でありつつ、島津家の支配も受けていた。二年に一回福州に朝貢船を送る一方、徳川将軍の代替わりに慶賀使《けいがし》、琉球国王の代替わりに謝恩使《しゃおんし》を、島津家に伴われて江戸に送っている（江戸立ち）。日・清への二重朝貢、両属という姿は、形の上で対馬に共通していたが、琉球の場合は、国王自身の江戸参勤がなかった分、日本からの独立性はより高く、官僚の教養は中国文化を基礎としていた（豊見山二〇〇四。赤嶺二〇〇四）。また、日本側も、十八世紀の初めには、琉球の使臣にことさらに清国風の装いをするよう求めている。日本に含まれつつ、日本でない。日本に従属しているが、それは薩摩の意向次第である。この曖昧な地位は、幕末に西洋による琉球支配の可能性が生じた時、巧妙に利用されることとなる。

以上の二カ所は、日本の政府からは、異国との境界領域、とくに中国との情報と貿易の通路として位置づけられていた。これに対し、蝦夷地には国家がなく、樺太《からふと》や千《ち》島《しま》につながる広漠たる土地にアイヌなどの異民族が住む異域とみなされていた。公儀はその南端に大名が支配する領域を区切って松前家を置き、その北方は松前家の関係者のみが出入りし、アイヌとの関係を管理する土地とした。十九世紀における蝦夷地の役割の変化は第四章で述べる。

最後に長崎と諸外国の関係である。ここでは、中国やオランダだけでなく、その他すべての外国との関係が取り扱われた（加藤・北島・深谷前掲）。中国との関係は、近世の初期に明との国交回復が試みられたが成功せず、日本人の渡航も全面禁止されたため、中国の商人が来航するだけになった。西洋は、スペインとポルトガルのカトリック国が入港禁止とされ、結局はオランダ船のみが入港を続けた（板沢一九五九）。十八世紀末以前には異国船の来航を一般的に禁ずる制度はなく、「唐船《とうせん》」の中には、東南アジアの港から国王の書翰《しょかん》を携えて来るものもあり、公儀はそれにきちんと答礼をしていた。ただし、定期的に入港して貿易するのは、中国人とオランダ人だけになっていた。いずれも長崎の一角に居住地を与えられたが、貿易高と同様、中国商人の方が数も多く、優遇されていた。ただし、オランダの出島商館長は、中国商人と異なって、毎年江戸に出て将軍に拝礼した。中国商人より、やや政治的関係が濃い扱いだったわけである（ボダルト＝ベイリー一九九四）。

長崎は対馬や琉球が扱う以外の対外関係をすべて取り扱った。外国船はどこの日本海岸に近づいた場合でも長崎への回航を命ずるように定められ、日本に漂着した外国人も、異国に漂流して外国船に連れ帰られた日本人も、必ず長崎を経由して出入国するのが決まりであった。徳川公儀は長崎奉行をおいて対外関係を統括し、貿易は町人を組織した長崎会所《かいしょ》に管理させてその利益の一部を町人に与え、港の警備は佐賀や福岡、大村など近隣の大名に担当させた。長崎は海外情報を得やすく、繁盛する土地であったから、江戸・大坂・京都などと同じく、ここに屋敷を置く大名も、西日本には少なくなかった。

近世日本の世界像

近世の日本人の眼に世界がどう見えていたか。その第一の特徴は、中華帝国とかなり疎遠で、自身を孤立した存在と見ていたことである。

近世の初頭、徳川家康は明との国交回復によって中国との貿易関係を確保し、その他の周辺国に対しては小中華として臨もうと企てた。一六一〇年、側近の本多正純《まさずみ》から福建の総督に書翰を送り、秀吉の朝鮮出兵によって荒れた関係を修復しようとしたが、そこでは、冊封は求めなかったものの、中国側が期待するはずのへりくだった言葉遣いを用いた。自国を「日出《いづ》」るといえども「蕞爾《さいじ》の（小さな）国」と呼び、「中華」を「貴重」として、その博愛の心を遠方にまで及ぼしてほしいと述べたのである。その一方、家康は国交回復を求める資格を示すため、国内の統一だけでなく、近隣の小国から朝貢を受けていることをあげた。「化の及ぶところ、朝鮮は入貢し、琉球は臣と称し、安南・交趾《こうち》・占城《ちゃんぱ》・暹羅《しゃむろ》・呂宋《るそん》・西洋・柬埔寨《かんぼじあ》など、蛮夷の君長・酋師《しゅうあい》、おのおの書をたてまつり、宝をいたさざるなし」（紙屋一九九七）。この立場は、中国の世界秩序を認めながら、自らは周辺の諸国に君臨しようとした点で、ベトナムの小中華主義とよく似ていると言えよう。

しかし、家康の手紙には返事がなかった。前年、家康は島津家に琉球への侵攻を許している。

明としては、藩属国に侵攻した国と和親する理由はなかったであろう。また、その後、明は清に滅ぼされ、中原を支配するに至った清は海を介した関係には消極的であった。このため、近世日本と中国との関係は最小限に留まり、両国は二百年以上も国交を持たず、政治的には極めて疎遠に打過ぎたのである。

この環境で、日本の内部では中国と日本を対等視するのが当然となり、さらに日本こそ世界の中心だという世界観まで語られるようになった。その初期の例に、山鹿素行《やまがそこう》の『中朝事実《ちゅうちょう》』（一六六九年）がある。日本には革命がなかったから、「忠」という徳目から見て王朝交代が頻繁に起きる中国より優れており、「中朝」と名のるにふさわしいというのである。十八世紀には、「国学《こくがく》」が誕生して、この種の考えがより徹底され、かつ広く普及した。しかし、日本中華主義が語られるときには、大陸の中華帝国が常に意識されていた。有名な本居宣長《もとおりのりなが》の『古事記伝』（一七九〇年巻之一刊）はそのもっとも良い例である。宣長は、日本国家の創成神話を研究するため、正史であった『日本書紀』でなく、『古事記』を取り上げた。その理由の一つに、書紀が「日本」という国号を冠していることがあった。中国で史書が『漢書』『宋書』のように国号を冠するのは王朝交代があるからで、太陽神の子孫が永遠に統治する日本には革命がありえないのだから、史書に国号を冠するのはおかしい。また、「日本」という国号は、中国に対抗するために創られたものだから、世界の中心にはふさわしくないというのである。しかし、くり返し「漢意《からごころ》」（中国風のものの考え方）の否定を述べるように、彼は日本の中心性を強調するとき、常に中国に言及するという矛盾を無意識のうちに犯している。このような矛盾は、本家本元の中国では決して生じ得ない。自己を「華」として語るとき、なるほど「夷狄」は否定的対象として必要であるが、特定の国を対等以上の存在として意識する必要は全くないのである。

このような現象を「忘れ得ぬ他者」症候群と呼ぼう（三谷二〇〇六／二〇一二）。この現象は、近代世界を席巻したナショナリズムが現れるところ、常に存在する。優越性の語りの背後に劣等感があり、それが特定の他者――ここでは中国――と引き比べて優越したいという渇望をさらにかき立てるのである。しかし、ここではナショナリズム一般の特徴でなく、別の側面に注意を促したい。それは、いくら自国が中華だと語っても、周辺性の意識を逃れられないため、「他者」への敏感さが持続したことである。十九世紀に西洋諸国がその世界進出の運動を東アジアにまで及ぼしたとき、先に出会い、大規模な戦争も行った中国があまり西洋を気にかけず、かえって隣国の日本が深刻に受け止めたという違いは、一つにはここから生じていたのではないかと思われる。

しかし、これだけでは日本と朝鮮の違いが説明できない。朝鮮は日本よりもっと早く、かつ深く「忘れ得ぬ他者」＝「中国」を経験していたからである。この相違を説明するには、別の側面、「華夷」差別の根拠を観察する必要がある（渡辺前掲）。

近世日本の小中華主義は、根拠を朝鮮と異にしていた。朝鮮が自らを「中華」と考えたのは、自分たちが道徳を極め尽した朱子学の正統を受け継いでおり、その点で夷狄である清の皇帝より優越すると自負したからであった。これに対し、近世日本は、例えば琉球使節に「九拝」を要求したように、「入貢」する使節を内部的に「夷狄」と呼び、厳格な儀礼の執行を要求する点では同じであった。しかし、この上下関係の身体的な表現を根拠づけるのは、「武威《ぶい》」であって、「人倫《じんりん》」ではなかった。入貢するものは、徳川公儀の軍事力に恐れをなして従う。それが秩序を整序する原理だと考えられたのである。長い平和の中でこの「御威光《ごいこう》」を支えるべき徳川の軍事力は事実上なくなった。人々はそれに気づきながら、なお「御威光」の外形的慣習に従っていたが、十八世紀末に再来した西洋諸国にそれが通じそうもないことはよく知っていた。華夷差別の根拠はこうして失われ、その結果、幕末の日本人は、口に西洋人を「夷狄」「外夷」と呼び捨てながら、実際の交際にあたっては対等なルールを設けることになる。「華夷」の差別を「人倫」に求めた朝鮮や中国では、そのような「礼」の改変は極めて行いにくいことであった。十九世紀半ばになると、近代西洋の築いた主権国家体制が規定する対等外交のルールを認めるか否かは、東アジア各国の命運を左右する問題となったのであるが、中国的な価値観から見た日本の周辺性はこの点で極めて有利に働いたのである。

最後に、西洋への関心が順調に育ったことにも触れておかねばならない。十八世紀後半の日本に蘭学が発展した事実は良く知られている。しかし、同時代の中国でも、乾隆帝《けんりゅう》が北京北郊の広大な庭園、円明園《えんめいえん》の一角に石造の西洋式宮殿群を造っており、朝鮮でも、一部の学者たちが中国からキリスト教をはじめ西洋思想を輸入し、学んでいた。ただし、中国では官僚知識人が自ら西洋学を学ぶことはなく、朝鮮では十九世紀の初頭にこの学派は大弾圧を受け、根絶やしになった。それは中国・朝鮮の政治体制が科挙官僚制を基礎としていたからである。科挙は朱子学の試験によって君主の官僚を選び出す、当時までの世界では最も公平な政治制度であったが、これを維持するには朱子学の正統性を傷つけるわけにはゆかなかった。しかし、日本では統治者は世襲身分を基礎に選ばれ、学問は関係がなかった。このため様々な学派や学問を生む可能性が残っていたのである。キリシタンは厳禁されたものの、知識人たちは朱子学と異なる儒教解釈を試みたり、西洋の学問にも眼を向けた。宗教や形而上学を棚上げした上で、医学や地理学、天文学などの実用的な学問に関心を注いだのである。『海国兵談』（一七九一年刊）の林子平《しへい》や高野長英らが処罰されたのは、軍書出版の禁に触れたり、政府批判が発覚したためであって、蘭学を学んだせいではない。蘭学は、村々に蘭方《らんぽう》の医者が増加した事実に示されるように順調に発達し、その研究対象は西洋諸国が十八世紀末に再び日本に到来する頃には、西洋だけでなく世界全体に拡がっていった。山村才助の『訂正増訳　采覧異言《さいらんいげん》』（一八〇四年公儀に献上）や箕作省吾《みつくりしょうご》の『坤輿《こんよ》図識』（一八四七年公刊）のように、信頼性の高い地理書を提供し、さらに、西洋学術の全面受容が必要になった開国後には、それを可能とするだけの知的基盤と人材とを準備したのである。

以上、十九世紀の日本を考える前提条件として、十八世紀から十九世紀初頭の東アジアの国際秩序とその中での日本の特徴を考えてみた。日本が比較的に孤立的であったこと、「小中華」を志向しながら周辺性の意識も強かったこと、軍事的優劣に敏感だったこと、西洋をはじめ東アジア世界の外部に強い関心を持っていたこと、などである。ただ、十九世紀の日本の行動を考えるには、なお別の面も考慮せねばならない。それは西洋諸国の東アジアとの関わりの変化、およびその状況下において日本が「鎖国」の自覚的追求を始めた点である。それは、あらためて第四章で述べることにしよう。

注

＊1　以下の説明は、当時の人々が描いていた規範的秩序像、この秩序はこうあるはず、あるべきだというイメージを単純化して表現したものである。時々の事情に強く支配される実際の行動や国の強弱や利害に関わる認識はこれから外れる場合も少なくない。

＊2　中華帝国も例えばロシアとのネルチンスク条約（一六八九年）のように周辺国と国境を決めることがあった。しかし、それは問題が起きたとき、その相手国に限って設けられるもので、国境を一般的に規定しようという発想はなかった（吉田一九七四）。

＊3　「藩」や「蕃」は母屋を守る垣根という意味で、中心から周辺部を見た名前ではあるものの、「蛮」のようなあからさまな蔑称ではなかった。近世日本の大名を「藩」と呼ぶ場合も同様である。

＊4　中華帝国は大明・大清など、王朝名に必ず「大」の字を冠し、周辺国の首長には使わせなかった。

第二章

近世日本の双頭・連邦国家

複合的な国家構造

近世の日本国家は、明治以降と異なって、公儀《こうぎ》と禁裏《きんり》という二つの中心と二百数十の小国家からなる複合的な構造を持っていた。また統治身分と被統治身分とが生まれによって分かれていて、その間の距離はかなり遠かった。ここではまず国家の構造を見てゆこう。

なお、近世の国家はしばしば「幕藩制国家」とか「幕藩体制」と呼ばれてきたが、ここでは使わない。それは、渡辺浩が述べるように、近世に生きた人々が「幕府」や「藩」や「朝廷」という言葉をほとんど使わなかったからである（渡辺一九九七）。「幕府」や「藩」は幕末に急に頻用

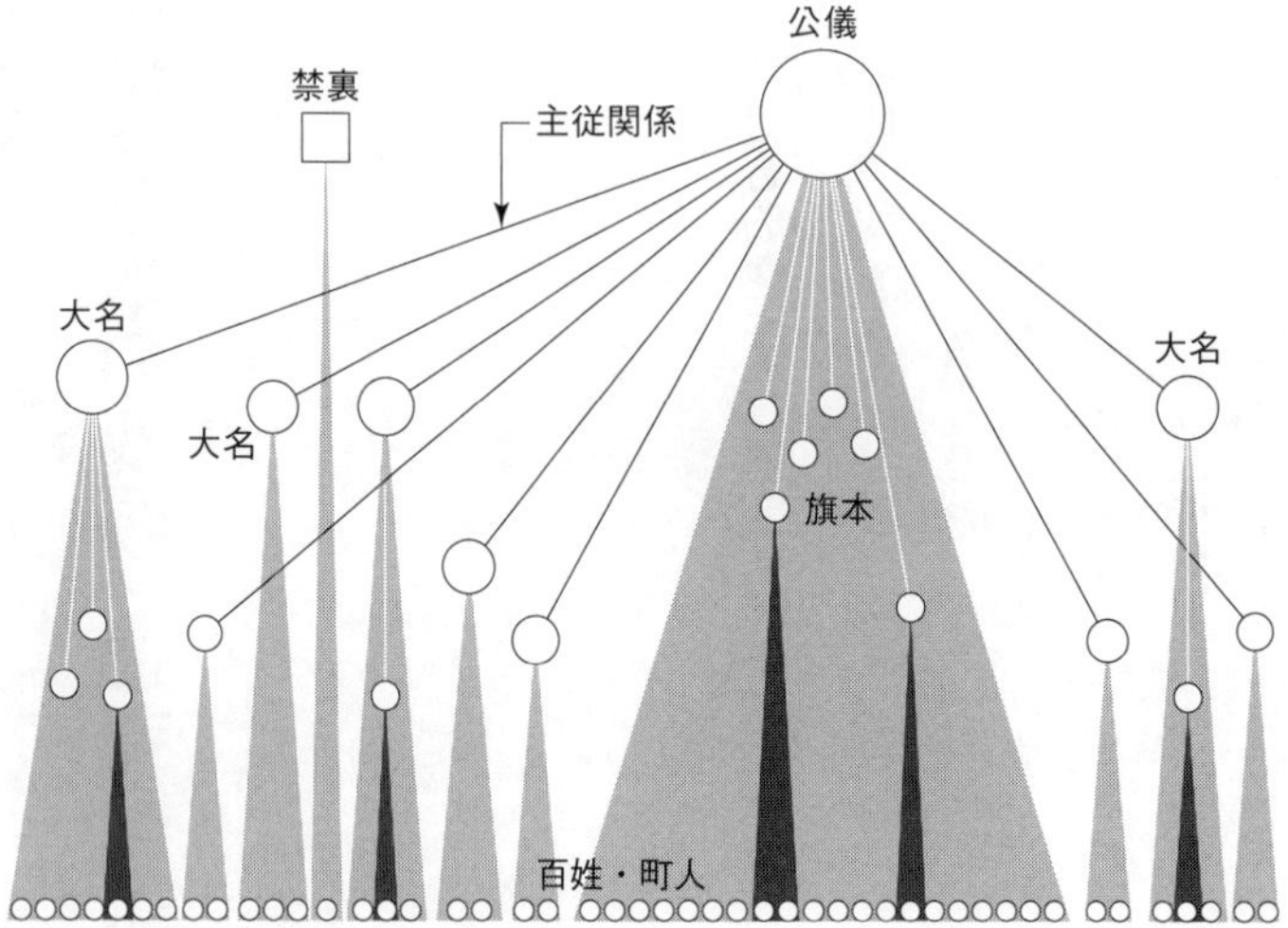

図 2-1　双頭・連邦国家のモデル

されるようになり、明治初期に定着した呼び名で、それ自体が明治人の近世に対する評価を反映している。「幕府」は武家の政府で朝廷より正統性が乏しいもの、「藩」は中央の政府を守るべき自立性に乏しい存在といったイメージである。他方、王政復古を軸として起きた明治維新を理解するには、「幕府」や「藩」だけでなく、京都の朝廷も視野に入れねばならない。そこで、ここでは「幕藩制」より包括的な名として、かつ外国との比較も可能にするために、近世の日本を「双頭・連邦」国家と名付けたい。また、その個々の要素については、近世人の日常語を使って、大名の統治組織を「国家」、江戸の王権を「公儀」、京都の王権を「禁裏」と呼ぶことにする。

近世の日本国家の全体像を予め図示する

と、次のようになる（図2―1）。図の中の◯は人、――は人と人との関係、大きな三角形は大名の「国家」である。

一　大名の「国家」

大名の「国家」は、近世国家の中でもっとも重要な単位をなし、その領域は、全国石高の約四分の三を占めていた。徳川「公儀」が直接に支配したのはその残りである。大名は「公儀」から「領国」統治をほとんど全面的に委任され、家臣団の編成、立法、徴税、裁判、民政一般などを「自分仕置《しおき》」していた。中世と異なって、領内に大名から独立した権力はなく、寺院や神社はその支配を受け入れる限りで存在を許され、領内の住民は概《おおむ》ね大名の「家中《かちゅう》」と被支配者の「地《じ》下《げ》」（庶民）とに二分されていた。

基本構造――官僚化と身分制

大名と「家中」は主従制、すなわち主人と従者の関係で結ばれていた。「家中」の侍はいざ戦争というとき軍役《ぐんやく》に出たり、日常は国家の役人として統治業務を行って、大名に「奉公」し、かわりに知行《ちぎょう》や俸禄《ほうろく》などの「御恩《ごおん》」を与えられる。この関係は家臣の主君に対する「御目見《おめみえ》」という儀式によって成立した。

大名からの給禄《きゅうろく》は、大きく分けて、土地を与え、そこから自分で直接に年貢等を徴収したり訴訟を裁く地方《じかた》知行と、直轄《ちょっかつ》支配地から大名の蔵に収めた貢租《こうそ》を家臣に分与し、裁判は専門の役人に委ねる蔵米《くらまい》知行との二つがあった。両者の割合は大名ごとに異なり、中には仙台の伊達家や鹿児島の島津家などのように地方知行を基本とするものもあったが、大多数の大名では蔵米知行が大半を占めていた。どの大名でも上級家臣は名誉ある地方知行を許され、自家の家臣を使って統治することが普通であった。とはいえ地方知行でも、中世のように村々を丸ごと支配するのではなく、支配地があちこちに飛んでいたり、一つの村から複数の家中が年貢を取ったりするような仕組みが多く、彼らの徴税や裁判は、村や町の自治組織や大名の抱える専門の役人に強く依存していた。地方知行する上級家臣も、中世のような独立した領主でなく、下級家臣と同様に官僚化していたのである。

大名と家中の関係は十八世紀には世襲が普通となっていた。家臣は大名から与えられた給禄と待遇を自分の「家」についた「家禄《かろく》」や「家格《かかく》」と考え、その「身分」の維持を最重要の課題として生きていた。大大名（石高約二十万石以上）の分限帳《ぶげんちょう》の分析によると、一千石以上の知行を持つ上級家臣は家臣団の三―五パーセントほど存在し、大きな屋敷を構えて一軍団として出陣可能な家臣の集団を自ら抱えていた。その他大部分の家臣は若干の従者を抱えてはいたものの、俸禄で暮らす官僚であり、今のサラリーマンに近い存在であった。

これらの身分の間の移動は極めて少なかった。徳川将軍家の旗本《はたもと》の例であるが、コウゾウ・ヤマムラが『寛政重修諸家譜《かんせいちょうしゅうしょかふ》』をもとに階層を八つに分けて調査したところ、五十五パーセントが一度も階層移動を経験せず、移動した者でも親の地位を越えて昇進したのはわずか六パーセントに過ぎなかった。また、家中の「家」の内部でも、「身分」の差が歴然とあった。家督の地位を相続できるのは長子のみとされ、次男以下に生まれたものは、長子やその息子に万一のことがない限り、彼らの「厄介《やっかい》」となるほかなかった。ただし、他家に養子として出ることは可能で、これがよく利用された。同じ統計では旗本の約四人に一人が養子であった（ヤマムラ一九七六）。いずれにせよ、近世の侍は、細かく分かれ、拘束性の強い身分制の中で一生を送ったのであり、その点は維新以後との大きな違いとして十分留意しておかねばならない。

「国家」至上主義

官僚化した家臣は大名に対してかなり従属的であった。中世の侍たちは主人が気に入らないと奉公をやめたり、武力行使に出たり、別の大名に仕えることがあったが、それは不可能になっていたのである。しかし、大名は家臣に対して専制的に振る舞ったわけではない。むしろ大名は、家臣によって用意された政策をほとんどそのまま裁可し、権威づけるという役割を担っていた。近代議制下の君主についてイギリスには「王は君臨すれども統治せず」という格言があるが、近世日本の大名も通常はそれに近い存在、あるいは天皇のように、国家の象徴に近い存在になっていたのである。それは、一つには、「国家」という組織を至上の価値とし、家臣は無論、大名もその従属物と見なす考え方が有力となったためであった。

十八世紀の日本では、儒教の「忠」という徳目がよく意識されるようになっていた。主従関係の固定化を背景に、家臣の主君に対する「忠」を秩序の要とする教説が普及していったのである。しかし、家臣の「忠」は決して主君の命《めい》に対する一方的で絶対的な服従ではなかった。むしろ重臣団体の大名に対する意見具申や後見、そして諫争《かんそう》（主君の間違いをいさめること）は、「忠」の不可欠の要素と考えられていた。笠谷《かさや》和比古《かずひこ》が明らかにしたように、大名が放蕩《ほうとう》して政務を怠ったり、逆に理想に燃えるあまり慣習と大幅に異なる改革を強行しようとしたとき、重臣たちは団結して諫争を行った（笠谷一九八八）。大名が容《い》れない場合には強制的に廃位して座敷牢に「押《おし》込《こ》」め、それに失敗した場合は逆に、抗議した家臣団が誅罰《ちゅうばつ》されるという極端な結末を見ることも稀ではなかった。この主君「押込《おしこめ》」の慣行は決して不法なものではなかった。徳川公儀は「天下静謐《せいひつ》」をことのほか重視したが、他に重大な理由がない限り、こうした「御家騒動」に介入せず、ただその予防のため、大名には「器用《きよう》の人」（有能な人）を選べと『武家《ぶけ》諸法度《しょはっと》』で命じただけだったのである。

重臣団体による主君への抗議行動が不法とされなかったのは、それが反抗というよりは、大名と重臣の双方が所属する「国家」への忠誠行動と考えられたためである。君主個人でなく、君主が象徴的に体現する「国家」という組織が「忠」の目標なのである。これは実は中世後期以来の伝統であったが、十八世紀の特徴はそれを大名自身が認め、公然と語り始めた点であった。有名な上杉鷹山《ようざん》の『伝国《でんこく》の詞《ことば》』（一七八五年）がその好例である（横山一九六八）。

一、国家は先祖より子孫へ伝《つたえ》候《そうろう》国家にして、我私《わたくし》すべき物には無之候《これなくそうろう》。
一、人民は国家に属したる人民にして、我私すべき物には無之候。
一、国家人民の為《ため》に立てたる君にして、君の為に立てたる国家人民には無之候。

君主にとっても、「国家」は私物でなく、歴史を超えて永続すべき至上価値をもつ実体なのである。「国家」は個々人の欲望を満たす手段でなく、逆に君主からも、家中からも無条件の忠誠を捧げられる。統治身分はすべて「御国《おくに》のため」「御家《おいえ》大事」を規範に生きねばならない。自身の意志、つまり創意と恣意《しい》によって統治する「人治」も、伝統として存在する、あるいは新たに制定され、公開された一般的原則に従って統治する「法治」も、ここでは影が薄い。文字通り、「国家」主義が完璧なまでに成立していたのである。角度を変えてみると、これはナショナリズムの成立の一歩手前と見ることができよう。国家至上主義が、大名の国家を単位とするものから

「日本」を単位とするものに変わり、かつ「人民」まで忠誠の主体に数えるようになると、ナショナリズムが成立したことになるのである。

家格と決定権の分離

他方、近世後期には、もう一つの重要な変化が「国家」と家臣団の中に生じていた。身分の低い侍が実質的な決定権を握るという制度が生まれたことである。近世の初期には、下級の侍が統治の上で顕著な功績をあげ、加増《かぞう》すなわち俸禄の加給を受けたり、知行を下されて、重臣に列するということが珍しくなかった。しかし、十八世紀には家格と役職の関係が固定し、それはほとんど見られなくなった。治安の安定していた当時、行政への需要はかなり少なく、十日のうち二、三日出勤すればよいといった職があるほど、のんびりとした世の中であったが、役職によっては熟練もハード・ワークも必要であった。財政や地方《じかた》支配また裁判を司る勘定《かんじょう》奉行の役所などがそれである。家格の制約と行政技能の確保とを両立させるにはどうしたらよいのか。その解法の一つは、下級の人材を上級の地位に引き上げるとき、役職に見合った手当を支給したり（役料）、在職時に限って俸禄を足したり（足高《たしだか》）、一代限りで加増する（石高自体を増す）ことであった。

しかし、これより一般的だったのは、下級の役職に実質的な決定権を与えることであった。行政上の問題を発見し、対策を立案するのはもっぱら彼らの仕事となった。役所の長官や重臣は彼らが上げてくる政策について合議し、実質的な決定をする。大名はその結論を裁可《さいか》するのが役割となった。例えば、長州における実質的な決定権は、家老の秘書官で二百石前後の平侍《ひらざむらい》が任じられる手元役《てもとやく》や右筆《ゆうひつ》（書記官）にあり、水戸の場合には同じクラスの奥右筆《おくゆうひつ》がこれに相当する地位であった。とはいえ、重臣や大名が無視されたわけではない。重要な問題は重臣の会議に必ずかけられ、時によっては大名自身が臨む御前会議も行われた。重臣会議や大名は下から上がる案を否決したり、差し戻したりすることもあった。しかし、大名や重臣が自ら政策を発議することは珍しく、彼らは概ね、今日の閣議と同様、原案に権威を付与する役割を担った。

この家格と決定権の分離、政策決定における重臣と中下級家臣の身分的な分業は、「禄《ろく》あるものに権《けん》を与えず、権あるものに禄を与えず」と要約できる。それは、大名から見ると中下級家臣により重臣の権力を抑制する機能、重臣から見ると決定責任を分散して家格の維持を保証する機能、下級家臣から見ると自らの才能を十分に発揮して、ともすれば疎外感をいだきがちな「国家」との一体性を確認し、名誉心を満足させる機能を、それぞれ果たしていたのである。

この制度は、幕末に中下級の武士たちが大きな役割を果たす前提となった。彼らの政治的経験と知識は上級武士以上に豊富となっていたし、重臣や大名が彼らの進出に身分的な反感をいだくこともある程度抑制したからである。

なお、近世日本の政治組織は、基本的には大名国家の連邦と見ることができるが、江戸や大坂の近郊ではこれと別の広域的な統治組織があった。そこには大大名の領国がなく、小大名の領地と公儀の直轄領が入り交じっており、しかも経済的な先進地として人の往来も盛んであった。そのため、治安の維持には個々の領分を超えた組織が必要となり、徳川公儀は例えば、関東取締出役《かんとうとりしまりでやく》など、領域横断的に警察権を行使する組織を作っている（高橋二〇〇〇）。

二　中心1――「公儀」

近世の日本には、人類史に稀なことに、政治中心が二つあった。そのうち、まず江戸の徳川「公儀」から見てゆこう。「公儀」とは今日の政府にあたる統治組織を指す言葉で、その主は「公方《くぼう》」と呼ばれた。徳川公儀は、それ自体、広大な領地を持つと同時に、大名（一万石以上の領主）や旗本（一万石未満の家臣）と主従関係を結んでいた。全国への軍事指揮権を背景に、領主たちと協力して日本内部の治安と「異国」との平和を維持するのが主要任務であり、そのために様々の行政機構を持っていた。もう一つの中心である「禁裏」が、実務的な役割とその決定・施行機構を持たなかったのとは対照的である。

内部の組織

公儀の組織は、江戸城の構造からみると、表《おもて》、奥《おく》、大奥《おおおく》と三つに分けてみることができる（深井一九九七）。表とは政務と儀礼の場、奥とは公方が日常を過ごす場、大奥とは後宮《こうきゅう》である。「大奥」は原則として女性のみによって構成される王統再生産の場であるが、姻戚《いんせき》関係を通じて表方の決定に介入する場合も稀でなかった。これに対し、公方側近の小納戸《こなんど》や小性《こしょう》（小姓）など、「奥」の役人は非政治的な立場を守るよう強く規制されていた。「表」にある部屋は、旗本の役人が日々に登城して様々の決定を行う部屋、大名が式日《しきじつ》に登城して儀式を行う部屋、およびその控えの間で大名同士の交際の場であった詰間《つめのま》で構成されていた。

公儀の役人は大名と旗本・家人《けにん》の二ないし三身分から構成されていた。大名の重臣会議に当たるのが大名四、五人からなる老中《ろうじゅう》の合議体で、その下に様々な役所があり、旗本（御目見以上、公方に御目見を許されたもの）・家人（御目見以下、御目見できない家臣）がこれを運営した。[*1] 最も重要な役所は勘定奉行のそれで、裁判を専任する公事方《くじかた》とそれ以外の業務すべて、すなわち直轄地の支配と裁判、公儀の財政全般、および対外事務を司る勝手掛《かってがかり》とがあった。

この組織での決定は、下から上へと流れていった（ボトム・アップ方式、図2-2）。対外政策を例に取ると、まず現場、例えば長崎にいる長崎奉行から江戸の同僚に事件の発生を告げる報告と対策の原案が送られる（長崎奉行は二人いて長崎と江戸に交代で勤務した）。江戸詰《づめ》の長崎奉行はそ

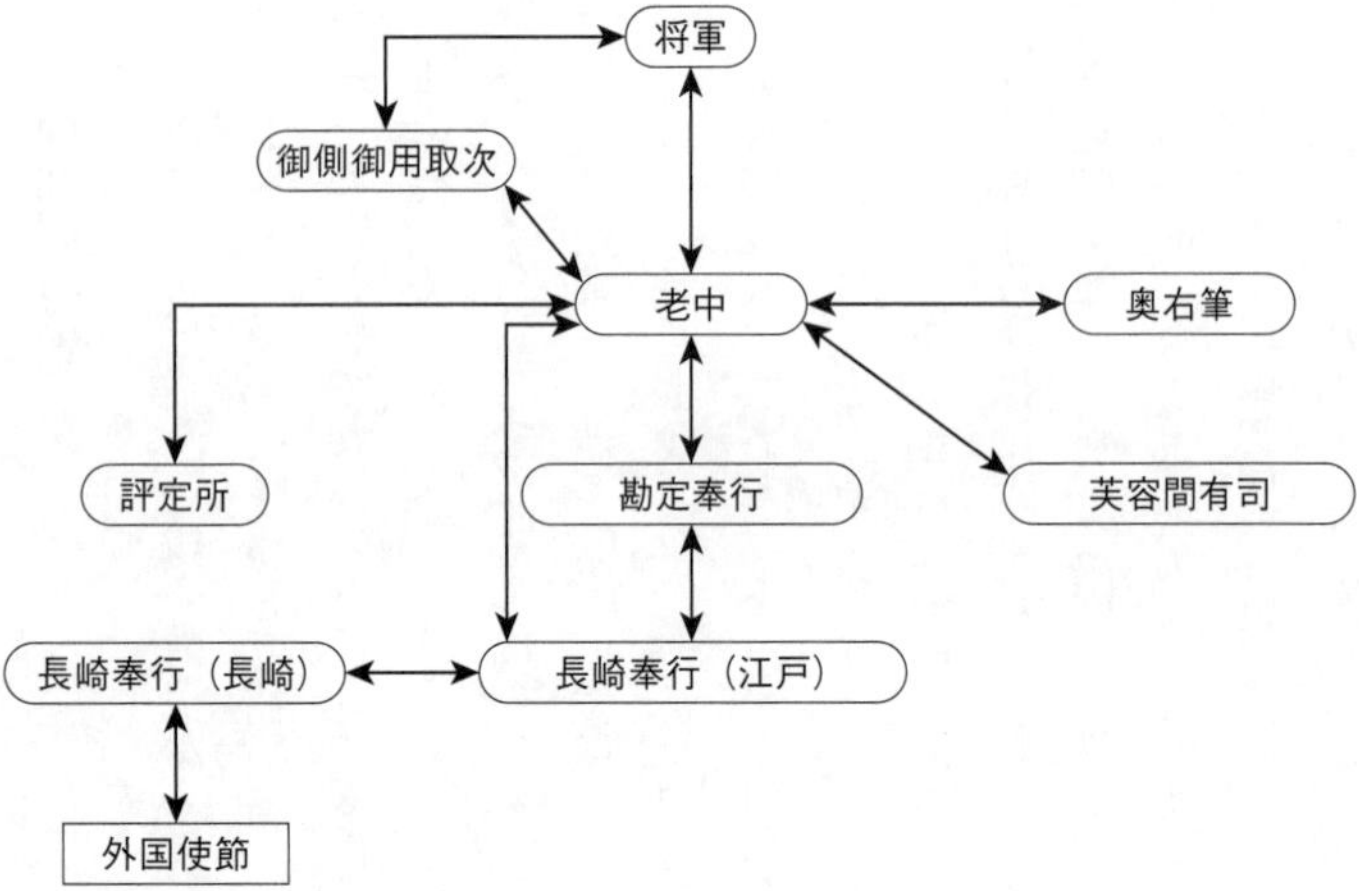

図 2-2　公儀内部の決定過程

の書類を勝手掛の勘定奉行に上げ、勘定奉行はこれを精細に検討した上で、月番（月ごとに交代する責任者）の老中に上げる。月番の老中は軽い問題は単独の判断で、重い問題は老中の合議にかけてから、奥右筆に先例を調べさせ、複数の役人集団に意見を諮問《しもん》する。老中は各役人集団の答申を得てから合議を行い、その結果を公方に伺って、その裁許を得る。公方や老中は、多くの場合、役人たちの意見のうち一つを選ぶが、納得できない場合は何度も諮問を繰返す。この決定システムでは、先に述べた大名の国家と同様、家格上では中級の旗本が実質的な決定を行ったが、対策の原案を書く役目を負っていた下級の役人も事実上はかなりの発言権を持った。例えば、勘定奉行の評議は、その下僚の勘定組頭《くみがしら》や平役人である勘定の意見にかなり左右されたと伝えられる。

なお、公儀の役職には、大番《おおばん》や小性組《こしょうぐみ》などの番方《ばんかた》があったが、これらは武官でありながら、実際は警備や儀式を司るのが職務であった。文官である役方《やくかた》より席次上では高く評価されたが、役方から番方への転勤は、たとえ新しい役職の石高が高くなった場合でも左遷と評価された。ここにも、家格の序列を厳守しつつ、決定の効率は確保しようというシステムを見ることができる。「権」と「禄」の不整合である。

公儀と大名

徳川公儀は、大名を様々に分類し、細かな格式を設けることによって、身分格式の認定者として自らの権威を再生産し続けた。その身分秩序は、江戸城中で行われる儀式、また江戸市中や街道における大名行列により眼に見える形をとって表現されたが、老中の選任など、権力を支える基本的な制度の上でも重要な働きをした。

大名の格式は、元来は一元的でも体系的でもなく、事件の積み重ね、および時の経過に伴う解釈の変化によって生まれたものであった。主な基準としては、公儀との関係が生じた由緒《ゆいしょ》による家門《かもん》（徳川の親族。親藩《しんぱん》）・譜代《ふだい》（関ヶ原以前からの家臣）・外様《とざま》（関ヶ原以後の家臣）といった区分のほか、武家諸法度における国主（古代の令《りょう》が定める「国」に相当する領分の統治者）・城主（城をもつ者）・万石以上《まんごくいじょう》（一万石以上の知行をもつ者）という区分、さらに官位（禁裏から

表2-1　大名の格式・規模と老中への任命の有無（18世紀）

	家門	譜代	外様
大大名（四位以上）	×	△	×
小大名（五位以下）	×	○	△

○はしばしば見られるもの、△は稀だがあるもの、×は見られないもの。大名の規模（石高）と官位は直結しないものの、大まかには相関した。

与えられる官職と位階の組合わせ）による区分もあり、それらを総合したものに江戸城中の詰間《つめのま》があった。詰間は、大名が式日に顔を合わせ、法令を伝達したり情報を交換する単位であったから、大名同士の姻戚関係と並んで、政治的に重要な役割を果たした。ここでは、これらを極く単純化して、家門・譜代・外様の別と、官位によって分けた大大名と小大名の別（四位以上と未満）を組み合わせてみよう。すると、役職人事や儀式での区分が、かなりこれに対応していることが見えてくる。十八世紀以降の老中への任命に関しては、表2−1のとおりであった。

ここで大事なのは、大大名に老中になった例がほとんどないことである。外様と家門のなかの大大名は「国主《こくしゅ》」や「国持《くにもち》」と呼ばれたが、このグループからは皆無である。「徳川」の三家は無論、「松平」を名乗る他の家門の大大名もいない。譜代の場合でも十八世紀以降では「溜間《たまりのま》」の井伊家から五人、酒井家から一人に過ぎない。それも老中でなく、名誉職的な大老のみである。*2 逆に、小大名からは、元来は外様であっても、帝鑑間《ていかんのま》に詰間を変更された場合は、かなりの老中が出ている。例えば、天保改革時の真田家（信州上田）や、幕末の松前家（蝦夷地）などである（笠谷一九九三）。

大大名に「権」を与えず、小大名に「権」を与える。これも「権」と「禄」の不整合の例であるが、明治維新の発端では極めて重要な意味を持った。第六章に見るように、幕末に政治体制の改革を求めた最初のグループは下級武士でなく、その正反対の位置を占めた大大名の連合体だったのである。しかも、それを主導したのは外様の国持大名でなく、御三家の水戸や越前家を始めとする徳川の家門であった。家門にせよ、薩摩のような国持にせよ、約三十家あった大大名には共通の不満があった。独立して政治的・軍事的に行動できる実力と身分的誇りとを持ち、すでに西洋との危機対応に必要な戦略を考え、海防《かいぼう》（海岸防備の略。西洋に対する防御をこう呼んだ）の準備をしていながら、日本全国に関する政策決定については発言権を与えられていなかったことである。

三　中心2――「禁裏」

近世日本には、公儀以外にもう一つの中心、「禁裏」があった。十八世紀のベトナムには、ハノイとフエに二つの宮廷が併存したことがあったが、それらは鎌倉時代の日本のように対立を続けた末、ごく短期間に一つの王朝に統合された。恒常的に二つの宮廷があり、その関係が二百年以上も平和に維持されたことは、世界史上で珍しいことであった。

内部の組織

禁裏は、古代から日本の王朝を維持してきた家系が、近世に再編されてできた組織である（近世の制度の概略は李二〇〇五を参照）。その廷臣の領地を含む総石高は十万石余。中規模の大名程度であった。天皇・皇族のほかに、幕末には「公家《くげ》」百三十七家（三位以上を「公卿《くぎょう》」、四・五位を「殿上人《てんじょうびと》」と呼んだ）があり、昇殿を許されない地下《じげ》の「官人《かんじん》」が実務を担っていた。「公卿」の頂点には五つの摂家《せっけ》があったが、最大の石高を持つ九条《くじょう》家ですら三千四十三石で、徳川の上級旗本なみであった。高い官位を独占し、高い身分的誇りを持ちながら、政治的発言権はなく、経済的な地位もかなり低かったのである。ただし、彼らは大名との姻戚関係や朝廷官位の発給《はっきゅう》の仲介を通じてかなりの副収入を得ていたから、貧しさに喘《あえ》いでいたわけではなかった。

禁裏の近世日本での主な役割は、古代から引き継いだ国家祭祀や宮廷儀礼の執行、および官位を発給することによる身分の付与であった。*3「日本」という国家、その統合性と継続性を象徴的に代表する組織だったわけである。江戸の公儀は祖神として東照大権現《とうしょうだいごんげん》（徳川家康）を祭り、諸大名もこれに倣ったが、必ずしも日本の全体がこれを「日本」の祭神として受け入れていたわけではなかった。

天皇の即位儀礼（図2-3）を例にとって、公家たちの役割を垣間《かいま》見《み》てみよう。儀式の実施・日取り・役割配分などの決定に関与したのは、天皇のほか、関白《かんぱく》と両役（議奏《ぎそう》五人、武家伝奏《てんそう》二

図2-3　仁孝天皇の即位儀礼（文化14〔1817〕年）について、高御座や幣旗の位置、公卿らの配置を描いた「文化度御即位庭上図」（浮田可成筆「戊辰御即位雑記」付図より。所蔵：国立公文書館）

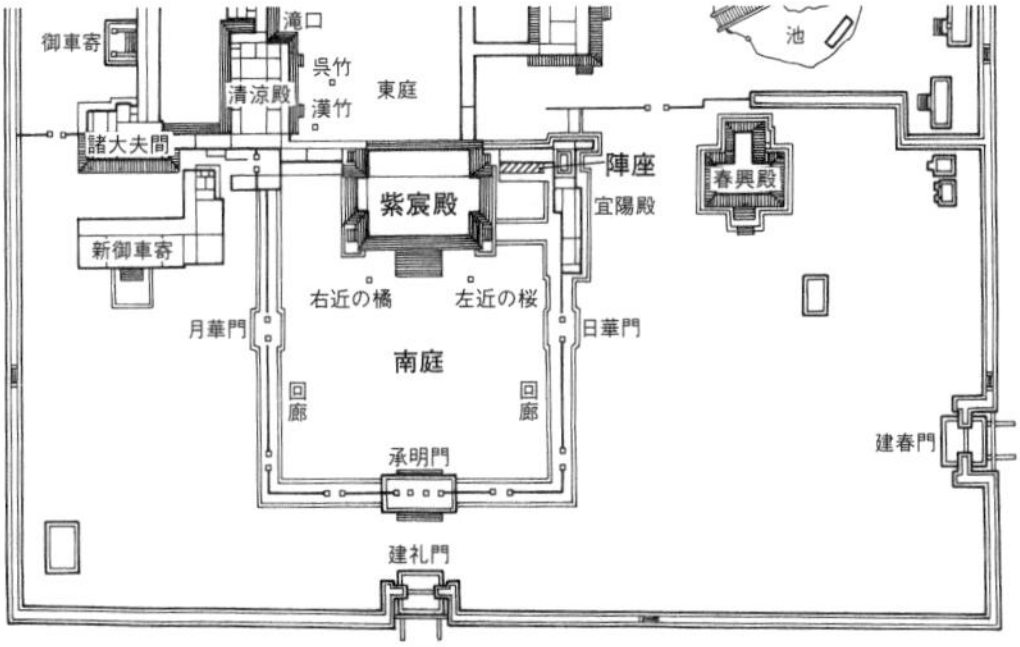

図2-4　即位式の空間。京都御所の紫宸殿と南庭、陣座など。（渡辺誠『写真集　京都御所』〔フットワーク出版社、1991〕をもとに作成）

人）であった。いずれも令外官《りょうげのかん》（令《りょう》の制定後に作られた官職）で、「当職《とうしょく》」（現在の責任者）と呼ばれている。五摂家により構成される勅問御人数《ちょくもんごにんずう》に諮問する場合もある。摂家が格別な地位にあったことが分かる半面、皇族（「宮《みや》」と呼ばれた）がいないのが注意を引く。「当職」の合議では議奏と伝奏の両役も重要な役割を果たすが、これには摂家より格下の公卿（清華《せいか》・大臣《だいじん》家以下、納《な》言《ごん》・参議《さんぎ》に至るまで）が就任する。ここにも僅《わず》かではあるが家格と権限の分離とズレがあった。

儀式の執行は、八世紀に制定された令が定める官職が中心となって行われる。弁官《べんかん》が「職事《しきじ》」として天皇との連絡や儀式の進行を補佐し、左右大臣が「上卿《しょうけい》」として公卿の首座について「陣《じん》の儀《ぎ》」（合議）を行い、要所要所には近衛《このえ》など武官が盛装して並ぶ。御所の正殿である紫宸殿《ししんでん》の東北廊下にある陣座《じんのざ》、紫宸殿の殿上《てんじょう》、そしてその南にある南庭《なんてい》がその主たる場である（図2-4）。この間、「当職」の中心である関白は主に天皇の側《そば》に付き添い、両役は進行全体の裏方を務めた。

令外官が決定を担い、令に定められた官が、平安中期の先祖が残した記録をもとに儀礼を執行する、それが近世の禁裏の姿であった。禁裏の関心は、このような儀礼、祭祀や年中行事を適切に取り行うこと、そして可能ならば遠い過去の盛大な儀式にできるだけ「復古」することに向けられていた（藤田一九九四）。令以来の宮中儀礼は重ければ重いほど中国風であったから、彼等の「復古」は必ずしも日本固有の姿への「復古」ではなく、在来秩序の変革を意図するものでもなかった。幕末にそうした志向が変わったのは、外部からの介入のためである。

禁裏と公儀

近世の公儀と禁裏の関係は、いずれが上位にあるとは断言できないものであった。禁裏は公方に官位を下し、公儀は禁裏に法度《はっと》を下した。禁裏は公方だけでなく、武家上層に対して官位を与え、日本レヴェルの統治秩序を想像するための最も権威ある一元的な枠組みを提供した。他方、公儀は日本全体の公共事務を統括し、とくに対外関係を最終的に担った。かつ、公儀は禁裏に対して「禁中方御条目《きんちゅうかたごじょうもく》」を下し、天皇以下、公家のなすべきこと、なすべからざることを規定して、違反した場合には制裁することを定め、実際にこれを行った。こうした二重の王権は今から見ると不可思議な存在であるが、鎌倉以来近世まで、人々が長い間当然視していた事実は重い意味を持つと言わねばならない。

禁裏は公儀に多くを依存していた。その財政は旗本の禁裏付《きんりつき》が朝廷の官人を率いて運用する。臨時の支出、即位や災害復旧などの費用は、公儀が置いた京都所司代《しょしだい》の手を経て、江戸の老中の決定を仰がねばならない。京都の治安維持は禁裏の関わるところでなく、公儀の京都町奉行《まちぶぎょう》がすべてを担当する。京都の宮廷は、公儀の支持を得て初めて存立し得たのである。また、禁裏の決定中枢である関白・両役はすべて公儀の同意なくしては任命できないものであり、公儀の役を果たす面もあったから、公儀から直接に役料を与えられてもいた。

他方、そうした依存性に宮廷人が満足していたわけではない。近世初期に生じた徳川秀忠《ひでただ》と後《ご》水尾《みのお》天皇との確執、古代以来久しぶりの女帝を生むことになったそれは有名である。近世の宮廷人は朝廷を朝廷たらしめる本質と考えた儀礼の復興を望み、執拗《しつよう》に公儀にこれを求め続けた。大嘗祭《だいじょうさい》の徳川綱吉《つなよし》による復興、松平定信《まつだいらさだのぶ》による御所の古式再建、その後任者が認めた賀茂《かも》・石清水《いわしみず》両社の臨時祭の復興など、枚挙《まいきょ》にいとまがない。逆に、対立も稀に生じ、公儀が禁裏の要職を処罰することもあった。例えば、光格《こうかく》天皇(在位一七七九—一八一七年)が近臣中山愛親《なるちか》にはかって、即位経験のない実父に太上天皇《だいじょうてんのう》の尊号を贈ろうとし、公儀の反対を押して実行しようとしたとき、公儀は中山を厳しく処罰している(藤田前掲)。

しかしながら、こうした緊張関係が直接に「王政復古」をもたらしたわけではない。それはむしろ宮廷の外部から訪れた。十八世紀に成立した国学《こくがく》である(渡辺二〇一〇)。国学は「皇国《こうこく》」=日本の秩序の永遠性と純粋性、その担い手としての天皇(スメラミコト)という想像力を生み出した。それはまた、現存の政治秩序とは異なった秩序像、「真の王権」は京都にあり、公儀は統治を一時的に「委任」された存在に過ぎない、というイメージを創り出し、これを流布させた。いまこれを「大政委任論」と呼んでいるが、それは、老中松平定信が公方徳川家斉《いえなり》のために書いた教訓に「六十余州は禁廷より御預《おあず》かり被遊候《あそばされそうろう》御事《おんこと》に御座《ござ》候えば、かりそめにもご自身の物に思し召《おぼしめ》すまじき御事に候」とあるように、公儀の中枢にまで新しい規範的秩序として浸透していった。定信はここに全く危険を認めていなかった。しかし、この新たな規範的秩序像は公儀の統治資格を条件つきのものとし、さらに、禁裏の「日本」に関わる発言を拒否できない枠組みを提供した。同じころ、水戸の徳川家で編み出された名分論《めいぶんろん》や尊王攘夷論《そんのうじょういろん》も同様な働きをした（尾藤二〇一四）。近世後期に発達した学問のネットワークや出版物は、この新たな規範的想像力を武家と庶民を問わず国内に広く浸透させ、十九世紀半ばの大変動を用意したのである。

なお、最後に禁裏と大名との関係にも触れておく。公儀は大名が許可なしに京都に立ち入ることを禁止していた。しかし、大名たちには、薩摩島津家と近衛家、土佐山内《やまうち》家と三条家に見られるように、公家と代々にわたって姻戚関係をもち、京都に屋敷を置き、家臣を介して交際を深めるものも少なくなかった。姻戚関係は大名相互の交際でも重要な働きをし、幕末においては、大名と公家、大名同士、いずれの場合でも政治的な関係を作るため積極活用されることになる。

以上、近世日本の国家は「双頭・連邦」国家と要約できるように、分権的かつ階層的に組織されていた。この国家は、隣国の清朝や朝鮮のような、科挙と朱子学を核とする一元的な組織と比べると、解体が容易であった。それは、近世の間に生じた各種の不整合、「権」と「禄」の不整合、さらに実際の制度や慣習とズレた規範的秩序像の登場によって、可能性が強まった。十九世紀の日本には現存秩序を正面から否定し、破壊しようとする教義はほとんど存在しなかった。大塩平八郎《おおしおへいはちろう》は稀有の例外である。しかし、権力の規制なしに流布したこの天皇中心の新たな秩序像は、「日本」を大名国家を超える至高の秩序と見なし、二つの中心のうち一方だけ、禁裏を無条件の中心として想定した。近世国家が容易に解体し、しかも直ちに統合に向かった背景には、このような条件があったのではないかと考えられる。

注

＊1　江戸時代には、徳川家の直臣は「御旗本」「御家人」と呼ばれていた。「御」の字は、一般的に政府を構成するすべての役職や役人につけられていた。したがって、これを削って呼ぶなら「旗本」「家人」と呼ばねばならない。

＊2　幕末の井伊直弼《なおすけ》は将軍から特別な命を受けたため閣議を主宰した。彼の兄も大老になったが、名誉職に留まった。

＊3　武家への発給は公儀が事実上独占したが、他身分に対する発給はかなり自由だった。

第三章

近世日本の社会――構造・動態と社会結合の変化

登録による身分と職能による身分

近世日本では社会が身分的に組織されていた。人々は異なる権利と義務を持つ様々のイエや集団のなかに生まれ落ち、いつも上下の関係を意識しながら一生を送った。「生まれ」は今日よりはるかに大きな意味を持っていたのである。

近世の身分には、先に見た支配身分と被支配身分の差別のほか、いくつかの区分法があった。一つは、政府の定めた登録法によるもので、武家の場合は分限帳《ぶげんちょう》、庶民の場合は人別帳《にんべつちょう》がその所属を決めた。庶民の場合、農村部たる「在《ざい》」で登録されたら「百姓《ひゃくしょう》」、「町《ちょう》」で登録されたら

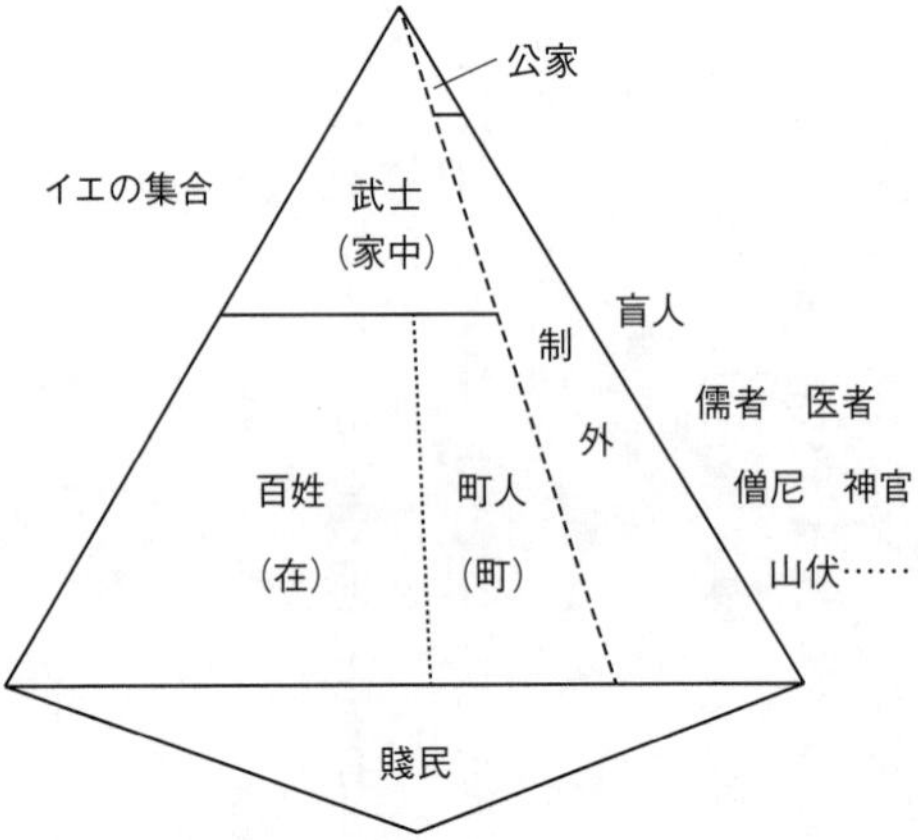

図 3-1　近世日本の身分区別のモデル

「町人《ちょうにん》」と呼ばれたが、その間の権利に大きな違いはなかった。いま一つは職能による区分で、公家、武士、商人や職人や漁師、僧侶や神職、山伏《やまぶし》、医者・学者、芸能者など、様々の職能があり、非人《ひにん》や穢多《えた》などの被差別身分も一面ではこの性格を帯びていた。登録による身分は基本的に世襲されるものであり、他の身分への移動は難しかったが、職能による身分の中には移動が可能な場合もあった。僧侶は世俗の身分を超えた「世外《せがい》」の存在であり、元は下級武士や庶民でも、剃髪《ていはつ》後は修行次第で寺社組織の中での地位上昇が可能であった。後に詳しく述べる盲人もこれに近い存在であった。

また、武芸者、および僧侶や神職、医者・学者などの知的職能は、個々人の「業前《わざまえ》」（腕前）が重要とされ、「職業《しょくぎょう》」と呼ばれることがあった。武芸修行や医学・儒学などを学ぶ機会を得た者は、庶民であっても、しばしば大名に召し抱えられた。これらの職能についた者は、武家や庶民と異なる形に頭を装い、異なった衣服を身につけたため、一見してすぐ識別できる存在であった。芸能者や被差別民なども同様であったが、彼らは知的職業と異なって賤視《せんし》されていた。

以上を図にまとめておこう（図3-1）。大まかには、本籍により区分された武家・百姓・町人の下に被差別身分を描き、それら以外の身分を「制外《せいがい》」として右に配置した。「制外」という語の用例は必ずしも多くないが、移動可能な身分と固定的な身分との違いを示すには便利である。この図では移動可能な境界を破線で示している。

一　「地下」の社会——本籍による身分

前章では、大名の「国家」が「家中《かちゅう》」と「地下《じげ》」からできていたと述べた。このうち、「地下」とは、大名の「家中」に属さない「国家」の統治対象、被治《ひち》身分である。大名や侍たちと主従関係を結ばず、軍役に出ない代わり、年貢や夫役《ぶやく》（政府から命じられた労働サーヴィス）を納め、それと引き換えに「国家」から保護と安全を与えられる。もとは侍であった土豪《どごう》も、近世初期に行われた検地の時に軍役を選ばなかったものは「地下」身分とされた。

「地下」のうち、領主から事実上土地を所有し、売買の権を持つと認められたものは、在・町を問わず年貢や夫役を納める役を負った。在で「本百姓《ほんびゃくしょう》」、町で「家持《いえもち》」と呼ばれた人々であり、元来は彼らが「在」や「町」の自治の担い手であった。その中で、領主から特定の役を割付けられた御用商人や御用職人は、一定の日数や仕事を領主に奉仕する代わりに、年貢など一般的な課《か》役《やく》は免除された。

「在」は大きく分けて、「本百姓」と土地を持たない「水呑《みずのみ》」から構成されていた。いずれの場合も、必ずしも農業だけを営んでいたわけではない。建築や日用品製作、運輸・行商、糸紡《いとつむ》ぎ・染色・機織《はたお》りなど、様々の仕事を兼業するのが普通であり、質流れの土地を併せて地主となったものは、小作を雇って農業を営むかたわら、様々の手工業や遠隔地を結ぶ商業などの中小経営を営むようになった。

「町」の場合、「在」と異なって「家持」の数は少なく、その住民の多くは土地を借りて様々の職業を営む人々であった。その中には、表通りに店を構える大商人から裏店《うらだな》の長屋に住む日銭《ひぜに》稼ぎの人々まで、「家持」に町内の管理を委託された「家主《いえぬし》」から、「在」から流れ込んだ小商人や職人、芸能の民まで、様々の人々がいた。城下町には武家屋敷に住み込む奉公人もいた。

庶民は、しばしば生地を離れて、別の「町」や「在」で働いた。多くは「人別《にんべつ》」(籍)を故郷に置いたまま、出稼ぎとして暮らしたが、出先で結婚したり、仕事に成功すると、故郷から出先へ「人別」を送ってもらい、本籍地を変えた。大名の中には「地下」の転籍を禁止したものも多かったが、事実上の地理的移動は頻繁に見られ、中には故郷の人別からも欠け落ちて「無宿《むしゅく》」となる場合も少なくなかった。

二　身分の動態――職能による身分

近世の身分は基本的には世襲された。しかし、個々の身分集団の内部ではかなりの社会移動が見られ、各身分集団も集団ごとに絶えず社会的地位を改善しようとしていた。近世の身分集団は、一方では地域団体や同業集団の自己主張、他方では国家によるそれらの組織の試み、その両者の相互作用の中で生きていたのである。近世の後期には、市場の発展と技術の拡散が生じ、それを利用して生家と異なる職種に就こうとする人々が増える一方、排他的な同業団体である「仲間《なかま》」をつくって利害を守ろうとする動きも盛んになった（吉田二〇〇九）。以下では、盲人という身分を取り上げ、それがどのような扱いを受けていたかを加藤康昭の研究によって紹介し、近世の身分制の特徴を理解する手掛りとしよう。

事例としての盲人仲間

盲人の身分は世襲ではなかった。ほとんどが生まれた後に失明した者だったからである。したがって、それは武士と庶民と、生まれた身分を問わない存在で、僧侶や医師と似た立場であった。

彼らのほとんどは家族によって養われていたが、一部は家を出て盲人の仲間をつくり、相互扶助を行った。本州の中央部では、男は「座頭」、女は「瞽女《ごぜ》」と呼ばれる座《ざ》を結んだのである。座頭は京都に本拠をおく仲間で、「当道《とうどう》」と自称し、徳川公儀の法制に組み込まれて、強い結束を誇った。

失明した百姓が座頭に仲間入りを申請し、認められると、百姓身分を離れて座頭の支配下に入る。年貢が免除される一方、公儀が中世以来の慣習をもとに定めた「当道式目《しきもく》」など、仲間の法にしたがって行動することになる。座頭の職能を象徴するのは、琵琶《びわ》を手に街頭で平家物語を語ることであったが、近世においては、生業とする技芸は、浄瑠璃《じょうるり》・地唄《じうた》、琴・三味線《しゃみせん》、あるいは鍼《はり》や按摩《あんま》などに拡がり、一定しなかった。また、これらの技芸を売って得た金銭を貯め、金融業を始めて財産を蓄える者も少なくなかった。公儀は彼らの金融業にとくに手厚い保護を与えた。幕末の幕臣、勝海舟《かつかいしゅう》の祖父は越後の農村に生まれた盲人であったが、巨額の蓄財に成功し、それを背景に九人の子供のうち六人までを御家人株《ごけにんかぶ》を買って武士にしたり（徳川公儀の臣下のうち最下級にある家人の地位は売買可能で、それを株と呼んだ）、多額の持参金を付けて武家に嫁がせている。

座頭仲間は「官位《かんい》」と称する精緻な階統《かいとう》組織を発達させた。大まかに下から例示すると、初心《しょしん》から始まって、座頭《ざとう》、別当《べっとう》、勾当《こうとう》、検校《けんぎょう》に至る。これは医師の世界の階統制と同じく、中世寺院の制度を原型に作られたもので、禁裏とは関係なく、徳川公儀の威光を背景に私称《ししょう》したものであった。座頭に仲間入りをしたものは検校の地位を目ざして競争したが、その昇進は芸の高下ではなく、単に仲間に納入した金額が多いか少ないかで決まった。座頭仲間では、地位によって名乗りも、服装も、杖《つえ》も、供連《ともづ》れも、言葉づかいも、みな異なり、検校ともなると、訴訟に際して公儀の奉行所で武士なみの座に着くことができた。「高官」は地位に応じて高額の納入金の配分にあずかり、これを貸付に回したが、他方では、祝儀《しゅうぎ》（結婚式）と仏事の際に地域を分けて領主や民間から施しを徴収し、これを仲間うちの「下官《げかん》」に配当した。盲人という範囲内で、出世と栄達、そして相互扶助の組織を発達させたのである。

この座頭仲間は、しかし、十八世紀の後半には衰えた。仲間に入らない盲人が、琴や三味線や鍼を覚え、成功して、弟子をとったり、武家に抱えられるようになったからである。中には眼の見える者でこれらの技芸を教えるものまで現れた。「当道」はこの動きを抑え、仲間の独占を維持するため、公儀に訴えた。有業の盲人のほとんどを検校の支配下におくように主張して一旦は認められたのであるが、仲間以外からの新規参入を止めることはできなかった。また、各地の町村では、施しの徴収への反感がつのり、応じない人々も現れた。維新後、明治四（一八七一）年に穢多・非人の称を廃止し、平民同様とする法令が出されたが、その後には、盲人についても、「官職」の廃止、物乞《ものご》いの禁止、営業の自由、平民への編入などが布告された。近世まで続いてきた、身分としての隔離と特権の主張が完全に否定され、自由営業の荒波に盲人たちも曝《さら》されることとなったのである。

仲間と市場・公儀

盲人の座頭仲間は十七世紀の後半に徳川公儀から身分団体として認定された。それは公方《くぼう》が自らの侍医だった盲人を惣検校《そうけんぎょう》とし、直接に介入したからであって、他の仲間の場合は必ずしも公的な認定を得ていたわけではなかった。しかし、十八世紀には様々な職能が「仲間」を結成し、排他的な権益を獲得しようとし始める。それは、市場の発達と技術の拡散によって、元来は別の職業に就いていた人々が盛んに新規参入を試みはじめ、それに対応する必要から始まったものと思われる。

例として、笹本正治の研究をもとに鋳物師《いもじ》の組織を見てみよう。鋳物師とは鍋や釜、梵鐘《ぼんしょう》や灯籠《とうろう》などの鋳物《いもの》製品を作る職人である。中世には各地を遍歴して営業していたが、近世には一カ所に定住するようになった。その経営は大小さまざまであったが、中には「職人」身分を主張する経営者が多数の小経営を傘下《さんか》におき、全体では千人を超える規模に至る場合もあった。働く人々は主に「百姓」身分で、鋳物や経営の技術を身につけた上で、需要の増加を背景に絶えず自らの小経営を独立させようとしていた。

この動きに対し、戦国期以来、鋳物師の本所《ほんじょ》（権威づけの究極の根拠となる朝廷関係の組織）となっていた禁裏の下級官人、真継《まつぎ》家は、鋳物師職《いもじしき》の免許状を発行して、鋳物師の全国組織をつくろうとした。新旧の鋳物師を組織して、後発の鋳物師たちからその利害を守り、同時に内部紛争の調停に当たろうとしたのである。十八世紀に始まったこの組織活動は、各地の鋳物師の支持を得て成功し、免許状は株として売買され、鋳物師の権威づけに大いに利用されるようになった。

真継家は安永三（一七七四）年、公儀に対し、真継家発行の免許状を持たないものの営業を禁止し、全国の鋳物師にその配下に入るよう命じてほしいとの願いを申請した。しかし、公儀は、公儀や大名の配下にある鋳物師たちが真継家の支配に入るのを拒んだため、これを許さず、ただ既存の組織を容認するに留めた。真継家はその後、禁裏との関係を強調し始め、十八世紀末に内裏《だいり》が火災にあい、再建が始まった際には、配下の鋳物師から鉄灯籠を献上させ、さらには禁裏の紋章入りの看板などを配布して、鋳物師たちに禁裏直属という意識を植え付けようとした。

このような同業団体の形成、それによる新規参入の排除や他集団の配下への組織、および仲間の権威づけを目指す動きは、十八世紀には至るところで見ることができる。それは、古伝承を偽作して仲間の由緒書《ゆいしょがき》をこしらえたり、禁裏関係者から「職人」の官位を受領し、それらを根拠とする公儀への訴願《そがん》や他集団との争論を通じて行われた。これらの動きに対し、公儀はおおむね受け身で対処し、諸集団間の調停者としての役割を果たしたが、例外もあった。首都江戸とその台所大坂における問屋《といや》仲間の積極的利用である。それは公儀直轄の大都会で物価を制御するためであった。十八世紀前半、米の年貢によって生活する巨大な武士人口を守るため、米価を高止まりさせ、他の商品の値段を抑える必要が生じた。そのために流通機構の各段階でそれまでに存在した各種の仲間を組織したのである。世紀の後半には問屋仲間それぞれに「株仲間」をつくって営業を独占することを認め、その代償として冥加金《みょうがきん》を納入させることも始めている。株仲間の公認は営業の独占を認めることであったから、消費者は無論のこと、生産・流通いずれの段階でも新規参入をはかる者にとっては不都合であり、その結果、独占の排除を求める訴願も繰り返し行われるようになった。十九世紀初めに大坂近郊に起きた国訴《こくそ》（広域で行われた訴願）は特に有名である。

三 「地下」から「国民」へ

「地下」と「国家」の関係は近世の後半に少しずつ変化していった。「地下」たる庶民は元来、領主から特定の役を課された者以外は「国家」の活動に主体的に関わろうとは考えていなかった。とはいえ、両者の関係は主従関係とは別のタイプの契約関係であり、地下が年貢や夫役を負担する代りに、国家の側はこれを保護する義務を負うと見なされていた。そこで、大名や領主の側が保護を怠ったり（飢饉《ききん》の深刻化もその一つ）、勝手に増税したりすると、契約違反として、「地下」は逃散《ちょうさん》（他領に逃げること）・愁訴《しゅうそ》（代表を出して役人に年貢などの減免を願出ること）・強《ごう》訴《そ》（役所に集団で押しかけ、圧力を加えること。いわゆる百姓一揆《いっき》）に訴えた。それは好ましくはないが正統な行為と見なされていたので、異常事態が除かれ、双方の責任者が処罰されると、平穏な秩序が戻ってくるのが普通であった。それは十八世紀後半以降、一揆の件数が増えても変わりがなかった。

その一方、十八世紀半ば以降には、「地下」の中から「国家」の経済発展に積極的に関与しようと企てる者が現れ始めた。平川新やルーク・ロバーツによると、それは特に大大名の領国で顕著であった。例えば、土佐には初期から目安箱《めやすばこ》（武家・地下を問わず、領主に問題への対処を求めて差し出す上書〔目安〕を投函《とうかん》する密封された箱）の制度があったが、十八世紀には町人や百姓がしきりに土佐一国の「国益《こくえき》」を増そうという趣旨の目安を投書している。「他国《たこく》」（他の大名領）からの商品の輸入を制限し、逆に「御国《おくに》」（土佐）の産物を「他国」に輸出して、「御国」を豊かにしようという提案である。大名の「国家」を単位とした「富国論」、重商主義といってよいだろう。彼等は「御国民《ごこくみん》」と自称した。大名の「家」の「恩」つまり知行は受けていないが、「御国」の領域に生きる「国民」には相違ないから、「国家」のためになる提案をすると主張したのである（ロバーツ一九九七）。

このような動きは土佐の隣国、阿波《あわ》では、木綿の染色に使う特産物、藍玉《あいだま》（近世に好まれた藍色の染料、インディゴ）の取引について大胆な改革を生み出した（平川一九九六）。明和三（一七六六）年、ある庄屋《しょうや》の献策にもとづいて、藍玉の畿内《きない》市場への輸出を徳島城下の公設売買所で独占することにしたのである。それまでは、阿波の藍玉商人は大坂への売り込み競争でしのぎを削っており、しかも大坂の問屋から資金の前貸しを受けていたため、利益の多くを大坂に吸い取られていた。徳島一カ所で売買し、競争を抑えると移出価格を高く維持できるはずである。藍玉の取引から上がる利益の大半を大坂市場から阿波領国に移し、それを大名から藍の製造者まで分配しようという提案であった。

この政策は、阿波以外の国からの良質の藍玉の供給がなく、阿波の技術が他国に流出しないという条件の下に、成功を収めた。これは極めて特殊な条件で、他の領国が同様の政策を模倣するのは難しかったが、大名と領民をともに含む「国家」の「国益」を、外部の犠牲において徹底的に追求しようという志向自体は、他の領国の場合にも共通であった。近世の後半を特徴づける諸集団の経済競争が、大名「国家」を単位に発現したものと見ることもできよう。

他面、この「国益」追求の運動は、庶民の経済面を通じた国家との心理的同一化、積極的な担い手への変化の始まりでもあった。「国民」からの自発的な献策、「国家」からの諮問という双方向のコミュニケーション回路ができたのである。阿波の場合は、改革にあたって予め改革案を公示し、関係する庶民の同意を取り付けてから実行するといった手続きすら踏んでいる。経済政策に関しては、政府と民間の間に「公議《こうぎ》」（公共の問題を公開の場で論ずること）の慣習が生まれたといってよい。「地下」は確かに「国家」の安全に関しては、後々までも関与に消極的であった。例えば、板垣退助《たいすけ》は維新の戊辰《ぼしん》内乱の際、会津武士の新政府に対する抵抗に庶民が冷淡だと感じ、それが後に自由民権運動に取組む素地となったと述べている（板垣一九五七）。しかし、「地下」は、武家の職分である軍事以外の面では、自らの生活と「国家」とを一体化して想像するようになった。その単位はまだ「日本」でなく、その関心は国家の安全にまで及んでいなかったが、ここにナショナリズムが生まれる一歩手前の条件が形成されていたのは疑いない。

四　知的ネットワークの形成――身分と地域を超えて

近世後期の日本では、「日本」を単位とするナショナリズムの基礎条件も生まれつつあった。その核となったのは、手紙を交わし、書物や情報を交換する知的なネットワークである。これは庶民の場合は商業網を基礎に形成された。各地の上層庶民は遠近の商取引の相手と趣味や学問の上でも交際し、しばしば姻戚関係も結んだ。彼らは地元に知的なサークルを創り、そこに全国の回遊を好む知識人たちを招いて書画会などを催した。中には塾を建て、各地から学生を集めた者もある。本居宣長《もとおりのりなが》が伊勢松坂《まつさか》に建てた鈴屋《すずのや》はその代表例である。

こうした塾で最大の規模を誇ったのは広瀬淡窓《たんそう》が九州日田《ひた》に設けた咸宜園《かんぎえん》であった（海原一九八三）。淡窓は地元の商家の出で、その漢学塾は最盛期には二百人以上の学生を集めた。その学生は半数以上が庶民であった。武士が少ないが、それは徳川の直轄領だったからで、武士が庶民との共学を嫌ったわけではない。この塾は「三奪法《さんだつほう》」で有名であった。学生の間の席次を、年齢を言わず、入学以前の学歴を言わず、身分や家柄を言わず、学力によってのみ定める規則が実行されたのである。それは、福沢諭吉が『福翁自伝』で描いた緒方洪庵《おがたこうあん》の蘭学塾、大坂の適々斎塾《てきてきさい》でも同じであった。大名が設けた藩学では強い身分的制限が課されるのが普通だったが、その教官が自宅で開いていた私塾はやはり身分を問わなかった。塾は世間的な身分が消滅する場であり、そこで出会った人々は身分の違いを越えた交際を結ぶようになったのである。

塾はまた地域を超えた交際網と想像空間を創りだした。近世には遊芸の世界で家元《いえもと》制度が発達したが、学問の世界では逆に複数の師について学ぶのが当然とされ、学生は様々の塾を遊歴した。それは漢学や国学、蘭学という学問の種別も越える旅であった。その結果、ある塾で結ばれた身分と地域を超える交際関係は、他の塾を結節点として互いに絡みつき、国境と身分の壁の支配する秩序のただ中に、水平的で広域的な知的ネットワークを創り出したのである。このネットワークは基本的には文字によって結ばれた関係であり、人々は土地ごとに違う言葉を話しながら、文字の世界では漢字仮名交じり文という書記法、そして話題（古典や歴史）を共有するようになった。のみならず、話し言葉においても、それぞれの方言と別に上方や江戸の「中央」の言葉を覚え、二重の言語生活を送るようになった。それは個々の国を超えた「日本」という想像空間が成立する過程でもあった（三谷二〇一二）。

武士は大名の参勤への随行や特命による遊学をきっかけにこの知的ネットワークに組込まれていった。幕末にはそれが政治的に転用される。例えば、幕末に「公議」運動の立て役者として活躍した横井小楠《しょうなん》は、ペリーが到来する以前、二度にわたって生地熊本を離れている（松浦二〇一〇。山崎二〇〇六）。最初は天保十（一八三九）年から翌年にかけての江戸遊学である。これは熊本藩の江戸留学生に選ばれたものであり、一応、公儀学問所の林大学頭《だいがくのかみ》に入門したが、実際には、その伝手《つて》をたどって様々の学者に面会し、自らの学問を試しつつ「人物」を探した。この時最も感銘を受けたのは水戸の藤田東湖《とうこ》であり、熊本へ帰国した後も書簡を交わして密接な関係を維持している。水戸徳川家の当主、徳川斉昭《なりあき》は日本全国の大名や知識人の中から、将来の日本を担うにふさわしい人物を物色しており、その屋敷では、時々そうした人々を招いて、略式の茶会を催していた。茶席も身分差が消える場であった。斉昭の茶会は趣味や社交の場ではなく、普通ではめったに会えず、対等に口をきけない人々に率直な議論をさせるための政治的な工夫であった（藤田東湖『常陸帯』）。小楠はその席に招かれるまでには至らなかったが、そうして形成されつつあった政治的ネットワークの末端に連なったのである。

二度目の外遊はペリー渡来の二年前であった。名古屋の親戚を訪ねるという名目であったが、かねて藩学の教官を探していた福井松平家の招待がきっかけだったようである。諸国の政治を視察し、同志を探すという目的は以前と同じであったが、西洋船渡来の危機感の下、それはより切迫したものとなっていた。至るところで土地の要人や知識人に面会したり、評判を聞き込んだりし、蔵書家との間には珍書の写本の交換を約束したりしている。小楠は福井で大いに歓待され、それはのちに福井に招聘されて「公議」運動の指導者になる重要な前提条件となった。

横井小楠の旅は孤立した例ではない。長州の吉田松陰《しょういん》も同時期に諸国遊歴を繰り返している。また、これは学問に限った話でもない。松陰の友人、桂小五郎《かつらこごろう》、のちの木戸孝允《たかよし》は、ペリー来航の前年、剣術修行のため自費で江戸に出、斎藤弥九郎《やくろう》に入門した。これは単なる伝統武術の修行ではなかった。斎藤は伊豆韮山《にらやま》の公儀代官、江川太郎左衛門《えがわたろうざえもん》の手代《てだい》（代官の配下で実務を担う者。武士身分の場合は手付《てつき》と呼んだ）も勤めていた。江川は幕末における西洋式軍事技術の総元締めであり、日頃、斎藤らと軍事訓練も重ねていた。斎藤道場は、最新の西洋情報と軍事技術にアクセスするにも絶好の場だったのである。

このように、学問や武芸の塾は地域と身分を超えた水平的ネットワークを近世後期の日本に創りだした。それは当初、政治的意味を持たなかったが、アヘン戦争の頃からは武士たちによって意図的に転用され、さらに庶民の上層を政治の世界に巻き込む媒体ともなった。権力抗争に自ら手を出す庶民は少なかったが、宮地正人が明らかにしたように、彼らはこのシステムを活用して精力的に対外関係や内政の情報収集に努め、膨大な量の風説留《ふうせつどめ》をのこした（宮地一九九九）。明治十年代の自由民権運動も、この知的ネットワークの存在なしには考えられない。「日本」ナショナリズムも、「公議」「公論」の制度も、近世後期に発達したこのシステムを基盤として生成したのである。

第四章

十九世紀前半の国際環境と対外論の蓄積

予知された、長期的な危機

十八世紀後半から十九世紀の初めにかけての東アジアでは、日本・朝鮮・琉球・清朝など域内諸国の相互関係が薄くなった。同時に、以前より軍事的・経済的な力を増したヨーロッパの強国が再登場し始めた。その結果、十九世紀の日本は単独で西洋に立ち向かうことになったが、その政策は十九世紀後半のように開国に向かうのではなく、逆に「鎖国」を強めるものとなった。この章では、このような国際環境の変化、公儀による「鎖国」政策の再定義、そして知識人の生み出した新たな世界像と国内改革論などを概観する。彼らの模索は、さほど遠くない将来に西洋との危機発生を予想するもので、その内容は多様だった。それが十九世紀半ばに西洋から開国を強要されたときに柔軟に対応することを可能としたのである。この「予知された、長期的な危機」という問題は、資源・環境の制約にせよ、大規模な地震・津波にせよ、今日の我々に無縁な問題ではない。辛《かろ》うじてではあったが、十九世紀の日本人は解決に成功した。その模索の様子を辿《たど》ることは人類の未来にとって良いヒントを与えてくれるに違いない。

一　東アジア国際環境の変化

東北アジア国際関係の希薄化

東北アジアの海上通交関係は、十八世紀後半、一旦、縮小に向かった。清は王朝創立の当時、内陸に対してたびたびの遠征を行った結果、中華帝国の歴史上、最大の版図を築いていたが、それが一応落着した一七五七年、もとは四港あった貿易港を最南部にある広州一港に制限した。しかし貿易はそれで衰退したわけでなく、むしろイギリスが茶を大量に買い始めた。イギリスは茶貿易の安定・拡大を図るため、一七九二年、ジョージ・マッカートニーを使節として派遣し、清朝と条約を結ぼうとした。しかし、時の乾隆《けんりゅう》帝はにべもなく断っている。中国は「地大物博」であって外国産の品を必要としない、茶や磁器・生糸などを輸出しているのは貧国に恩恵を与えてやっているのであって、要求がましいことを言われるのは心外だというのである。当時、イギリスには中国と争う理由はなく、まだ東アジアに軍事力を展開する基盤も持たなかったから、使節はあっさりと引き下がった（並木・井上一九九七）。

他方、朝鮮と日本の関係もこの頃には薄くなった。第一章に見たとおり、日朝関係は互いに他を見下すのを黙認しあっている関係であったが、互いにそれに耐えられなくなったのである。そのイニシャティヴをとったのは日本であった。十八世紀の日本では生糸や朝鮮人参の国産化が進み、朝鮮貿易の重要性が低くなっていった。そのため、対馬の宗氏は一七七五（安永四）年に日朝貿易の主要部分であった私貿易の断絶を宣言し、さらに十八世紀末、老中松平定信《さだのぶ》は通信使の応接地を首都の江戸から朝鮮海峡にある対馬に変える方針を打ち出して、朝鮮に申し込んだ。朝鮮側は、種々の考慮と長い交渉のすえ、これを受け入れた。その結果、一八一一（文化八）年になって対馬で将軍家斉《いえなり》の就任を祝う通信使の応接が行われたが、これを最後に通信使の派遣・応接は途絶えることになった（田保橋一九四〇）。西洋諸国がふたたび東アジアに関心を注ぎ始めたそのとき、海を介してつながっていた東北アジアの三国は相互に無関心になり、その結果として、西洋諸国に対する共同行動の基盤を失ったのである。

西洋の東アジア再進出——英・仏とロシア

他方、同じ時期、ヨーロッパ諸国はふたたび東アジアに関心を持ち始めていた。十七世紀にオランダが東南アジアのマラッカ海峡と香料諸島を支配して以来、東アジア海域ではポルトガルとスペインの勢力が後退し、華人《かじん》を主役とし、中国の諸港を一方の中心として、ポルトガル領のマカオ、スペイン領のマニラ、東南アジアの諸港市《こうし》を結節点とする中継貿易が南シナ海に展開していた。しかし、十八世紀後半には、フランスとイギリスが全地球を舞台に覇権競争を始め、欧州や北米、インドだけでなく、東アジアと太平洋までこれに巻込んだのである。インドの貿易拠点と北米の勢力圏を争奪した七年戦争（一七五六—六三。イギリス名はフレンチ・インディアン戦争）、それに負けたフランスがイギリス植民地人の本国への反乱を支援したアメリカ合衆国の独立戦争（一七七五—八三）、フランス革命とナポレオン戦争を通じた両国の死闘（一七八九—一八一五）である。一七七〇年代から八〇年代にかけてのジェイムズ・クック（イギリス）やド・ラ・ペルーズ（フランス）の太平洋探検は西洋の海洋知識の空白部分をかなり埋めたが、この英・仏の世界的な覇権競争の一環をもなしていた。彼らが作成した海図や地図がなかったら、欧米の捕鯨船が北太平洋に姿を現して、日本開国の背景になることもなかったであろう。

他方、英・仏の戦争それ自体は東アジアではごく小規模に留まった。しかし、ナポレオン戦争の際、イギリスはオランダからマラッカ海峡の覇権を奪い、マレー半島の先端にシンガポールを建設して、戦後には地中海からインド洋、シンガポールを経て中国に至るアジア交易の大動脈を掌握することになったのである。これは東アジア、特に中国への関心を一段と高めることになった。イギリスは従来、茶の代金として銀を中国に支払っていたが、新たにインド産のアヘンを対価として開発し、その中国に対する密輸を急増させた。これにイギリス本国からインドへの綿布輸出がリンクして、いわゆる東インドの三角貿易が形成されたのである（秋田二〇一二）。

他方、北方からもヨーロッパ人が姿を現した。シベリアの毛皮獣を追ってロシア・カザーク人が太平洋岸に到達したのは、古く十七世紀中葉に遡る。彼らは中国東北部で清と衝突し、ネルチンスク条約（一六八九年）によってアムール川流域から北に締め出されたが、代りに北太平洋で良質な毛皮となるラッコを発見し、海を越えてアメリカ大陸にも進出した。一七三九（元文四）年には、ベーリングが北太平洋探検の一環として日本沿岸の探検も行っている。その後、千島列島を伝ってウルップ島まで南下し、住み着く者も現れた。一七七八（安永七）年には、政府の委託を受けた商人が蝦夷地の厚岸《あっけし》を訪れて松前藩の役人に交易の可能性を打診し、一七九二（寛政四）年には皇帝の使節としてアダム・ラクスマンが根室と松前に訪れた。アメリカ北西岸を中心に活動する毛皮猟師たちに日本から食糧を供給するのがその目的であった。ロシアの進出は、長期的には東北アジアの国際環境を大きく変えることになったが、当面、これに強い関心を向けたのは日本だけであった。地理的に近い朝鮮にロシア人が来たのは、十九世紀も半ば過ぎ、第二次アヘン戦争の後にロシアが清朝から沿海州を割《さ》き取った後のことであった。

二　鎖国政策へのコミットメント

十九世紀前半の日本人は、国際環境の変化を知りながら、これを大きな脅威とは見ず、前世紀に歩んできた道を自覚し、鮮明にしつつ踏襲した。外部に対して国を鎖す慣行を原則に高め、西洋諸国には日本一国で対処する道を選んだのである（井野邊一九四二。三谷一九九七）。

鎖国・避戦・海防

十八世紀末、寛政改革を主導した老中松平定信は、長期的・軍事的観点から対外政策を体系化し、その中心に鎖国政策を据えた。それまでの対外政策は禁令の束と慣習のなかで処理されていた。「新儀《しんぎ》」（新しい企て・政策）は歓迎されなかったが、禁令にない限りは実行不可能ではなかった。それは先代の老中田沼意次《おきつぐ》が蝦夷地でロシア人と限定的な交易を始める案を検討した事実によく示されている。しかし、定信は対外政策を体系化し、しかも鎖国を原則にまで高めて禁令に組み込んだ。長崎貿易の制限を強め、朝鮮通信使の応接地を対馬に移転することを申し込む一方、異国船（西洋型の船）一般の取扱いも厳格化したのである。それまでは異国船の渡来は原則上は自由で、個別にスペイン、ポルトガル、イギリスが禁止されていたのであるが、今回は渡来を一般的に禁止し、以前から来航を続けてきた国々を例外扱いとした。ロシアからラクスマンが訪れたのは丁度この政策転換の直後であった。このとき「今まで通信（国交）がなかった異国の船が日本の地に来る時は、あるいは召捕《めしと》るか又は海上で打払う事が、いにしえより国法となっていて、今もその掟に違うことはない」と通告したが、これは歴史的事実に反する「伝統の創造」であった。漂着した船の船員は保護し、長崎をへて中国人は中国船、その他はオランダ船に乗せて帰していたからである。十九世紀の最初の年、蘭学者志筑忠雄《しづきただお》が「鎖国」という言葉を発明したが、幕末に問題となる「鎖国」政策、すなわち日本人の出入国でなく、西洋人の来訪の側に注目し、これを一般的に禁止する政策はこのとき登場したといってよい。

他方、定信は、長期的観点に立って軍備の再建と短期的な戦争回避にも配慮した。蝦夷地と江戸湾の海岸防備（海防）を計画し、後者については大規模な案を構想し、みずから伊豆半島の先端まで実地調査に出かけた。その一方、ロシア使節に対しては、表面上は厳格な鎖国方針を示しながら、裏面では紛争回避のため蝦夷地で交易を始める可能性があることを示唆し、長崎への入港許可証を与えて帰国させたのである。

その後の日本の対外政策は、定信の設定した鎖国・避戦・海防という三次元の枠組みの中で推移した（以下、事実については横山二〇一三）。彼の退任後、公儀はロシアが日本に侵攻することはありえないと判断して海防や避戦対策を低水準に抑えたが、鎖国政策は継承し、田沼時代に戻ることはなかった。また、蝦夷地に関しては、ロシアが領土化する前にこれを国土に編入しようと図った。その管理を松前家から公儀に移し、エトロフに守備隊をおいてその内側に住むアイヌに日本の支配を受け入れさせようとしたのである。支配の仕方は本土三島と異なったが、蝦夷地を日本の排他的な支配領域に組み込もうとする点では同じであった。それは近代の西洋諸国が接したあらゆる地域で生じた国境画定運動の初期の例であった。

対ロシア関係の緊張

ロシアは一八〇四（文化元）年、松平定信の示唆に基づいて、世界周航の探検隊に侍従ニコライ・ペトロヴィッチ・レザーノフを同行させ、長崎を訪問して再び日本との通交を求めた。しかし、公儀は要求をすべて拒んで帰国させた。このとき、原則として新規渡来を禁止する方針をより具体化し、「通信商」の国を「唐山《もろこし》・朝鮮・琉球・紅毛《こうもう》（オランダ）」と限定した。鎖国政策をさらに強めたのである。

しかし、このような政策転換はロシア側に強い不満を生んだ。一八〇六（文化三）年から翌年にかけて、レザーノフの部下がエトロフや樺太南部などを襲い、守備・交易の拠点や便船の破壊・略奪や人身の捕獲を行ったのである。公儀は、これに対し東北地方の大名を動員して蝦夷地の守備を固め、江戸湾にも初めて海防の備えを敷いた。このロシアとの緊張関係は、一八一一（文化八）年、測量のためクナシリに来たヴァシーリー・ゴロヴニーンを日本が捕え、ロシア側も蝦夷地交易の御用商人高田屋嘉兵衛《たかたやかへえ》を捕えたとき、頂点に達した。しかし、日本側は戦争を好まず、ロシアも本国にナポレオンが攻め込んでいる非常時であったため、この紛争は拡大せず、一八一三（文化十）年、互いの捕虜を交換して無事に解決を見た（生田二〇〇八）。

この頃には、長崎にもナポレオン戦争の余波が及んだ。一八〇八（文化五）年、イギリス軍艦フェイトンがナポレオン戦争下に敵国となっていたオランダ船を求めて現れ、長崎に入港規則を無視して乗込み、一時オランダ商館員を拘束した上、薪水《しんすい》・食糧を強奪して去ったのである。この事件は日本側にイギリスへの著しい嫌悪と警戒心を遺すことになった。しかし、当時の日本にとっては、実際に軍事衝突が発生したロシアの方がはるかに大きな問題であった。

緊張緩和と異国船打払令

ゴロヴニーン事件が平和の内に解決された時、ロシア側はその船を日本近海に近づけないと約束した。この約束は確かに履行され、ロシア船の姿は見えなくなったが、その状態が続くと、公儀の内部では、先の乱暴は海賊船の仕業《しわざ》であり、国家としての西洋が地球の裏側にある日本に戦争を仕掛けるはずがないという判断が有力になった。

そこで、老中水野忠成《ただあきら》が主導する公儀は、蝦夷地を松前家に返し、東北大名の海防動員を解除して、海防を持続可能な平時の体制に切替えた。その上で一八二五（文政八）年、異国船を見かけたならば事情の如何を問わず打ち払えと命ずる異国船打払令《いこくせんうちはらいれい》を公布している。これは公儀が好戦的になったことを意味しない。逆に、紛争が生じても国家間の戦争に発展するおそれはない、ならば、もっとも強硬な形で鎖国への意志を表現し、異国船が日本の海岸に近づかないようにしたいというのであった。危機が去ると、海防と避戦への配慮が再び後景に退き、鎖国政策が極限的な形で追求されるようになったのである。隣国でアヘン戦争が勃発し、北太平洋での西洋諸国の優位が明らかになるのはこの十数年後に過ぎない。しかし、当時の日本人は、ロシアとの危機が去った後、その実際の経験に基づいて、世界はこれ以上変化せず、鎖国は太平を維持する最も適切な政策であると信ずるようになったのであった。

三　知識人の世界認識

関心の移動——近隣から西洋へ

十八世紀以来、地理学の発展やロシアとの接触を背景に、日本の知識人は様々の対外論を著した（井野邊前掲）。十八世紀後半に展開された対外論には、工藤球卿《きゅうけい》の『赤蝦夷風説考《あかえぞふうせつこう》』（一七八三年）や本多利明《としあき》の『西域物語』（一七九八年）のように、経済的観点から貿易の拡大や海外進出を提唱したものが目立つ。その中で、軍事面を問題とし、『海国兵談』（一七九一年）で海防の重要性と西洋式の銃砲や艦船の採用を主張した林子平《しへい》は例外的な存在であった。しかし、日露間に武力衝突が起きると、知識人たちの対外論は、軍事面に着目しながら具体的な外交政策や内政改革を論ずるものに変化した。その内容は、ロシアに対する攘夷論から限定的・一時的な通商を主張する論まで多様であったが、西洋の軍事的卓越を認め、国内体制の再建を重視する一方、近隣諸国との関係に触れるものがほとんどないという点では共通していた。朝鮮は概ね意識から脱落し、中国は大国の自尊心が弱体化の自覚を妨げる反面教師として言及されるようになっている。日本知識人の世界像は、中国を主軸に構成するものから西洋を中心に構成するものへと、はっきりと転換したのである。

ただし、ロシアとの緊張緩和は、先の危機は杞憂《きゆう》による空騒ぎであったという解釈を世間に流布し、その結果、意識的な鎖国論が多数意見となった。ロシアのゴロヴニーンは松前の牢につながれているとき、富国のため広く通商してはどうかと通訳に語ったが、日本側は、西洋諸国は国際関係が密であるゆえに大戦争を繰り返している、孤立は平和の好手段であり、貧しくても平和の方が良いと答えたという（ゴロヴニン一九四三―四六）。当時の日本人は、環境が許すならば、意識的に、平和・無事のための鎖国を追求しようと考え始めていたのである。

しかしながら、ロシアとの緊張緩和、およびそれに伴って進行し始めた対外関係の忘却に対しては、少数意見ながら、強い反対論が提唱された。その代表が水戸の会沢正志斎《あいざわせいしさい》の尊王攘夷論、および公儀の儒官古賀侗庵《こがとうあん》の航海進出論である。両者の主張は、結論は攘夷と開国と正反対に見えるが、西洋の世界制覇の趨勢《すうせい》を重視し、根本的な対策を立てるべしと、アヘン戦争によって東北アジアの国際環境が激変する以前に提唱した点では、同じであった。

尊王攘夷論

会沢正志斎の『新論』(一八二五年成稿)は、幕末だけでなく、近代日本の進路に強い影響を与えた書物である。水戸徳川家で著されたこの著作は、決して徳川公儀の支配を傷つけたり、覆すことを目的とするものではなかったが、幕末日本を風靡《ふうび》した尊王攘夷運動を導く思考の型を生み出し、明治の新国家に対しても天皇制の永続を意味する「国体」という観念を提供した。書物の影響という点で、後の福沢諭吉『学問のすすめ』や、マルクス=エンゲルス『共産党宣言』に勝るとも劣らぬものがあったのである。

会沢の対外政策は、公儀の布告した異国船打払令を西洋を相手に戦争を始めよと命ずる攘夷令と読み変え、攘夷によって生じた対外危機を利用して、大胆な国内改革を起動しようというものであった。地域的・身分的に分かれている日本を、より統合性の高い軍事強国として再建するのが究極の目標である。世をあげて「鎖国による平和」を求めようとしている時に、「戦争による改革」という全く正反対の劇薬を投与しようと提案したのであった。ただし、「攘夷」は「鎖国」

ではない。会沢は列島への「籠城《ろうじょう》」は自滅の道であると言う。そして、いま一番危険なのはロシアの世界支配の運動であると考え、これを牽制するために、隣国の清や遠方のトルコと提携することを示唆している。

『新論』は、外交政策以外にも西洋軍事技術の導入や武士の土着による軍備の再建を論じている。それは他の海防論者と同様であったが、ただ、それら一切を「国体」をめぐる独特のコスモロジー、世界と歴史の規範的イメージ、あるべき姿の中に統合している点は、大いに異なる。

『新論』はこう始まる。

「謹んで考えますに、神州〔神国日本〕は太陽の出る所、元気〔宇宙のエネルギー〕の始まる所であり、天日の子孫が代々王位につくことが永遠に変りません。もとより〔人体で言えば〕大地の頭部に当る土地で、万国を束ねる綱であります。誠に当然なことに、宇内《うだい》〔世界〕に〔太陽同様に〕照臨し、地の遠近を問わず皇化を及ぼすべきです」。

太陽神の子孫が永遠に統治する国、日本は世界の中心であり、その秩序は全地球上を覆い尽くすべきであるというのである。しかし、蘭学者の地理研究を参照して世界情勢を検討すると、世界の現実は逆であった。卑しいはずの西洋の「蛮夷」が世界支配の運動を着々と展開し、「中国」（世界の中心）であるはずの日本自体も風前の灯《ともしび》である。誰か英雄が現れて、この誤った現実、あるべき秩序からの逸脱を正せよ。会沢はそう叫んでいる。

このコスモロジーは、当時の日本人の眼には奇異なものと映ったようである。「攘夷」論にせよ、「国体」論にせよ、現実とかけ離れた極論に違いない。しかし、アヘン戦争後、多くの知識人が日本は深刻な対外危機に直面していると認識するようになると、それらは大きな魅力を持つようになった。日本は元来は世界の指導者たるべき「中国」であり、今は一時的に落ち込んでいるに過ぎない。こうした世界観は、西洋に対する劣勢に気づき、未来への懸念を深めれば深めるほど、魅力的な発奮材料となったのである。

航海進出論

これに対し、アヘン戦争の直前には、日本側から積極的に海外に進出しようという論も著された。公儀の学問所で教えていた古賀侗庵の『海防臆測《おくそく》』（一八三八年以降執筆）である。古賀は、世界情勢を分析して、五大州のうちヨーロッパ、アメリカ、アフリカ、オーストラリアはすでに西洋の支配下に入り、かつて聖人や英雄の輩出したアジア州でも、自立している国は「支那」[*1]と「本邦」だけとなったという。ただし、大国の清も外見ほどは強くない。「中華」意識が世界情勢の正確な認識を阻《はば》み、現在の大問題となっている西洋の「呑併《どんぺい》」に対する対抗の努力を妨げているからである。そのような認識に立って、古賀は日本を世界地図の中に置き、客観的に認識せよと力説した。日本は清・露・英には及ばぬが、ムガール（インド北半分の国）・ペルシア・トルコと同列にある強国であり、「百王一姓《ひゃくおういっせい》」の優れた国であるが、世界の中心などではまったくない。西洋による世界征服運動に対しては油断せず、あらかじめ十分な備えをせねばならない。そのための最も重要かつ有効な方法は、海軍を創設し、日本人が自ら海外に出かけて身を数々の危難にさらし、自らを鍛えることである。

「顧《おも》うに水軍の変動は予測ができない。必ず実際に試みて、始めてその腕を磨き上げることができるのである。品海（品川の海、東京湾）の練習だけに頼ってはいけない。まさに寛永前（三代将軍家光以前）の旧制に復し、遠く天竺《てんじく》（インド）・暹羅《しゃむろ》（タイ）・安南《あんなん》（ベトナム）などの地方に赴き、貿易すべきである。その術を巧みに行うなら、富国の資《たすけ》にもなるだろう」。

日本人が海外に出るとなると、当然、キリスト教に接触することになる。会沢たち尊攘論者が懸念したのはまさにこの点であった。彼らが天皇の君臨を核とする「国体」のイデオロギーを生み出したのは、キリスト教の国内への浸透をふせぎ、武士と民衆、双方の日本国家に対する忠誠を確保するためだったのである。しかし、古賀は楽観的であった。近世の初期と異なって、今の日本人には士・庶ともに「忠君愛国」の意識が定着している。西洋はもはや、キリスト教によって人民を現地政府から引離し、反乱を起こさせて、国家を奪い取る道具とすることはできなくなっているというのである。

このように、古賀の海外進出論は極めて冷静で合理的なものであった。海外進出といっても、交易を主とし、領土的支配は南海の小島くらいに限って、西洋との衝突を避けよと述べている。彼はこのため豊臣秀吉の朝鮮出兵を厳しく批判した。しかし、日本は海軍を作るぐらいで西洋との競争と抗争を生き残れたのであろうか。徳川公儀はペリーの来航後かなり早くに開国政策に転換し、これに対する世の批判を受けて政権を失うことになった。しかし、例えば、政府による攘夷政策が成功した同時代の朝鮮のその後を考えると、日本という国自体は生き残れたという点で幸せだったと言えるかもしれない。古賀の論は世界情勢を的確に把握した極めて合理的なものだった。しかし、これが全面的な成功を収めていたとすると、日本は大規模な変革を行えただろうか。この点では、人間の情動を意図的に操作しようとした会沢の術策の方が有効であったように見える。幕末に勢力を得た尊攘運動は、会沢の価値観から見ても決して容認できない域まで暴走したのであったが、日本社会の徹底改革に至るエネルギーを供給した事実は疑えないように思われる。

対外論の四類型

最後に、ペリー来航前に現れた様々の対外論を類型に整理し、それら相互の関係と移行の様子をまとめておこう（図4-1）。考えるべき軸の一つは、西洋人の来航を認めるか否かという意味での「開国―鎖国」の軸、もう一つは、対外危機に対処するための国内改革に積極的か否かという「改革―保守」の軸である。こうすると四つの象限《しょうげん》ができるが、会沢のような尊王攘夷論は「鎖国」と「改革」の象限、古賀のような積極型開国論は「開国」と「改革」の象限に位置することになる。「開国」と「保守」の象限で、やや「鎖国」よりの場所に位置するものは消極型の開国論、「鎖国」と「保守」の象限に位置する現状維持論は鎖国論と呼ぶのが適当であろう。これらのうち、ロシアとの緊張緩和の後、ペリーの来航までの時期の多数意見は鎖国論であった。何も変えたくないという態度である。その支持者の多くは、ペリーの軍事的威圧を受けると、避戦のために消極型開国論に移ってゆくことになった。これに対し、尊攘論はペリー来航の前後、一世《いっせい》の注目を浴びることになったが、その一部はごく早期に積極型の開国論に移った。しかし、この移行は、吉田松陰とその門下に典型的なように、安定したものではなかった。攘夷論に戻ったり、また開国論に反転したり、行きつ戻りつ、揺れ動いたのである。この不安定さは必ずしも対外関係から来たものでない。攘夷論者と積極型開国論者は、のちに見る藤田東湖《とうこ》と橋本左《さ》内《ない》の関係のように、改革という点ではしばしば提携した。彼らが共通して敵と見なしたのは鎖国論者と消極型開国論者であった。論者たちの意見は開鎖の問題については状況の変化に応じて変わったが、内政改革については揺るがなかった。改革を目ざすか保守に徹す

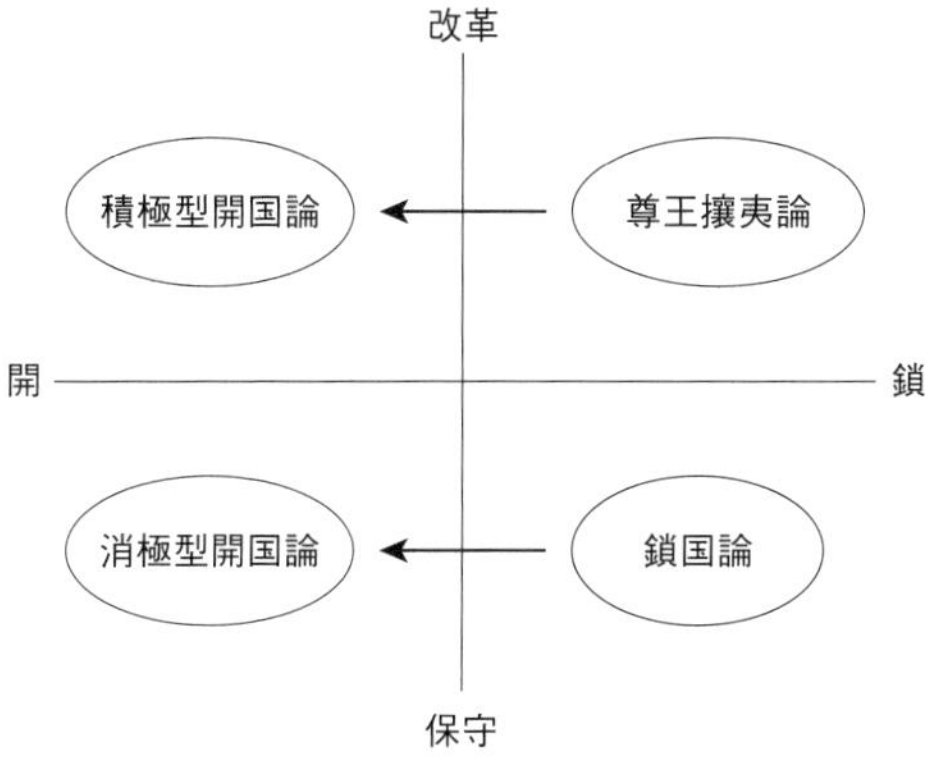

図 4-1　ペリー来航前に現れた対外論の 4 類型

るかという態度は一貫したのである。この事実は、幕末の対外論を見る場合、西洋への対処法よりは、内政改革の可否をめぐる対立の方が重要だったことを示唆している。

隣国の清朝はのち、西洋と二度大規模な戦争をしたが、敗北を喫しても大規模な内政改革には手を付けなかった。軍備や産業の面では強化に努めたが、政治体制は変えなかったのである。また、朝鮮も二度、西洋と戦争を行い（フランスとアメリカ）、勝利を収めた結果、攘夷政策はむしろ強化された。これに対し、幕末の日本は大規模な戦争を行うことなく西洋への政策を鎖国から開国に反転させ、さらに対西洋危機を機として内政改革を起動し、明治維新を敢行するに至った。このような差異は直前の時代の経験から来ている面が少なくない。日本人の十九世紀初頭の経験は西洋との関係の処理について貴重な財産となったのである。

注

＊1　「支那」は今のChinaに当る西洋語に漢字の音をあてた語であり、近世には広く用いられた。当時、中国人の自称「中国」（世界の中心にある立派な国）を用いることは稀であった。

第五章

幕末：対外政策の変転

西洋主導の世界秩序への加入

十九世紀の半ば、日本は西洋諸国の圧力を受けて、西洋が築きつつあった新たな世界秩序に加わった。それは周知のように、明治維新という、日本と東アジアの進路を左右する大規模な政治・社会の変革をもたらした。本章ではまず維新期の対外関係について、東アジアの国際環境が一変したアヘン戦争から、日本が西洋諸国に「開国」し、さらに日本人が海外渡航を始めるまでの目まぐるしい変転過程を見てゆく。

一　アヘン戦争と鎖国維持の模索

アヘン戦争の意味

清とイギリスの間に勃発したアヘン戦争（一八四〇—四二年）は、西洋の国家が東アジアに初めて大軍を送り、そこに歴史始まって以来君臨していた大国に戦勝した事件であり、その結果として成立した西洋の軍事的・経済的拠点は東アジアの国際環境を不可逆的に変化させた。それは十九世紀前半の日本がとってきた「鎖国」政策の前提が崩れたことを意味した（以下、主に三谷二〇〇三による）。

アヘン戦争は、周知のように、清がイギリスによるアヘンの密輸入を厳禁しようとしたことから始まった。アヘンの密輸が多量になり、これが清の主要通貨であった銀の流出を促し、その価格を引き上げた。銀は納税に使われていたため、その高騰は民に対しては増税と同じ効果を持ったので、政府は大本のアヘン貿易を見過ごせなくなった。イギリスの現地商人と貿易監督官は林《りん》則徐《そくじょ》が行った在庫アヘンの没収と密輸厳禁の措置に強く反発し、本国政府に彼らの生命と財産が脅かされていると訴えた。現地でも中国人に対する殺傷事件や武力衝突が発生した（坂野一九七三）。

イギリス政府はこの訴えを取り上げ、国会は僅差であったものの、大軍の派遣に同意した。一八四〇年の夏までに中国海域に集結した遠征軍は、帆走軍艦十六隻、輸送船二十七隻、蒸気船四隻、陸軍は約四千名であった。これだけの軍隊をイギリスから直接送るのは困難だったはずであるが、実は陸軍の大部分はインドでインド人を編成したものであった。イギリスが徐々に進めていたインド支配には新しい意味が加わっていたのである。

戦争は沿海部を中心に行われたが、一八四二年、イギリスが長江を遡って大運河との交点を押さえ、南京への侵攻を通告すると、清政府は降伏した。こうして結ばれた南京《なんきん》条約は、開港地の五港への増加、香港の長期租借《そしゃく》、賠償金支払い、対等な形式をもつ外交文書の往復などを規定し、付属の協定で、領事裁判権や協定関税、最恵国《さいけいこく》待遇など、のちに不平等として問題化される条項を取り決めている。その後、清はアメリカ合衆国やフランスなどとの間にも同様の条約を結んだ。

イギリスはこの戦勝によって、中国の南部に香港という軍事拠点、中・南部の沿海部には上海などの経済拠点を獲得した。のちインドを併合し、大英帝国を名のったが、この帝国は西半球のみならず、東半球においても、インドからシンガポールを経て東アジアの中枢部まで勢力を伸ばす、文字通り「日の没するところのない」地球大の帝国となった。

アヘン戦争はもう一つの重要な主体を東アジアに登場させた。アメリカ合衆国である。独立時、わずかに大西洋岸十三州、人口五百三十万に過ぎなかったこの国は、新たな移民や奴隷を迎えつつ内陸に向かって急膨張し、十九世紀末には七千六百万もの人口を擁するようになった。中国が開港したのは、ちょうどその関心が太平洋岸に向かい始めた頃である。一八四八年、メキシコ戦争の結果、カリフォルニアを手に入れ、そこに砂金が発見されて、いわゆるゴールド・ラッシュが始まったが、実業家たちの関心は太平洋の彼方にも向けられた。イギリスと中国市場の開拓を競おうと、蒸気船による北太平洋航路を開くことを計画したのである。蒸気船は帆船と異なって大量の真水と石炭を必要とするから、途中にその補給基地が必要であった。彼等が日本にペリーという使節を送ったのは、実は中国航路の寄港地を確保するためだったのである。中国が目的であったにもかかわらず、この使節は日本の激変と急激な台頭という予想外の結果をもたらすことになった。

鎖国維持の模索

徳川公儀は、アヘン戦争により国際環境が激変する直前に、対外政策の見直しを始めていた。徳川家斉《いえなり》の後を継いだ家慶《いえよし》は老中水野忠邦《ただくに》とともに将軍の初政として大改革を計画し、その一環として鎖国政策を支えるべき海防の強化を計画したのである。天保十（一八三九）年に目付鳥居《とりい》耀蔵《ようぞう》と代官江川英龍《ひでたつ》（太郎左衛門）に江戸周辺海岸を巡見させ、それぞれ海防案を上申させたのはそのためであった。江戸湾は入口は狭いが中は広く、一旦中に入ってしまえば江戸城の近くまで船を寄せることができる。かつてロシアとの緊張関係が生じたとき、両岸に大名を一家ずつ配置して警備に当たらせたが、緊張緩和とともにそれを止めるなど、警備の水準は落ちていた。それを長期的展望の下に再建しようとしたのである。*1

この海防案の裁決が長引いている間に、アヘン戦争が勃発し、さらに清が敗北したとの知らせが入った。その結果、海防の見直しは対外政策全般の修正に発展し、まず異国船打払令を撤廃して西洋国家との戦争が自動的に始まるのを予防した上で、様々の海防対策が講じられた。江戸湾口の両岸に再び警備大名を各二家配置し、さらに、全大名に対して防備の現状や海岸絵図の報告あるいは隣領応援の準備を命じたり、公儀の組織として洋式の大筒《おおづつ》組を新設したり、オランダに対して蒸気軍艦と船員の雇用について打診したりといった政策を取ったのである。この政策は決して鎖国政策を改めるものではなく、その枠内で来るべき西洋国家による開国の強要を防ぐに足る備えを設けようとするものであった。

天保改革における海防政策は、しかし、それに必要な収入増加を図った勢力が役人たちの出世抗争により失脚し、水野が罷免《ひめん》されると、ほとんどが放棄された。鎖国の有効性の前提条件であった西洋との距離がアヘン戦争により大幅に縮小され、鎖国を維持するには大幅な海防強化が必要となっていた最中のことである。当時の日本には、公儀の内外に、アヘン戦争の行く末を注意深く観察し、国際環境が激変したことに気づいた人が少なからずいた。しかし、当時の公儀は、改革の挫折によって深く傷つき、すべてに消極的になった。官僚たちの闘争は次々と老中を失脚させ、遂に二十代の人物（阿部正弘《まさひろ》）を老中首座に就けねばならなくなるまでになった。とても政策の大規模な転換を提案できるような状況ではなかったのである。

公儀における天保改革の挫折は薩摩や長州など西南雄藩の成功と対比され、しばしば維新における勝敗と結びつけて語られてきた。しかし、ペリー来航後に見られたように、公儀には通貨増発という奥の手があり、財政面で真に窮迫《きゅうはく》していたわけではない。問題はあくまでもこの心理的な後遺症にあった。そして、公儀内部の人的抗争に終止符を打つことを期待されて政権に就いた老中阿部正弘は、むしろ鎖国政策を従来より強い形で世界に印象づけ、西洋の日本に対する接近意欲を減じようと考えたのである。

弘化元（一八四四）年、オランダ国王が特使を派遣して、日本に他の西洋諸国との通商を勧告した。翌年、公儀は拒絶を回答したが、そこには、従来オランダとは「通商」関係があるだけであり、「通信」関係はない、今後このような「通信」を寄越さないように、という文言があった。レザーノフへの回答では分けていなかった「通信」の国と「通商」の国とをわざわざ分離し、またしても「伝統の創造」を行って門前払いをしたのである。いかにも冷淡な対応と言わねばならない。

ついで、阿部はペリー来航以前、三度にわたり、公儀の内部で異国船打払令の復活を提案した。同じく西洋の接近意欲をくじく措置であるが、これを機にせめて江戸湾口だけでも海防水準を引き上げておきたいという意図もあった。その最初の機会は、弘化三（一八四六）年に琉球と浦賀《うらが》でほぼ同時に通商要求を受けた時に訪れた。琉球でフランス軍艦が通信・通商およびキリスト教の布教を要求しているという知らせを受けた直後に、膝元の江戸湾口にジェイムズ・ビドゥル率いる二隻のアメリカ軍艦が現れたのである。アメリカ艦は中国で条約批准書の交換を終えた後に立ち寄ったもので、帰国を急いでいたため、浦賀で拒否の回答を受けるとすぐ立ち去った。また、フランス艦も琉球官吏の頑強な抵抗を前に条約締結を諦め、宣教師を置いて退去した。

しかし、この年がペリー渡来以前における最大の外交危機であったことは間違いない。このため、海防に懐疑的だった当時の勘定奉行も、戦争回避策の徹底と引き替えに、湾口警備大名の四家への増員は認めることにした。阿部はその後、嘉永《かえい》元（一八四八）年とその翌年の二度、打払令の復活を提案した。嘉永二（一八四九）年の際には、学問所の知識人にも意見を求めている。しかし、公儀の役人も江戸湾口の警備を担当する大名も打払いの復活は危険と見なして反対した。その結果、公儀は年末に今日「御国恩海防令《ごこくおんかいぼうれい》」と呼ばれている触れを大名あてに布告し、「西洋諸国」を「日本闔国《こうこく》（全国）の力を以て拒《こば》」むため、武家のみならず、百姓・町人にも身分に応じた協力をするよう要請した。これは従来の解釈と逆に、ペリー来航以前の公儀がいかに深刻な危機感を抱いていたかを示す事件であるが、以後、阿部は再び打払いの復活を提議することはなかった。また、江戸湾口に調査団を送り、詳しい検討を行ったが、異国船が「一、二艘《そう》」来たときに対処できる程度の海防整備でお茶を濁さざるを得ないと結論した。鎖国政策を守るには西洋国家の軍事的威嚇を跳ね返せるほどの軍備が必要であるが、それがどの程度必要かは分からない。さりとて、開国政策に転換することは、成り行き上、難しいというのが当時の状況であった。

表 5-1　ペリー到来の直前に公儀の中にあった対外政策

	鎖　国	避　戦	海　防
阿部正弘	◎	○	◎
海防掛（勘定方）	△	◎	×
浦賀奉行	×	○	◎

公儀内の対外政策

ペリー到来の直前、公儀の中にはおよそ三つの対外政策があった。それを鎖国・避戦・海防の三次元に分解して整理すると表5―1のようになる。各主体が最重視した政策を◎、必要と考えたものを○、拒否していたものを×で示し、必要と認めても優先事項でなかったものは△で示している。幕閣の中心にあった阿部は鎖国の維持を最優先と考えていた。西洋との戦争は回避すべきだとしたが、西洋の圧力に屈しないで済むようにするには海防、軍備の再建が不可欠であると考え、これを繰返し主張した。これに対し、海防掛の幕府有司（勝手掛の勘定奉行・吟味役や大目付・目付の中から任命）は強く反対した。海防は増税を不可避とし、それは外国との紛争以前に国内に一揆などの騒擾《そうじょう》を引き起すというのである。海防掛は事実上「反海防」掛であったと見てよい。彼らの対策はしたがって避戦に重点が置かれ、公儀の「御威《ご い》光《こう》」を背景に異国船を穏便に説得すべしと述べた。恐らく、いざとなればいくらか西洋に譲歩しても仕方がない、つまり避戦のためには鎖国を緩めても良いと考えていたのであろう。第三の選択肢は浦賀奉行の一部、浅野長祚《ながよし》や戸田氏栄《うじひで》らの通商開始論である。御禁制の国でなかったロシアと通商を始め、海外情報の収集路をオランダ以外に広げるとともに、その利益を海防に当てようという政策である。このように、ペリー渡来以前の公儀では対外政策が分裂しており、そのため当面は明確な政策は打ち出せなかった。しかし、事前に多様な選択肢が提示され、議論した経験があったため、危機が現前した時、公儀は状況に合わせた政策転換ができたのである。

嘉永五（一八五二）年、オランダがアメリカの要請を受け、その使節が来春、公儀が想定していた「一、二艘」を上回る、数艘以上の規模で訪れると予告してきた。たまたま江戸城の西の丸が焼けて再建工事が始まったばかりだったので、それを中断して海防強化することは不可能になっていた。阿部正弘はもはや打払令の復活を提唱することはなく、琉球・長崎・江戸湾口を警備する大名に警戒を促した上で、到来した使節がどんな態度をとるか、それを見て対処することにした。

二 公儀の政策転換——限定的開国から積極的開国へ

消極型の開国策へ

嘉永六(一八五三)年夏、アメリカ使節マシュー・C・ペリーが浦賀を訪れ、翌年春に再度訪問した時に日米和親条約が結ばれた。この条約は限定的な開国を定めたものであった。ペリーはのべ九隻に上る艦船によって日本に対する軍事的威圧に成功したが、条約交渉に当たっては、アメリカ船に対する下田《しもだ》・箱館《はこだて》の二港開港と難破船員の救出の約束を取付けることで満足した。望めば通商や外交使臣の交換を獲得するのも可能だったはずであるが、なぜか後の使節に残すことにしたのである。あらかじめ通商開始も止むなしと覚悟していた公儀にとって、これは予期せぬ僥倖《ぎょうこう》、最悪の事態の回避を意味した。不本意とはいえ、世論がこれらの措置を容認したのも同じ判断によっていたと思われる。

公儀は同じ年のうちにロシア、イギリスとも条約を結んだ。ロシアはアメリカの使節派遣を知るとこれと対抗するかのようにエフィム・プーチャーチンを長崎に送った。日・露の交渉は一旦はもの別れに終わったが、プーチャーチンが再来したときに条約締結にこぎ着けた。基本的には日米条約と同様の開港条約である。*2 ただし、隣国なので領土条項も条約に含まれ、千島についてはクナシリ、エトロフを日本領、ウルップ以北をロシア領とし、樺太については国境を決めず、雑居地とした。両国は樺太を現地調査した上で粘り強く交渉を展開したが、結局は領土を一本の線で排他的に分割する近代の流儀にはこだわらずに済ませたのである。これに対し、イギリスとの条約は、ロシアとのクリミア戦争のため長崎を訪れた軍艦との間に偶然結ばれたものであって、イギリス船への開港のみを取り決めた。翌々安政三年、オランダとの間で、従来の長崎貿易を文章化した日蘭条約が結ばれたが、イギリスはオランダが持っていた通商権の拡大適用に与《あずか》ることはできなかった。

他方、日米和親条約の直後には、琉球も西洋との条約関係に入った。ペリーは帰途に琉球に立ち寄り、条約を結んで自由入港と通商の権利を得た。琉球は、一旦はアメリカの使臣から国際条約秩序における独立の国家として位置づけられ、日本政府はこれを黙認したのである。琉球はのち、一八五五年にフランス、一八五九年にオランダと同様の条約を結んだ。琉球はその結果、大清の藩属国、および島津家の領分という地位に加え、西洋諸国との間では独立国として位置づけられることとなったのである。

ところで、公儀はペリー来航時、可能な限り鎖国政策を維持する方針をとった。有名な攘夷論者である水戸の徳川斉昭を海防参与として登用したのも、彼に期待する大名の世論に配慮するとともに、鎖国維持政策の支柱とすることが目的であった。しかし、公儀の外交政策は和親条約の締結によって消極型の開国論に移行した。渋々ではあったが、一旦結んだ条約は守り、それによって急激な対外開放と内政の混乱を回避する政策に転じたのである。さらに、日米条約の翌々年には、開国に積極的意義を認め、西洋の国際体制に参入することに日本の活路を見出そうとする意見が有力官吏の間に台頭した。以前の浦賀奉行は公儀の内部で開国論への支持を得られなかったが、ペリー後の開国論者は長崎でオランダによる海軍伝習《でんしゅう》を始め、それを根拠に積極型の開国論を主張する機会を得たのである。海防には西洋技術の輸入が不可欠で、その資金調達には国内産物の輸出が必要であるという「通商による富国強兵」がその骨子であった。かつて打払令の復活を提起し、徳川斉昭と結んだ阿部正弘も、安政三（一八五六）年にはこれに同意して、公儀内部で政策転換の論議を始めている。また、大名においても、その多数意見は鎖国論から消極型の開国論へ移行し始めた。さらに、かつて攘夷論を唱えた活動的な知識人の中には、一足飛《いっそく》びに積極型の開国論に転換したものが少なくない。福井の橋本左内《さない》、熊本の横井小楠《しょうなん》、萩《はぎ》の吉田松陰などがその好例である。

自主的な開放政策

以後、公儀は西洋諸国に対しては鎖国堅持の方針を表明しつつ、内部では斉昭ら攘夷派を敬遠したり、保守派の説得に努めたりするようになった。安政二（一八五五）年に老中に再任され、翌年に外交を一任された堀田《ほった》正睦《まさよし》は、安政四（一八五七）年春に至って自主的な日本開放政策を打ち出した。開国を日本の将来を託すべき基本政策とし、これを漸進的に実現する方針を立てて、まずは長崎でオランダと従来より広範な通商を取り決めた追加条約を結び、たまたま長崎を訪れたロシア使節ともこれをモデルとした条約を結んだのである。この前年に下田に来任したアメリカ総領事タウンゼント・ハリスは江戸への上府と大統領の信任状の奉呈を要求していたが、後回しにされた。オランダ、ロシアとの追加条約が結ばれた後、彼はようやく江戸城に迎えられたのである。公儀は当初の予定では彼とも同様の条約を結ぶはずであったが、ハリスとの交渉を担当した岩瀬忠震《ただなり》ら積極改革派の官僚は、ハリスのより広汎な開放要求に共鳴し、通商のみならず、外交代表の相互交換や首都駐在、開放地の江戸、大坂二市と六港への増加、および批准書交換のため日本代表がアメリカに赴くことなどを取り決めた修好通商条約を結んだ。日本の民間人の海外渡航は依然として考慮の外に置かれていたが、国際関係でもっとも重要な国交と通商は、ここに予定より早く導入されることになったのである。

しかしながら、修好通商条約の調印に伴って起きた安政五年政変は、堀田たちの目論《もくろ》んだ開放政策にブレーキをかけた。安政五（一八五八）年夏に大老に就任した井伊直弼《いいなおすけ》は同年中に使者をよこしたオランダ、ロシア、イギリス、フランスとは同様の条約を結んだものの、以後は極力、締約国を拡大しないように努めたのである。*3 この制約が解かれたのは、一八六六年に朝廷が条約を勅許した後であった。

三　国内の抵抗と外交

公儀の政策転換は国内から強い反対を受けた。それは世に開国への不安や鎖国の慣習への執着があったためだけではない。むしろ決定的だったのは、公儀が朝廷に条約勅許を申請したことが朝廷に拒否権を与え、さらにこれが将軍継嗣《けいし》問題という別系列の問題と絡み合って、政界に疑惑と憎悪の悪循環が生み出されたことであった。外交政策の内容それ自体よりは、内政上の思惑や力学が外交に決定的な影響力を持つようになったのである。

世論の急転換

安政五年春、主席の老中堀田正睦が、前例を破って京都に赴き、天皇に日米条約案の承認を求めた。公儀は、日本全体の方向転換にあたり、十九世紀前半に流布した「日本」像にあわせて、それまでは象徴的な首長であった天皇を大名国家における大名のような決裁権者に見立て、その裁可を経ることによって日本全国の決定という形を整えようとしたように見える（詳しくは次章）。

朝廷はしかし、修好通商条約の勅許《ちょっきょ》を拒否した。天皇と公家たちは、とくに兵庫のような京都近辺の開放に難色を示したように、攘夷論というより、保守的な排外感情から反対したのである。この天皇の反対は、徳川将軍の継嗣選定問題と絡んで、幕府・朝廷・大名、さらに大名家臣や民間知識人を巻込んだ近世未曽有の大政変に発展した（次章の安政五年政変）。公儀の責任者井伊大老は勅許なしに条約調印を強行し、さらに反対派の弾圧に踏み切ったが、一旦は消極型の開国論に向かって動き始めていた世論は、強硬政策への反発から鎖国論や攘夷論に強い支持を与えるようになった。また当時、国内改革の必要を痛感していた知識人は一旦は攘夷論から積極型開国論に転換しつつあったが、吉田松陰門下に典型的なそのような人々は、再び攘夷論に戻った。ただし、鎖国に戻そうというわけではなく、天皇の意向を踏みにじった「不正」の条約を一旦破棄し、そこに生ずる攘夷戦争の危機を利用して国内に根本的改革への気運を呼び起こすのが目的であった。彼らの主張は、戦後に日本側から欧米に使節を派遣して「正しい」条約を結ぼうという「開国前攘夷論」と呼ぶべきものであった。

外交と内政の狭間で

他方、西洋諸国と恒常的な外交関係に入った幕府[*4]は、当初、一国のみで西洋に対抗する危険性を考え、すべての弱小国と同じく、諸強国を分断し、提携関係を操作して圧力を回避する外交戦略をとった。その際、仮想敵と見なしたのはアヘン戦争で悪名高いイギリス、およびクリミア戦争や第二次アヘン戦争（アロー戦争）でこれと同盟したフランスであり、味方と想定したのは独立以来イギリスと対立的だったアメリカ、和親条約期以来日本に好意的に振舞っていたロシア、そしてオランダであった。幕府は当初、アメリカ公使ハリスに援助を期待し、オランダからはかつてシーボルト事件で追放したフランツ・フォン・シーボルトを顧問として招いた。

しかし、しばらくのちには西洋列強の実際の行動に合わせて政策を改めている。文久元（一八六一）年にロシア軍艦が対馬の一部を占拠するとロシアへの期待をやめ、逆にアヘン戦争以来もっとも警戒してきたイギリスを正面の交渉相手に切り替えたのである。イギリス公使ラザフォード・オールコックは、西洋最強国の公使が日本ではアメリカ公使ハリスの風下に立たされていることを遺憾とし、日本に好意ある態度をとるようになった。他方、アメリカは一八六二年にハリスが去り、本国で南北戦争が勃発したためしばらく後景に退き、オランダも弱小国と目されて脱落した。以後、日本外交の舞台ではイギリスとフランスが主役を務めることとなる。

外交政略の転換は国内状況の悪化、すなわち世論の条約批判と朝廷との対立が強まる中で展開した（以下、事実関係は石井一九六六、福岡二〇一三による）。万延元（一八六〇）年に井伊大老が暗殺されると、幕府は、天皇の妹和宮《かずのみや》を将軍の妻に迎えて朝廷との和解を演出し、それによって世の批判を鎮静しようと図った。朝廷は七、八年ないし十年後に和親条約に引き戻すことをその交換条件としたが、幕府はその不可能を知りながら、時間稼ぎのためこれを受け入れたのである。この約束は厳秘に付されたが、以後の幕府外交に厳しい制約を課し、その首を徐々に絞めてゆく。

最初の問題は、条約で順次開放することを決めていた港市のうち、この時点で未開だった江戸、大坂と新潟、兵庫について、西洋諸国から延期を承認してもらうことであった。条約を期限通りに開放することは天皇との約束を履行する意志がないことを示すにほかならなかったからである。当初、西洋の外交団はこれを拒んだ。しかし、同年、プロイセンから条約使節が訪れたとき、ハリスが間に立って調停案を提示した（福岡前掲）。プロイセンとの条約からこれら二市二港を除き、他の条約国に開放延期を認めてもらうためのモデルとし、さらに新規に渡来する国とは条約を結ばないという意志を世界に伝えようというものである。プロイセンとの新条約の締結は朝廷との関係では望ましいことではなかったが、幕府は既条約国との条約縮小が埋め合わせとなると期待して、文久元年に調印に踏み切った[*5]。プロイセンとの新条約ははたして朝廷と世論の反感を高めた。オールコックはこれを見て幕府の立場を改善する必要を認め、開放延期を承諾し、欧州に使節を派遣するよう斡旋《あっせん》した。その他の条項の誠意ある履行という約束のみを担保に条約の一時的縮小を受け入れ、本国を説得した上、他国もこれにならわせたのである。

概観：攘夷戦争から条約勅許へ

しかし、この西洋側の宥和《ゆうわ》政策にもかかわらず、日本国内の修好通商条約反対論は鎮静しなかった。安政五年以来の圧政を否定し、弾圧された朝廷・大名・志士を解放しようとする運動は、西洋人に対するテロリズムを伴いながら、かえって高揚していったのである。文久二（一八六二）年、薩摩の島津久光《ひさみつ》が京都に乗り込み、幕府の改革を提唱すると、先の密約は公然たるものとなり、幕府を窮地に追込んだ。また、久光が江戸に向かった後は、長州の久坂玄瑞《くさかげんずい》や土佐の武市半平太《たけちはんぺいた》（瑞山《ずいざん》）らをリーダーとする攘夷派が京都で勢力を得、朝廷はその支援のもとに再度の使節を江戸に送り、幕府から将来における攘夷の履行という公約を取り付けた。そして、翌文久三（一八六三）年、将軍が二百二十余年ぶりに上洛すると、朝廷はついに将軍に対し、全国に攘夷令を布告させることに成功したのである。

当時の京都には西洋への嫌悪や恐怖、また国の姿を変えることへの戸惑いが色濃く見られ、それがこの運動に幅広い支持を与えた。しかし、長州の攘夷論は鎖国への回帰を主張するものではなかった。「破約攘夷」を藩是《はんぜ》とした際に長州を指導していた周布政之助《すふまさのすけ》は色紙に「攘《はら》うとは排するなり。排するとは開くなり。攘いて後、国開くべし」と書いている（周布政之助伝上、扉写真）。攘夷した後に開国するのは当然だ、しかしその前に西洋と戦争をしない限り日本の根本改革は始められないというのである。事実、彼は文久三年、関門《かんもん》海峡で外国船を砲撃するのとほぼ同時に、井上馨《かおる》や伊藤博文《ひろぶみ》ら五人をイギリス留学に出発させている。長州はその後、天皇を先頭に立てて全国を攘夷戦争に巻込もうとしたが、全国的な攘夷戦争が実現し、その中で日本人全体が改革に踏切る意思を持つようになったならば、戦争を放棄し、開国に転ずるのは当然と考えていたのである。

なお、薩摩は同年、やや遅れて鹿児島でイギリスと砲火を交えたが、これは攘夷政策をとっていたためではない。前年に久光が帰国する途中、神奈川の近くの生麦《なまむぎ》でその行列を乱したイギリス人を藩士が殺傷した。いわゆる無礼《ぶれい》討ちである。イギリスはこれを不法行為とし、その責任を問うために艦隊を鹿児島に送ったが、薩摩は取合わず、結局、砲撃戦となった。軍事的脅迫下の妥協は武士の名折れとなる。折から台風が来襲し、イギリス艦隊の砲撃は不正確になったが、鹿児島の半分が強風下の火災で焼かれた。イギリス側にも幹部に死傷者が出ている。双方が直後から講和交渉に入り、その後急接近を始めたのは、同時代のヨーロッパと同様であった。

さて、同文久三年初秋、朝廷にクーデタが起き、攘夷急進派は京都を立去った。孝明《こうめい》天皇は一旦は攘夷親征を目的とする大和の神武《じんむ》陵への行幸を受入れたが、内心はこれに強い不満を持っていた。幕府の代表であった会津は薩摩の仲介を得てこのような苦境にあった天皇と連絡を取り、長州を中心とする攘夷急進派を朝廷から締出したのである。この時、長州だけでなく、三条実美《さねとみ》を始めとする七人の公卿も京都を立去った。天皇は急激な攘夷を望まぬと宣言し、国内の秩序回復を最優先の課題として、かねて「公議」を主張していた薩摩や越前、さらに将軍家茂《いえもち》や将軍後見の一橋慶喜《ひとつばしよしのぶ》を上京させて、これを協議させた。翌元治元（一八六四）年初夏には将軍と公式に和解し、公議派大名の関与を排した上で、一橋・会津・桑名《くわな》を媒介に「公武合体」の体制を築いている。長州はこれに対し京都の軍事的奪回を試みたが失敗した（禁門の変）。

これは幕府が攘夷運動の影響を脱する良い機会だったはずである。しかし、幕府は逆の政策を取った（保谷二〇一〇）。天皇と和解するために、最大の貿易港となっていた横浜の鎖港を約束していたからである。幕府は天皇との約束どおり西洋側に申込んだが、にべもなく拒絶された。これと逆に長州は直前までの主張を翻して攘夷策の放棄に踏込んだ。京都の武力奪回に失敗した直後に欧米四国連合艦隊による報復攻撃を受け、これに惨敗したのを機会に講和、さらに友好への道を探り始めたのである。長州を攘夷運動の巣窟とみて攻撃した西洋側は現場でこの豹変《ひょうへん》を経験した。日本との貿易の安定・拡大を基本目標としていた西洋側はこれを重要な第一歩と評価したが、丁度その時、幕府は横浜鎖港の談判を繰返すに至ったのである。

当時の幕閣は一時的ながら攘夷論者が政権を掌握していた。西洋側は幕府のこの動きを封じ、条約否認の根源を絶つため、京都への侵攻作戦の計画を立てている（保谷前掲）。その上で、慶応元（一八六五）年秋、神戸沖に連合艦隊を送り、当時、大坂城に滞在していた将軍家茂に対し、条約の勅許を獲得するように圧力を加えた。この行動は家茂が一旦政権返上を上奏するなどの波乱を引き起したが、その結果、天皇はついに条約を勅許した。兵庫の開港は不可という条件付きであり、それは内政面でかなりの問題を残したものの、対外関係上の基本問題はここでほぼ解決したのである。翌年には庶民の海外渡航が許可され、国民は当時西洋でも導入が始まったばかりだったパスポートを手にしつつ海外に出かけるようになった。

以上のように、安政五年以来、国内に幾多の混乱を生んできた西洋への開国問題はこの年にはほぼ決着がつき、さらに、近世初期以来の制度だった日本人に対する出入国の禁もさしたる異論もなしに解かれた。ここに「鎖国」体制は解体し、明治日本の国際関係の枠組みが成立したと言って良い[*6]。

幕末日本の外交環境はかなり恵まれたものであった。近隣に同盟可能な国が見いだせないという弱みはあったが、他地域で侵略をためらわなかった西洋諸国は日本では専《もっぱ》ら市場の確保にのみ関心を注いでいた。攘夷論が日本政府を圧倒するかに見えた文久三年、英・仏は小規模の軍隊の横浜駐留に踏み切り、薩摩や長州と戦った。しかし、それは条約を維持し、攘夷論者の政策転換を促すのが目的であり、賠償に際しても領土の割譲要求は避けている。当時、世界ではしばしば、西洋諸国との小さな紛争が軍事衝突に拡大し、その結果として、西洋の領土が徐々に拡大することが見られたが、日本はそれを免れたのである。また、ナポレオン三世の送ったフランス公使レオン・ロッシュは、幕府に積極的に肩入れしようと図り、利権獲得と引き替えに横須賀の軍事工場などの建設を援助した。しかし、戊辰内乱が勃発した時、イギリスは不介入政策を守り、フランスも徳川方の拒絶にあってイギリスに同調した。他地域でしばしば見られたような、内乱が列強の間の勢力競争と結合し、収拾不能となって、国内諸勢力の共倒れとなる事態は、回避されたのである。

注

＊1　この海防見直しに付帯して発生した蛮社《ばんしゃ》の獄《ごく》については、三谷（二〇一八近刊）を参照。

＊2　日米条約にはなかった領事裁判権の規定も設けたが、のちの条約群と異なって、日本もロシア領において領事裁判権を施行すると定め、権利の対等性を確保した（生田二〇〇八）。

＊3　万延元（一八六〇）年にポルトガルとの条約を結んだが、これは日蘭追加条約の調印に際して約束があったからである（福岡二〇一三）。

＊4　安政五年の政変以後、公儀は「幕府」と呼ばれることが多くなった。同時に、以前は徳川の公儀を指すこともあった「朝廷」という語は、この頃からは京都の「天朝」を独占的に指すようになった。この組み合わせは「幕府」を非正統の政府とみなすニュアンスを伴った。

＊5　プロイセンは他のドイツ連邦三十一国も含める予定だったが、幕府はこれを拒絶した。のち、幕府はスイス・ベルギーと条約を結んだが、これらはプロイセン条約以前の先約によるものである。

＊6　慶応二（一八六六）年、下関での攘夷戦争の代償として、日本は巨額の賠償金を課され、かつ輸出入関税を一律五パーセントに引き下げられて（改税約書）、政府は大きな損失を被った。ただし、賠償金の一部は開国の勅許と引き替えに免除されている。また、輸入税の低関税化は民間経済にとっては有利な条件をもたらした。輸入綿花が安くなり、したがってこれを加工した輸出綿糸も低価格となって、明治には外貨の稼ぎ頭となったのである。低い関税率は政府と民間とに逆の効果をもたらした点に注意が必要である。

第六章

幕末：政治秩序の崩壊

概観：「安政五年の政変」とは何か

十九世紀の半ばまでの二百数十年間、人類史に稀な安定を享受していた日本は、西洋の開国要求をきっかけに崩壊と再生の大きな渦の中に投げ込まれた。ただし、ペリーが来訪した直後には近世の政治体制に正面から挑戦しようとする勢力は稀であった。徳川公儀や大名、その家臣たちの関心はもっぱら対外関係に集中され、西洋の圧迫に対抗するに必要な軍備と財政の再建、「富国強兵」の努力に注がれたのである。しかし、安政五（一八五八）年、一部の有力大名がそれまでは不可能だった全国政治への参加を図って将軍継嗣問題に介入し、それがたまたま京都で公儀の禁裏に対する新条約承認の要請と絡み合うと、彼等の思惑を超えた政治的大変動が発生した。それは瞬く間に強力な悪循環の渦に発展し、多くの新参者を吸い寄せ、押し流して、生き延びた人々を思いもかけない岸まで連れていった。徳川を政権から引きずり下ろしただけでなく、大名の統治権や武士の世襲身分まで奪うという、人類の近代が経験した最大級の革命にまで行き着いたのである。この章ではその急変の過程のうち、政治秩序の崩壊の発端をなした安政五年の政変がいかにして起きたかを見てゆこう。

なお、維新の政治的動乱の発端としては、今まで、ペリー来航を始めとする対外関係の変革や安政の大獄《たいごく》がもっぱら注目されてきた。しかし、安政五年の政変はそれ以上に注目すべき事件である。内政変革がこの年から始まったというだけではない。その解明は維新に限らず革命がいかにして発生するのかという普遍的な問題を理解するために不可欠である。翌年に生じた安政の大獄はこの政変を機に生じた政治体制の大崩壊における初期の一事件に過ぎない。我々は政治体制の崩壊がいかに生ずるかという観点から、安政五年の政変というもっと重要な事件を精査することにしよう。

一　外圧への技術的対応と政治的歪みの蓄積（一八五三―五八）

和親条約から修好通商条約の締結までの五年間、徳川公儀の全国支配権は公然たる挑戦を受けなかった。公儀は無論、その外部にいた統治身分もすべて、限定的な開国という環境下で、「日本」レヴェルの挙国一致体制を徳川を核としてつくり、西洋諸国に対抗しようと図ったのである。この態度は、彼らが対外政策で開国を是認すると否とを問わず、共有されていた。このため、内政の変動は発生せず、外圧に対抗するための技術的努力、すなわち軍事組織の活性化や西洋の学術・情報の導入・普及、それらを支えるための財政改革などが流行したのである（三谷一九九七）。

軍事改革と洋学の導入

ペリー来航の前後には、公儀と一部の大大名が海防を最緊要の課題と見なし、軍隊の再編成と西洋学術の導入に努力を傾注した。そのうち、とくに注目を集めたのは海軍の建設と火砲の装備である（安達一九九五）。その必要はすでに林子平が指摘したことであったが、アヘン戦争の結果、蘭学者のみならず大大名の中にも必要を痛感するものが現れた。例えば、大船建造が一般に解禁されたのはペリー来航後であったが、薩摩はそれより以前、ペリー渡来の予告が届くと、公儀に琉球渡航に使う洋式帆船の建造を願い出、許可されている。この船は竣工後、公儀に献上された。薩摩藩はその後も、公儀の注文船を含む四隻を建造している。他方、公儀自体は以前から江戸湾の入り口の浦賀で小型の洋式船を建造し、ペリー渡来予告を受けた後にはオランダに対して蒸気軍艦の購入を打診している。オランダはこれに応えて安政元（一八五四）年に長崎に蒸気船一艘を派遣し、翌年これを再び教官団とともに送って日本に寄贈し（観光丸と命名）、長崎で海軍伝習を始めた。公儀はオランダから乗員を雇うのではなく、日本人自身に蒸気軍艦の運用術を習得させることにしたのである。操船と砲術、そして修理のためには、基礎的な数学から力学・化学までを体系的に学ぶ必要があった。戦争には医術も必須であったが、たまたま当時の西洋では細菌学が発達し始めており、長崎では消毒法を含む最新の外科医術も伝習された。学生は主に下級の幕臣から漢学の秀才や蘭学の初歩を学んでいた者が選ばれたが、諸大名からの遊学も許可された。この時点での公儀は最新の軍事技術を徳川で独占しようとは考えていなかったのである。

海軍は公儀のほか薩摩・佐賀などで実用化されたが、他の有力大名も修好通商条約の締結の後には洋式船の購入を始めた。これらは海戦ではなく、もっぱら輸送業務に使われ、商業のみならず、政治的にも重要な役割を果たすことになった。西国の大名は蒸気船を波静かな瀬戸内海に行き来させ、京・大坂と国元の間での使者の往復や軍隊の輸送に使った。東国の大名が陸路の交通に多大な時日、そして他大名の了解取り付けを必要としたのと大きな違いであった。

海防には大小の火砲の装備と在来陸軍の再編成も必要であった。従来の大砲は青銅製であったが、佐賀はアヘン戦争後に鋼鉄製の大砲鋳造《ちゅうぞう》を試み、何とか成功にこぎ着けた。同様の試みは公儀の伊豆代官江川家や水戸でも行われたが、性能や費用に問題があったため、いずれの組織でもやがて西洋からの輸入に頼るようになる。他方、小銃も洋式軍隊の主力の歩兵の装備であったから量産が必要となった。こちらは在来技術を基礎として西洋の最新機能を実装することが可能であったから、国内生産が進んだが、西洋で射程の長いライフル銃が実用化され、内戦が始まって需要が急増すると、やはり輸入に多くを頼るようになった(鈴木一九九六)。

ペリー来航の前後には一部で軍隊の再編成も試みられている。二百年以上の太平の中で大名の軍隊は事実上警察組織に変わっていた。軍事的な役職はあっても名ばかりで、軍隊を相手に戦える組織は事実上なくなっていたのである。アヘン戦争後、ペリー来航以前にも長州や水戸では軍制の再編成が試みられたが、長州では近世初期の軍役帳をあらためて探し出し、隊伍を組んで戦えるように組織を作り直している。その際には、西洋式の歩兵の追加も試みられたが、それが主力になったのは、実際に戦闘が始まった文久三(一八六三)年以降のことであった。

公儀は軍事への注意喚起と洋式陸軍の創設準備のため、江戸に講武所《こうぶしょ》を開いた。かつて天保改革時に伝習し、一部に導入していた高島流の洋式歩兵操練が重視されたが、伝統的な剣・槍術も重んじられている。後者では実用を主として他流試合が奨励された。これらの改革は下層の武士と上層の庶民の中に身分的上昇の野心をかき立てることになった。剣術のような伝統的な分野であれ、西洋式の軍隊であれ、この分野に参入すれば、以前は想像もできなかった身分的上昇が可能になるという期待を生み、武士と庶民の境界にいた多くの人々を惹きつけることになったのである(ジャンセン一九七三。宮地二〇〇四)。

一方、軍事には直接関係を持たない部門でも、西洋学の導入が図られた。その典型が公儀が江戸に設けた蕃書調所《ばんしょしらべしょ》である。これは西洋諸国との関係が生じたため西洋の外交文書を翻訳・通訳する需要が急増し、したがってその背景にある西洋や世界の情勢を把握し、その知識を国内に流通させる必要も生じたためである。旗本・家人《けにん》に蘭学者が少なかったため、その担い手は大名の家臣や民間の蘭学者から調達された。蕃書調所ではのちに学生養成の機能も追加された。また、修好通商条約が結ばれ、諸港が開かれた後には、英・仏・独の新しい言語の教育や自然科学書の翻訳・教育も始まった（東京大学一九八四）。

政治的不満の蓄積と発露

しかし、ペリー来航後の日本では、表層の安定の裏面で急速に歪《ひず》みが蓄積されつつあった。和親条約は緊急避難の措置として一応は受け入れられたが、強制された開国は強い不満を呼び起こした。武士たちは長い平和の中で行政を主な任務とするようになっていたが、対外危機が現前すると、あらためて戦士としてのアイデンティティを想起した。その彼らにとって、戦わずして外国の要求を呑むという屈辱は、精神的に許し難いことであった。たとえ開国が必要と認識していた場合でも、その点は変わりがなかったのである。

他方、公儀の主導による挙国一致への動きは、従来は「日本」レヴェルの政治に対して発言できなかった大名や武士の間に広く参加願望を生み出した。それが特に強かったのは一部の大大名とその家臣である。当時、徳川三家や国持大名を合わせた大大名は三十家近くあった。彼らの多くは独立して軍団を組織し、それを運用できる人員と経済力を持ち、その一部は以前から海防について研究し、互いに情報を交換しあっていた。しかし、彼らはその実力と志《こころざし》に見合うだけの発言権を与えられていなかった。外様の国持大名は無論のこと、徳川家門の大大名も幕閣に入ることはできず、公儀に影響力を及ぼすための公式のルートも持たなかったのである（第二章の表2-1）。このため、彼等はペリー渡来の予告が伝わると、はっきりと不満を口にし、何らかの形で彼らの意見を全国政治に反映するように要求しはじめた。

ペリー渡来の半年前、福岡の黒田斉溥《なりひろ》（国持）は公儀に上書して、予《あらかじ》め渡来への対策を決め、海防の布告を発するように提案し、さらに水戸の徳川斉昭《なりあき》を公儀に登用して「衆議」を聞く端緒とするように求めた。ペリーが出現すると、越前の松平慶永《よしなが》（家門）や薩摩の島津斉彬《なりあきら》（国持）も同様の上書をした。老中阿部正弘はこれを容《い》れて斉昭を海防参与に起用したが、斉昭自身には彼らを代表する意志はなかった。阿部は有能な直参《じきさん》（幕臣）を要職に登用した上で、「海防局」を設け、これに陪臣（大名の家来）・牢人《ろうにん》（浪人。仕える主家を持たない）までを集め、全国の知恵を結集しようとする構想を立てたが、斉昭は徳川一門以外の政権参加には消極的であった。

その一方、家門・国持の大大名の中には、彼らの代弁者を公儀に送り出すだけでなく、自ら公儀の政権に参加し、発言をしたいと考えるものが現れた。また、松平慶永のように当初は徳川斉昭の攘夷論に傾倒していた者も、攘夷の妥当性に疑問を抱くようになった。そのため、松平慶永や島津斉彬は、斉昭でなく、その子の一橋慶喜《よしのぶ》に日本の未来の指導を期待するようになった。時の将軍家定《いえさだ》に実子がないことに着目し、御三卿《ごさんきょう》の一人で将軍の養子となる資格を持つ慶喜をその継嗣《けいし》に擁立し、それを通じて公儀の政策決定権を、譜代の小大名からなる老中から、家門・外様の大大名の連合体に移そうと考え始めたのである。

ペリーの来航は直接に政治変動を引き起すことはなかった。しかし、それは日本の国内に、西洋に対し挙国一致で当たり、そのために人材を動員する必要があることを周知させた。近世の日本には、地位と能力の不整合が至る所にあった。太平の世では、それは各身分・各自にそれなりの役割を与え、したがって秩序に安定をもたらすように機能していた。しかし、一旦、西洋の来航と開国圧力により能力の必要が広く認識されるようになると、地位と能力の不整合は日本の未来への障害物と見なされるようになった。それまでは心の底に不満を蓄積しながら沈黙に甘んじていた人々は、上は大大名から下は庶民の上層に至るまで、自らの力にふさわしい地位を求めて、果敢な行動を起すことになるのである。

幕末の日本でまず行動を起したのは、家門と国持の大大名連合であった。

二　安政五年の政変（一八五八）

安政五（一八五八）年。米使ペリーが来航して日本の国際環境が一変してから既に五年が経っていた。政界は一見平穏で、二百数十年余の泰平がまだ続くかのようであった。しかしながら、その裏面では、二つの重要問題が頭をもたげ始めていた。一つは、西洋諸国に対し開国に踏切るか否かの問題、もう一つは将軍家定に養嗣子《ようしし》を迎えるという問題である。

江戸での問題発生——条約勅許と将軍継嗣

前章に見たように、日本は四年前に開港の条約を結んだとはいうものの、国交と貿易はまだ保留していた。公儀は前年に漸進的な開国方針を打ち出し、まずオランダ・ロシアと通商を取り決めた後、冬になってアメリカの代表タウンゼント・ハリスを江戸城に招き、国交と貿易の開始を内容とする修好通商条約の草案を取り決めた。その時、公儀は朝廷に対し対米条約案の勅許を奏請《そうせい》することにした。近世を通じて幕府は国政問題について朝廷の意見を問うことはなかったが、国内に挙国一致の姿を明示するためにこの異例の挙に出たものと思われる。当初、幕府は朝廷から強硬に拒絶されるとはまったく予想していなかった。

他方、これと併行して、将軍の養嗣子問題が持上がっていた。徳川家定は安政三（一八五六）年末に近衛家の養女で島津家出身の篤姫《あつひめ》を正夫人に迎えていたが、実子に恵まれず、いずれ養嗣子を迎えねばならないはずとの観測が政界に流布していた。彼自身は普通の知性の持主であったと伝えられるが、その政治指導への態度は消極に傾きがちであった。そのため、日本が直面する未曽有の危機を凌《しの》ぐため、早く有能な人物を養嗣子に迎え、指導を託すべきだと考える人々が出現した。その中心にあったのは、三家に続く家格を持つ徳川一門、越前の松平慶永であった（昨夢紀事、奉答紀事）。彼はすでに家定の将軍就任の当時から一橋慶喜（水戸徳川斉昭の七男）を適任と考え、安政三年秋には、親友の島津斉彬（鹿児島）と伊達宗城《むねなり》（宇和島）、および徳川慶勝《よしかつ》（名古屋）・蜂須賀斉裕《はちすかなりひろ》（徳島、先々代将軍家斉《いえなり》の息子）らに相談を持ちかけている。ペリー来航の前後に幕閣を主宰してきた阿部正弘はこの動きを抑えていたが、安政四（一八五七）年、阿部が病死すると、慶永は公然たる運動を開始し、勉強会の口実を設けて自邸に有志の大名を集める一方、幕閣にも養嗣子に「年長・賢明」の人を建てるように申込み、さらに旗本の有力者にも働きかけた。

将軍家に直系の男子がない場合の継承法には決まりがなかった。五代綱吉《つなよし》の後継は先先代の孫、七代家継《いえつぐ》の後継は初代の曽孫《そうそん》であった。家の論理で言えば徳川の姓を持つ御三家（尾張、紀伊、水戸）と御三卿（田安、一橋、清水）の五家（清水家は当時空家）が範囲内であっただろう。安政五年当時、考えうる候補者には次の五名がいた。尾張慶勝（三十五歳。水戸家の血筋。家定と

同年)。紀伊慶福《よしとみ》(十三歳。家定の従弟)。水戸慶篤《よしあつ》(二十七歳。慶喜の長兄)。田安慶頼《よしより》(三十歳。家斉の甥。松平慶永の同年齢の実弟)。一橋慶喜(二十二歳)。

仮に松平慶永が実家田安家の当主であったなら当然候補の一人とされたはずであるが、越前家に入っていたためその資格がなくなっていた。彼が養嗣子問題に積極的に関わったのはそのためだったと思われる。

しかしながら、当時の慣習からすると、現将軍との血筋の遠近が重視された(久住二〇〇九)。そうすると、紀州慶福が自然な選択となる。逆に、いくら有能で聞《きこ》え、年齢も次期指導者としてふさわしくとも、水戸出身の一橋慶喜は不適当と見なされたはずである。水戸家は二代以降将軍家と血の出入りがなかった。とくに、尾張家や紀伊家と異なって、水戸家は家斉の男子を養嗣子として迎えたことがなかった。かつ徳川斉昭の襲封《しゅうほう》は、家斉の息子の入嗣《にゅうし》を阻む形でなされた。その記憶は関係者の脳裏に鮮明だったはずである。

橋本左内の日本改革構想

越前家が精力的に一橋擁立運動に取り組んだ背景には大規模な政体改革の構想があった。立案したのは松平慶永の腹心橋本左内《さない》である。彼は蘭方医《らんぽうい》の家に生まれ、大坂に緒方洪庵《こうあん》が開いた適々斎塾《てきてきさいじゅく》に学んだ人であった。福沢諭吉と同年の生まれで、彼に先立って入塾したのち、福井に帰って家業を継いでいた。安政二（一八五五）年、身分を平士《へいし》に引き上げられ、藩校明道館《めいどうかん》を立てる任務に就いたのち、この年、慶永の一橋擁立運動を助けるため江戸に出府した。

橋本は、ハリスが江戸城で将軍に謁見し、条約交渉が始まろうとしていた十一月二十八日、福井の友人村田氏寿《うじひさ》に宛てて長文の手紙をしたためた（橋本二、二五二号）。慶永が老中松平忠固《ただかた》に面会を申し込み、一橋を継嗣に推薦したところ、色よい返事を得たと記した後、雄大な外交政策と内政改革案を詳述した。

外交に関しては、世界はいずれ全て同盟の国となって盟主の下に平和が訪れるだろうとの長期展望を述べ、それまでは日本は西洋の強国を選んで同盟せよと主張した。日本は「独立」できない。単独で西洋諸国に対抗するには領土を拡張し、近くは満州や朝鮮、遠くはアメリカやインドの中に領地を持たねばならないが、今の日本にそんな力はない。したがって、西洋諸国を分断し、盟主候補と提携する必要がある。候補はイギリスとロシアの二国だが、危険千万なイギリスを斥け、紳士的に振る舞ったプーチャーチンの国、ロシアを選ぼうと述べている。

他方、鎖国の最終放棄に当たっては、国内改革も不可欠である。その第一着は一橋慶喜の将軍継嗣への擁立である。擁立し、将軍家定に代わって実権を握らせた後、政体を改革してもらおうというのである。すなわち、日本の政治を担う幕閣を小大名に代えて大大名で構成し、その部下に身分を超越して「天下有名・達識《たっしき》の士」を登用することである。第二章に指摘したように、幕府は老中の地位から大大名を排除していた。大大名に全国に関する決定権を持たせると、将軍家の地位を脅かす可能性が生ずるからである。しかし、幕末の日本では、将軍家の安泰より、西洋対抗のため日本全国の力を結集することが喫緊《きっきん》の課題となっていた。その時、以前から西洋の動向を注視し、海防を心がけて自藩で実験していた大大名は頼りになる存在であった。左内はその候補として、水戸徳川斉昭、越前松平慶永、薩摩島津斉彬、肥前鍋島直正《なべしまなおまさ》の名を挙げている。島津は洋式船を建造して公儀に献上しており、鍋島はペリー以前から鋼鉄製の大砲を鋳造していた。左内は村田に、島津の起用に関しては（関ヶ原の敵だったという）疑義があるかも知れないが、「日本国中を一家と見」るべき今日、拘《こだわ》ってはいけないと述べている。

他方、橋本は、幕府の枢要の役職に、旗本中の俊秀だけでなく、「陪臣・処士《しょし》」も抜擢・登用せよと主張した。陪臣は大名の家来、処士とは牢人（浪人）のことである。牢人は先祖が武士だったと主張したが、実際にはその多くが庶民であった。つまり、左内は、生まれた土地と身分を問わず、有能な知識人を幕府に集中しようと提唱したのである。

大大名の幕閣起用であれ、知識人の身分を超えた登用であれ、これは、近世後期に普遍的に見られた「地位と能力の不整合」を解消しようという政策であった。連邦国家、あるいは大名領国制という大枠はそのままにしておいて、なお中央政府の能力を強化し、有力者の離反を防ぐ方策を考えたのである。

この政体改革のヴィジョンは、翌年の安政五年政変のため、直ちに実行に移されることはなかった。橋本自身も実現の遥か手前で処刑されて終わった。しかし、この大胆かつ具体的な政体変革構想はじわじわと国内に浸透し、十年後に明治政府が「政体」を制定したとき、実現にこぎ着ける。一橋擁立運動で協力した西郷吉兵衛《さいごうきちべえ》（隆盛《たかもり》）は、のちに尊敬する政治家は誰かと問われたとき、藤田東湖《とうこ》と共に橋本の名を挙げた。先見の明に服したのであろう。実際、その後も越前と薩摩は大大名の政権参加を「公議」「公論」の名の下に共に追求し続けることになる。その一方、橋本は翌安政五年春に京都に使いしたとき、この政体変革構想に朝廷の組み込みを構想し始めた。公家は口先ばかりで信頼はできないが、朝廷の関与は改革の起動に使えると考えたのである（前掲、三六五号）。朝廷の政界登場は大きな波乱をもたらしたが、結局は「王政」の下に「公議」を行う政体に行き着いた。その間、橋本の名は忘れ去られたが、そのアイデアは広く受け入れられたのである。

一橋擁立グループの大奥工作と老中の段取り決定

慶喜の入嗣は、多くの幕府関係者に、その実父、強烈な人格と攘夷政策と極端な節倹で知られる斉昭が将軍家の内部に入り込み、強い影響を行使するのではないかとの懸念を抱かせた。そのため、老中や旗本に一橋擁立を入説《にゅうぜい》していたグループは、大奥を通じて将軍その人に働きかけようとした。国元にあった島津斉彬は西郷隆盛に特命を与えて江戸に送り、越前家の橋本左内と協力して、大奥の篤姫と連絡を取らせたのである（西郷一、一〇一頁）。しかし、篤姫が家定の生母本寿院《ほんじゅいん》を通じてこの旨を披露してもらったところ、家定は以《もっ》ての外と立腹し、まだ養子を採《と》る年齢ではない、もし採るとしても慶喜は年が行過ぎ、とにかくいやだと語った（井伊家史料六、九七頁）。大奥を通じた工作は封じられたのである。

他方、老中たちは、筆頭の堀田正睦《まさよし》が勅許奏請のため京都に使いすることが決まった後、将軍に御目通りを願い、この二つの問題の処理法について了解を得た。勅許を得た後に養嗣子問題に取りかかること、かつ嗣子の決定は家定の英断に依るという取り決めである。京都に使いした堀田が江戸の老中に書き送った手紙によると、当時老中たちは血縁の近い慶福を候補として考えていたことがわかる。しかしながら、堀田は京都で一橋を適任と考えを改めるのである（堀田正睦外交文書、三二頁、五〇―五二頁）。

京都での対立発生――条約勅許の難航と「水戸陰謀」論の出現

堀田一行が京都に向った頃、様々な勢力が朝廷への政治的働きかけを始めた。島津斉彬は国元から累代の縁戚だった近衛家に書翰《しょかん》を送り、人望ある一橋を養君《ようくん》にするよう自ら老中に申立てた事実を知らせた上で、朝廷から指名の内勅《ないちょく》（内密の勅命）を出すように依頼した。かつ松平慶永は橋本左内を入京させて情報収集と政治工作に当らせた（橋本二、六五〇頁以下）。他方、譜代大名筆頭の井伊直弼《なおすけ》は、同じく腹心長野義言《よしとき》を京都に送って同様の探索に当らせている（井伊家史料五）。橋本は朝廷の実力者三条実万《さねつむ》に面会したとき、開国の不可避を説いたが、はかばかしい反応はなかった。しかし、将軍の後継に言及したとき実万はこれを歓迎した。そのため以後は専ら一橋擁立を公家衆に説くことにした。こうして、朝廷に一橋擁立論が俄《にわか》に高まったとき、井伊家の長野はその背後に水戸の「隠謀《いんぼう》」（陰謀）を見いだした。

他方、孝明天皇は条約の勅許は許しがたいとの意思を示した。その意を受けた関白九条尚忠《ひさただ》は勅許を婉曲に退けようと図り、堀田に対し、三家以下の諸大名に条約につき再諮問し、その結果を持って再上洛せよと伝えた（孝明天皇紀二、七七九頁）。堀田は巻返しを図り、関白から幕府一任との勅諚《ちょくじょう》（天皇の意思表明・命令）を取付けることに成功した。しかし、この決定に不満だった天皇は久我建通《こがたけみち》にその意を漏し、その意を受けて朝廷では公卿八十八人が関白邸に列参するという前代未聞の騒動が発生した。その結果、勅諚は最初の趣旨に戻ったのである。

条約勅許が難航していた間、京都では様々な怪文書が飛交った。その一つにのち「水戸内奏《ないそう》書」と名付けられた文書があった。水戸徳川家の家臣が条約勅許を阻もうと公卿に差し出した上書であったが、長野義言はこれを徳川斉昭が朝廷に攘夷論を吹込もうと書き送った文書と解し、勅許難航の元凶はこれだとみた。そして、同時に盛上がった一橋待望論とこの文書が密接に関係している、つまり徳川斉昭が朝廷を息子の将軍嗣子擁立に利用しようと図り、朝廷の攘夷論に迎合して勅許を妨害したと見なしたのである（井伊家史料五、一八七号）。長野が江戸の直弼側近に当てて書き送った「悪《あ》しく申さば隠謀の体《てい》」という理解は、瞬《また》く間に井伊家や将軍側近を始め、紀州慶福の擁立に熱心だった人々の間に流布していった。

これは事実誤認であった。たしかに、徳川斉昭は当時なお攘夷を主張していた。また、表面には現れないものの、越前家を通じて一橋擁立を狙っていた。しかし、この両者の因果関係は長野の想定とは逆であった。堀田が京都に向った後、松平慶永は江戸城大奥に一橋の嗣立を受入れさせるため、斉昭に忠告して、親族の太閤鷹司政通《たいこうたかつかさまさみち》に今は打払いの時ではないと明言した書翰を書き送らせ、その写しを大奥に差出していたのである（昨夢二、四一六—四一七頁）。また、勅許獲得の責任者であった幕府有司は、言葉遣いからすると「水戸内奏書」は斉昭のものではあり得ないと判断し、世上の噂を否定していた。

なぜ、長野は誤解したのだろうか。堀田たちと異なって、彼は紀州慶福の擁立を熱望していた。血統上当然のはずの選択が突如朝廷の介入で怪しくなり始めた。最初はこの驚愕が誤解をもたらしたのであろう。しかし、「水戸陰謀」という認識は直ちに政治的必要に転化した。長野は、元来は勅許拒否論だった九条関白を関東（幕府）一任に翻意させるため、「水戸陰謀」論を使ったのである（井伊家史料五、二〇二号）。斉昭の手前勝手な欲望を満足させてはならない。勅許の拒否も一橋の擁立も、朝廷と幕府の間だけでなく、徳川家の内部にも鋭い対立を生み、日本の秩序は頂上から壊れてしまう。斉昭の陰謀を排除し、条約について幕府の言い分を認めてほしい。それが説得の論拠であり、これは成功した。そうすると、彼と井伊直弼にとって、水戸陰謀論は関白を幕府側につなぎ止める政治的必要上、疑いえない「事実」となったのである。

江戸での展開——井伊大老の登場と妥協の試み

老中堀田正睦は、大名再諮問の後、再上奏せよとの勅諚を携えて江戸に帰った。彼の胸には、京都の反対論を和らげるには、別の案件、将軍の養嗣子問題についてその意向に従ってはどうか、つまり一橋の採用を図り、その準備として松平慶永を大老に立てようとの心算があった。

ところが、将軍に京都の首尾を報告し、言がこの段に及んだとき、家定は、「それは不可、大老には、家柄と言い、人物と言い、井伊直弼をおいてその人はいない」と断言し、その席で直弼の大老任命が決まったのである(吉田一九六三)。

堀田は江戸に帰る前、先に目付岩瀬忠震《ただなり》を帰して一橋擁立の下準備をさせた。その噂が江戸城の表方《おもてがた》に広まった時、将軍側近や大奥を始め、紀州論の人々は巻返し工作に出た。御前会議の前日、奥向きと縁故の深い徒頭《かちがしら》薬師寺元真《もとざね》が井伊邸を訪ね、涙ながらに直弼の出馬を訴え、将軍家の召命があったら必ず受けるとの返事を得て帰った(宇津木二〇〇七)。こうなったら御家にすがる外はないと説得したのである。将軍の鶴の一声は、こうした裏面工作、一種の陰謀の結果であった。

大老は就任早々、二問題の処理について、明快な段取りを建てた。将軍継嗣については、早くも五月一日、将軍から慶福を採るとの上意を得ている。条約に関しては、朝廷の要求どおり、大名に再諮問し、五月中にほとんどの答申を得た。その内容は幕府の意にほぼ沿う内容であった。ただ、一橋擁立グループが、「水戸陰謀」と同様、この問題を将軍継嗣問題に利用する懸念があった。そのため、大老は彼等から異論が出ないよう、越前の慶永らを穏やかに説得するよう努力した。慶永は一橋採用は「天下の公論」だと主張したが、大老は内定の事実に触れず、ただ耳を傾けるに留めている（昨夢四、七頁以下）。

かくて、情勢は日一日と大老に有利となった。条約については、大名の再答申を携えてしかるべき老中が上洛する準備に入る一方、将軍継嗣に関しては六月一日の式日に継嗣が内定したと公表し、朝廷に使いを送って慣例通りめでたしとの宣旨《せんじ》を取付けた上で、十八日に人名を公表する段取りを建てたのである。この時、一橋党は少数派になりつつあった。幕府有司の中の支持者は多くが左遷され、当初は京都に手を回して宣旨降下を妨げようと考えた松平慶永や山内豊信《とよしげ》も、宣旨が江戸に到着する予定の十四日には、条約の答申を提出したのである。

対立の爆発——ハリスの闖入《ちんにゅう》・条約調印・継嗣決定・一橋党の大量処分

しかしながら、ここに別の因果系列が介入し、それが対立の顕在化、さらに政変爆発の引金となった。慶福の名が公表される予定の前日、六月十七日に下田にいたハリスが突如神奈川沖に現れ、即時の条約調印を要求してきたのである。

ハリスは条約の文面を議《ぎ》定《てい》した後、調印を日本側の国内手続を終えてから行うことに合意し、その期限まで領事館のある下田に帰っていた。その後、七月二十七日までの期限の延長を受入れていたのであるが、たまたまアメリカ艦が下田に来訪し、第二次アヘン戦争に勝利した英・仏が近く使節を寄越すとの知らせをもたらした。アメリカが日本開国の一番手であるとの栄誉を失わないため、かつ軍艦の威力が使える機会を生かそうと、期限より早く調印するよう幕府に強請することを思い立ったのである。

外国奉行の岩瀬忠震・井上清直《きよなお》は元来、この条約は当然結ぶべきものであり、英・仏使の来訪以前にモデルを決めておいた方がよいと考えていたため、ハリスの要求を退けず、幕閣に調印を要請した。大老はあくまで勅許後にすべしと主張したが、他の老中たちは外国奉行と同論で、結局十九日に至って、調印引き延しには努めるが万一の場合は止むなしと決定した。大老が自邸に帰った後、井伊家の家臣は、勅許の手続を中断して調印したら違勅の罪を得る、朝廷との関係悪化が必至なだけでなく、まだ一橋擁立に拘《こだわ》っている「陰謀方」に絶好の口実を与えると諫《いさ》めたが、大老はすでに将軍の決裁を得たから止むを得ないと述べている（母利二〇〇六）。おそらく、国政の最高責任者として大老は、形式上の朝廷尊崇と政治上の必要とが矛盾する場合には後者を優先することを覚悟し、自らの政治的危機については捨身で当ること、即ち反対派の排除という中央突破策を考えたものと思われる。

岩瀬・井上は、外国掛老中の堀田の指示によったのであろうか、即日調印を行った。大老は不本意にもその責任を負う立場に陥った。劣勢にあった一橋擁立党はここに一気に息を吹返した。慶福嗣立が知れ渡った頃、彼らは挽回策としてまず井伊大老と老中松平忠固《ただかた》の不和に着目し、大老に忠固を免職させて自身を孤立させた上で辞職に追込もうとした。その後任に松平慶永を立て、彼の権限で継嗣を一橋に差替えようとの計略であった（昨夢四、一七九頁以下）。

この第一段階は六月二十三日に忠固が免職されて実現した。水戸家は第二段階にすぐ取掛った。違勅調印を理由に井伊を排斥して慶永に政権を掌握させ、継嗣の公表も、天皇に謝罪すべき時に将軍継嗣公表という慶事は不可との理由をつけて延期させようというのである。このような計略の下、二十四日、徳川斉昭は、尾張の慶勝と越前の慶永を誘って不時登城（式日でない日に勝手に江戸城に上ること）し、井伊大老以下の老中に対面して、その責任を弾劾した（前掲、二五八頁以下）。

しかし、大老はこれを申訳なしの一点張りで柳に風と受流し、斉昭らが将軍に対面しようとするとこれも阻止した。斉昭の企みは完全に失敗したのである。その原因の一つは、前日、一橋慶喜が不時登城し、違勅調印の責任を追及したついでに慶福嗣立の公表を促したことにあった。これを受けて、直弼らは予め一橋党対策を決定していたのである。大老は不時登城した斉昭らと慶永を、家格の相違から来る詰問《つめのま》の違いを利用して同席させず、さらに昼食時になっても食事を出さないで、その後にようやく対面した。このため斉昭の英気は空振りに終ったのである。

こうして、一橋党大名の違勅調印抗議と井伊排斥の企ては完全に失敗した。しかし、大老側では、ことは済んでいない。斉昭らの不時登城は、かねて疑っていた「陰謀方」が遂に正体を現わし、正面から攻撃してきたことにほかならない。何らかの処罰が必須であった。

たまたま、この時、将軍家定が重態となった。慶福の嗣立は二十五日に公表されていたものの、将軍の死を機に一橋党がさらなる「陰謀」を企てる懸念がある。そこで、大老は、家定の存命中、死の前日の七月五日、不時登城の関係者に対し処罰を下した。首謀者と見なされた徳川斉昭は隠居の身であったが、死刑より一等軽いだけの急度慎《きっとつつしみ》（自邸の一室に閉じこもり、光も丸めた紙を障子にはさんでとるという厳しい禁錮《きんこ》刑）。尾張慶勝と越前慶永は隠居の上、急度慎。一橋慶喜と水戸の当主慶篤は一時登城停止（吉田一九九一）。一橋党の有力大名、山内豊信（土佐）は、当時在国ではあったものの、翌年に隠居・慎《つつしみ》（昼間の外出禁止）に処せられ、伊達宗城（宇和島）は「自発的」な隠居を迫られた。島津斉彬はこのグループの中心人物で、その京都への働きかけはよく知られていたものの、鹿児島で七月十六日に急死したため不問に付されている。旗本で加担していた有司もまた退けられた。岩瀬忠震は、英・仏・露などとの修好通商条約が妥結した後、左遷・免職の上、隠居・差控《さしひかえ》（出仕の禁止）に付されている。

こうして、江戸時代始まって以来、未曽有《みぞう》の大政変が勃発《ぼっぱつ》した。大大名数人と旗本有司多数が同時に厳罰に処せられたのである。大老の側から見れば、「水戸陰謀」がいよいよ露見し、その悪の拡大を未然に摘《つみ》取って、条約と継嗣の二難題に決着をつけたに過ぎなかったであろう。しかし、これは事件の終りでなく、むしろ幕府崩壊に至る動乱の序幕に過ぎなかった。調印された条約が「不正」と見なされるようになっただけでない。この春にわかに政界に現れた朝廷と幕府の対立、また処罰された有志大名と幕府との抗争はなお拡大する。しかも、それは全国の、特に尊王攘夷を奉ずる知識人たちの政治的関心を呼び起こし、この紛争の渦中に身を投ずるように誘ったのである。

対立のエスカレーション——一橋党の急進化と天皇の抗議

運動の失敗は当事者を屈服・後退する者と急進化する者とに分ける。大老に処罰された尾・水・越の大名やその近臣は、憤りを抑えて謹慎を続けた。徳川家門の柱石《ちゅうせき》と自認する彼等は、いかに不服であろうとも、宗家《そうけ》に敵対し、紛争を拡大する意志はなかったのである。しかし、末端の家臣の中で運動に関与した者は、一橋嗣立《しりつ》の失敗と主君の恥辱《ちじょく》に憤慨して、逆に急進化した。「違勅調印」という幕府の失策を捉え、朝廷を利用して、状況を一気に転換しようと図ったのである。水戸・薩摩の一部家臣は、日下部《くさかべ》伊三次《いそうじ》(水戸縁故の薩摩家臣)を京都に派遣し、朝廷から大老の上京を命じて退陣に追込むか、三藩主赦免《しゃめん》の勅諚を下すかして、慶喜と斉昭の政権掌握に活路を開こうとした(水戸藩史料上・坤)。

これより先、条約調印を報せる老中奉書を受取った天皇は、直ちに御前会議を開き、譲位の意志を表明した。勅許再奏請の使者の上京を待っていたところ、調印済という一片の書付けを受取ったのは大変な恥辱であった。廷臣は、天皇の辞意を「三家か大老が上京すべし」という勅を下すことで撤回させたが、大老はこれを拒んだ。三家は処罰したばかりであり、将軍が死去して取込み中のため、自身の代りに老中を上京させて釈明するというのである。これを聞いた天皇は再び譲位を主張し、かつ幕府に違勅調印を詰問する勅書を送ることを提案した（吉田前掲）。

そこで、左大臣近衛忠熙《このえただひろ》以下の廷臣たちは、天皇の辞意を撤回させるため、日下部の入説を参考として、八月七日、次の勅諚を幕府と水戸家に下し、水戸家からさらに三家以下の徳川家門に回付させることにした（国持大名にも、それぞれ縁故の公家から写しを与えたため、「戊午《ぼご》の密勅」と呼ばれる。一八五八年は戊午《つちのえうま》の年であった）。第一には、勅許なき調印は不審である。第二には、尾・水・越の処罰は人心の動向にかかわり遺憾である。第三には、善後措置として、大老・三家以下、全大名の「群議」の上、「国内治平」「公武御合体」「永世安全」の策を立つべし、というものであった（孝明天皇紀三、三〇頁）。この勅諚は、継嗣問題には直接言及せず、婉曲な言葉を使ってはいるが、尾・水・越を復権させた上で、条約を破棄するよう求めたものにほかならない。

無勅許調印は弁明の余地なき失策であったから、天皇と廷臣の態度は強硬であった。朝廷の決定は元来関白の手を経ずに行えない伝統であったが、天皇の委託を受けた左大臣近衛忠熙以下の首脳は関白の九条尚忠ぬきでことを進め、しかも幕府の頭越しに水戸へ直接勅掟を下すという前例のない策まで講じた。朝廷の中には、岩倉具視《ともみ》のように処分中の水戸への降勅を挑発的に過ぎると反対する者もあったが、勅諚は降されてしまった。案の定、大老は、水戸家がなお「陰謀」を止めぬことに激怒し、水戸降勅に関係した家臣、牢人、朝廷関係者を一網打尽にすることを考え始めるのである（以下、事実関係は吉田前掲による）。

公儀の弾圧政治——書生・禁裏・水戸等への圧迫

九月三日、新任の京都所司代の酒井忠義《ただあき》が入京し、十七日には特使の老中間部《まなべ》詮勝《あきかつ》も到着した。彼等の使命は条約につき朝廷の事後承諾を求め、かつ家茂《いえもち》への将軍宣下《せんげ》を獲得することであった。長野義言は、旅宿に出向いて「陰謀方」の志士の逮捕を進言したが、入京前の所司代は当初は穏和な態度で交渉する方針をとっていた。

しかし、九月二日に交渉相手となるはずの九条関白が宮中の圧力で関白の辞表を提出せざるを得なくなると、所司代らは弾圧政策に転じた。七日に王室びいきの牢人梅田雲浜《うんぴん》を逮捕し、間部入京の翌日には水戸藩京都留守居《るすい》の鵜飼《うがい》吉左衛門・幸吉父子、さらに二十二日には鷹司家の公家《くげ》侍《ざむらい》小林良典《よしすけ》らを捕えたのである。

間部は、このような弾圧政策の効果を見届けた上で、十月六日に関白の辞表却下を奏上し、これが認められた後に初めて参内し、さらに二十四日には将軍宣下を獲得した。そして、この日から繰返し修好通商条約の調印事情を説明し、勅許を求めたのである。その際の説明にはやはり水戸陰謀論が使われている。

これに対し、天皇は粘り強く抵抗し、和親条約への引戻しを求めるとともに、兵庫の開港と夷人の開港地雑居には強く反対した。しかし、十二月に入って宮家や公卿の家臣を幕府が捕え、江戸に送り始めると天皇は譲歩を余儀なくされた。大晦日に至って、条約調印の止むなき事情を諒解し、兵庫等に関して留保を付けた上で和親条約への引戻しを猶予するとの勅掟を与えたのである（孝明天皇紀三、一五五頁。高橋二〇〇七）。これは事実上の勅許にほかならないが、大老は公表せずにすませた。

間部はこうして、条約につき一応の諒解を朝廷から獲得した。ただし、京都を去る前に、幕府側の唯一の支えであった九条関白の地位を確保しようと図った。関白を通じて反対派の宮と堂上に圧力をかけ、自発的な願いの形を取って政界外に追放したのである。天皇は抵抗したが、結局、青蓮院宮《しょうれんいんのみや》（朝彦親王）の慎、鷹司政通・輔熙《すけひろ》父子、近衛忠熙、三条実万の辞官・落飾《らくしょく》（剃髪《ていはつ》による政界外への追放）、その他の公卿も十人余の処分を受け入れざるを得なくなった。以後、朝廷は幕府の威力の下に鳴りをひそめることになる。

京都で政治弾圧が始まった頃、江戸では「水戸陰謀」に関わった逮捕者を裁くため、老中松平乗全《のりやす》の下に五手掛《ごてがかり》が組織された（十二月十二日）。しかし、この中には寺社奉行板倉勝静《かつきよ》（備中《びっちゅう》松山）、勘定奉行佐々木顕発《あきとき》、評定所留役《とめやく》木村敬蔵ら寛典（寛大な措置）論を唱える者があったため、大老はかれらを斥《しりぞ》け、腹臣に入れ換えた（吉田前掲）。その結果、八月二十七日に、まず主犯とみた水戸家関係者に最終処分が下された。斉昭が永蟄居《えいちっきょ》（終身の幽閉）、慶喜が隠居・慎、水戸家の家老安島帯刀《あじまたてわき》が切腹、同奥右筆頭取茅根伊予之介《ちのね》・京都留守居鵜飼吉左衛門が死罪、同幸吉が獄門《ごくもん》（さらし首）である。また、岩瀬忠震・永井尚志《なおゆき》・川路聖謨《としあきら》ら一橋党に与《くみ》した幕府有司も免職・隠居・差控の処分をうけた。遅れて、有力大名の家臣や牢人も処刑された。十月七日に越前の橋本左内や牢人の頼三樹三郎《らいみきさぶろう》が死罪となり、二十七日には長州の吉田松陰も処刑されたのである。総じて極刑八人、遠島や追放等を入れると重刑に処せられたものは約四十人に上った。日下部伊三次や梅田雲浜など収監中に病死したり、自殺した者も十人ほどいた。近世未曽有の大獄である。この間、老中太田資始《すけもと》や間部詮勝らも量刑が過酷に過ぎると寛典を唱えたが、免職や慎を命じられている。

大老は反対すると見た人物をすべて強制的に斥け、安政五年、にわかに政界に登場した朝廷・大名・牢人の国政介入をすべて断ち、それによって幕閣専制への復古を図った。この恐怖政治は、政界の動揺を凍結させはしたが、裏面には大きな違和感と怨恨を蓄積することになった。本来はこの政変には無関係だった吉田松陰がたまたま処刑され、桂小五郎《こごろう》や久坂玄瑞《くさかげんずい》・高杉晋作《しんさく》らが幕府に強い敵意を抱くようになったのはよく知られる通りである。越前藩の場合、親藩ゆえに恭順を貫いたが、松平慶永は幽閉中、橋本左内への哀惜を胸に「公議」追求の意志をいよいよ固めることになった。そして、政変の台風の目、水戸は、斉昭ら首脳は謹慎を続けたものの、家臣の一部は逆に、幕府の誤りを正し、主君の屈辱をはらそうと、一層急進化したのである。

圧政抵抗・幕政匡正《きょうせい》の運動――諸藩連携から〝除奸《じょかん》義挙〟へ

水戸に幕府詰責《きっせき》の勅諚が下ると、水戸の急進派は薩摩家臣と提携して、勢力挽回を企てた（水戸藩史料前掲）。彼等は、勅諚の写しを受け取り、幕府の外交と大名処分に批判的になっているはずの西国大名を結集して圧政に対抗しようと考え、諸家臣への働きかけを試みた。斉昭らへの最終処分が未定の間は慎重に行動したが、厳罰が明らかとなると、その一部は有馬《ありま》新七《しんしち》ら薩摩家臣の一部が提唱していた「挙兵討奸《とうかん》」に踏込んだ。尊攘派のうち、高橋多一郎《たいちろう》や関鉄之介はそれを命ずる勅を諸藩に下してもらうため上京している。しかし、警戒厳重のため、彼等は幽閉中の宮や公家には接近できず、江戸に帰府した後、国元の水戸に召還されて計画は中断された。

幕府は安政六（一八五九）年に処罰が結了すると、水戸から幕府批判の勅諚を返納させ、ことを振出しに戻そうと図った。十二月に朝廷から返納を命ずる勅を得て、水戸家に厳しく要求したのである。

これに対して、水戸では大論争が持ち上った。当時政権を担当していた門閥《もんばつ》派は徳川家一体論に立ち、紛争拡大を防ぐために返納に応じようとしたが、尊攘派の「天狗《てんぐ》党」中にもこれに同調する者があった。『新論』の著者会沢正志斎もその一人で「鎮《ちん》派」と呼ばれた。しかし、高橋ら「激《げき》派」は返納にあくまで反対した。勅諚は水戸家の正当性の象徴で、斉昭らの処分を撤回させるための根拠でもあったから、これが失われると永遠に頽勢挽回《たいせいばんかい》は出来なくなると考えたためである。水戸では論争の末、一応妥協案が成立し、勅諚は幕府を経由せず、朝廷に直接返されることとなった。

しかし激派は返納反対に固執《こしつ》した。返納を実力で阻止するため、数百人が水戸街道の長岡に集合して気勢を挙げた。幕府から返納遅怠を「違勅」として責められ、足元からは激派に突上げられた藩当局は、二月十五日に至って、遂に慎中の斉昭に頼ることにした。激派の仰ぐ斉昭から直接に「諭書」を下して、君命を用いぬ者は処罰すると示唆し、それでも聞かぬとみると、リーダーの高橋多一郎らを禁錮しようとしたのである。長岡勢はこれにより解散した。しかし、高橋らは次々に脱走し、大老暗殺に突き進んでいった。

勅諚返納の決定は、水・薩の家臣が企てた諸藩連合の〝挙兵討奸〟計画を、少数者によるテロルに縮小した。彼等は元来、水戸家臣が大老の襲撃と横浜商館の焼打ちを行い、同時に薩摩藩が兵三千人を上京させて、勅諚を得て「公辺《こうへん》の御政事、正道に御復」し、「尊王攘夷」を実行するとの計画を立てていたのであるが、薩摩藩の呼応を確認する前にことを決行したのである。

これより先、薩摩家臣の一部は、同志四十人余が脱走し、中央政界に「突出」する盟約を結んでいた。しかし、九月に国政を仕切っていた島津斉興《なりおき》が死去し、久光が実権を握ると、彼等は突出よりも藩全体を動かす方へ重点を移した。突出間際に主君忠義《ただよし》から直書を下されたのがきっかけである。彼等「誠忠」組の内部では、有馬新七のようにあくまで突出を主張する者もあったが、大久保利通《としみち》はこれを抑え、江戸から義挙呼応を求める使者が来ると久光に決起を促した。そして、久光がこれを容れぬと知ると、曲げて久光に従ったのである（勝田一九一〇。芳二〇〇二）。

一方、水戸からの脱走者は予定より少かった。このため、「義挙」は、大老の襲撃のみに縮小された。同志は水戸脱藩十九人、薩摩脱藩二人で、襲撃は関鉄之介以下十八人が担当し、万延元（一八六〇）年三月三日に決行された。登城途中の大老は、雪のため無防備で難なく討取られたが、他のメンバーが狙った諸藩への訴えは失敗した。先行して上京した高橋多一郎も、襲撃成功を見届けて上京した者も、すべて中途で捕えられたり自刃したりし、薩摩からの応援も訪れなかったのである。

しかし、白昼堂々と幕府の最高責任者が暗殺されたことは世間に巨大な衝撃を与えた。人々がうすうす感じていた公儀の「ご威光」の空虚さが実証されたのである。水戸の家臣に倒幕という考えはなかったが、一般からは、圧政に対する痛快な反撃として喝采《かっさい》され、さらに幕府の実力への軽蔑の念も生じた。弾圧の下に屏息《へいそく》していた志士たちはにわかに活力を得、他の幕府要人や西洋人の襲撃を企てたが、そこには、天皇の側近岩倉具視のように、王政復古を現実の課題と考える者たちも混じり始めた。もはや、安政五年以前、二百数十年の泰平に戻ることはできない。幕府の外に生きる人々は秩序崩壊を予感するようになった。どんな世の中になるか分らない。しかし、ともかく今まで通りの世は続かないだろうという予感である。

三　どんな悲劇だったのか

もしハリスが突然現れなかったら

安政五年の政変は、幕府崩壊の起点となり、当事者の破滅をもたらした点で、紛れもない悲劇であった。それだけではない。この事件は、勅許獲得の失敗から一橋党大名の処罰まで約四カ月たらず、堀田の上洛から間部の退京まででも約一年の短期間に起きたことであった。ごく短時間の中で予想外の事態が展開し、後に修復不可能な敵対関係を遺した。しかも、対立は幕府と大名の間のみならず、幕府と朝廷、幕府と知識人の間にも生じ、それらが連鎖して、前代未聞の巨大な政変となったのである。

もしハリスが予定以前に神奈川沖に来なかったら、どうだっただろうか。大老は養嗣子問題を条約より先に解決できたはずで、したがって一橋党を処罰することもなかったであろう。むしろ、次に予定した、条約についての京都への再上奏に備えて、あえて彼等を懐柔する手段に出たかも知れない。実際、後に一橋慶喜は将軍家茂の後見になっているのである。新条約に天皇が反対したのは事実であるが、のちに長州の長井雅楽《うた》による航海遠略論に天皇がかなりの期待を寄せたことを考えると、妥協の余地がなかったとは言えない（高橋二〇〇七）。まして、当時、大名のほとんどは開国を肯定するようになっていた。また、皇女の降嫁が安定した政治環境で実行されたならば、天皇の翻意《ほんい》にかなりの力を添えたことであろう。安政五年の政変が起きなければ、ある程度の難題が生じたとしても、政治体制自体が崩壊するまでには至らなかったのではあるまいか。

しかし、現実は逆となった。不信と憎悪、敵対行為の応酬という悪循環は拡大する一方となった。どうして途中で止められなかったのであろうか。一橋党の不時登城のあとの処分は関係者ほぼ全員を政界外に追放するもので、厳罰の極みであった。対象を絞り込むことは出来なかったのだろうか。そうすれば、大名の多数派から止むなしとの支持は得られたかも知れない。京都での宮・公卿の処罰もしかり、この事件に無関係だった吉田松陰の江戸召喚もしかり、翌年の最終処分もしかりである。当時、攘夷論者や王政復古論者が台頭し始めていたのは事実であるが、彼等はまだ少数に過ぎなかった。紛争を局地化し、大名を始めとする世論多数の支持を確保していたならば、その勢力が急膨張することはなかったであろう。

失敗の原因と結果

なぜ、紛争の制御に失敗したのだろうか。一つ明白なのは、反一橋党の中で「水戸陰謀」という事実誤認が一人歩きした点である。九条関白に持論の条約反対論を棚上げさせ、朝廷内唯一の幕府支持者に変えた決め手はこれであった。一旦、政治的有効性が認められたら、事実か否かを反省する余地はなくなる。七月に至ると「陰謀方」が実際に不時登城して大老を失脚させようと図った。ここで疑いは確信に変った。さらに九月に関白が失脚寸前になったときにこれを防ぐにも、年末に天皇から条約の事実上の承認を取付けるにも、水戸陰謀論は有効であった。水戸斉昭の条約反対論は日本の将来を真面目に考えたものでない。自分の息子を将軍にしたいとの私的な野望に出た不当な主張である。これに同調するならば、朝廷も日本の秩序崩壊の加担者になる。このような認識を提供することにより、水戸陰謀論は政局の核心的役割を負わされた。これを認める限り、妥協は不可能になる。かつ、陰謀は不正に違いないから、その処罰も厳酷にならざるを得ない。

他方、一橋党の運動は執拗を極めた。六月に入って慶福の擁立が公然の秘密になってからも、彼等はその慶喜への差替えを企て、大老と老中松平忠固との不和につけ込んで、大老を失脚させようとの陰謀を仕掛けた。不時登城の後、将軍家定が危篤《きとく》になったとき、大老が彼等の次の陰謀を恐れたのも無理はない。また、水戸の家臣のかなりは斉昭ら君主・重臣が謹慎した後も諦めず、主君に断りなく勝手に反対運動から討奸運動まで企てた。水戸ではかつて、斉昭の藩主擁立以来二度にわたって同様の運動が起きていたが、その首謀者であった会沢ら天狗党内の鎮派、さらに斉昭自身がこれを阻もうとしても、彼等は聞く耳を持たなかったのである。江戸時代に稀だった論争的かつ強情な家臣を持つ大名がたまたま将軍後継候補を擁していたという偶然が、政変におけるもう一方の非妥協性を生み出していた。

一旦始まった敵対関係は、暴力行使という薪《まき》をくべられて、さらに激しく燃上がっていった。一橋党の処分が第一段、王政復古の運動家の逮捕が第二段、公家の処分が第三段、最終的断獄が第四段。ここまでは幕府側の一方的暴力行使だったが、それは桜田門外の変という反撃に行きつき、その後はテロリズムの模倣が拡がっていった。暴力は被害当事者とその近親者の間に根深い怨念《おんねん》を植付ける。かつての競争相手は不倶戴天《ふぐたいてん》の敵と変わり、報復と破壊への願望は日増しに募って、相手方が破滅するまで止むことがない。途中で相手方が宥和《ゆうわ》の姿勢を見せても、それはむしろ弱さと解釈されて、報復衝動はより高まる。暴力は一旦応酬が始まると著しく停止困難となるのである。優勢な方は「暴力を止めるための暴力」と意味づけるが、それが功を奏するとは限らない。秩序回復の努力自体が逆に紛争を拡大し、その中で、政治的妥協は絶望的になってゆくのである。

このような悪循環を見ていると、その場を支配しているのは「人」でなく、「運命」だと言いたくなる。正確に言えば、「場」に働く力、それによる「事」と「事」の連鎖が主人公のように見える。この渦に巻込まれたが最後、人は客体となり、押し流される。破滅するのも、生残るのも、すべて本人の意志を超えた力のなせる業なのである。

第七章
幕末：公議・尊攘・強兵の運動

概観：政治動乱の十年間

安政五年政変は近世国家を崩壊させる発端となったが、その渦中には同時に新たな政治体制を生み出す基本的なアイデアも生まれた。一つは「公議」「公論」、もう一つは「王政復古」である。これらは直ちに政治構想として練上げられることはなかったが、その後、次第に幕末の日本に浸透してゆき、やがて新国家の二つの柱を構成することになった。

ただし、桜田門外の変の直後には、政界はむしろ混乱の度を強めていった。その動乱を振返ると、安政五年政変（一八五八年）から王政復古（一八六八年）に至る十年ほどは、二つの時期に分れるように思われる。最初の五年間には政治秩序がみるみる間に崩壊し、先行きが見えなくなっていった。文久三（一八六三）年の八月十八日政変によってそれが止まると、その後の五年間には、朝廷と幕府が和解して公武合体の体制が成立する一方、その外部に追いやられた勢力は「王政」と「公議」とを柱とする新たな政治秩序への転換を目指すようになった。以前のように未知の主体と争点が登場することは見られなくなるが、限られた主体の間では厳しい駆引きが展開し、政界の不安定はなお深まるのである。

幕末の最終局面では「王政復古」が決め手となり、鳥羽伏見《とばふしみ》の戦いの後は、その主導者は薩摩・長州となった。しかしそれ以前の幕末史は、担い手もそれらの提携・対抗関係もずっと複雑であった。二十世紀に書かれた維新史では、しばしば最も急進的な道を選んだ長州と尊攘運動が重視されたが、実のところ、安政五年政変の際、長州は政界に存在しなかった。明治維新を理解するとき、最終的な勝利者にのみ注目し、その意志と努力が実る過程として縮小表現するのは公平な見方ではない。明治期を含めると約二十年に及んだ政治変革の過程では、尊攘に限らず、多様な政治課題が登場し、それらを解決しようと様々な政治勢力が競争と提携を試みた。本書では、その全体を通観し、局面ごとに最も活躍した主体群に注目しつつ、それらが織りなした各時期の動きを丁寧に紹介してゆきたい。

幕末動乱の前半——三つの運動の競合

さて、本章と次章は幕末の政治動乱のうち、その前半を概観する。秩序がみるみる間に崩壊したといっても、この間に秩序再建や建設的な改革の努力がされなかったわけではない。そこには、およそ三つの政治運動が展開した。幕府による軍制改革の運動、長州・薩摩・越前などによる政権参加、すなわち「公議」の運動、そして民間や朝廷の知識人が長州などの大名や朝廷を巻込みつつ展開した「尊王攘夷」の運動である。

幕府の軍制改革の運動は西洋への対処を主眼とするもので、条約により衝突を回避する一方、万が一に備えて、二百有余年の太平の中で事実上消滅していた軍隊を、西洋の軍事技術を採用しつつ、海軍を中心に再編しようとする計画であった。「公議」「公論」の運動は、幕府の外部にあった勢力が近世ではタブーだった全国政治への参加を敢えて要求したもので、その主力は越前・薩摩・初期の長州などの大大名であり、もっぱら幕府との交渉を手段とした。これに対し、尊王攘夷運動は天皇の権威回復を主張しつつ、西洋の排斥を主張するもので、言論と暴力の両方に訴えて世間一般の支持を獲得しようとした点に特徴があった。

このうち、前二者は秩序の再建を目指す運動であったが、これらは当初は相互に親和的だったものの、尊攘運動が高揚するにつれて対立し始め、やがて尊攘運動の大波に呑込まれて、いずれも一旦は政局の表面から姿を消した。しかし、尊攘運動自体も勝利者となったわけではない。幕

表7-1　公議・攘夷・強兵をめぐる立場

争　点	強　兵	公　議	攘　夷
幕　府	◎	×	×
(長州・)薩摩・越前	△	◎	×
志士（＋長州）	○	◎	◎

末の政治動乱のなかで、最初の五年間は三つの運動が相互に否定的に展開し、それによって政治秩序は解体の度を強めていったのである。

なお、以下では、時代の政治争点三つと政治主体三つを結びつけて描くが、実際にはこれらの主体と争点は表7―1のようにクロスする関係で存在していた。この表の縦の欄は当時重要だった主体を三つに分けて示し、横の欄は当時の主要な争点を示している。各主体が各課題、争点を積極的に支持する場合は◎、肯定する場合は○、否定する場合は×、曖昧な場合は△を書き込んでいる。それぞれの政治主体は争点ごとに肯定・否定の態度や優先順位を設定し、政局の中でそれをシフトしてゆく。政治は多数派を形成して自らの抱負を実現することであるから、味方を増やし、敵を減らすために、優先順位を変えたり、ある争点を棚上げし、別の争点を種としてライヴァルと提携したりすることも起きる。例えば、尊攘の志士たちは公議や強兵に否定的だったわけでなく、時には攘夷に反対だった越前や薩摩と提携しようとした。とはいえ、行きがかりや感情のもつれから合理的な選択ができないこともしばしば起きる。薩摩と長州が張り合ってなかなか提携できなかったのがその良い例であろう。歴史上の主体がどんな舞台に立っており、その上でどんな政治的模索をしたのか。このような表を参照すると、彼らの見せた「可能性のアート」とその条件をより良く理解できるはずである。

一　公武和解の試み、および幕府の強兵改革と大大名の公議運動の交錯

桜田門外の変の後、幕府は国内に充満し始めた条約反対論を宥和《ゆうわ》する政策をとる一方、条約批准使節の帰国を機に、長期的な対外政策として洋式の海陸軍の編成を計画した。他方、公・武(朝廷と幕府)の不和を見た大大名、長州と薩摩は、公武和解の仲介を名目に中央政局に乗出した。それは幕府の軍制改革を支持したり、抑制したりするように働いた(三谷一九九七、六章)。

幕府の公武和解策と天皇の復古決意——皇女降嫁

井伊直弼に代り幕閣を担った久世《くぜ》広周《ひろちか》と安藤信正《のぶまさ》の政権は、旧一橋党の大名や幕府有司への敵視政策は維持しつつ、国内不和の根源とみた朝廷との和解を図った。将軍家茂《いえもち》の夫人に皇女を迎

え、天皇を将軍の身内にして意思疎通を容易にし、それによって天皇が幕政への不満を世間に漏らすことのないようにし、やがては開国の不可避を悟ってもらおうと考えたものと思われる。彼らは天皇の意向に沿うために条約の実質的な縮小を図り、そうすれば条約反対や幕政批判の世論は鎮静するはずと期待していた。

幕府は、孝明天皇の妹和宮《かずのみや》を候補とし、桜田門外の変の直後、万延元（一八六〇）年四月に申込んだが、一旦は峻拒《しゅんきょ》された。和宮には既に婚約者があり、本人も嫌がっているという理由からである。しかし、天皇は、側近の岩倉具視の建言をうけると態度を変え、条件付で降嫁を認めることにした。岩倉の主張は次のようなものであった（吉田・佐藤一九七六、三八号）。①桜田事件で明らかなように、関東の覇権《はけん》は地に墜《お》ちた。もはや幕府に依頼して対外危機をしのぐことはできない。②今後は、関東に委任した政権を隠然と朝廷に回収し、「輿議《よぎ》公論」により「国是」＝国の基本方針を定めるという長期目標に立って行動すべきである。③王政復古を短期間に行うには武力に訴えねばならないが、外敵の前で天下の大乱を引起してはならない。④現在幕府が申出ている和宮降嫁は、政権の朝廷への回収の第一歩として実によい機会である。⑤和宮を与える代償に、修好通商条約を破棄するよう、また国政上の大問題は必ず奏聞をへた上で執行するように求めるとよい。

幕府の弱体化を見切って「王政復古」を明確な長期目標に据え、目前の幕府からの要請をその実現の第一歩に利用しようとしている。「公論」により朝廷を支えることも忘れていない。

天皇の意思を示された幕閣は、七月末に老中連署の奉答書を奉り、「当節より七八年ないし十ヶ年を相立候内」に和親条約に引戻すと誓約し、天皇はこれを受けて和宮の承諾を得た。この期限付条約引戻しの約束は、朝廷のみならず幕府の中でも厳秘に付された。実行不可能な約束と分っていたためであろう。幕府首脳のたよりは、身内となった天皇が幕府の苦境に同情的になり、やがては期限内に攘夷論を放棄してくれることへの期待であった。

この縁談は十月に正式に勅許され、公表されたが、その直後に幕府が新たにプロイセンと修好通商条約を結んだため、破談になりかけた（福岡二〇一三）。密約を知らぬ尊攘の志士たちは、和宮降嫁を幕府が天皇から人質をとるものと見なし、さらに廃帝の噂までも流した。和宮が京都を発《た》ったのは一年後のことであり、婚儀は文久二（一八六二）年二月十一日に挙げられた。しかし、公武和解・世論鎮静の目的は全く達成されず、逆に条約引戻しの密約はやがてじわじわと幕府の喉を絞め上げてゆくようになるのである。

大大名の国政介入——長州の「公武周旋」

和宮降嫁は世上の幕府批判も公武の緊張も和らげなかった。これを見た長州は長井雅楽《うた》の〝航海遠略〟策により朝廷の政策を開国容認に変え、それによって公武不和を解消しようと図った。幕府は従来、一般大名に対し、全国政治への介入はおろか、入京すら禁じていた。しかし、久世・安藤政権は密約の解消を焦るあまり、この近世を通ずる鉄則を破ることにしたのである。

長州藩は表高三十七万石、内高七十万石に上る国持大名中の雄藩であったが、安政五年の一橋擁立問題には全く関係せず、ペリー渡来直後は相州（相模国。現神奈川県）、通商条約後は兵庫の警衛を忠実に務めていた。しかし、戊午《ぼご》の密勅の写しを与えられた感激は大きく、長州藩は、朝廷への忠節、幕府への信義、藩祖への孝道の三点を藩是《はんぜ》として、国政介入の時を窺《うかが》い始めた。井伊政権の崩壊により幕府の権威が失墜し、和宮降嫁が難航する状況は、その長州に「公武周旋」を名に中央政局に進出する絶好の機会と映った。この時藩主に魅力的な方策を提供したのは君側の直目付《じきめつけ》長井雅楽であった（末松一九二一、三編七章以下）。

長井の建言した航海遠略策とは、朝廷に政治的発言を認めるかわりに開国策を採用させ、それにより朝廷と幕府の対立を解消し、挙国一致して対外進出を果たそうというものであった。その骨子は、①幕府の無勅許調印は公武不和、国内混乱の原因であり、批判されるべきである。②朝廷の主張する「破約攘夷」は、外国側に正当性を与え、かつ国力の強弱を計らぬ拙策である。③鎖国は日本史上は一時のエピソードにすぎず、皇朝隆盛の頃には京に外国使節をもてなす鴻臚館《こうろかん》を置いていた。④天照大神の神勅に「天日ノ照臨スル所ハ皇化ヲ布《し》キ及シ賜フ可《べ》シ」とあるように、日本人は積極的に海外進出すべきである。⑤幕府に対しては「破約攘夷」でなく、逆に航海を開いて武威《ぶい》を海外に振い、征夷の職を立つべしとの詔勅《しょうちょく》を下せばよい。⑥そうすれば、君臣の名分を正すことも、海内一和《かいだい》も実現するだろう。[*1]

長州藩は、プロイセンとの条約締結が原因で和宮降嫁が延期になっていた文久元（一八六一）年三月、長井の提案を容れて、公武周旋に乗出すことを決定し、その交渉役に長井本人をあてた。長井は、まず京都で議奏正親町三条実愛《おおぎまちさんじょうさねなる》を通じて天皇の内諾を得、その上で江戸に向い、老中の久世・安藤の了解を得た。その上で国元からあらためて藩主毛利敬親《たかちか》が上府して公式に幕府に周旋を申し出、家茂と和宮の婚儀が滞りなく済んだ文久二年二月、長井は老中から周旋の委託をうけて、京都に上ったのである。

なぜ天皇は長州の周旋に内諾を与えたのだろうか。朝廷は幕府による抑圧からの解放を切望し、そのために有力大名の介入を望んでいた。開国は天皇の持論に反することであったが、幕府に重要問題での協議を約束させるという提案は歓迎すべきことであった。これにより、和宮降嫁の条件として提示した二点（条約の破棄と協議の約束）のうち回答のなかったもう一つが実現することになる。

他方、幕府はなぜ周旋を受入れたのだろうか。これは何よりも条約引戻しの密約を一刻も早く取消したかったからであろう。かつ朝廷の開国容認への転換は、一旦条約引戻しを約束していた幕府側から発言しうることでなく、第三者の仲介が必要であった。しかも、長州は安政五年政変に関与しておらず、その藩主敬親は有力大名の中で最も野心が薄いと思われていた。さらに、長井雅楽の提案は、当時、幕府有司が計画していた大規模な軍制改革を朝廷がバックアップする形となる点でも魅力的であった。

しかし、文久二年三月に長井が正式周旋のため入京したとき、朝廷は航海遠略策に興味を示さず、長州の内部でも強い反対論が台頭して、長井の周旋は挫折に終った。その経緯は後に述べる。

幕府の軍制改革計画

幕府は文久元年春、遣米使節の見聞にもとづき、かつロシア軍艦の対馬占領事件に刺激されて、「東方の一強国」創出の第一歩として、本格的な軍制改革を計画した（三谷一九九七、七章。金澤二〇一七）。

幕府は安政年間に外圧対策として台場《だいば》の整備や海軍伝習など軍事改革に手を染めた。修好通商条約の締結は本格的な制度改革に向う好機会であったが、井伊政権は組織改革と西洋科学技術の導入には消極的であり、海軍伝習の停止など軍事組織の改革はむしろ後退した。これが復活したのは万延元年の末頃であった。久世・安藤二老中は、勝手掛と外国掛を兼任し、遣米副使小栗忠順《おぐりただまさ》らの意見を参考として軍制改革を考え始め、翌文久元年春に起きたロシアの対馬占領事件にも刺激されて、その四・五月に軍制掛を任命し、計画立案を命じたのである。

翌文久二年夏に出来上った計画は、西洋技術を本格的に採用して大規模な海軍と将軍親衛の陸軍を創設しようとするものであった。これは対外戦争の発生に備えたもので、当時高揚し始めた国内の反幕運動の鎮圧は考慮されず、したがって海軍が陸軍より重視された。

海軍の建設計画は二段階に分れ、第一期では艦隊一組（江戸・大坂用。軍艦十二隻ほか。士官四百七十四人、水夫・火焚人三千八百六十人など）を、蓄積金（おそらく貨幣改鋳《かいちゅう》による）と行財政整理により創ることが計画された。そして将来においては、全国六カ所に十五組の幕府直轄の艦隊を、大名に対し参勤交代の頻度の緩和の代わりに課す海軍兵賦《へいふ》（兵賦は領民の徴募、次いで雇い。のち金納）を用いて編成する予定であった。

一方、陸軍は、大名の軍制改革（洋式化による統一）は後まわしとし、まず直参の再組織が計画された。洋式の歩・騎・砲三兵を作るのであるが、これも周辺から中心へという手順で構想された。すなわち、兵隊は、歩兵の主要部分については旗本から禄高に応じて兵賦をとり、他の部分は小十人《こじゅうにん》以下の軽輩を再編成してあてる。指揮官は、講武所に出役して調練を学んでいた旗本を任命する。残りの番方《ばんかた》は歩・騎二隊に分けて「御馬前守衛《おうままえ》」にあてる（和式。実行されず）というものであった。

軍制改革にあわせて懸案の行財政整理が計画された。同時に組織機能の強化のため、儀礼・服制、さらに決定手続きの簡素化が行われ、人材登用も学問吟味に及第《きゅうだい》した者を目付・奉行クラスに起用したり、御目見以下の人材、例えば海軍伝習に加わった家人《けにん》を御目見以上の役職へ登用したりし（例えば勝海舟ら）、さらに外国奉行所の翻訳方に出仕していた陪臣《ばいしん》（大名の家来）の、直参《じきさん》（将軍の家臣）への抜擢も行われた（福沢諭吉ら）。

この幕府文武官制の改革計画は江戸時代のいわゆる三大改革を上回る規模のもので、江戸初期の状況への「復古」とともに、地球上における「東方の一強国」の草創という長期課題を掲げ、しかもその幾分かは実現した点で、画期的なものであった。

改革着手・開国入説・将軍上洛

幕府有司の改革計画は、文久二年春、家茂と和宮の婚儀の後に実行に移された。まず三月十五日に板倉勝静《かつきよ》と水野忠精《ただきよ》が老中に新任された。そして、準備を重ねたのち、五月二十二日に家茂自ら改革を宣言し、改革掛を任命したのである（大目付の大久保忠寛《ただひろ》ほかを起用）。家茂の宣言は次のようなものであった。

「政事向姑息《こそく》に流れ、虚飾《きょしょく》を取繕《つくろ》い、士風軽薄を増し、当家の家風を取失い、以ての外の儀。殊《こと》に外国交際の上は、別《わけ》て兵備充実にこれなくては相ならず。就《つい》ては時宜に応じ、変革取行い、簡易の制度、質直《しっちょく》の士風、復古いたし、武威輝くよう致度《いたしたく》間、忠勤をはげむように」（続徳川実紀四、三二八頁）

一方、幕府の改革派有司は、朝廷に対して開国論への転換を働きかけようとした。イギリス公使オールコックとの交渉により、幕府は両都・両港（江戸・大坂、兵庫・新潟）の開市・開港の延期を取付けて時間的ゆとりを作ろうとする一方、国内においてはできるだけ早く条約の承認を得ようとしたのである。彼等はそのため長井雅楽に周旋を委嘱したが、それが失敗した後もなお説得を続けようとした。

当時、朝廷は、一千の兵を率いて入京した薩摩の島津久光《ひさみつ》の後押しにより、幕府に旧一橋党の公家と大名の赦免を要求しようと図っていた。幕府はこの情報を得ると先手を打って赦免を実行した。さらに、旧一橋党の復権への期待を逆手にとり、赦免したばかりの前越前藩主松平春嶽《しゅんがく》（慶永の隠居名）を政務参与に任じ、朝廷への開国入説を依頼した。長州藩主に対しても引続き協力するよう依頼している。内部では、条約引戻しの密約の責任者であった久世を辞職させて、京都入説を新任の板倉に委ねた。彼を中心に家門・外様の雄藩主の連合した強力な開国入説使節団を京都に送ろうとしたのである。

このとき春嶽は将軍上洛の約束を引受けの条件とした。将軍自らが家光《いえみつ》以来の上洛をして、和宮降嫁の御礼と従来の失政の謝罪とを天皇に行い、その上で諸大名の会議をへて「国是」を決定すべきだと考えたのである。丁度このとき、長州藩も桂小五郎《かつらこごろう》の提言により将軍上洛論を主張し始めていた。開国論を棚上げにしながら公武周旋は続行し、同時に藩内対立、すなわち破約攘夷論を掲げて台頭しつつあった久坂玄瑞《くさかげんずい》とその攻撃目標となった長井雅楽との対立を緩和しようという政策である。将軍は越前と長州の主張を採用し、六月一日に将来における上洛を公約した。

しかし、勅使大原重徳《しげとみ》と島津久光が江戸に到着すると、かかる構想は頓座《とんざ》した。朝廷は、これより先、岩倉具視の献策により時局収拾のため「三事策」を決定していた。薩摩の旧一橋党登用論と長州の将軍上洛論をともに組込んだ案だったが、実際には京都にいた島津久光の案が優先された。すなわち、勅使を久光と共に江戸に送ることとして、これに全権を委任し、幕府に対しては老中や春嶽らの上京を差止めたのである。他方、長州は後発の薩摩に先を越されたことに焦って、藩主自らが江戸から京都に向った。これと入れ替わるように江戸に到着した勅使は将軍の上洛を不要とし、旧一橋党の春嶽の大老への就任と、一橋慶喜の後見への就任のみを要求した。こうして幕府苦心のプログラムは崩壊し、開国入説は一旦棚上げとなった。

大海軍建設・参勤緩和・将軍上洛

七月初旬、幕府は、勅使の要求を容れて一橋慶喜を将軍後見職、松平春嶽を政事総裁職(春嶽が大老の名を嫌ったため新たな名を作った)に任命した。これにより、春嶽および久光の発言力は強まったが、両者は体制刷新の手始めとして参勤交代の緩和を主張した。改革派有司はこれを、かねて計画していた海軍兵賦の徴収を代償として受入れた。春嶽はさらに、長州との提携を維持し、幕政一新の姿を天下に公示するため、将軍上洛の即行を主張し始めた。しかし、幕府有司はこの点には反対した。海軍建設に熱心だった小栗忠順らは同じ費用を海軍にあてるべきだとしたのである。そして、薩摩が久光を江戸に出すために、江戸藩邸を自焼して藩主忠義の上府不可の口実を作った事実が発覚すると、有司の薩摩への反感は一気に爆発した。幕吏は一時その責任追求に心を奪われ、参勤緩和・将軍上洛の二問題も軍制改革も棚上げとなってしまったのである。

しかし、八月二十一日に久光が江戸を去ると改革は再開された。井伊政権以来の大物有司が罷免され、御用取次に抜擢された大久保忠寛や勘定奉行小栗らの新人が主導権をとり始めると、軍制掛はその大計画の決定にとりかかったのである。ただし、新人のうち小栗たちは幕権回復のため軍制改革のみに関心を持っていたが、大久保は政権全体の再建のため、春嶽の「公議」論に共感を持つという違いがあった。

軍制掛の動きを察知した春嶽は突然自邸に引籠った。そして、江戸に呼寄せていた顧問横井小楠《しょうなん》に、幕府が「幕私」を捨て、まず参勤緩和と将軍上洛を決めて天下の人心の宥和に努めるよう遊説させた。春嶽に引籠られると朝廷へ違勅の姿となり、かつ開国入説の便りがなくなる。そのため、板倉や大久保は春嶽に同意せざるをえなくなった。しかし、参勤緩和で費用が浮いても、もし大海軍の建設が決まり、したがって大名から海軍兵賦を徴収するなら、大名の負担は軽くならない。*2 また、第一期計画だけに絞っても、それを早期に達成しようとするなら、将軍上洛の費用（約百万両余）捻出が困難になる。そこで、春嶽は大久保と打合わせて、勝麟太郎《りんたろう》（のちの海舟）を軍艦奉行並という地位に登用し、評議の席上で軍制掛の海軍建設計画を完膚《かんぷ》なきまでに批判させた。軍艦を西洋から購入できたとして、その運転に当る士官や水夫をどこから調達するのか、第一期だけでも千人に上る人員を養成するには何年かかるか分らない。大規模な長期計画は無論、第一期計画も専門家の言によって机上の空論として葬り去られたのである。

こうして幕府有司の改革計画の最大の眼目であった大海軍の建設は挫折し、予定外の参勤緩和と将軍上洛が決定された（閏八月二十二日と九月七日）。それは幕府主体の中央集権的な強兵改革が越前・薩摩の大大名による「公議」の主張の前に敗れ去った事件であった。しかしながら、その後、江戸で勝利した越前や薩摩の「公議」運動が政局を主導できたわけではない。参勤緩和と将軍上洛は実現されたが、京都で高揚した尊攘運動は長州を巻込み、その政策を開国から攘夷に百八十度転換させ、一旦は幕府や薩摩・越前から政局の主導権を奪うことになるのである。

二　尊攘運動の政局支配

文久二年秋、幕政改革が一段落すると、政局の主題は将軍上洛の際にいかなる対外国是を定むべきかという問題に移った。この時、京都で急激に勢力をえた尊攘論者は、幕府に実行不可能な攘夷を公約させ、翌年春の将軍上洛に際しては攘夷期限まで決めさせて、絶体絶命の窮地に追込み、さらに倒幕までも企てることになる。以下、この過程を見てゆこう（全体として、徳川慶喜公伝を参照）。

長州と朝廷の尊攘急進化

文久二年五月下旬に、勅使大原重徳と島津久光が江戸に出発すると、京都では尊攘急進論が急激に高まった。久光は兵を率いて入京した時に自藩の兵力を倒幕の挙兵に利用しようとした牢人たちを弾圧したが（寺田屋事件）、彼が去ると、京都では破約攘夷論と幕政否定論が息を吹き返し、さらに強まったのである。

このとき京都の政局を主導したのは久坂玄瑞を中心とする長州の急進派であった（末松一九二一）。彼らは有馬新七（寺田事件で上意討ち）ら薩摩の尊攘急進派と異なって、自藩全体の巻込みに成功し、かつ運動の目標を攘夷の即行に定めて朝廷や京都世論の圧倒的支持を獲得したのである。久坂は四月末に世子《せいし》（藩主の後継ぎ）毛利元徳《もとのり》が入京すると、朝廷に働きかけて、藩主敬親の意思によって公武周旋を担っていた長井雅楽の開国入説を批判する言葉を引き出し、自藩を窮地に追込んだ。その結果、京都に到来した敬親は、朝廷の許しを得るため公武周旋の内容を将軍上洛＋開国論から将軍上洛＋攘夷論へと百八十度転換した（七月六日）。以後、長州藩は急進派の支配するところとなった。彼等は幕府は破約攘夷を密約で原則承認していたはずとして即時断行を迫り、さらにそれを王政復古への道筋に転じようと図るに至るのである。

この頃には、土佐も攘夷即行の周旋に巻込まれた。尊王攘夷を謳う結社、勤王党《きんのう》の領袖武市瑞山《たけちずい ざん》が、山内容堂《ようどう》（豊信の隠居名）の不在中にその腹心吉田東洋《とうよう》を倒し、藩政上は対極の位置にあるはずの保守派と提携して政権を握った。その上で山内家の代々の親族だった三条実美《さねとみ》と連絡して藩主豊範《とよのり》を参勤途上に入京させ、公武周旋の勅命を獲得したのである（八月二十五日）。前藩主山内容堂は親徳川の態度を変えなかったが、武市らの行動により、ここに土佐の藩論は一旦は両極端に分裂したのである。

京都で大大名が攘夷即行を主張し始めると、朝廷の内部でも尊攘急進派が勢力を得た。それを促したのは「四奸《かん》二嬪《ひん》」、すなわち和宮降嫁を推進した廷臣（久我建通や岩倉具視ら）と女官の排斥運動である。六月二十三日、関白が、条約勅許を進めた九条尚忠から戊午の密勅を降下させた近衛忠熙《ただひろ》に交代した。朝廷側でも井伊・安藤体制を払拭《ふっしょく》したのである。この頃、薩摩藩士藤井良節や浪人本間精一郎が和宮降嫁に関わった人々の斬奸《ざんかん》を主張し始めていたが、近衛関白は九条家家臣の島田左近《さこん》が天誅《てんちゅう》と称して暗殺されると（七月二十日）、これを受入れざるを得なくなった。これは朝廷内の尊攘急進派をさらに勇気づけ、三条実美・姉小路公知《あねがこうじきんさと》ら十三人の公家は内大臣久我建通や近習岩倉具視らの弾劾書を提出し、その結果、久我・岩倉らは解官《げかん》・落飾《らくしょく》・蟄居《ちっきょ》（八月二十日）、さらに洛中退去（九月二十五日）という重い処分を受けたのである。

条約引戻しの密約を始め、「大義」への裏切りが暴露されると「正論」が昂揚し、正論家の勢力は裏切り者の摘発を通じて増大してゆく。近衛関白とその同志（議奏中山忠能《ただやす》、正親町三条実愛）は、この渦に巻込まれて急進派の公家の台頭に手を貸し、元来政見を同じくした岩倉らを追放した。それは自らと天皇の孤立と無力化も招来することになった。

こうして文久二年秋の京都では、朝廷の内外で尊攘急進論が強い勢力を持つようになった。閏八月七日に久光が江戸から京へ戻り、関白に一橋慶喜・松平春嶽による改革の静観と攘夷即行の不可とを説得したが、長州・土佐および朝廷内の急進派の圧力をうけた関白らはこれを受入れず、逆に、廷臣に攘夷に関する群議を命じた上で、長州に破約攘夷の周旋を賞する御沙汰書を下したのである（八月二十七日）。

武市瑞山は朝廷への建議書で、①朝廷に直轄領と直属軍を設けてから攘夷の勅を下すこと、②大名の江戸参勤を緩和し、京都への朝勤を始めて王政復古に向うべきこと、③その実現手段として西国の大大名に上洛を命じ、その勢力を背景に勅使を関東に遣わすべきことを主張している。春に浪人たちが寺田屋事件で挫折した王政復古が再び公然たる目的として掲げられ、攘夷はその手段に転じたのである。

このような空気の下、長州と土佐は在京薩摩藩士を引入れて、薩・長・土三藩主の名で朝廷に攘夷要求の勅使を江戸に派遣すべきことを提案した。そこで九月二十一日に攘夷要求の勅使が任命され（正使三条実美二十六歳、副使姉小路公知二十四歳）、十月十二日、攘夷要求の勅掟と親兵設置の御沙汰書を携え、山内豊範に護られて出発した。

幕府の攘夷公約と朝幕の地位転換

一方、幕府は文久二年九月七日、翌年春の将軍上洛を布告して幕政改革を一段落させ、その後、将軍上洛に備えて対外国是の検討に入った(続再夢一)。まず一橋の先発上洛を決めた上、彼が上奏すべき対外政策を論議したが、このとき議論は二つに割れた。その一つは会津・越前の条約破棄論である。閏八月一日新設の京都守護職に任じられていた松平容保《かたもり》(会津)は朝旨《ちょうし》(朝廷の意思)遵奉《じゅんぽう》の観点から修好通商条約の破棄を主張し、政事総裁の春嶽も世論の幕府支持を回復するため長州藩の主張する、開国を展望した破約論に同調した。これに対し、老中と有司は条約の維持を主張した。攘夷は長期的にみて良策でなく、短期的にも実行不可能である。小栗忠順のように、彼等は朝廷・大名の国政介入を快からず思い、幕府の威光の再興を願っていた。これに対し容保は、朝意に反し国威を落したままでは幕威は成立せぬと主張し、春嶽も「幕私」専制を批判して彼を支持した。

この幕議の対立は、京から下った毛利元徳が攘夷要求の勅を伝えるとさらに深まり、総裁春嶽は再び出仕をやめた。しかし、将軍後見の一橋が、破約攘夷は不可だが、条約を擁護するのは既に幕府を無きものとみ、全国のためを図るからだと述べると、春嶽は態度を変えた。まず「幕私」を捨てない限り朝廷を開国論に変えることはできないとの持論に符合したからである。その結果、十月一日に幕府は、一橋が上洛し誠を尽して開国を上奏することを内定した。

ところが、この同日、京都から勅使が下向するので一橋上洛を延期せよという命が到着した。開国入説計画はまたまた頓座し、焦点は再度来訪する勅使の対応如何に移った。その際、老中と一橋は朝廷からの勅使待遇の改善要求を一蹴《いっしゅう》したが、それを見て総裁春嶽は再び破約論に立戻り、辞表を提出した。開国説得の唯一の道は幕府が従前の暴政を謝罪し、「幕私」を捨てて天下とともに天下の政治を行う姿勢を示すほかはない、なのにかかる些事《さじ》で幕威を張ろうとするのは問題外だというのである。

朝廷からの命で就任した総裁が辞職しては、幕府は勅使に対応できない。そこで当時幕政参与に任じられていた山内容堂は両者の調停に奔走した。老中に対しては、もし勅使がしかるべき成果なしに帰京するなら関西は大乱となり、攘夷は攘将軍となるであろうと説得している。そこで幕府は、やむなく十一月二日に攘夷の受諾を内定した。

さて、勅使は十月二十七日に江戸に着いた。しかし、その入城と勅諚伝達は一カ月遅れている。家茂がたまたま当時は重病であった麻疹《はしか》にかかったためであったが、その間に幕府は直近の過去を清算するため、思い切った措置を講じている。十一月二十、二十三日に井伊・安藤体制の責任者を追罰し、二十八日には大獄で処罰された人々に大赦《たいしゃ》を布告した。さらに、勅使の応接に当っては、その儀礼を大幅に変えた。先の勅使に対しては伝統に従って将軍と勅使を対等に扱う両敬の儀礼を行ったが、この度は勅使を終始将軍の上位に置いたのである。当時の朝廷では、主張が攘夷即行から王政復古にエスカレートするにつれ、幕府を下位に置くべしとの議論が沸き起っていたが、幕府はそれを真正面から受入れたのである（東久世一九一一、久住二〇〇九）。これは、徳川の公儀は事実上禁裏の上にあるという、安政五年政変以前には江戸の常識であった秩序観を覆す措置であった。近世を通じて曖昧だった天皇と将軍の関係は、この時を境に明確化された。すなわち、天皇を一義的に将軍の上に立てることが公認されたのである。

大獄に由来する傷を癒し、天皇を日本唯一の君主として位置づける措置をとった後、将軍は十二月五日、攘夷を受入れると回答した。その具体的な方法は委任され、朝廷に親兵を置くことは断ったものの、対外政策における幕府の選択の余地は再び狭められた。この八月に長州が朝廷から引出した朝旨はほぼ実現し、残るは将軍自身が上洛して親しく天皇に謝罪し、かつ攘夷を実行することだけとなった。

しかし、攘夷の実行は危険である。条約破棄に西洋諸国が応ずるとは考えられず、武力衝突に至る可能性が大である。当時の西洋諸国に日本全体を支配する力と意志があったわけではない。しかし、世界各地での行動を見ると、彼らが契約遵守《じゅんしゅ》を武力で強制するのは常であった。武力衝突がたとえ小規模で終わったとしても、その時、幕府の「御威光」が損ずることは疑いなく、幕府としてはそれを何としても回避せねばならない。

そのために、幕府内では二つの方策が考慮されたようである。その第一は京畿《けいき》を武力制圧して朝廷に開国策を強要すること、第二は幕府代表と有力大名が協力して朝廷から攘夷の猶予《ゆうよ》を獲得することである。第一の方策は十一月二十五日に老中の板倉勝静と小笠原長行《ながみち》が提案し、一橋も同意している。一橋が大坂警衛を名目に二万余の大軍を率いて西上するという計画で、それと符節を合わせるように、二十八日には洋式の陸軍三兵の編成が始められている。

しかし、これは実現しなかった。おそらく、大獄以上の弾圧を再演するには準備が不足しており、武力制圧の決意なしに大軍を上《のぼ》せるなら、その大軍でなぜ攘夷ができないかとの詰問を受けるのは必定《ひつじょう》だったからであろう。そこで幕府は、総裁春嶽の主張に従って、有力大名の協力による攘夷猶予の道を選んだ。将軍の上洛には、幕府参与の山内容堂、および朝廷がもう一人の京都守護職として内命していた島津久光・忠義父子（十二月五日受諾。なお早期に解任）も同道させ、彼等の一致した意見として武備充実のための攘夷猶予を朝廷から認めてもらおうとしたのである。将軍自身、総裁春嶽・後見慶喜、老中、それに国持の有力大名も加わった大規模な入説団が入京する。いくら攘夷回避の条件は狭まったとしても、最悪の事態は免れうるだろう。彼等はそう予想していたに違いない。

将軍上洛——攘夷期限の決定と庶政委任

将軍上洛に先立って幕府の要人は次々と入京したが、その交渉相手たる朝廷は尊攘急進派が完全に支配していた。王政復古を視野に置くようになっていた彼らは、攘夷要求勅使の出発ののち、大大名の上京を求めて将軍上洛の牽制とし、さらに新たな政策決定機関を設ける一方、穏和派の関白・議奏を排除していった。すなわち、十二月九日に国事掛（勅問御人数八、両役七、議奏加勢五、その他十）を新設し、従来は朝議に与れなかった公家たちが朝政に関与できるようにした。次いで、池内大学らの暗殺を背景に当職（関白、議奏、伝奏）の交代を迫り、文久三年正月二十三日に関白近衛忠熙が、同二十七日に議奏二名（中山忠能と正親町三条実愛）が更迭された。天皇と親しく、穏和派の中川宮朝彦親王《なかがわのみやあさひこ》が還俗して朝政に関与するようになったとはいえ、前年に岩倉らを追放した穏和派の上層公家は、自ら台頭を許した尊攘急進派により表舞台から追放されたのである。

こうして朝廷を牛耳るに至った急進派は、幕府の要人が揃うと、将軍上洛以前に攘夷決行の期限を定むべきことを主張し始めた。二月十一日、新任の関白鷹司輔熙邸に長州の久坂玄瑞ら三人の志士が押かけ、ついで姉小路公知ら十三人の公家も列参して、関白に攘夷期日の決定と朝廷の更なる体制一新とを迫った。鷹司関白は十三人とともに参内して御前会議を開き、その結果、にわかに一橋に使を送って期日の即時決定を要求した。幕府側は将軍上洛後に上奏すると主張したが、三条実美ら八人の強請により、結局、将軍東帰後二十日を期限とすると回答した（四月中旬と想定）。朝廷での急進派の勢いはさらに増長した。二月十三日には国事掛と別に国事参政・国事寄人《よりうど》を設けて急進派の公家を任命し、さらに二十日には宮廷外の人士を宮中の学習院に出仕させ、建言を聴くと布告したのである。

幕府は、しかし、将軍の到着を控えて巻返し工作に出た。朝廷の開国論への転換は無理としても、朝廷をできるだけ穏和化して、家茂到着時にこれ以上の難題を持出されないようにし、できれば前年末の、攘夷受諾の回答を有名無実にしようと図ったのである。その第一の方略は急進派公家の背後にいた志士の取締りであった。従来、幕府側は守護職の会津容保の意向に沿って懐柔政略をとり、志士の自由行動を許していたが、二十二日に等持院で足利将軍像の首が抜かれる事件が起きると会津も態度を転換した。しかし、朝廷側は志士の取締りを認めず、これは失敗に終った。第二の策略は戦争の切迫を訴えて公家を恐怖に陥れ、大名と志士を国元に帰すことである。しかし、その材料に使った、イギリス艦が生麦事件の賠償談判のため大坂湾に来襲するというニュースは、逆効果に終わった。水戸・長州系の攘夷論者は久坂や周布政之助のように、そもそも戦争を引き起すこと自体を第一目標としていたので、戦争可能性の発生を大歓迎したのである。第三は、朝廷に幕府からの政権返上か幕府への庶政委任かの二者択一を迫ることであった。総裁春嶽は誠意が容れられぬ以上政権を返上すべしと主張した。後見一橋・守護職会津そして老中たちは、この前代未聞の提案をテコに、朝廷から政務全般を委任するとの勅諚を引出そうと試みた。実際、当時の朝廷には全国政治を担うに足る組織も経験も皆無であった。朝廷内の穏和派はここに至ってようやく重い腰を上げ、幕府の意向を受入れた。その結果、将軍入洛の翌日、三月五日に慶喜が参内《さんだい》すると、天皇は庶政委任の勅を下し、翌日家茂を招いて自らもてなしたのである。幕府は、こうしてようやく虎口《ここう》を脱したかにみえた。攘夷の策略は一任されたから、戦争は避けられると考えたのである。

畿内開戦強要策と鎖港談判策

しかし、この間に、長州を始めとする尊攘派は目標を一段とエスカレートさせた。イギリスとの生麦事件の賠償問題がこじれ、イギリスが畿内に来襲するとの観測が広まると、彼等は畿内に決戦の態勢を築こうとした。天皇を禁裏から公《おおやけ》の空間に引出し、頭首として仰ぎながら、将軍を先頭に立てて攘夷戦争の火蓋を切ろうとしたのである。天皇は近世を通じ御所の外に出たことはなかったが、彼らは「親征御巡狩《じゅんしゅ》之基本」(巡狩とは天子が国々を巡視すること)として、まず洛北の賀茂《かも》社、次いで洛南の石清水《いわしみず》八幡宮に行幸するよう建白した。また、兼ねて念願してきた親兵の設置も実現した(三月十八日)。その上で、将軍に対しては、予定を変えて畿内に留り、大坂で拒絶談判、ついで攘夷戦争を陣頭指揮するように要求したのである。幕府の後見一橋と老中はこれを回避するために一日も早い将軍東下《とうか》を主張した。しかし、守護職容保と尾張慶勝《よしかつ》は将軍離京は即倒幕挙兵になると恐れ、朝廷に依頼して天皇直々に家茂を引留めさせた(三月二十二日)。天皇は家茂に戦争は好まぬと語り、関白も戦争回避のためイギリスに賠償金を支払って構わないという意向であったが、当時の朝廷はそうした首脳の声を公にできないほどの攘夷論の熱気に包まれていたのである。

四月十一日に軍神石清水八幡への行幸と攘夷の祈願が行われた後、朝廷は幕府に攘夷期限の正式布告を迫り、ついに五月十日を期限とする旨の回答を引出した。ただし、幕府は大名への布告に当って日本側からの開戦を禁じている。攘夷は幕府に委任されたのだから、あくまで幕府の手で、しかも平和的な交渉で行うべきだというのが、幕府側の思惑であった。

幕府は、攘夷への姿勢表明として横浜の鎖港を掲げ、早急にその談判を始めようとした。将軍が関西に釘付にされているため、まず水戸藩主の徳川慶篤《よしあつ》、次いで後見一橋慶喜を江戸に下らせて、その実行を図ったのである。しかし、当時、イギリスとの関係は生麦事件の処理をめぐって発火寸前にあった。イギリスは犯人の逮捕・処刑と賠償を幕府・薩摩双方に求め、軍艦七隻を横浜に呼寄せて圧力を加えていた。償金（十万ポンド）を支払わずに鎖港を申入れるなら即座に開戦となり、逆に償金を支払うならば幕府は攘夷への誠意を疑われ、世の一斉非難を浴びるのは目にみえていた。

幕府はこの難問を老中格小笠原長行が独断で償金を支払うという形で切抜けた（五月九日）。ことは、帰東途中の一橋は勿論、他の老中も関知せぬ形で処理され、賠償金を払った上で小笠原は列国公使に鎖港談判を開始したいとの書簡を送り、朝廷への申し訳《わ》けとした。

小笠原はさらに、大胆な切り返し策を企てた。前外国奉行水野忠徳《ただのり》を謀主として京都を武力制圧しようと計画したのである。彼は幕府の軍艦と英国船に陸軍三兵（騎兵・歩兵・砲兵）一千人余をのせて出発し、五月三十日に大坂に上陸すると直ちに京に上ろうとした。しかし、彼は中途、淀《よど》（現京都市南西端）で引き留められてしまった。将軍の東帰が既に内定されていたため、その側近はもっぱら穏便策に傾いていたのである。

将軍の東帰が許されたのは、償金の支払いにより畿内でのイギリスとの決戦の可能性がなくなったためと思われる。幕府が小笠原上京計画の責任者の処罰と攘夷談判を名目に東帰を要請すると、朝廷はこれを許した（六月三日）。この時、三条実美ら朝廷の急進派は戦争回避にこだわる幕府を見限り、「攘夷親征」、すなわち天皇自らが攘夷戦争の先頭に立ち、さらに王政復古まで進むことも視野に入れ始めたようである。そのためには幕府兵力の退去はむしろ必須であった。

攘夷開戦から王政復古へ

これより先、長州は幕府が攘夷期限を決めると、文久三年四月二十一日、直ちに世子元徳を離京させ、藩士も国元に帰った。彼等の目的は、交通の要衝である関門海峡の封鎖であり、期限当日の五月十日、故意に幕命を無視して、通りかかった米国船を砲撃し、これを追払った。ついで二十三日には仏艦、二十六日には蘭艦を砲撃した。

これに対し、外国側は直ちに反撃した。アメリカは六月一日、フランスは同五日に海峡に軍艦を送り、早速報復させている。長州の諸砲台は一旦は破壊された。六月六日に高杉晋作が奇兵隊《きへいたい》を組織したのは、一つにはこの打撃による意気阻喪《そそう》を挽回するためであった。

なお、七月二日に鹿児島で薩英戦争が発生した。イギリスは生麦事件について幕府の償金支払で満足せず、攘夷行為の根源を叩こうと七隻の艦隊を鹿児島湾に送った。台風の中で砲火が交され、薩摩の全砲台が破壊され、町の半分が焼ける一方、英艦にも艦長一人の戦死などかなりの被害が出て、痛み分けとなった。ただし、これは攘夷戦争ではない。薩摩には長州と異なって全国的戦争の先駆けをする意図はなかった。戦ったのは、相手の国籍を問わず、無礼討ちは国内法上正当な行為であり、あからさまな威嚇を受けて戦わないのは武士の一分《いちぶん》に関わることだったからである。同藩は元々開国論を採っていたから、戦闘終了後は講和交渉に入り、その解決後はむしろイギリスと親和するようになった。

さて、六月八日、その翌日に下坂した将軍と入替るかのように、九州久留米《くるめ》の神官真木和泉《まきいずみ》が入京した。彼はすでに安政五（一八五八）年に王政復古を構想し、『大夢記』というそのシナリオまで書いていたが、前年に寺田屋事件で捕えられた後、一旦は久留米に帰されて獄につながれていた。しかしこの年、朝命と長州・津和野《つわの》二藩の周旋により藩から赦免され、京都から脱走して長州藩に身を投じていた公家中山忠光《ただみつ》とともに京に上ったのである。

彼はその途中で長州に立寄り、藩主に面会して時勢策を献じていたが、六月十六日には在京の長州藩士と会合して、あらためて「攘夷親征」の策を説いた（真木和泉守遺文）。これは「五事策」と呼ばれるが、その中には「土地人民の権を収むる事」という項がある。それは、幕府に勅命を下し、①攘夷について尾張以西を天皇自らが指揮し、三河《みかわ》以東は幕府が担当することとし、②その経費支弁のために畿内五国を朝廷領とするというものであった。その手順としては、まず天皇の親征を布告して軍神石清水八幡宮に行幸し、そこから俄かに勅使を関東に下すようにと提案している。

長州藩士は、下関で攘夷を決行したにもかかわらず、全国に呼応の動きが見られないことに焦っていて、この真木の提案に強い興味を持った。単発的な攘夷の挙を超えて異国人の退去を実現するには全大名の協力が必要であり、天皇親征を呼号すればそれが実現しやすい。また、将軍の京都退去は「親征」の名の下に王政復古の挙兵をする絶好の機会と思われた。

こうして京都では攘夷親征に名を借りた王政復古の挙兵論が急速に勢力を得たが、長州藩は国をあげてこれにコミットした。藩主毛利敬親は六月十八日に家老益田弾正《だんじょう》らに黒印状を与え、①石清水に行幸して攘夷親征の勅を下すこと（真木の案に同じ）、②皇太子を立て中山忠光らに後見させること（万一の際の天皇の代理）、③違勅の幕吏・大名を長州一手でも討伐すべきことを命じた。彼等は七月十一日に入京し、本格的に廷臣に対して親征を入説し始めた。表向き倒幕は唱えないものの、幕府の軍事指揮権や統治権へのあからさまな挑戦には違いない。おそらく長州藩は、幕府の抵抗を見越し、いずれ軍事的対決に移ることを覚悟していたものと思われる。

大和行幸の詔勅からカウンター・クーデタへ

天皇親征の提案に対し、朝廷では積極論と慎重論に意見が分れた。また、在京の諸大名たちは慎重論をとっていた。彼らはみな攘夷を是としていたものの、幕府の統治権へのあからさまな挑戦を意味する「親征」には反対であった。例えば、七月五日に近衛忠熙・忠房《ただふさ》父子、二条斉敬《なりゆき》右大臣、徳大寺公純《きんいと》内大臣が上書したが、彼等は、親征は諸大名を招集し、衆議の上決定すべきであると、手続き論により対抗した。また、一貫して攘夷論をとっていた池田慶徳《よしのり》（鳥取）も十一日に上書して、親征以前に尽くすべき手段が数多くあると主張した。鷹司関白は十八日に長州から正式の申込をうけると、鳥取・岡山・徳島・米沢の攘夷派四大名に諮問したが、彼等は攘夷は衆議の上で行うべしとし、当面は攘夷の実効如何をみる監察使を派遣することで十分と答申した。

しかしながら、朝廷内の親征派は長州の後押しのもとに廷議を強引に推し進め、遂に八月十三日、天皇の大和神武陵への行幸の詔勅を下し、長州藩父子のうち一人の上京を命じた。次いで十五日には長州など六藩に十万両の御用金の拠出を命じ、八月下旬か九月上旬の出発を決めた。その一方、十四日には中山忠光が再び朝廷から脱走し、土佐出身の牢人吉村寅太郎《とらたろう》らと大和で挙兵し、数千の義民を募って天皇を迎えようと図った。彼ら「天誅組《てんちゅうぐみ》」は十七日に大和五条の代官所を襲撃して朝廷の直轄領であると宣言したが、その後敗走し、九月二十四日、吉野山中で潰滅《かいめつ》することとなる。

大和行幸の詔《みことのり》に対し、二つの対抗する動きが生じた。攘夷派の大名たちはなお親征の中止を嘆願した。彼等は親征に備えて馬揃《うまぞろ》えを実施していたが、幕府の統治権の否定は容認しうることでなく、四藩主が揃って東下して幕府に攘夷の即行を迫り、もしそれが受入れられない場合は自分たちが責任を持って横浜の夷人を追払おうとまで提案した。しかし、朝議はこれを容れなかった。

これに対して、会津と薩摩とはクーデタによって事態を切抜けようとした。これより先、薩摩は越前や熊本と連絡して、京都の攘夷論を覆す機会を窺っていたが、その準備が整う前に事態が切迫すると、在京藩士は今まで疎遠だった会津との連合を図った。守護職の会津はこれに飛びついた。薩摩藩士の媒介で、天皇が最も信頼を置く穏和派の中川宮と連絡を取ることができ、その結果、十三日のうちに対抗クーデタの計画が成立した。前年に将軍に嫁した妹の和宮への義理を思い、自らを疎外した粗暴な決定に憂慮していた天皇は、中川宮の内奏を得てこれに同意した。

十七日深夜、中川宮の参内を皮切りにクーデタは始まった。守護職・所司代・薩摩の兵で宮門《きゅうもん》は固められ、召命をうけた者以外は参内を禁止された。その上で、三条実美以下十五名の公家に参内・他行《たこう》（よそへ外出すること）・他人面会禁止の命が下され、国事参政・国事寄人の制の廃止、さらに長州藩の洛中退去、大和行幸の延期が命じられたのである。天皇はのち八月二十六日、朝臣や在京大名に宸翰《しんかん》を下し、この八月十八日以後の詔勅こそ真のものであると告げている。

このクーデタに対し、三条実美ら急進派公卿や長州藩士は鷹司関白邸に集り、一旦は抵抗しようとしたが、勅命を受けた結果、おとなしく退去した。その人数は親兵千人余、長州兵八百五十人であった。尊攘派公卿の中心人物、三条ら七卿は勅命を無視して彼らと同道し、長州を指して落延びていった。長州人士にとって、これは寝耳に水の出来事だったようであるが、その原因は在京した攘夷派の大名を味方に巻込めなかったことにあるように思われる。真木の過激論にひきずられて多数派工作を怠り、中間派を敵に追いやって、孤立してしまったのである。

この八月十八日政変を境目に安政五年以来の状況の流動化は停止した。ようやく秩序再建が可能な条件が生まれ、「公議」派の大大名を中心に新たな政治体制の模索が始まる。しかし、それは順調に進んだわけではない。次章以下ではその試行錯誤を見ながら、それが王政復古をめぐる二つの道に集約されてゆく過程を見ることにしよう。

注

＊1　積極開国論者がしばしば近隣諸国への武力侵略を目標に掲げたのは、帝国の形成が人類史上ごく最近まで肯定的に見られたこと、および西洋の強制により開国させられた屈辱感・劣等感を補償するためであったと思われる。

＊2　参勤交代の費用は、広島藩の場合、年間経費の三十パーセントを超えていた（鬼頭二〇一〇）。

第八章
幕末：秩序再建の模索——「公武合体」体制の成立と武力衝突の出現

概観：公議政体の樹立をめぐる争い

安政五年政変以来、日本の政治秩序は見る見る間に乱れていった。二人の頭首、将軍と天皇の間に厳しい対立が生じただけでなく、朝廷、大大名、民間の志士など、いくつもの新たな政治主体がナショナル・レヴェルの政治に登場し、しかもその多くは自己主張に急で他勢力との提携を重んじなかった。彼らは各々の野心に即して行動し、その結果、政界は誰も将来を見通せない道筋に入り込んでいった。その果ては西洋との戦争や倒幕という破壊的な企図にまで行き着くこととなったのである。

しかし、文久三（一八六三）年八月十八日の政変を境に潮目が変わった。尊攘激派が京都を立ち去った後、彼らに翻弄されていた大大名と幕府要人が京都に集まり、朝廷上層部と提携しつつ、秩序の再建に取りかかったのである。その際、大大名が「公議」の名の下、かねて志願の政権参加を実現しようとする一方、幕府はかつての栄光への復帰を渇望し、幕府専制への復古を目ざした。両者は天皇の寵《ちょう》を争奪しようと競ったが、この綱引きは変転の末、幕府側の勝利に終った。天皇と将軍は和解し、京都には朝廷と幕府をつなぐ組織が創られて、これを支えることになったのである。朝廷側では天皇の腹心中川宮朝彦《なかがわのみやあさひこ》親王と関白二条斉敬《なりゆき》、幕府側では禁裏守衛総督の一橋慶喜、京都守護職の松平容保《かたもり》（会津）、京都所司代《しょしだい》の松平定敬《さだあき》（桑名）が核となって互いに提携し、国の方針を調整する体制が成立した。武家の側に注目して「一会桑《いちかいそう》」体制と呼ばれることがあるが、全体を前後の時代と対比しつつ見るならば「公武合体《こうぶがったい》」体制と呼ぶのが適切だろう。

しかしながら、この体制は極めて不安定であった。かつ、体制の成立以後は、以前には稀だった、組織による暴力行使が頻繁に見られるようになった。一方には、長州や水戸をはじめ尊攘断行を標榜《ひょうぼう》する強い反対勢力があり、他方には、公武合体体制の成立過程で排除された薩摩や越前など有力な大大名があった。彼らは機会を見つけては京都の奪回や「公議」を追求した。しかも薩摩や越前は「公議」の企てが挫折する度にこの体制から距離をおくようになっていった。「公武合体」したはずの幕府側でも、江戸の幕閣と京都の一・会・桑の間、また幕閣自体の内部でも、基本政策の対立が生じた。さらに、一部の志士たちは攘夷や倒幕を呼号《こごう》して挙兵を企て、それには諸国の牢人だけでなく、多数の農民が加わった。これらの反乱は個別に鎮圧された。しかし、元治元（一八六四）年後の日本の政界は、数個の対立する勢力に明確に分割され、かつ長州を先頭に政権の争奪に武力行使をためらわない傾きが強まったのである。

ここで予め、本章の扱う時期の政治主体と争点とを図示しておこう（表8-1）。参与とあるのは、文久三年末から翌年三月まで朝廷が設けた官職で、将軍後見の一橋慶喜と、大大名からは越前の松平春嶽《しゅんがく》、会津の松平容保、土佐の山内容堂、宇和島の伊達宗城《むねなり》、薩摩の島津久光が任命された。安政五（一八五八）年に一橋慶喜の将軍擁立を企てた藩の代表である。この当時、最大の問題とされたのは「公議」を制度化して、彼らに幕府の政権を分与するか否かであったが、直前まで京都の政界を支配し、天皇の意思を矯《た》めた長州をどう処分するかも問題となった。安政五年の条約を維持するか否かも争点となり、幕閣は天皇の支持を確保し、大大名を排除するため、あえて最大の貿易港となっていた横浜を閉じようと提案し、天皇に攘夷への姿勢をアピールしようと図った。表のうち、朝廷の政権分与への態度は、自らの幕政への介入は熱望しつつ、大大名の幕政への参与は消極的に支持するというものであった。

表8-1　政権分与・長州処分・横浜鎖港をめぐる立場

争　点	政権分与	長州処分	横浜鎖港
朝　廷	朝廷へ○ 参与へ△	○（×）	○
幕　閣	×	○	○
参　与	○	○	×

朝廷の長州への態度は、天皇とその側近は征討を求めるほどであったが、内部では攘夷論から長州に同情する公家が多数を占めた。それが長州による京都の武力奪回の試み（禁門の変）の前提となった。一方、幕閣は勿論、公議派大名（参与ら）が幕政に容喙《ようかい》することを嫌っており、幕府に敵対した長州に対する処分も当然視した。参与は、政権分与を熱望し、長州の処分を自らと朝・幕の結束のため利用しようと図った。

一 「名賢侯」の上洛と「政体一新」

「名賢侯」の「公議」追求と幕閣の「幕威」回復願望

文久三年八月に攘夷急進派が京を立去った後、朝廷は表向きは幕府に対し攘夷要求を続けながら、実際には国内秩序の回復に関心を移し、そのためにまず島津久光の上京を求めた（三谷一九九七、七章）。政変後、攘夷派の大大名は在京を続け、一時は攘夷派の徳川慶勝《よしかつ》（尾張）が上京して幕府に対する攘夷の周旋を申し出た。朝廷はこのため一旦は幕府に攘夷督促使を派遣することを決めている。しかし、その一方で長州の弁明使節の入京は拒み、十月三日に久光が入京した頃には薩摩や旧一橋党に依頼して秩序回復を図ろうとの意志を示し始めた。その中で攘夷派の大名が一人また一人退京してゆく一方、久光は将軍と旧一橋党の大名を京都に集めようと図った。高知の山内容堂や宇和島の伊達宗城に上京を促し、朝廷に進言して十月七日には後見一橋慶喜と松平春嶽を朝命により召し出して、さらに十一日には将軍家茂にも再上京の命を下したのである。島津久光は、将軍と幕府首脳および旧一橋党の「名賢侯」の協議によって、日本の政権を「小身の閣老」から「大身の諸侯」に移し、朝廷の主導権も藤原五摂家《せっけ》から皇族へ切替えようと構想していた（続再夢二、一八一―一八二頁）。かつて橋本左内が考えていた政体改革構想を実現しようとしたのである。

これに対し、孝明天皇は十一月十五日に至って宸翰《しんかん》を久光に下し、①攘夷については「無理の戦争」は止めるが迅速な措置を取りたい、②政権については「関東へ委任」と「王政復古」の二説があるが、前者を採り、公・武が協力して和熟の国としたいと述べた（孝明天皇紀四、九三〇頁）。大名の政権参加については意思表明がなかったが、秩序回復への意思、および大大名の手を借りたいとの意向は明白であった。

これに対し、江戸の幕閣は春夏の京都の経験に懲《こ》りて攘夷問題に関心を集中する一方、「幕威」回復を図りたいとの強い願望を抱き始めた。戦争抜きに攘夷への姿勢を示す方策として、最大の貿易港となっていた横浜を鎖港する方針を打出し、文久三年三月に春嶽が辞任して以来空席となっていた政事総裁職に攘夷論者の松平直克《なおかつ》（川越）を任命した上、年末には鎖港使節をヨーロッパに派遣している。その一方では「幕威」を象徴する殿中での服制を改革以前に戻すよう発令した（十一月十日）。

このように、攘夷急進派が退京した後の中央政界は、公武和解の点では関係者の意思は一致していたものの、政権構想においては、政権参加を目指す大大名と幕威回復を至上課題とする幕閣とで思惑が百八十度異《こと》なっていた。このとき、両者の調停に当ったのは一橋慶喜であった。彼は単なる調停を超え、新たな政体を立てようとの意欲も表明している。十一月二十六日に入京した彼は、公・武が和解、さらに合体するために将軍の大坂滞在を構想し、さらに「名賢侯」の政権参加も容認する態度を示した。これが成功したならば、確かに新たな政体が関西を本拠に成立したことであろう。

朝議機構の改革と「朝議参与」の成功

孝明天皇は十二月二十三日、九月に内覧に任じていた二条斉敬を左大臣に昇任し、関白にも任じた。二条は以後王政復古まで、中川宮朝彦親王（この年賀陽宮《かやのみや》と改名）とともに天皇を補佐することとなる。その上で、朝廷は十二月三十日、一橋慶喜（将軍後見）・松平春嶽（越前隠居）・松平容保（守護職、会津）・伊達宗城（宇和島隠居）・山内容堂（土佐隠居）に「朝議参与」を命じた。翌元治元（一八六四）年正月十三日には島津久光（薩摩国父）も、官位を与えた上でこれに加えている。薩摩と越前は安政五年以来、幕閣への政権参加を狙っていたのであるが、その前にまず朝議への参与を図り、実現したのである。

他方、朝廷は薩摩案にあったように皇族の役割も重視し、朝彦親王のほかに、山階宮《やましなのみや》晃《あきら》親王を還俗《げんぞく》させた上で国事掛に加えた。その結果、元治元年初春の朝廷では新たな朝議機構ができている。公式の朝議は皇族・三公（左大臣・右大臣・内大臣）・議奏・武家伝奏からなる国事掛が担う一方、彼らは大名の参与に対しても小御所で審議事項を書面で渡し、諮問することにした。参与大名は京の屋敷で集会・議決した上でこれに答申し、国事掛はこれを受けて正式決定を行うという仕組みができたのである。

とはいえ、政局を主導したのは島津久光であった。彼は正月七日、密かに朝彦親王と内大臣近衛忠房《ただふさ》と面会し、入洛間近の将軍家茂《いえもち》に与えるべき勅書の文案を献じている。のち、二十七日にそのまま家茂に下されることとなったその骨子は次のようであった。①文久二年の幕政改革と将軍上洛は賞賛すべきことである。②三条実美らの攘夷・倒幕の企ては非難すべきであり、それを唆した長州の「暴臣」は処罰せねばならない。③対西洋軍備に全力を注ぐべきである。④将軍や大小名はわが赤子《せきし》であり、これと共に天下を「一新」したい（孝明天皇紀五、二六一—二六七頁）。幕府の行動を賞賛しながら、長州が主導した攘夷急進・倒幕の企図を強く非難し、それによって公武和解を仲立ちしようとしたことが分る。

しかしながら、将軍上洛の際には、このような薩摩・参与大名と幕閣との間に熾烈《しれつ》な権力闘争が発生することが容易に予想された。そこで一橋慶喜は正月九日、次のような調停案を考え、参与大名の賛同を得ている。①朝議により長州征討を決定し、将軍の名代たる総督に紀州藩主徳川茂承《もちつぐ》、副総督に会津を任命する。②一橋は将軍後見を辞して禁裏守衛総督となり、京都守護職に任ずる春嶽とともに京都を固める。③島津久光と山内容堂に幕府の役職を与え、一橋・春嶽の相談役に任ずる。この提案は、第一に長州を共通の敵として幕閣と薩摩の対立を緩和し、第二に攘夷論を採る会津を京都から外して朝廷を開国政策に転換する条件を作ることを狙ったものと思われる。これは③を除いて実現された。翌二月十一日に長州征討の布陣が発令されて、会津も一旦は守護職から転出することになったのである。

正月二十一日、将軍家茂は諸大名・高家《こうけ》を率いて参内し、前年と打って変わる歓待を受けた。その日に授けられた勅書は次のように述べている。①内外の危機の責めは自らにあり、将軍の罪ではない。天下の挽回は両者が実の父子のように睦《むつ》み合えるか否かにかかっている。②無謀の攘夷は好まず、将軍による策略の上奏を待って「一定不抜の国是」を定めたい。③この「中興の大業」に当っては、松平容保・松平春嶽・伊達宗城・山内容堂・島津久光と特に協力してほしい(孝明天皇紀五、二〇一二二頁)。和解への意志を明確に述べるほか、参与大名との協力を明示的に求めたわけである。二十七日の再度参内の際の勅書では、これに長州を共通敵とすることが追加されたと見て良い。

「幕議参与」の失敗

二度の参内で朝廷の公武和解への意志は明確となった。しかし、幕閣はこれに「名賢侯」たちの政治参加が伴ったことに強い懸念を持った。とくに、正月二十七日の儀式後、朝廷が将軍に続き政事総裁の松平直克・閣老も呼出して、参与との協議を命じたことには大いに不服であった。彼らは、徳川一門以外が幕議に介入することは断乎として容認できなかった。家門である春嶽が幕府の御用部屋に出入するのは構わないが、外様大名に同じ待遇をすることは許せないと主張している。幕閣は同意見の会津とともに反撃に出た。

反撃の種は横浜鎖港であった。一橋は天皇との和解を、朝廷を開国論に変える絶好の機会だと説得したが、幕閣・会津は江戸ですでに策定していた横浜鎖港を主張することで天皇の歓心を薩摩から奪おうと考え、これを退けて朝廷首脳への遊説を始めた。一橋はなお調停を図り、二月十一日にはかねて用意の長州征討の布陣を布告させている。将軍家茂はその上で十四日に参内し、先の勅書への奉答文を捧げたが、その儀式後には、朝彦親王から五人の参与を「幕議相談役」に任命するよう申込まれ、これを承諾した。その場にいなかった幕閣はこれに驚愕《きょうがく》したが、将軍の約束を直ちに反故《ほご》にはできず、一旦参与大名の幕府御用部屋入りを布告している。

しかし、この決定は幕閣の権力を削ぐことにほかならない。彼らは反撃の機会を狙ったが、翌十五日に小御所で開かれた簾前《れんぜん》会議で参与側が失言したとき、これを逃さなかった。この会議で天皇は将軍の奉答に即して直ちに横浜鎖港に取りかかるよう命じたのであるが、島津久光と伊達宗城は無謀の戦争のきっかけとなるとして反対を明言したのである。天皇は翌日、会津に宸翰を下し、松平容保が京都守護職に復職するように要請した（孝明天皇紀五、四六一―五三三頁）。彼を征長副総督から京都の要職に戻し、横浜鎖港の実行を周旋するように期待したものと思われる。

天皇の期待は薩摩から会津に移った。同時に、参与と幕閣は攻守所《ところ》を変え、幕閣による参与孤立化の工作が着々と成果を収め始めた。一橋も参与大名と袂《たもと》を分かち、幕閣とともに行動し始めた。参与のうち山内容堂は実は最初から朝議参与に消極的で、再三帰国と参与辞任を願い出ていたが、朝廷はまずこれを許した。ついで、参与以外の在京大名に対して宮中の会議への出席を許し、さらに二月二十六日には彼ら全員に朝廷と参与の往復文書を公開して、意見を諮問した。参与たちが拠り所とした「衆議」・「公議」の名を逆手にとって、参与大名＝旧一橋党の特権を奪おうとしたのである。このような状況下、岡山と福岡の大名は征長どころか、逆に長州を擁護する答申を差出している。

宮中では参与大名への風当りが強くなり、その結果、参与は依願免官を願わざるを得なくなって、三月十三・十四日これを聴許された。参与大名は、元来の目標であった幕府への政権参加どころか、朝議への関与権まで否定されてしまったのである。その後、参与大名は挽回工作を試みたが、効果はなく、四月中旬には退京に追込まれることとなった。

以上を振り返ると次のようにまとめることができるだろう。文久三年八月十八日の政変後、急進攘夷派がいなくなった京都では秩序再建の試みが始まった。安政五年以来、全国レヴェルへの政権参加をめざしてきた「名賢侯」たちはこれを絶好の機会とし、島津久光と松平春嶽は、朝廷の朝彦親王と提携する一方、幕府では一橋慶喜を味方に引込んで、まず朝議への参与を実現した。しかし、彼らが元来狙っていた幕議への参与を実現しかけたとき、徳川のみによる秩序再建を熱望していた幕閣は厳しく抵抗した。会津と提携しつつ、横浜鎖港問題を使って天皇の歓心を買い、「名賢侯」たちの幕議参与のみならず、朝議への参与も廃止に持ちこんだのである。もしこの時、幕府が「名賢侯」たちを取込み、徳川を中心とする公議政体を実現していたならば、徳川の天下は安泰だったはずである。外交における開鎖問題や長州を始めとする急進的攘夷派による騒擾は遺ったにせよ、有志の大大名の政権参加は幕府の政権基盤を拡げ、朝廷の開国策への転換もやがては可能となったことだろう。しかし、幕閣は自らの権力独占を守るに急で有志大名を排除し、横浜鎖港という実現困難な政策を使って天皇を味方にとり込んだ。短期的には大成功であったが、これは長持ちする策ではなかった。急進的攘夷論者に加え、朝廷との和解をお膳立てしてくれた「名賢侯」たちを何ら報酬を与えずに放り出した結果、長州に加えてもう一つの活動的な勢力を反対勢力に追いやり、さらに西洋の軍事圧力を呼び寄せたからである。

二 「公武合体」体制と外部勢力

「公武合体」の体制

元治元年四月二十日、天皇は将軍家茂に対し、政務委任の勅諚を授けた。わざわざ上洛の労をとった上、「列藩」による国是の建議もあったので、別段の聖慮を以て、先だっての「幕府へ一切御委任」を確認し、今後は政令が一カ所から出るようにしたいとの意向を表明したのである。ただし、「国家之大政大議」は例外で、朝廷に伺いを立てるようにとの条件付きであった。前年の政権委任は言葉だけに終ったのであるが、今回は天皇と将軍の間に個人的なつながりが生まれ、それを支える組織と人脈もできている（図8-1）。

核となったのは、朝廷側では中川宮（賀陽宮）朝彦親王と関白二条斉敬、幕府側では一橋慶喜と会津松平容保であった。全体を構想したのは一橋で、彼は征長布陣の際に発令されていた禁裏守衛総督に加え、摂海（大坂湾）防禦《ぼうぎょ》指揮にも任じられて、京・関西の軍事指揮の中心に立つことになった。三月には、京都市中の警衛責任を諸藩から取り戻して守護職・所司代・新撰組《しんせんぐみ》に担当させることとし、所司代には松平容保の実弟松平定敬（桑名）を任じた上、四月二十二日には容保を京都守護職に復職させている。京都の治安維持を徳川一門が独占する体制に戻し、長州による奪還や西洋による侵攻に備える体制をとったわけである。将軍家茂は、この組織の成立を見届けた上で大坂に下り、その後、海路で江戸に帰還した。

「公武合体」の体制は、このあと発生した禁門の変、第一次長州征討、条約勅許、長州戦争、家茂の死に伴う慶喜の将軍職就任、さらに孝明天皇の死去を越えて、大政奉還まで約三年半、維持された。様々な事件により絶えず揺さぶられたものの、それらはこの核組織で最終解決がつけられたので、相対的に安定した体制だったとみて良いだろう。

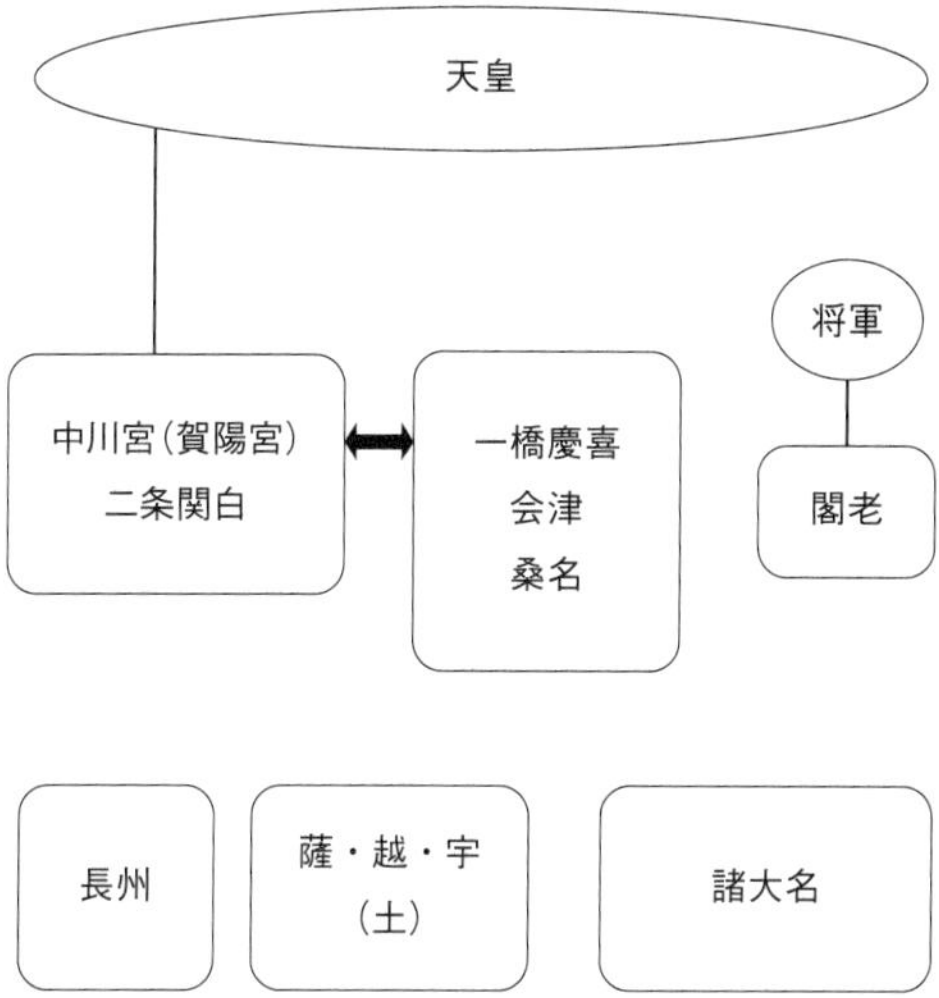

図 8-1　元治元（1864）年春の各主体の関係

攘夷派の武力反乱——挙兵の散発と水戸天狗党の武力横行

しかしながら、この体制に対しては、成立途上から様々な挑戦がなされた。京都から追払われた名賢侯、とくに薩摩には幕府への強い不満と不信の念が植付けられた。薩摩は辺境の国持大名であるとはいえ、これまで家斉《いえなり》・家定《いえさだ》の二代にわたって将軍の正夫人を出した、将軍家最近親の姻族《いんぞく》であった。また、自己主張に急な反面で、徳川の天下を破綻から守るために尽力してきたのも事実であった。にもかかわらず、今回はその努力を無視され、むしろ屈辱的な扱いの中で権力中枢から排除されたのである。彼らは以後、協力は止めて、妨害行為を通じて政権分与を求め始める。

他方、朝廷の多数意見は攘夷論であった。三条実美たち急進派が立ち去った後も、攘夷派の公家は攘夷の実行や長州の復権を画策し、攘夷論者の池田茂政《もちまさ》（岡山）や尾張慶勝が上洛すると、彼らの上書を背景に、朝廷上層部を突上げた。朝彦親王や二条関白は、この動きに対して王政復古か大政委任かという二者択一を提示し、ようやくしのぐ有様であった。京に残った公家たちに日本の政治を担う用意はなかったから、大政委任の選択、具体的には一・会・桑に対して善処を求める以外の策はなかったのである。

一方、地方では攘夷派浪士による武力反乱が続発した。文久三年の大和行幸の発表後、畿内や北関東で攘夷や倒幕を目ざす挙兵が試みられた。前章でふれた、公家の中山忠光《ただみつ》を押し立てて大和五条の代官所を襲撃し、十津川《とつかわ》郷士一千人余を巻込んで大和南部に展開した天誅組《てんちゅうぐみ》の乱（八月）、および同じく公家の沢宣嘉《さわのぶよし》を擁した平野国臣《くにおみ》による但馬生野《たじまいくの》の変（十月）などである。彼ら尊攘急進派は八月十八日の政変により京都を追われた後、もっぱら武力蜂起に関心を絞るようになった。北関東でも、百姓の渋沢栄一《しぶさわえいいち》らが近在の百姓を糾合して高崎城や横浜を襲撃する計画を立てている。これは未遂に終ったが、渋沢の回想によると、王政復古の夢を追うというよりは、現存体制を破壊する先駆けとなることが目的だったようである。中国の王朝末期に登場した反乱者たちをモデルに、血祭りを覚悟で挙兵して歴史に名を残し、後始末は後続者に任せる心づもりだったというのである（渋沢一九八四）。これらの武力反乱には神官や医者をはじめ農村部の知識人が多数の農民を引連れて加わった。彼らの発想も渋沢と同様だったように思われる。

　さて、京都に公武合体の体制が成立しつつあった頃、最大の武力反乱が尊攘論発祥の地、水戸で発生した。筑波《つくば》山《さん》の挙兵である（以下、『水戸市史』中巻〔五〕による）。これは当初は幕府に攘夷戦争を強いることを旗印にしていたが、すぐ藩内の党派抗争と絡み合い、さらに軍資金徴発と同志調達の両面で北関東の百姓たちも巻込んで、大規模な武力反乱に展開していった。元治元年三月二十七日、尊攘激派の藤田小四郎《こしろう》が首謀者となり、水戸の町奉行田丸稲右衛門《たまるいなのえもん》を大将に仰いで筑波山で決起した。当初の勢力は荷担した百姓を含め百数十人であったが、四月には攘夷祈願のため日光に向い、宇都宮藩の攘夷派との提携を模索している。日光で檄《げき》を発し、下山して太平《おおひら》山《さん》に居を構えた後には四百人に膨れ上がっていた。彼らは遠く上野《こうづけ》の太田《おおた》・桐生《きりゅう》まで軍資金の徴発に出かけ、狼藉《ろうぜき》を働いた。

　これに対し、幕府は当初、「公武合体」の基礎となった「横浜鎖港」の実行で騒動を鎮静させる方針を採った。家茂が江戸に帰還した五月末には、水戸徳川慶篤《よしあつ》に横浜鎖港を実行する任を与え、同時に筑波勢の鎮圧を命じている。ただし、朝廷から横浜鎖港の任を与えられたもう一人の人物、政事総裁松平直克は攘夷論に強い共感を抱いていた。彼は筑波勢の討伐に反対し、さらにこれに異論を唱える老中や有司の罷免も要求したため、江戸では一カ月近くも政治空白が続いたのである。この間、水戸出身の池田茂政（岡山）は朝廷に建言して筑波勢に鎖港の先鋒の任を与えるように求め、朝議を揺さぶった。しかし、禁裏守衛総督の一橋慶喜（茂政の実兄）はこれに強く抵抗し、その結果、筑波勢が朝廷の支持を得る見込みはなくなった。また、江戸では六月二十二日に直克が罷免された。幕閣は老中水野忠精《ただきよ》と新任の阿部正外《まさとう》の下に再編成され、以前に立戻って条約維持論者が政権を握ることとなった。同時に、七月八日には若年寄田沼意尊《おきたか》に追討軍の総指揮が命じられ、北関東の諸藩がこれに協力する態勢が作られた。

このような状況下、以前から水戸で繰返されていた藩内抗争が再燃した。筑波挙兵の当初、門閥保守派と尊攘派中の鎮《ちん》派《は》は協力を模索していたが、両者はやがて江戸と水戸で首脳人事をめぐる抗争を始めた。七月下旬、筑波平定の任にあった保守派が水戸城に入ると、筑波勢は下山して水戸に攻込んだが、撃退された。その間、江戸にあった尊攘派中の鎮派は藩主慶篤に鎮静を訴え、八月初旬に支藩主松平頼徳《よりのり》（宍戸《ししど》）を名代《みょうだい》として領内に下向させた。彼らはしかし筑波勢とは戦わず、途中で激派《げきは》の重臣武田耕雲斎《こううんさい》の勢力と合流し、水戸に着いたときにはその人数は百姓を吸収して三千人に膨れあがっていた。水戸城に拠る保守派はこれを尊攘派の激派と鎮派が合同して政権奪取を企てたものと見なし、頼徳の入城を拒んだ。その結果、頼徳ら「大発勢」は水戸の外港那珂湊《なかみなと》に向い、十六日にこれを落して拠点とし、とって返して水戸城外に迫った。これに対し、幕府追討軍の田沼意尊は水戸の保守派政府に救援を送り、その後は那珂湊の近辺で両勢力の攻防が展開した。頼徳や鎮派は和平工作も試みたが、筑波勢が彼らに合流したため、幕府からは等し並みに「逆徒《ぎゃくと》」と見なされた。九月下旬、頼徳は激派以外を救うため幕軍に投降したが、十月五日に切腹を命じられ、討伐軍は同日、総攻撃を始めた。下旬になって那珂湊側の戦況が不利になると、徹底抗戦派の武田耕雲斎や筑波勢一千人余は北方に脱出し、鎮派ら千百五十四人は投降した。鎮派の重立った面々四十三人は、諸藩に預けられた後、翌年四月、処罰しないとの約があったにもかかわらず、処刑されている。

北方に脱出したグループ「天狗勢《てんぐ》」は、総大将に武田耕雲斎を担ぎ、水戸出身の一橋慶喜に頼って冤《えん》を雪《すす》ぎ、攘夷を訴えようと、京都を目ざした。北関東の山裾を日光例幣使《れいへいし》街道を辿って西に向い、太田で休憩を取った後、利根川と中山道を横切って中山道の裏街道を信濃《しなの》に向った。中途の小藩は天狗勢約九百二十人の大部隊との衝突を回避したが、高崎藩は下仁田《しもにた》まで追撃し、敗れている。西上を続けた天狗勢は難所和田峠でも迎え撃った高島・松本両藩兵を破った。このため、以後抵抗するものはなく、伊那谷から清内路《せいないじ》峠を越えて馬籠《まごめ》で中山道に出、美濃路に入った。しかし、十二月に入ると関ヶ原付近で行く手を大垣・彦根・桑名の三藩に阻まれ、一行は揖斐《いび》から北に迂回し、越前・若狭《わかさ》を経て京に向うことにした。厳冬に大雪の峠をいくつも越えて北国街道に出たが、そこから南下して木ノ芽峠を越えたところで力尽き、十八日、敦賀《つるが》の手前で加賀藩兵に降伏した。

一方、彼らがあてにしていた一橋慶喜は逆に朝廷に討伐を志願した。同年七月に長州が禁門の変を起したとき、彼は朝廷防禦の中心として活躍し、朝敵となった長州の降伏を期待しつつ政局を主導しつつあった。長州の敗退は横浜鎖港の約を反故に持ち込む条件ができたことを意味する一方、一橋に対する江戸からの猜疑《さいぎ》も半端ではなかった。水戸学に親しんで育ったとはいえ、それゆえに彼は天狗勢を擁護できなかったのである。一橋は出陣して海津《かいづ》に陣取り、加賀藩勢を敦賀に派遣して対応させた。

降伏した天狗勢は八百二十三人、うち水戸藩士は三十五人に過ぎなかった。軽輩《けいはい》約五十人のほか、身分が分る者のうちには牢人が十人、神官が十四人、修験が四人、医者が五人いた。このように、天狗勢のほとんどが百姓だったのは注目に値する。降伏した彼らは当初、加賀藩から手厚くもてなされたが、正月末に討伐軍の田沼意尊に引渡されると、にわかに待遇は悪化し、鰊《にしん》蔵に押込められた。田沼により行われた裁判は、攘夷については触れず、藩内抗争のために兵を動かして天下の大法を侵したとし、三百五十二人を斬罪、百三十人を流刑に処した。構いなし（無罪）・追放が百八十七人、水戸藩に引渡された百姓は百三十人であった。

近世後期空前の大量処刑であるが、ことはこれで収まっていない。以後の水戸では保守派が激派の家族を粛清《しゅくせい》し、鎮派まで排除して支配した。しかし、王政復古に伴って京都その他にいた尊攘派が帰郷すると、今度は彼らによる報復が始まり、水戸は再び粛清の嵐に見舞われるのである（山川一九八二）。水戸は確かに維新の先駆であったが、このため、明治政府にはただの一人も有力な政治家を出すことはなかった。

三　長州の京都進撃と朝敵化

関東で水戸天狗党が猖獗《しょうけつ》し始めていた頃、西国では長州が京都での勢力挽回を企て、大兵力を京に送った。御所を武力で奪おうとしたのであるが、敗北したため、長州は「尊王」を唱えながら、当の天皇からは「朝敵」とされて、以後、追討の対象となった。以後の政界は長州問題、すなわち朝敵追討の朝命とこれに対する長州の正当性の主張とのせめぎ合いに覆われる一方、西洋諸国による長州の砲撃への報復や条約履行・勅許の要求が主要な問題となった。これらは目前の争点となっただけでなく、国内秩序の再建をどのような「政体」で実現するかという、より深いレヴェルでの政争と結びついていた。朝廷と幕府が選んだのは「公武合体」による可能なかぎり現状維持を図る体制であったが、これに対して薩摩を始めとする旧一橋党の大名は「公議」の実現、すなわち再建する政治体制に有志大名の参加を制度化しようと、繰り返し挑んだのである。

長州の京都奪回計画

長州は、八月十八日政変で京都を追われた後、朝廷に正当性を訴え、京都復帰を図る使者を再度にわたって送ったが、使者は入京すら許可されなかった（末松一九二一）。文久三年十一月には家老井原主計《いばらかずえ》に「奉勅始末」を携えさせて派遣したが、伏見で縁故ある公家に渡すのが精一杯であった。雪冤《せつえん》の言路を封じられた長州では、翌元治元年正月に藩主父子が領内を巡視して閲兵《えっぺい》を行い、その一方では、遊撃隊を始めとする諸隊が京都に突出して退勢挽回を計ろうと計画し始めた。正月、高杉晋作は世子《せいし》の命でその鎮撫《ちんぶ》を試みたが、来島又兵衛《きじままたべえ》ら諸隊の憤激に直面して面目を失い、脱藩・上京して自ら情勢の探索にあたった。その後、長州では家老が二百余の諸隊士を率いて上京することを決めた。

他方、その二月に朝廷は幕府や諸大名とともに長州処分の方策を決めた。毛利家末家《ばっけ》の当主一人と支藩岩国吉川《きっかわ》家の家老一人を大坂に呼び出し、そこに朝廷の両役（議奏と武家伝奏）と老中を派遣して糾問書《きゅうもん》を渡すことにしたのである。朝廷内部の長州同情論を刺激しないよう、長州人の京都立ち入りを回避するのがその意図であった。晋作が会った長州の在京幹部や久坂玄瑞は脱藩上京よりは大挙出陣の機会を待つべしとし、自ら帰国して諸隊士を説得しようと述べた。

その後、京都では公武合体の体制が成立した。さらに、「公議」派を始めとして、在京の大名が帰国していったが、長州はこれを京都奪回の好機会と見なした。長州は、朝命に応える代わりに末家等の入京と三条実美らの復職を奏請し、出兵の具体策を立てた。これに基づいて、五月末には家老の国司信濃《くにししなの》と福原越後《ふくはらえちご》に出兵を発令している。福原の使命は江戸に出て筑波勢と連携し、攘夷を実行することとされたが、実際は中途の京都で国司らと共同行動する計画だったという。

六月四日には世子定広にも出兵が命じられたから、藩を挙げての京都奪回策であったことは明白である。

この時、いわゆる池田屋事件が起き、出兵に恰好《かっこう》の口実を与えた。京都に潜伏していた尊攘の志士たちは、長州の上京に合わせて京都を攪乱《かくらん》しようと策していたが、同志の一人が逮捕されて謀議が漏れ、六月五日、その対策を池田屋で立てているところを新撰組に襲われたのである。格闘で斃《たお》されたもの八名余、守護職・所司代らの手に逮捕されたもの十六名に及んだ。このとき、長州の桂小五郎（のちの木戸孝允）はあやうく逃れ、縁故のあった対馬藩邸にかくまわれた後、但馬国出石《いずし》に落ち延びて潜伏することとなった。

池田屋で斃された者の多くは長州藩士であり、長州はこの事件を出兵の口実に使った。襲撃した狼藉者を京都から追い払うと呼号したのである。狼藉者とは新撰組のことだったが、要するに守護職・所司代を始めとする幕府勢力を京都から追放しようと宣伝したのである。

禁門の変

長州勢は六月二十四日、福原越後勢約四百余が伏見に、また真木和泉と久坂玄瑞の率いる浪士隊が山崎《やまざき》に到着し、後者は淀川の対岸、石清水八幡宮も押さえた。二十七日、来島又兵衛の浪士隊は伏見から京都西郊の天龍寺に移った。七月九日には国司信濃の兵八百が山崎に、十四日には後発の家老益田右衛門介の兵六百が八幡に到着した。その日、世子元徳は大兵を率い、三条ほか五卿を擁護して海路三田尻《みたじり》を発った（以下、軍事面は三宅紹宣二〇一三による）。彼らはそれぞれ伝手《つて》を通じて、攘夷の素志《そし》と冤罪を訴える嘆願書を朝廷に奉っている。朝廷内部の攘夷派の同情を誘い、合体体制にひびを入れるのが目的であった。

朝廷では六月二十七日に朝議が開かれ、一旦は毛利家父子の勅勘《ちょっかん》を許す方向に議論が進んだが、参内した一橋慶喜は大兵を背景とした嘆願は赦《ゆる》すべきでなく、撤兵をまず命ずべきである、もし赦すなら一・会・桑は辞職すると押し返した。近衛家の諮問をうけた薩摩の西郷隆盛もこれに賛同している。その結果、二十九日に至って、長州の入京拒否、軍勢の退去、および八月十八日以降の勅が真の叡慮《えいりょ》であると述べる勅諚が下され、以後の措置も禁裏守衛総督の一橋に委任することが決まった。七月初めには、宮門と洛外要地の警備担当が発令された。

この時、在京の諸藩士には、熊本や久留米のように即時討伐を主張するものもあったが、多数はむしろ長州に同情的で、諸藩の留守居は鳥取池田家を中心に調停に出る動きを見せた。真木和泉や久坂玄瑞・入江九一《くいち》はこれに着眼し、「長防両国之士民」（毛利家領の武士と庶民全体）の名で宣伝活動に努めている。この有利な情勢のもと、福原は一旦兵を大坂に引き、世子の到着を待って万全の策を巡らそうと提案した。しかし、来島又兵衛と真木和泉がこれに反対したため、長州による京都包囲の体制が続いた。

こうして事態は膠着《こうちゃく》に入り、一橋は討伐論と入京許容論の双方を抑え、時機の熟するのを待った。七月十五日に至って朝廷は長州に国元退去を命ずる方針を立て、翌日幕吏を伏見に派遣して十七日までに実行するように促した。これに対し、長州側は会津に天皇遷座《せんざ》の企てがあるとの噂を流し、敵を会津に絞って公家と諸藩に働きかける一方、十七日に山崎で開いた軍議では、戦にはやる来島や真木の主張にしたがって開戦を決定した。翌日、朝議は一時、長州の主張を受け入れる方向に進んだが、駆けつけた一橋は再び強硬に反対し、折から砲声が響き伝わる中で長州勢征討の勅が下された。

この日の戦闘は次のように展開した。福原勢は伏見街道を上って大垣藩に阻止された後、竹田街道に回ったところを彦根・会津により撃退された。京都西方の天龍寺に陣した国司と来島の一隊は御所西側の外郭を破って蛤《はまぐり》門と内郭の公卿門の間まで侵入したが、会津と桑名・薩摩により退けられた。山崎の真木・久坂らは南方から堺町門に向かったが、福井勢に遮られたため、脇の鷹司邸に入って福井・桑名・彦根、さらに薩摩・会津と砲火を交えた。ここで久坂は負傷して動けなくなり、邸内で自刃《じじん》している。こうして長州軍はすべて撃退され、それぞれ国元を指して落ち延びていった。真木和泉は門下とともに山崎の天王山《てんのうざん》に登り、自刃した。世子軍の到着を待たずに開戦を強いた彼に長州に落ち延びる選択はなかったであろう。世子元徳は敗戦の知らせを四国多度津《たどつ》で聞き、そこから五卿とともに帰国した。この戦いで鷹司邸から発した火は延々と京に広がり、七月二十一日までには町の南半が焼けはてることになった。

長州の朝敵化と世論

長州の武力挑戦と敗北、とくに御所に銃弾を撃ちかけたことは、その正当性を著しく傷つけた。自らに向かって飛んでくる弾丸の音を聞いていた孝明天皇はその後、長州に対し非妥協的になった。とはいえ、大火に焼け出された京童《きょうわらわ》（京都人）は未だに長州に同情的であり、公家は無論のこと、大名の中にも攘夷論を正義として、長州の果敢な行動に共感を覚える者が少なくなかった。朝廷は二十三日、長州を朝敵として征討を命じたが、それでもなお長州は世の強い支持を集め続けたのである。

四　「合体」と「公議」のせめぎ合い（一）
──第一次長州征討をめぐる掛け引き

幕閣の「御威光」復古の試み

禁門の変の知らせを受けた江戸の幕閣は、元治元年八月二日、在府の大名を登城させて将軍進発を布告し、翌日には供連れと江戸の留守にあたる大名を発表した。しかし、将軍自らの出陣は、朝意を受けた一・会・桑から再三の要請を受けたにもかかわず、回避し続けた。一つには関東で天狗党の乱が拡大していたためである。鎮撫のため八月初旬に水戸の支藩主を派遣しながら、彼自身が筑波勢の虜になって、十月初旬まで戦闘が続き、そこからさらに激派が脱出して西上を図った。将軍は江戸を離れにくかったに違いない。しかし、それ以上に深刻な問題があった。六月に開鎖政策について幕閣に内紛が生じ、総裁松平直克と老中板倉勝静《かつきよ》の両者が相討ちの形で退いたあと、後継の幕閣が朝廷や一・会・桑との協調を拒み始めたことである。後任の老中諏訪忠誠《すわただまさ》・阿部正外・本荘宗秀《むねひで》らは、公武和解による政務一任を文字通りに解釈し、江戸だけで国策を決定する方針をとった。対外政策については和解の条件だった横浜鎖港を棚に上げて開国政策への転換を図り、さらに文久二（一八六二）年以前に立ち戻って、大名を幕府の「御威光」で頤使《いし》（人をあごで使うこと）しようとしたのである（以下、幕府関係は久住二〇〇五による）。

幕閣は長州問題について大名に全面依存しようとした。京都奪取の阻止と同様に、長州征討についても大名は号令をかけるだけで協力すると考えたようである。一・会・桑は長州征討には将軍自身の出馬が不可欠と主張したが、幕閣は将軍の代理で構わないと判断した。八月四日に越前藩主松平茂昭《もちあき》を副総督、翌日に紀州藩主徳川茂承《もちつぐ》を総督に任じたが、後者はすぐに尾張の隠居徳川慶勝に入れ替えた。慶勝は攘夷論者であり、長州にも同情していたから、この人選は幕閣の政策には適合的でなかった。あるいは攘夷論者同士を戦わせようとしたのかもしれない。

幕府の統治は元来大名を使うことを柱とした。関ヶ原でも先手は外様の大大名が務め、譜代の任務は家康の旗本の警護であった。平時でも同様で、長い太平は大名に対する巧妙な操縦によって維持されてきた。しかし、この年の公武合体後、江戸の幕閣は「御威光」を取り戻そうと、ことさらに尊大を装い、内外からの意見具申にも耳をふさぎ始めた。九月に文久二年に緩和していた参勤交代制を復古するよう発令したのもその一環である。しかし、大大名はこれに従わなかった。「御威光」への拘《こだわ》りはむしろ幕府の権力の弱化を際立たせたのである。

これに目をつけたのが、安政五年以来、「公議」の名の下に政権参加を目指してきた薩摩であった。春には幕閣の策略により挫折したのであったが、禁門の変で朝廷防護に活躍した後、幕府が征長を尾張に委ねたことは、再び全国政治にそのプレゼンスを示す大きな機会となった。

長州征討の布陣と長州の伏罪

尾張慶勝は幕府からの召命に即答せず、一カ月半後、九月下旬に至ってようやく受諾した。この間、彼は長州に寛典で臨む可能性を探る一方、十月三日に京都で初めて軍議を開いた時、参謀に自家の家老と家臣のほか、薩摩の軍賦《ぐんぷ》役西郷隆盛を加えた。将軍から全権委任状を入手した十一日には、動員した諸藩に対して一カ月後に各部署に着到するように命じ、二十二日に大坂で開いた軍議では十一月十八日を総攻撃の日と定め、十一月一日、総督府を置く広島に向かって陸路を出陣した。三日には副総督松平茂昭（福井）が海路出発し、小倉《こくら》に陣を定めている。諸藩の配置は、長州を囲んで瀬戸内海、石州口（石見《いわみ》国津和野方面）、芸州口（安芸国広島方面）、九州口合わせて二十一藩、兵員は総計十五万人に上る大動員であった。

この間、七月に京都奪回に失敗した長州には、八月五日に西洋の四国連合艦隊（米・英・仏・露）が来航し、下関の砲台を攻撃した。泣き面に蜂である。長州は戦闘に敗れ、結局、十四日に和睦した。長州の正当性は攘夷論に由来し、前年に天皇に攘夷親征を強い、この年に京都の武力奪回を試みたのもこの大義ゆえであったが、戦争の本番で負けると攘夷戦争をあっさり放棄したのである。この時、彼らは目標を対西洋戦争から国内の抗争に切り替えた。四国との講和交渉は攘夷急進派の高杉晋作が担い、通訳にはイギリスから帰国していた井上聞多《もんた》（のちの馨《かおる》）と伊藤俊輔（のちの博文）が当たっている。彼らは、攘夷政策の放棄にもかかわらず、長州は全面的な正当性を持つと信じ続け、天皇と合体していた幕府と徹底抗争する道に入ってゆく。自藩と日本の根本改革を戦争を通じて断行すること、それも対外戦争でなく、国内での戦争を改革の手段に使うこと。その後の彼らが行ったのはこのことであった。

長州は内部分裂した。京都進攻に消極的だった勢力が息を吹き返し、藩の要職に返り咲いて、自藩存続のため朝幕への恭順の道を探り始めた。支藩岩国の吉川経幹《きっかわつねまさ》もこれを援助し、総督府に対し、三家老を厳科に処し、藩主父子は謹慎するという嘆願案を提示している。総督と西郷は戦争抜きに長州を屈服させる道を探っていたので、これに乗った。長州は十一月一日、三家老処分、参謀の処刑、五卿の領外移転の方針を決め、総督が広島に着く前に三家老の切腹と四参謀の処刑を実行し、三家老の首を広島に差し出した。十一月十四日に首実検《くびじっけん》が行われた後、吉川は広島に出向いて大目付永井尚志《なおゆき》に嘆願を行い、その尋問に対して一々釈明した。広島に着いた総督は十八日、老中稲葉《いなば》正邦《まさくに》とともにあらためて首実検を行い、長州に攻撃中止の条件として山口城の破却と五卿の差し出しを提示した。長州側がこれを承諾したので、総督は目付を山口と萩の巡検に派遣する一方、五卿の移転については西郷に周旋を依頼している。その結果、二十五日、長州藩主父子は藩内に蟄居《ちっきょ》・恭順を布告する一方、総督に請書《うけしょ》と服罪書を差し出した。五卿の差し出しは本人たちの峻拒にあったが、西郷は福岡藩士の協力を得て九州の五藩が身柄の安全を保証した上で太宰府《だざいふ》に移すことにし、十二月十五日、長府にあった五卿は福岡藩士の説得を容れて移転を承諾した（実行は翌正月十四日）。このような状況下、動員した諸藩の疲弊を気遣っていた総督は解兵を急ぎ、十二月二十七日、条件が満たされたとして、諸藩に解兵を布告した。翌慶応元（一八六五）年元旦には、大目付永井尚志を江戸に派遣し、長州の提出した服罪書と処分案（藩主父子隠居・永謹慎、家名継続、十万石削封）を携行させている。こうして、長州征討は長州の屈服により開戦以前に終わったのである。

長州処分案と大名会議

長州征討の過程では、幕閣の専制志向にも拘わらず、事実として、薩摩を始め福岡など西国の大名が深く関与した。長州に対する最終処分でも同様で、西郷は十一月十九日、藩主父子の隠居落飾、十万石削封などの条件を提案している。総督慶勝はこの動きを考慮して、解兵後、最終処分を大諸侯六、七藩を京都に招集し、その意見を聞取ってから決めようと考えた。事実上始まった大大名の政治関与を制度化しようと提案したのである。

大大名会議の開催は旧一橋党大名の持論であり、彼らは春には失敗したものの捲土重来《けんどちょうらい》を期していた（大久保文書一、二五〇頁）。四国連合艦隊が下関攻撃後に畿内に回航して圧力をかけることが懸念された八月には、越前の春嶽が一橋に対して大名会議を招集して開鎖問題を再議するよう提案し、九月には家臣の中根雪江《ゆきえ》が上京した老中阿部正外に同旨を述べた（続再夢三、二六五頁、三一七頁）。また、当時、神戸海軍操練所の創立に携っていた幕臣勝海舟も西郷と対面した時、同じ考えを述べ、西郷に大きな感銘を与えている。いずれも幕閣が傾いていた横浜鎖港という危険な政策を放棄させ、併せて大大名の政権参加への道筋を付けようとする構想である。招集の理由としては、長州の最終処分の検討が浮上した。十二月には伊達宗城や九州に滞陣していた熊本の公子（藩主の子）長岡良之助《よしのすけ》（護美《もりよし》）が将軍の京都進発を前提に大名会議を提案している（同上、三九四頁）。総督慶勝の提案はこれらの動きを汲んだものであった。

幕府の分裂――京都の制圧か協調か

しかしながら、大大名の招集は棚上げになった。公武合体の体制に内部亀裂が生じ、将軍上洛によるその修復・安定化が政局の焦点になったためである（以下、久住二〇〇五）。江戸の幕閣は朝廷との間を取り持っていた一・会・桑にすら不信感を抱き、その役割を解こうとした。慶応元年二月、老中阿部正外と本荘宗秀が歩兵を率いて入洛した。洋式軍隊により朝廷を威圧して、朝幕関係を幕末以前に復古し、江戸による全国支配を復活しようとの企てである。一橋と会津を江戸に帰し、諸大名の周旋方も京都から排除することも狙っていた。

これに対し、将軍上洛による合体体制の強化を急務としていた会津は、年末に上洛した際に京都の状況に理解を深めていた老中松前崇広《たかひろ》からの密報を得ると、朝廷に対し周到な根回しを行った。関白が参内した阿部・本荘に対して頭ごなしに譴責《けんせき》し、逆に将軍進発に努力するように約束させたのである。幕府権力の強化と大名の排除を狙う点で両者は同意見であったが、朝廷の排除は当時の情勢下では不可能であった。朝幕関係を堅固にするには、結局、将軍が関西に移駐して公武合体の体制を恒久化するほかに選択肢はなかったのである（久住前掲）。他方、薩摩の動きにも限界があった。幕閣が発令した参勤復旧や五卿の江戸召喚を妨げるのが精一杯であり、大名招集は論外となったのである。彼らは公議の制度化の機会を、秋になって長州再征が具体的な争点となり、四国連合艦隊が兵庫沖に現れるまで待たねばならなかった。

五　「合体」と「公議」のせめぎ合い（二）

――長州の「待敵」体制、条約勅許問題

将軍の関西移駐と長州の抗戦体制

慶応元年三月、幕府は将軍が大坂に赴くことを布告し、四月一日、いずれ長州征討に進発すると予告した（久住前掲）。再三にわたる朝廷からの上洛要求に応え、さらに長州の「激徒再発」や五卿の江戸召喚命令への抵抗に対処するためであった。幕閣には三度目の上洛に反対する意見も根強かったが、京都の事情を熟知する阿部・松前両老中は、十九日、その中心人物だった牧野忠恭《ただゆき》・諏訪忠誠の二名を罷免し、同時に進発を正式に発令して、諸藩に対しても出兵準備を命じた。その結果、将軍家茂は五月十六日に江戸から出陣し、閏五月二十二日に参内した後、二十五日に大坂城に入った。引率の兵は総数二万一千人余。翌年、敗色濃厚な長州戦争の最中、家茂はここで没することになる。

一旦伏罪した長州では、解兵以前の元治元年十二月に高杉晋作が長府功山寺で挙兵し、その後、大規模な内乱が始まった（三宅二〇一三）。武力抗争の末、幕府との折衝に当たった恭順派は翌年二月下旬に打倒・粛清され、藩内は高杉らかつての尊攘激派が全権を握って大胆な組織改革に踏

み出した。軍事面では、蘭学者大村益次郎《ますじろう》の案に基づいて、正規家臣団の大組《おおぐみ》から精鋭を干城隊《かんじょう》に組織し、奇兵隊以下の諸隊は十組・千九百人に再編、さらに農商兵千六百名も徴募することにし、十月には千石以上の家臣の陪臣を南大隊十二個・北大隊三個、千石以下百六十石以上の家臣の従者を二個大隊、また足軽を三個大隊に組織している。これらはすべて銃隊で、射程距離の長いミニエ銃を備え、戦術では散開戦術を採用し、士官と兵に徹底的な訓練を行った（三宅前掲、小川一九九八、木村二〇一〇）。騎士一人に従者が付く従来の身分的軍制を改めるのは至難の業であったが、長州は故意に戦機を創り出して、これを断行したのである。出石から呼び戻され、五月に用談役に挙げられて全体の統轄を任された木戸孝允《たかよし》は、「防長二州粛然、深夜之如き形情」を作り、軍政・民政の改革を断行すべしと述べた（木戸文書八、二一二頁）が、その精神に沿って、閏五月二十七日、長州は「待敵」の方針を布告した。木戸はこれに「今日の長州も皇国の病を治し候にはよき道具」という意味を付している。水戸に発した「攘夷による改革起動」論はここに敵を国内に切り替えて徹底的に実行されることになった。

こうして、長州は幕府と敢えて衝突するコースに入り込んでいった。他方、幕府側には戦をする気はなかった。大軍を大坂に集結して長州に圧力を加えれば、内部分裂しているはずの長州は最終処分を受け入れるだろうと見込んだのである。そこでまず、長州末家と家老を大坂に呼び出し、かつて誓約させていた謹慎の履行状況を確かめようとした。しかし、今度は長州側が呼び出しの要求を黙殺した。そのため一・会・桑は圧力を高めるために長州再征の勅許を獲得しようとし、九月二十一日にこれを得た。しかし、このとき薩摩は長州側に立って反対工作を展開した。大久保利通が賀陽宮《かやのみや》に面会したところ、宮は自分は列侯を招集して公論で決めたいと提案したのだが、一・会・桑の反対により断念したと弁解した。大久保はこれに、理由が判然としない「非義勅命は勅命に有らず」、他大名も朝・幕の命に従わぬ日が来ないとは限らないと激論している(大久保文書一、三一一頁)。その背景には後に見るような薩摩の政策シフトがあった。

西洋の軍事的威圧と条約勅許

長州再征の勅許は西洋諸国が関西の政治中枢に軍事圧力を加える最中に下された。前年の下関攻撃の当時から日本側は連合艦隊が畿内にも現れて条約勅許等を迫るのではないかと懸念していたが、ついにそれが現実となったのである。これより先、西洋諸国は、桜田門外の変以降の日本の国内情勢を観察して、問題の根源は条約維持を図ろうとする幕府に対する一部の西国大名の反抗にあると判断していたのであるが、文久三年に幕府が朝廷の意を受けて横浜鎖港を提議すると、幕府自体に条約履行の意志がないのではと疑い始めた(以下、保谷二〇一〇による)。鹿児島でイギリスと一旦砲火を交わした薩摩が和睦後に通商等に意欲を示し始める中、年末に幕府がヨーロッパに鎖港使節を派遣すると、その疑いは強まった。松平直克総裁の幕府は実際に板倉ら条約履行派の老中を遠ざけ、横浜鎖港を執拗に追求し始めていたのである。

幕府の外交官は西洋側に「和親維持のための通商制限」を認めよと述べたが、条約で通商権を確保していた西洋側はこれを峻拒する一方、本国では万一に備えて対日制裁のための作戦計画（特定の大名、天皇、将軍の三種を想定）も立案した。一旦帰国していたイギリス公使オールコックは帰任後、フランス・オランダ・アメリカとともに幕府に下関の自由通航や条約履行などを要求したが、埒《らち》が明かぬとみると十七隻・五千人の連合艦隊を組織し、元治元年八月に攘夷政策の本拠たる長州の砲台攻撃に踏み切ったのである。その主目的は朝・幕に対して政策転換を促すことにあった。この武力攻撃が成功し、さらに長州に下関開港の意志があることを知ると、西洋側の幕府に対する不信感はますます強まった（石井一九六六。サトウ一九六〇）。その後、イギリス公使はパークスに交代したが、彼は条約・通商問題を打開するため、三国代表を誘って、関西に移った政治中枢に直接、軍事威嚇を加えることにしたのである。

慶応元年九月十六日、四国連合艦隊九隻が兵庫沖に現れ、幕府に支払い義務を課した下関償金三分の二の放棄を代償として、条約の勅許、および期限前の兵庫開港と関税率改正を要求した。当時、将軍は長州問題のため上京中であったが、老中阿部正外を先に大坂に帰して問題の処理に当たらせた。阿部と松前崇広はパークスらが上陸して京都に向かう事態を懸念して、閣内を兵庫開港容認でまとめている。帰坂した将軍は一橋慶喜の下坂を求めて大坂に会議を開いたが、一橋は勅許なき兵庫開港に反対し、幕議は分裂した。一方、幕府は四国との折衝では条約自体に関する勅許を要求され、その奏請のために十日間の猶予を得た。しかし、一橋が京都に帰り、阿部・

松前の兵庫開港論が伝わると、朝廷では議論が沸騰し、九月二十九日、両名の官位剝奪・国元蟄居を決定した。幕府の老中を朝廷が罷免するのは前代未聞であったが、これを呑まざるを得くなった家茂は、将軍辞職と江戸帰還を決意し、十月一日、朝廷に対し辞職を代償に条約と兵庫開港を勅許するように求めた。上書には将軍職を一橋慶喜に譲ると記されていたが、幕臣たちが一橋の受任を許すはずがない。窮地を脱するため一橋は必死で朝廷を説得し、十月五日、条約の勅許を獲得した。兵庫の開港は留保されたが、ここに安政五年以降の政界で最大の難題であった条約問題の中核部分は解決したのである。無論、将軍の辞職申出が幕府の威光を大いに傷つけたことは言うまでもない。

大久保利通の大名会議論とその挫折

このとき、薩摩の大久保利通は長州再征に続いて勅許を妨害する工作を行った。京都薩摩藩邸の意思を代表して、彼は問題の解決を大名会議に委ねよと主張し、近衛家を通じて朝廷に決定延期を申し出た。自分が兵庫に出向いてイギリスと交渉すれば、京都に大名を招集するまで四国の側は待ってくれるはずだというのである。この可能性はゼロではなかっただろう。

これに対し、一橋は必死で防戦に当たり、成功した。朝廷の要路に説くだけでなく、在京の諸藩代表を集めて条約勅許への賛同を得、衆議の名を以て朝廷に訴えたのである。これは、一年前の春、参与諸侯を追い出すために採った術策と同様であった。旧一橋党の大名はつねに「公議」を主張したが、大名会議のメンバーとなるべき資格は仲間内に限っていた。いくら安政五年に一橋擁立を図り、押込めの憂き目に遭ったという栄光と苦難の記憶を身にまとっていたとは言え、他の大大名からすれば面白くない。一橋は大大名間の競争・嫉妬に着目して旧一橋党の「特権」を否定し、「衆議」を徳川将軍家の味方にしたのである。大久保はこうして敗北を喫したのだが、薩摩は以後あからさまに、合体体制への挑戦を追求し始めることになる。

六　長州最終処分案と薩・長接近

薩摩と長州の接近

条約問題が片付いた後、政局の焦点は再び長州問題に移った。幕府は阿部・松前老中の後を、文久期に活躍した板倉勝静と先に老中格に返り咲いていた小笠原長行《ながみち》を中心に再構成したが、征長の勅許は得たものの、彼らはその実行には慎重だった。他方、薩摩は朝敵長州と連合する道を真剣に考え始めた。文久二年以来、両藩の間柄はとかく軋《きし》みがちで、とくに禁門の変では真正面から戦っていたが、ここに両者は過去を棚に上げて急接近することになったのである。

これを促したのは太宰府に移転した五卿の側近、土佐牢人の中岡慎太郎《なかおかしんたろう》・土方久元《ひじかたひさもと》と彼らの盟友坂本龍馬であった（ジャンセン一九七三）。中岡と土方は脱藩以来、長州と行を共にし、禁門の変で戦った後は五卿について長州に往き、その従者となっていた。中岡は五卿の太宰府移転の交渉を通じて仇敵《きゅうてき》薩摩との関係を見直し、長州を薩摩と結びつけようと考えた。薩摩と共同事業を始めていた坂本龍馬と連携して両藩への働きかけを始めたのである。慶応元年閏五月には、長州に帰国して要職に就いたばかりの木戸孝允と上京予定の西郷隆盛を下関で面談させるように段取りを付けた。しかし、西郷は将軍進発の情報を気にしてか、畿内に直行し、和解は一旦ご破算になった。

抗戦体制に入った長州は武器の調達を急いでいた。坂本龍馬の示唆により、木戸は薩摩の名義を借りて西洋から武器を購入しようと考え、坂本・中岡の尽力で薩摩の了解を取り付けた上、七月に井上馨と伊藤博文を長崎に送り、薩摩の小松帯刀《たてわき》と亀山社中《しゃちゅう》の協力を得てこれを実現した。外国からの武器購入は幕府の嫌疑に触れる行為であり、薩摩にとって朝敵長州への横流しは危険な企てであったが、薩摩はあえてそのリスクを冒したのである。長州側に募っていた薩摩への疑惑はこれでかなり軽減された。このため、十月に薩摩が坂本を通じて下関での兵糧《ひょうろう》調達を申し込んだとき、進んでこれに応じている。

幕府の最終処分案

他方、幕府は長州再征が焦点に戻ると、長州への最終処分案の検討に入った（久住二〇〇五）。長州側が処分通告を呑めば以前同様に戦争はなしに終わるはずであるが、拒絶すれば判然とした開戦の名目ができる。大坂にいた将軍と板倉・小笠原はかつて尾張慶勝が西郷案をもとに上申した案に沿い、藩主父子の隠居・末家による相続および十万石削封という処分を提案したが、一橋は一旦全領地を没収した上で十五万石を付与すべしと主張し、会津も半国削減という厳罰案を主張した。大坂方は滞陣する旗本たちの厭戦《えんせん》気分や西国大名たちの不服従に鑑みて開戦を回避しようと望んでいた。しかし、一・会・桑は寛典策は薩摩をはじめ他大名に響き、徳川の覇権喪失に歯止めが効かなくなると考えて、敢えて開戦を辞さぬ態度を示したのである。先に大久保利通が見せた大胆不敵な朝廷工作は、ことが長州一藩の問題を越え、徳川の大名統制一般の問題に深化していることを示した。大坂の板倉たちは、寛典策をとっても徳川の威光が急低下しないように配慮し、薩摩と「公議」論を共有する越前や旗本大久保忠寛《ただひろ》を通じて薩摩の懐柔工作に出たが、一橋はあくまでも断然たる措置を取るよう主張した。慶応二（一八六六）年正月、京都で行われた板倉らと一・会・桑の協議は紛糾を重ねたが、老中が大坂に帰って家茂の裁断を仰いだ結果、一橋は概ね大坂案に同意し、同二十二日、朝廷の裁可を得た。

薩長盟約の成立

丁度そのとき、薩摩は長州処分問題への直接介入への道に踏み込んだ。十二月に黒田清隆《きよたか》を下関に派遣して木戸孝允に上京を求めたところ、木戸はかなりの逡巡の末にこれに応じた。彼が京都の薩摩藩邸に入ったのは慶応二年正月八日、丁度、板倉らが一・会・桑と処分案の摺《す》り合わせを再開した翌日であった。薩摩の小松、西郷、大久保らと木戸との協議はなかなか始まらず、二十日に坂本龍馬が到来してようやく緒に就いた。その結果、結ばれた盟約の骨子は、次の通りであった（木戸二、一三六―一四二頁）。

①長州と幕府に戦が始まりそうになったら、薩摩は京・坂両所を三千余の兵で固める。②戦で長州に勝利の兆《きざ》しが見えたら、薩摩は朝廷に復権を働きかける。③負けそうになっても、長州は半年や一年で壊滅はしないので、その間に薩摩は朝廷への取りなしを行う。④開戦なしに幕兵が帰東したら、薩摩は直ちに朝廷から長州の冤罪赦免を獲得する。⑤兵士を京・坂に送り込み、朝廷に取りなし工作をしても、一・会・桑が妨害するなら、決戦もやむを得ない。⑥冤罪が晴れた後には、双方が連合して皇国のために粉骨砕身するが、王政復古を目標とした協力は今日から始める。

幕長開戦を前提にした盟約である。最後の点を除いて長州側の義務はとくに記されず、薩摩側の採るべき行動が、場合に分けて約束されている。この内容は、木戸が帰途の大坂で坂本に書き送り、坂本の確認を得たものであるが、薩摩側の公式記録にはない。また、京都にいた薩摩の三指導者が相手であって、国父島津久光の承認を得たものでもない。しかし、条約勅許前後の大久保の発言や開戦後の薩摩の動きに照らすと、ここで実質的な約束がなされたように見える。

この盟約は朝・幕が長州の最終処分案を決める最終段階で結ばれた。決定された処分案は概ね尾張慶勝の案に沿ったものであり、その骨子はまた西郷が慶勝に提案したものであった。そのためか、西郷は木戸に一旦はこれを受諾するように勧めたが、木戸はこれを峻拒している。長州側は朝・幕からの非難をあくまでも冤罪と言い張った。薩摩はあえて禁門への発砲という事実や天皇の怒りに目をつぶって長州の言い分を認めたことになる。おそらくは、朝・幕で寛典と目されていた処分案を長州がまったく受け入れる意志がないと確認したからだろう。すると幕長開戦の可能性は高まる。その条件下に薩摩の政治目標を満たすにはどうしたら良いか。京都藩邸は逡巡の末、長州の奮闘に賭けることにしたようである。

ただし、この時点で開戦は必至ではなかった。幕閣は依然開戦に消極的であり、薩摩も開戦をけしかけはしなかった。大久保利通は報告のため帰国する途中、大坂で越前の中根雪江に会った際、長州の削地・廃立には同意だが、その条理には疑いがある、もし幕府が「公論」を容れ、一橋が態度を変えて文久二年頃に戻るなら、久光は協力するだろうと述べ、天下の人心を引きつけるには大久保忠寛や勝海舟などを登用するのが大事と付け加えた。その大久保忠寛は、大坂の閣老に打開策を問われた時、ほかならぬ薩摩に長州との仲介を依頼して問題を早期解決に持ち込むつのが良い、さらに「天下の公論」をもって「大政革新」するならば「国家百年の大計」が成り立つだろうと答えている。確かに、長州の体面を保ちつつ和解に持ち込める主体は薩摩以外になく、薩摩の協力を引き出すには政権参加を約束する以外になかっただろう。しかし、長州を赦《ゆる》し、ついで政権の共有に至ることは、幕閣と一・会・桑のいずれにとっても論外の選択であった。

第九章

維新：「王政」・「公議」政体へ（二）
――その最初の試みから最後の大名会議まで

概観：長州再征から慶喜の宗家継続まで

慶応二（一八六六）年六月七日、長州を包囲した幕府軍は四方から攻撃を開始した。先の征討時と異なり、その戦力の中心は親藩と譜代の徳川家門で、外様大名は動員に応じた場合でも概ね形勢観望を決め込んだ。その結果、世人の予想通り侵攻は難航し、長州側の文字通り「必死」の抵抗により各戦線で幕府軍は敗退を続けた。その最中に将軍家茂《いえもち》が亡くなり、それを機に戦争は終わった。

徳川方の敗北はその「御威光」を決定的に傷つけた。武家の習いで敗者の評価は著しく下がる。この状況で徳川宗家の統を継いだ徳川慶喜《よしのぶ》は、元治以来徹底的に排除していた大大名への政権分与を考え始めた。しかし、併行して朝廷で試みられた公卿の列参は孝明天皇の怒りを買い、ために公議政体への転換は翌慶応三（一八六七）年に持ち越されることになった。

一　長州戦争――「御威光」の失墜

開戦前の朝幕と長州

長州処分案を決めた朝・幕政権は、慶応二年二月、老中小笠原長行《ながみち》を広島に送り、長州藩主父子・三支藩主および岩国の吉川経幹《きっかわつねまさ》に対して四月二十一日までに広島に出頭するように命じた。長州は命令の受理を拒み、代わりに藩主名代と三末家の家老を広島に送った。五月一日、小笠原老中は彼らに処分令を交布し、期限を切って請書《うけしょ》を出すように命じたが、長州側は謝罪は済んだとして応じなかった。このため、小笠原はついに征長軍に対し六月五日を期して進撃するように命令を下した。小笠原が京都を出発してから開戦までにはかなりの時日がかかっている。徳川方ができるだけ戦争を回避しようとしたことが分かるだろう。その一方、開戦を待ち望んでいた長州側は世論を味方につけるため、この間を使って精力的に働いた。薩摩の大久保利通が四月十四日に大坂城で薩摩の出兵拒否を公然と建白し、世間の耳目を引いたのは有名であるが、長州は周辺大名の懐柔にも努力している。長州兵は隣国の津和野領を自由通行できたし、征長の拠点となった広島藩も征長軍の兵站《へいたん》を支えるのが精一杯で戦争は好まなかった。周囲で敵対的だったのは、四国松山の松平、石州口の浜田松平、下関《しものせき》口の小倉《こくら》小笠原の譜代三家に過ぎなかった。

長州戦争の展開

戦争の展開（三宅二〇一三を参照）は簡略に留める（図9-1）。戦争の火蓋《ひぶた》は瀬戸内海に浮かぶ周防《すおう》大島で六月七日に切られた。幕府軍艦の援護の下、四国松山の兵が渡海して上陸したが、駆けつけた長州の軍によって追い払われた（大島口の戦い）。石州口では備後福山と浜田および紀州の藩兵が主力となったが、大村益次郎《ますじろう》自らが指揮を執る長州軍は国境を出、津和野を通り抜けて十七日には益田《ますだ》を攻略した。ここで長州は一旦様子見に入ったが、七月十八日に前進を始めて浜田城の総攻撃に入ろうとしたところ、浜田藩兵は城を焼いて退去した（木村二〇一〇）。この二つの口では長州は幕軍を容易に撃退したのである。これに対し、主戦場の芸州口では一進一退が続いた。広島と岩国の間、宮島《みやじま》対岸の街道が戦場となり、幕軍は旧式装備の彦根や高田の兵が敗退する一方で、幕府の洋式陸軍や紀州・大垣の兵は互角以上に戦った。この間、副総督の老中本《ほん》

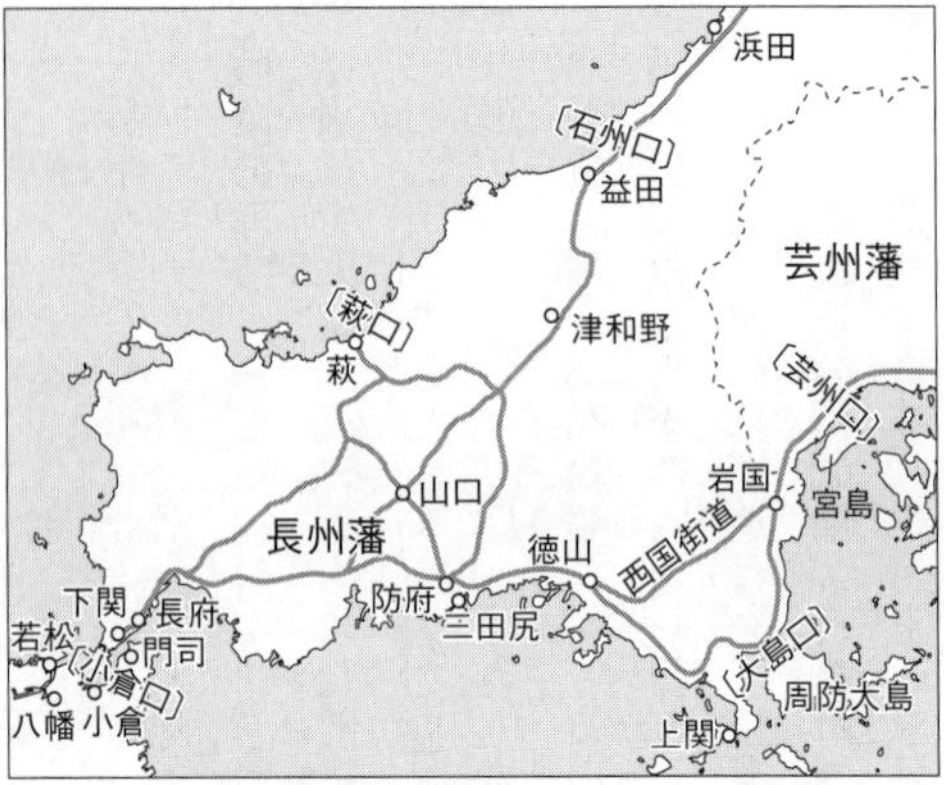

図 9-1　長州戦争略図（野口 2006 をもとに作成）

荘宗秀《じょうむねひで》は六月末、岩国を通じて講和交渉を試みた。人質にとっていた長州代表を返した上、七月十三日には幕府陸軍を広島まで引き上げて交渉を誘ったが、長州側は峻拒《しゅんきょ》した。この戦争収拾の政略については征長軍で内紛が起き、本荘は二十五日に解任されている。戦闘再開後も幕軍は優勢に立てず、八月九日、広島への総引き上げを余儀なくされた。

最後に下関口であるが、ここでは幕軍が動き出す前に長州側が関門《かんもん》海峡を渡って開戦している。小倉には老中小笠原長行が督戦に来、九州の熊本・久留米・柳川《やながわ》・唐津《からつ》などの藩も兵を進めていた。幕府側は渡海した長州兵と激戦したが、優勢にあった軍艦を有効に使わなかったせいもあって、七月初旬には長州兵が小倉に隣接する要地を押さえる結果となった。小倉藩は同三十日にこれを奪回しようとしたが、熊本ほか他藩兵は協力しなかった。逆に、諸藩は折から将軍が死去したとの知らせを受けると撤兵を決議し、軍監の小笠原までが軍艦で逃亡してしまった。幕府軍は総崩れとなったのである。ただし、小倉藩はその後も上陸してきた長州軍と戦い続けた。八月一日、城を焼き、藩領の南部に撤退しながら、十月初旬まで死闘を続けている。講和がなったのは翌慶応三年正月二十三日のことであった。

長州戦争で幕府側が敗退したには様々な事情があった。長州側に比べ、装備や戦術が概ね旧式だったことは事実であるが、士気も低かった。攻め込まれた側は「必死」の覚悟を余儀なくされ、地理にも明るかった。それは小倉藩の長州に対する抵抗の場合にも明らかである。また、住民の支持・不支持の影響も大きかった。長州側が士民一体となっていたのに対し、征長側は他領の住民から食糧や労力を徴発せねばならず、それは著しく困難だっただけでなく、あからさまな抵抗すら呼び起こした。戦争の正当性が曖昧な上、戦場の住民に協力を拒まれたのだから、厭戦《えんせん》気分の蔓延《まんえん》や中途の退却が誘発されたのは無理もなかった。

二 「公議」政体転換の失機

徳川慶喜の継続と「公議」政体論への同調

敗報の続く中、将軍家茂は慶応二年七月二十日、大坂城に没した。この事実を秘したまま戦争は継続されたが、当然、後任を決めねばならない。衆目の一致するところ、それは一橋慶喜以外になかった。このため、七月二十九日、家茂の名で慶喜の宗家《そうけ》継承が布告された。従来ならば征夷大将軍にも任官されるはずであるが、慶喜はこれを辞退し、「公方様《くぼうさま》」でなく、徳川家内部の尊称「上様《うえさま》」と呼ばれるに留めることとした（慶喜公伝史料二、三九〇頁、三九五頁、四四二頁）。

徳川慶喜はまず戦争の形勢挽回を狙い、八月八日、天皇から節刀《せっとう》を受け、広島に出陣しようとした。家茂の死去は休戦の良い機会と見る向きもあったが、そうした声に慶喜は耳を傾けなかったのである。征長戦争の首唱者であった上、温存していた幕府陸軍の主力を投入すれば一撃後に休戦に持ち込めると目論《もくろ》んでいたようである。しかし、彼は下関口で諸藩が解兵し、小笠原長行までが戦場を放棄したという知らせを受けると、八月十二日、反攻の計画を断念した。孝明天皇と賀陽宮朝彦親王《かやのみやあさひこ》・会津松平容保《かたもり》はこれに反対したが、押し切っている。

初政でつまずいた慶喜は国内政策を百八十度転換することにより窮境《きゅうきょう》を脱しようと図った。出陣中止を決意した日、彼は徳川一門の公議派、越前の松平春嶽《しゅんがく》に会見を求め、以後、春嶽と大名会議を招集する相談を始めている。長州との休戦交渉も焦眉《しょうび》の急となったが、これにはそれまで疎《うと》んじてきた勝海舟を起用し、大名の公議により長州の処遇を定めるとの方針を提示して説得することにした。

ただし、慶喜のこの決断には会津との対立というリスクも伴った。一・会・桑の同盟を解き、公議派大名との協調に入ることは元治以来の権力政策（すなわち公武合体体制）の大転換であった。公議派の雄、越前や薩摩がここに希望を見いだしたのは言うまでもない。越前の松平春嶽はかねて征長に反対し、将軍の出陣を諫止《かんし》するため久しぶりに福井から出てきていたが、慶喜の

「反正《はんせい》」（あるべき姿に戻ること）を歓迎した。慶喜に送った覚え書きには、「天下の大政、一切朝廷へ御返上」の文字があった（続再夢五、二三五頁）。大名会議の召集を王政復古と組み合わせようというアイデアが現実の選択肢に上ったのである。

公卿の列参と孝明天皇の抵抗

しかしながら、この画期的な試みは、朝廷内部の混乱によって頓挫した。岩倉具視《ともみ》の画策により大原重徳《しげとみ》ら二十二名の公卿が朝廷へ列参したのを発端に、天皇を一方の当事者とする朝廷内部の紛争が生じたのである。

岩倉具視は文久二（一八六二）年に宮廷を追われて以来、京都北郊を転々とした後、岩倉村に居を定め、隠棲していた。その間、伝手《つて》をたどって京都の動向を探っていたが、尊攘激派が京都を去り、薩摩ゆかりの士が岩倉村に出入りするようになると、薩摩要路に論策を送りつけ始めた。征長が開戦を見ずに決着した後には薩・長の提携を主張し、さらに天皇のイニシャティヴによる全国大の和解、それも敵対する徳川と長州の双方を含む解決策を構想している。

しかし長州戦争における幕府の敗退は彼の秩序構想を一段飛躍させた。王政復古の機会が到来したと判断したのである。その「天下一新策」によると、王政復古はまず朝廷内部の改革から着手すべしと述べ、合体体制の核であり、一・会・桑とともに開戦を主唱した朝彦親王と関白二条斉敬《なりゆき》を退けようと図った（岩倉一、二四九—二五五頁）。このため、旧友の中御門経之《なかのみかどつねゆき》と大原重徳に依頼して、慶応二年八月三十日、天皇簾前《れんぜん》の会議に二十二名の公卿を列参させ、朝廷による諸藩の招集、七卿をはじめ勅勘《ちょっかん》（天皇による処罰）を受けた公卿の赦免、征長解兵の命令を要求させたのである。

天皇臨御の会議への押しかけ要求は前代未聞のことであり、大原は天皇にも直接議論を吹きかけた。天皇はこれに辟易《へきえき》しながらも自ら対峙《たいじ》している。征長責任をめぐる朝彦親王や二条関白への弾劾は天皇自身への非難にほかならなかった。簾前会議で列参公卿たちの言い分を聞き置き、後日、大原を呼んで直接に対話したが、長州を懲罰すべしという天皇の意志は変わらなかった。しかし、この事件は朝彦親王と二条関白に辞職願の提出を余儀なくさせ、以後、両者は在職は続けたものの、長期にわたって参内できなくなった。朝廷に権力の空白が生じたのである。これに伴って薩摩と近かった山階宮《やましなのみや》や正親町三条実愛《おおぎまちさんじょうさねなる》が発言力を強めたが、その一方で天皇は、朝廷公式の決定権者である当職の議奏と武家伝奏を通じて徳川慶喜と連絡を取り、情勢の挽回に努力した。

九月八日、朝廷は大大名二十四家に上京の命令を下した。一見、公議により長州の処分を決めようと主張した越前・薩摩や大原たちの主張が通ったかに見える。しかし、勝海舟が同月二日に宮島で休戦交渉に成功したことを知ると、慶喜の態度は変った。招集される大名会議の役割を、長州問題の解決を通じて公議政体を創ることから、自らを将軍職へ推戴《すいたい》することに変えたのである。この豹変を知った薩摩の島津久光《ひさみつ》や宇和島の伊達宗城《むねなり》は上京を断念し、越前の春嶽も望みを失って十月一日には離京した。京都での公議派の影響力は下落し、慶喜は家茂の喪明けを機に十月十六日、宗家継承後の初参内を実現し、以後、天皇と直接に懇談するようになった（続再夢六、六三頁）。天皇はその上で同月二十七日、列参の公卿たち、および彼らを背後で使嗾《しそう》したとみた山階宮と正親町三条を厳罰に処し、政界から放逐したのである。

徳川慶喜は十二月五日、将軍宣下《せんげ》を受けた。そのとき在京した大名は七名。孝明天皇と徳川慶喜は二人して征長失敗の責任を棚上げし、合体体制を再建しようと図ったのであるが、その孤立は明らかであった。公議派の大名たちは失望しながらも再起の機会を狙い続けた。その機会は予想外に早く、天皇の死去とともにやってくる。

三　最後の将軍の外交と政体一新

慶応二年十二月二十五日、天然痘《てんねんとう》により孝明天皇が亡くなった。明治天皇の践祚《せんそ》と二条関白の摂政転任の後、朝廷は喪を発し、公式の政務は朝・幕とも停止した。しかし、裏面では政界は一挙に流動化した。孝明天皇の死は、勅勘を受けていた公卿の朝廷復帰、兵庫の開港、長州の赦免といった懸案を一気に解決する機会となった。徳川慶喜がこの機を捉えて徳川家と政府組織の抜本的改革に乗り出す一方、薩摩は長州の政界復帰をテコに政体自体の根本変革を狙い始めたのである。

徳川慶喜の幕府改革と対外主権の誇示

徳川慶喜は、宗家継続の直後から徳川将軍家の組織機能の強化に着手し、旗本の銃隊への再編成や下級幕臣の高官への登用などを始めた。さらに将軍職を受任した頃には西洋に対する外交も華々しく展開し始めた（慶喜公伝四）。まず行ったのは西洋外交団の謁見《えっけん》である。彼は自らが西洋式の主権者となることを理想とし、その条件の一つである外交権の一手掌握を狙った。その第一歩は西洋の駐日代表から信任状の捧呈《ほうてい》を受けることであった。彼は同時に、西洋側が求めて止まない兵庫の開港を実現しようとしたが、彼が以後この問題を最優先に行動した目的は、条約上の義務を履行するに留まらず、自らを主権者の地位に近づけることがあった。

慶喜が動き出したのは将軍宣下の直前である。西洋各国の外交団に対し大坂城で拝謁式を行うことを通告した（佐野二〇一六）。将軍が代替わりしたため、外交団側も信任状の再捧呈を必要としていた。孝明天皇の喪に入ったため実施は遅れたが、翌慶応三年三月二十八日と四月一日にイギリス公使ハリー・パークスをはじめ四国公使が順次登城して盛大に拝謁と饗宴《きょうえん》が行われた。

この将軍拝謁は、アメリカのハリスが安政四（一八五七）年に初めて江戸城に登って以来、文久年間（一八六一―六四年）までに練り上げられてきた儀式に大幅な変更を加えたものであった。西洋諸国は東アジアの国々との外交開始以来、外交儀礼における地位問題に悩まされ続けてきた。西洋の主権国家の間では、接受国の君主と外交使臣が対等な儀礼を交わすのが慣習であったが、ここ東アジアでは、清朝が三跪九叩《さんききゅうこう》の礼を強いただけでなく、日本も使臣に臣従の礼を取らせようとした。ハリスは再三にわたって対等な儀礼を要求し、実現に成功したと信じたが、その扱いは朝鮮通信使のそれを下回るものであった。日本が対等な国交を結んでいた唯一の国、朝鮮の通信使は江戸城大広間の中段まで迎えられていたが、ハリスを始めとする西洋公使たちは下段での謁見に留まったのである。

これに対し、慶喜は拝謁の儀式を対等に近づけ、かつ謁見後に盛大な饗宴を催して自らもてなした。西洋的儀礼を大幅に取り入れ、使臣たちにフランス料理を用意して、その席に自ら出席してにこやかに乾杯の音頭を取る姿は、西洋外交団に心地よい驚きを与えた。幕府の閉鎖政策や優柔不断に愛想をつかしていたパークスでさえ幕府への評価を一変させている。この成功は慶喜自身に大きな自信をもたらすことになった。

慶喜は一連の拝謁式に兵庫の開港というお土産を添えようとした。これが解決すれば、幕末に深刻な混乱をもたらした外交問題に最終的な解決をもたらし、慶喜の対外的主権者としての地位は確立するはずであった。彼は慶応三年二月十八日、諸大名に対して、兵庫開港の勅許を得たいとの意思を示し、書面で意見を具申するように求めた。期限は西洋外交団の謁見の前としている。しかし、慶喜は、大名の答申が集まる前、三月五日に朝廷に対して勅許を奏請し、外交団の謁見に際しては口頭でこれを約束した。これは、一年半前と同じく、外交問題を種に大名の政権参加を実現しようと画策していた薩摩、とくに大久保利通にとって、大きな打撃となった。

公議派四侯の上京と政体一新

これより先、薩摩の京都藩邸（小松、大久保、西郷）は、慶応三年二月上旬、公議派大名に上京を求めることを決定し、国元に西郷を帰して久光の上京を要請し、その帰途に土佐の山内容《よう》堂《どう》・宇和島の伊達宗城を訪ねて同時上京を促すことにし、さらに越前の松平春嶽にも使者を派遣した（続再夢六、一〇七―一〇八頁）。三侯は直ちにこれに応じ、元治元（一八六四）年以来、三年ぶりに初夏の京都に集結した。以前と異なって朝命による上京ではない。この事実は彼ら自身が強い政治的決意を持って上京したことを示している。この動きに対し徳川慶喜は三月末、朝廷に働きかけて大大名二十五家に上京するよう命じている。これまた一年半前と同じく、公議派大名四家を牽制するために相違ない。選んだ大名は前年冬に将軍推戴を狙ったときとは異なって、地理的に全国を網羅していた。しかし召命を受けた大名は出京に消極的で、国元で中央政局の観望を続けた。そのため慶喜はほかならぬ四家を逆手に使い、朝廷に兵庫開港を承諾させる手段にしようと図った。

四侯上京の目的は将軍と異なって、政体の一新であった。薩摩の大久保利通は四月、久光への上書で朝廷での人材精選と長州の赦免を主張し、さらに、将軍が大名の意見を諮問しながら中途で西洋諸国に兵庫開港を約束した不実を根拠として、「征夷将軍職を奪《うばい》、削封の上、諸侯の列に召《めし》加」えるべしと建言した（大久保文書一、四六八―四七一頁）。薩摩の主張は、朝幕に大大名の政権参加を求めるものから、幕府を全否定するものに飛躍したのである。

この夏は大大名の政権参加を政治交渉のみによって実現する最後の機会となった。自分たちがいま天下の分け目、治・乱の境い目に立会っているとの自覚は徳川の側にもあった。慶喜の懐《ふところ》刀《がたな》・原市之進《いちのしん》は越前の中根雪江《ゆきえ》との対話で日本史の様々なエピソードを回顧したが、その中で、「御当代は既に二百年に及べり。最早革命の時至れり。中興の政なかるべからず」と発言している（続再夢六、一八七頁）。大変革を行うべき点で慶喜と公議派は一致していたが、誰が主導すべきか、何が急務なのかでは厳しく対立していた。彼らは激しい政治交渉を展開した末、妥協に失敗し、薩摩は結局、武力の動員と威嚇による解決を選択することになる。

四　公議派四侯と将軍慶喜

公議派四侯の長州赦免先議論

慶応三年五月一日に土佐の容堂が着京すると、四侯は度々会議を開いた。まず問題となったのは朝廷の人事である。四月中旬に朝廷では、尊攘志士の脅迫を受けて議奏三名と武家伝奏一名が免職されるという椿事《ちんじ》が発生していた。後任は朝廷首脳に親幕派を確保したい将軍と長州復権に道を付けたい公議派大名の綱引きとなった。薩摩は前年に列参を主導した中御門・大原を議奏に任命するよう主張したが、摂政二条斉敬はこれに困惑した。容堂を除く久光・春嶽・宗城が十日に二条摂政邸に参向したとき、摂政は薩摩の推す中御門・大原ら攘夷派を退ける口実として「先帝の叡慮《えいりょ》」を挙げたが、久光はそれなら慶喜が望んでいる兵庫の開港も拒むのかとねじ返した。春嶽と宗城が取りなし、摂政が、親長州ながら穏和な正親町三条実愛と中立的な長谷信篤《ながたにのぶあつ》の議奏任用を受け入れてことは収まった。明治幼帝の朝廷首脳は、勅勘を解かれて復帰してきた攘夷派公卿を将軍慶喜に頼って押さえようとしたのであるが、その実は久光の言い返した通り、兵庫開港を受け入れる勇気はなかったのである。摂政だけでなく、薩摩と累代関係の深かった近衛家も、大久保の執拗な入説に対して「朝憲を立《たつ》るを名として却《かえっ》て朝憲を乱す」とこぼしている（前掲、二二四頁）。朝廷首脳は現状維持以外にすべを知らず、そのために以後、将軍と薩摩と双方から見放されることになる。老中板倉勝静《かつきよ》は摂政を慶喜に差替えることを思いついたが、慶喜は別の抜本的構想があったためか、関心を示さなかった（前掲、三五七頁）。

さて、四侯は五月十四日、慶喜が政務を執る二条城に揃って登城した。入京から日が経った理由は一つには久光が将軍への正式拝謁を好まなかったことにある。表向きには初めてのことで儀礼も知らず式服もないと語ったが、「上様の御前に於て両手を突き居る事は如何《いか》にも苦労堪えがたし」というのが本音だった（前掲、二二二―二二三頁）。彼は江戸城に登った経験がなく、そのために余計、徳川将軍に遠く離れた畳で平伏し、顔も見ずに言葉を交すような儀礼に堪えがたかったのであろう。ともかく、四人は連れだって登城した。将軍としての慶喜への初対面の挨拶が終わった後、兵庫開港と長州問題のいずれを先議すべきかで、将軍と久光の間に意見の食い違いがあることが判明した。慶喜の望む兵庫開港は四侯のいずれも賛成であったが、久光は長州問題こそ天下の秩序を再建する鍵だとして、その先議を主張し、越前の春嶽が賛同したのである。しかしながら、この度は初対面を無事に終えるのが主眼だったので、それ以上は議論せず、次回登《と》営《えい》の際に四侯が兵庫問題について回答すると合意して散会した。

薩摩の言う長州の先議とは、長州の復権である。もはや削封は求めず、毛利敬親《たかちか》・元徳《もとのり》父子の官位は復旧して家督は元徳に譲るべしとしていた（前掲、二四四頁）。その後については、四侯の会議では議論されなかったが、西郷が久光に献じた上書によると、長州の名誉回復の後には京都政界への復帰が計画されていた（玉里五、二〇〇頁）。長州問題が先議されて復権が決まれば、将軍の面前にいずれ長州藩主が現われ、さらに大名会議が開かれればこれにも出席するはずであった。将軍慶喜とすれば堪えがたい事態であっただろう。このような見通しの下、四侯は集会して長州先議について同意した。しかし、土佐の容堂は薩摩が狙う長州の全面参加には実は反対であり、将軍を擁護するため、裏面で幕閣や春嶽と連絡を取りつつ挽回の策を講じた。強硬論の張本《ちょうほん》で議論に強い大久保を排除するため、陪臣《ばいしん》一般を重要な会議から外そうと提案している。将軍が摂政邸に入り、議奏・武家伝奏ら朝廷首脳とともに協議する場を設け、そこに四侯が家臣を連れずに参上して、重要事項を決めてしまおうというのであった（続再夢六、二四二頁、二五七頁、二六三頁、二七五頁）。

病気の容堂を除く三侯は五月十九日に再登営し、将軍と討論したが、ここで島津久光・伊達宗城の長州先議論と将軍の兵庫先議論が再び対立した。兵庫に関する慶喜の失策・欺瞞《ぎまん》を捉えて議論は白熱したが、タイミングを見て春嶽が中に入り、長州と兵庫の同時裁定を提案すると、出席者は皆賛同し、一同で将軍・老中と共に摂政邸を訪問することも決まった（前掲、二五八―二六三頁）。会議の場は後に御所に変えられている。これに対し大久保利通と小松帯刀は巻返しを図った。越前と宇和島の宿舎を訪問し、幕府の反正が第一であり、それを形にするためまず長州の処置を決めるべしという。すなわち寛大という原則からさらに進んで、長州父子の官位復旧を始めとする具体的な措置まで上申すべきであり、兵庫問題はその決着後に回すべきだと主張したのである。春嶽と宗城はこれを聞くと賛成に傾き、参内による決着は無理と判断して、一旦は摂政に断りを入れている。これに対し、老中板倉勝静は春嶽に、ただ一人でも参内して朝議に与るよう懇請した。徳川一門の春嶽は断り切れず、再び態度を変えて参内を決めた。

将軍慶喜の朝議勝利

こうして五月二十三日、御所の虎の間で朝議が始まった（前掲、二九〇頁以下）。将軍が一通り経緯を説明した後、春嶽は長州復権を兵庫開港に先議すべしとの四侯一同の申し合わせを紹介し、その上で二件を同時に裁定すべしとの私見の両論を述べた。これに対し、公卿たちはかねての意見通り長州先議を妥当と議論したが、将軍がこれを押返したため紛糾し、一旦休憩に入った。公卿はその間、別の間で議論したが、二条摂政は結局、春嶽の意見を採用して、長州への寛大措置と兵庫の開港を同時に行うという勅裁を得た。ところが、朝議を再開して発令の方法に話題が転ずると、また議論が蒸返され、朝議は徹夜に及んだ。深夜から早朝にかけて三度会議したものの決着はみず、朝が来ると一般の公家たちも押しかけたため、摂政は結局、公卿の総参内を命ずるはめに陥った。すでに勅裁は得ていたにもかかわらず、参内してきた公家たちはそれぞれに強硬論を吐き、中には勅命の発布を延期し、会議は散会せよと述べる者まで現れた。摂政は優柔不断をきわめたが、ある公家が、もしこれを決めなかったら将軍は辞職を申し出るはずだが、それで良いのかと発言すると、ようやく公卿たちの興奮は沈静した。結局、勅命をそのまま発することに決まったのである。この徹夜の会議は、一年半前の条約勅許の際と同じく、慶喜の粘り勝ちに終った。

この結果を聴いた小松や大久保は再び巻返し工作に出た。勅書に言う「寛大の処置」は四侯が建言した具体的な処置とは異なるとして、四侯連署の書面でこれを朝廷に訴えた。また、長州の処置に関して幕府側は条件をつけ、長州側に嘆願書を出すことを義務づけようとした。しかし、薩摩は第一回目の征討の際に謝罪はもはや済んでいるから赦免を嘆願する必要はないと反対した。宗城も春嶽もこれを支持している。また、勅命の長州への伝達を期待された広島藩も、嘆願を長州が受入れるはずがないとして伝達を断った。山内容堂をのぞき、彼らは長州の即時復権を訴え続けたが、しかし、将軍はこれを頑《がん》として聴かなかった。

幕府側から見ると、四侯たちの議論は、禁門の変における長州の罪を無視し、再征に踏切った幕府の過誤のみを問題としてその「反正」を求める、不公平な要求であった。かつ、徳川慶喜は、四侯を兵庫問題の解決手段以上の存在とは認めず、とくに大久保ら反幕急進派の大名家臣の介入を極端に嫌った。四侯の圧力をかわすため、裏面で容堂に協力を頼んでいたが、それだけでなく、従来、幕末政界から距離をおいていた佐賀の鍋島斉正《なべしまなりまさ》を上京させるように工作してもいる。慶喜は三たび大大名と大大名の競争心を煽《あお》り、操縦しようと図ったのである。

しかし、彼の強硬な態度は、それだけでは説明できないように思われる。彼は歴代の将軍と異なって、自らの能力を自負し、実際に問題すべてを自ら裁量していた。西洋の強い圧力にさらされている日本に新たな秩序を築くヴィジョンと能力を持つものは自分しかいない。反抗した長州は無論、薩摩やそれに同調する越前や宇和島の大名にも、この大事業を遂行する能力はない。そう信じていたはずである。彼は元治元年春と慶応元（一八六五）年初冬に続き、またしても朝議に勝利を収めた。しかし、この宮廷政治に敗れた薩摩がどう出るか、彼には見えていなかったのである。

第十章

維新：「王政」・「公議」政体へ（二）

――武力の動員と政策・提携関係の激変

概観：公武合体以来の提携・対抗関係の激変

慶応三（一八六七）年五月下旬、薩摩は政治交渉を断念し、基本方針を武力動員による政体一新に転換した。長州とともに兵を京坂に送り、これを背景に徳川の覇権を奪って、天皇の直下に新たな政府を創る方針に転じたのである。

その一カ月後、それまで将軍権力の擁護に尽力してきた土佐は、王政復古を前提とする政体一新の構想を提案した。ごく短期の間に主要なプレーヤーが基本政策を転換し、それに伴って、元

表10-1　慶応３年前後の提携・対抗関係の変化

⓪公武合体体制：体制成立から慶応３年四侯会議まで（1864-67）			
長	薩　越　宇　土	慶喜　会　桑	幕閣　（旗本）
①第１の変化：兵庫開港決定から大政奉還まで（1867. 5-67. 12）			
長　薩　芸	越　宇　土　尾	慶喜　会　桑　（旗本）	
②第２の変化：大政奉還後、王政復古から鳥羽伏見まで（1867. 12-68. 1）			
長　薩　芸	越　宇　土　尾 慶喜　桑	会　旗本	
③第３の変化：鳥羽伏見後（1868. 1-）			
長　薩　芸　越　宇　土　尾 西国大名		会　桑　旗本 東北大名	

治元（一八六四）年以来の政治的提携・対抗の関係が激変し始めたのである。それは幕末の動乱が始まった安政五（一八五八）年に匹敵するほどの急激な変化であった。

これを図示すると次の通りである（表10-1）。もはや個々の争点は後景に退き、政体転換をめぐる赤裸々な権力闘争が主題となった。どんな政体を、どんな手段で創るのか、とくに誰が主導すべきかという関心が政治の場を支配するようになったのである。

元治元年春に公武合体の体制が成立し、長州が武力による京都奪回に失敗した後、政界は孝明天皇の下に、賀陽宮《かやのみや》朝彦《あさひこ》親王・関白二条斉敬《なりゆき》と一・会・桑を核に構成された。この合体体制は一方で江戸幕閣との軋轢《あつれき》を抱えながら、他方では長州による敵対に直面し、さらに合体体制から排除した薩摩島津久《ひさ》光《みつ》・越前松平春嶽《しゅんがく》ら公議派の大名による掣肘《せいちゅう》も受けていた（⓪）。薩・越は機会あるごとに公議政体の樹立を狙って一橋慶喜に働きかけたが、ことごとに失敗した。長州戦争における幕府の敗退、そして孝明天皇の死後、薩・越・宇・土は最後に残った外交問題を長州復権と結合して慶喜に譲歩を迫ったが、慶喜はこれを頑強に拒んだのである。

この時、薩摩は長州との軍事同盟に踏切り、これに芸州（広島）も加盟させた。「公議」政体の樹立は年来の目標であったが、その手段に武力を使うことを決断したのである。他方、従来は公議運動に消極的だった土佐は「公議」政体の首唱者に豹変した。王政復古後に実現すべき政体の具体像を提示し、それによって政体移行を平和裏に行おうと主張し始めたのである。越前は無論、徳川三家の雄、尾張もこの陣営に参加した。これが第一の変化である（①）。

これに対し、徳川慶喜は政権返上を受入れ、桑名とともに公議政体の樹立を模索し始めた。第二の変化である（②）。薩摩が公議政体を目指すことには変わりがなかったから、公議派はこの時点で政界の多数派を構成した。彼らが目ざしていたのは、王政復古により政権のありかを一元化し、政府を大大名連合により構成しつつ、その首班に徳川慶喜を据えることであった。この権力政策の変化は徳川が元治元年以来、京都の治安を委任し、深い提携関係にあった会津と手を切ることも伴った。

これに対し、薩・長は別の形の王政復古を目ざした。まず徳川を新政府から排除し、それを起点としてよりラディカルな政体一新を狙ったのである。薩・長のトップ・リーダーたちは当時すでに、大名連合を越える次の課題を考えていた。廃藩による中央集権化と脱身分化に一歩を踏出すことである。この二者の競争は、薩摩による親徳川大名の協力を得た王政復古クーデタ、徳川慶喜の新政府加入の内定、会・桑・旗本による京都の武力奪回の試みといった変転の末に、鳥羽伏見における薩・長の勝利と慶喜の逃亡によって決着がついた。第三の変化である（③）。慶喜が政界から退場する一方、新政府は薩・長の主導下に置かれ、公議派の大名はこれに残留しつつ公議の制度化を通じて薩・長に対抗する道を探り始めた。他方、それまで傍観を決め込んでいた諸大名は、慶喜の追討が布告されると、新政府に追従《ついじゅう》するか否かを選択せざるを得なくなった。その時、箱根以西の大名は新政府に雷同《らいどう》し、東北の大名は一旦は会津と運命を共にする道を選ぶことになったのである。

一　薩摩と土佐の政策転換——武力動員と新政体構想

薩摩の武力動員策への転換

慶応三年五月二十五日、兵庫開港と長州問題について将軍が政治的勝利を収めた翌日、在京の薩摩幹部は会議を開き、「長と共に事を挙ぐる」ことを決めた（芳二〇〇二）。家老小松帯刀《たてわき》の主催下に、大目付関山糺《ただす》、西郷隆盛・大久保利通を含む側役《そばやく》五名、および留守居《るすい》二名は、大久保の表現では、「此上《このうえ》は兵力を備《そなえ》、声援を張《はり》、御決策の色を被顕《あらわせられ》」、朝廷に尽すと決め、長州へ使者を立てることにしたのである（玉里五、二〇九頁）。この計画は後日、国父久光に報告され、承認を得た。久光は六月十八日に鹿児島にいた藩主忠義に書翰を発し、四侯会議の失敗に鑑みると「幕府之意底、……是非私権を張り、暴威を以《もって》正義之藩と雖《いえども》圧伏せしむるの所為顕然」で、「皇国の大事去り、終《つい》に幕府、朝廷を掌握」するおそれがある、これを防ぐには、「今一層非常の尽力にて兵備を盛《さかん》にし、声援を張り、決策の色を顕《あらわ》し、朝廷を奉護」せねばならず、そのため長州に使者を差立てる。ついては兼ねて考えていたように忠義自ら率兵《そっぺい》上京に踏切り、その第一段としてまず一大隊を上京させてほしいと書いている（玉里補遺二、七四〇頁）。前々日の六月十六日、彼は薩摩藩邸に来ていた長州の品川弥二郎《やじろう》と山県有朋《やまがたありとも》を引見し、帰国して毛利敬親《たかちか》・元徳《もとのり》父子にこの意向を伝えてほしいと依頼して、山県に六連発ピストルを授けた。

しかしこれは武力討幕を目ざしたものではなかった。その目的は文久二（一八六二）年を上回る大軍を京都に送込《おくりこ》み、その威力を背景に王政復古への道を開くことにあった。直ちに武力を行使するわけではないのである。もし武力行使の意図が表に出ていたら久光は拒否したことであろう。京都藩邸の中でも力点に差異があった。西郷は武力行使を重んじてその意図を漏《もら》していたが、小松らは圧力強化による幕府の譲歩という筋道を視野に入れていたようである。たとえ長州が薩摩と軍事同盟に踏切ったとしても、二藩だけで徳川と会・桑、親藩・譜代の軍事力を圧倒することは無理である。禁門の変の長州の二の舞になりかねない。有力大名の一部を味方に付け、さらに残りの大名の追随を誘うことが必須の課題だったのである。木戸孝允《たかよし》が「此《この》芝居に付《つい》ては……役に立ち候ものは御引込被為在度《おひきこみあらせらあれたし》」と述べたように、この戦略は長州首脳にも共有されていた（末松一九二一、一一六八頁）。局面の打開には武力（による威嚇）が必要だが、二百数十の大名からなる連邦国家で新たな体制を創出するには、武力だけでは不十分で、諸大名への多数派工作が不可欠だったのである。

土佐の公議政体論への豹変

このとき、土佐の大転換が薩摩を助けた。六月十三日、長崎にいた土佐の参政、後藤象二郎《しょうじろう》が入京した。彼は長崎で、来たるべき政体の核に議会を据えるというアイデアを聞込み、上京中に同船した坂本龍馬《りょうま》と議論を重ねていた。着京後、薩摩が長州との同盟・挙兵を決議したと聞くと、内乱勃発を防ごうと奮闘を始めた。議会を核とする新政体構想を提示しつつ、京都土佐藩邸の重役、さらに薩摩の説得に取りかかったのである。

その骨子は、日本が「万国に臨んで恥じ」ぬことを究極目標に「政権一君に帰す」ことを「大条理」とし、「制度一新、政権朝に帰し、諸侯会議・人民共和」の体制を創出するというものであった。別に京都藩邸が用意した文書を参照すると、四藩が幕府と議論してきた長州復権・兵庫開港・五卿帰京などの争点を「小条理」にこだわるものとする一方、薩・長の挙兵計画は「私闘」との批判を免れず、一旦開戦すれば外夷に侵略の機会を与えると批判し、いま一、二の藩だけがいきり立ち、他の諸藩が傍観を決め込んでいるのは、いずれの大名も十分な「条理」を持たないからだと述べている（寺村、四七六頁以下）。

これは土佐にとっては基本政策の大転換であった。事実上の君主山内容堂《やまうちようどう》は元治元年もこの年も幕府権力の擁護に努めてきた。安政五年の一橋慶喜擁立運動に加わって処罰されたため、同じ悲運に見舞われた越前・宇和島・薩摩と同様に特別な存在、「名賢侯」と見なされ、文久二年以後、しばしば彼らの会合に加わってきたが、幕府に対して政権分与を求める「公議」の主張には冷淡で、「名賢侯」と幕府の権力闘争が厳しくなると、いち早く離京するのが常であった。その有力な家臣が、今度は王政復古、さらに議会開設という、「公議」の制度化の主唱者として立ち現れたのである。後藤は六月二十二日に薩摩とこれを具体化した盟約を結び（薩土盟約）、芸州も仲間に巻込んだ上で、容堂の承認を得るために七月四日に離京した。他の三侯は自らの経験に鑑みて容堂がこれを認めるか否か懐疑的だったが、実際には容堂は直ちに承認している。

他方、薩摩側は後藤の申込みを好意を以て受止めた。武力発動策を宣伝していた西郷ですら、長州の山県や品川に対し「渡りに船」と述べている（西郷二、二一八頁）。四藩が幕府に対して展開した論争は確かに「小条理」に過ぎず、迫力がなかった。これに対し、後藤の提案は新政体の構成に関わる「大条理」であった。土佐の意図は内乱回避にあったが、その実現には薩摩が考えていたように武力による威嚇を使っても構わない。それまで薩摩には、王政に復古し、徳川を一大名に引下げるという程度の構想しかなかったが、いよいよ王政復古に着手するとなると、日本全国から熱烈な支持を獲得するに足るヴィジョンが必要になった。実は、信州上田松平家の出身で薩摩に兵学教授として招かれていた赤松小三郎《あかまつこさぶろう》は五月に、「天幕御合体・諸藩一和」のために天皇の下に六人の宰相《さいしょう》からなる政府を設け、別に二院制の「議政局」を立てることを構想しており、越前と薩摩に建言していた（続再夢六、二四五頁。玉里五、一九四頁）。その直後、彼は薩摩人桐野利秋《きりのとしあき》により暗殺されている。

後藤の提案は内容は赤松のものと大同小異だったが、しかし薩摩にはより重視すべき理由があった。久光は武力発動に消極的であり、国元では忠義の率兵上京についても強い反対論があった。また、親徳川の土佐が王政復古に踏切るのは潜在的な敵が味方に転ずることであり、その兵力も魅力的であった。四侯のうち、宇和島は小藩であり兵力面では期待できなかった。越前も、徳川親藩という門地や人材は使えるが、軍事面ではあてにならない。土佐が率兵上京し、長州・芸州と合するならば、徳川方に対してかなりの圧力となるはずであった。このためか、久光は六月二十七日の茂久あて書翰で、「此《この》策断然相行《あいおこなわ》れ候得ば、実に皇国挽回の基本とも相成可申哉《あいなりもうすべくや》」と大いに期待を寄せている（玉里補遺二、七四二頁）。

二　政権返上運動と挙兵策の相乗的展開

三藩主の長州復権周旋の断念

しかしながら、後藤象二郎はなかなか京都に戻ってこなかった。長崎でイギリス人殺害事件が発生したとき、その嫌疑が土佐人にかかり、イギリス公使パークスが自ら土佐を訪ねるという騒ぎに拡大して、その解決に手間取ったためである。後藤が大坂に現れたのは慶応三年九月始めのことで、京都を出発してから二カ月も経っていた。

この間、島津久光は依然、伊達宗城や松平春嶽とともに長州復権に努力していた。三藩共同で復権の具体的手順を踏むよう幕府に求めたが、埒《らち》は明きそうになかった。将軍と老中板倉勝静《かつきよ》、若年寄永井尚志《なおゆき》は、長州問題について別の道を模索していた。長州側の謝罪を不可欠の条件と考えて、仲介を期待する芸州の世子《せいし》を呼びよせたり、尾張徳川慶勝《よしかつ》の同調に期待したり、佐賀の鍋《なべ》島直正《しまなおまさ》の上京を求めたりしたのである。閑叟は安政五年政変に際して井伊大老の味方をしたため「名賢侯」たちから疎んじられ、財政・軍事上の実力を有しながら中央政局への関与は避け続けてきた。幕府が目前の四藩ないし三藩の牽制に使うには絶好の存在だったのである。しかし、長州の事情を熟知する芸州は周旋に頗《すこぶ》る難色を示し、尾張慶勝の使臣は長州の寛典を主張して幕議に添わず、閑叟さえも寛典を主張した後、直ちに離京した。幕府は尾張以西の有力大名からことごとく見放されたのである。

京都ではまた、幕府が海陸軍の強化に努め、近々一万の兵を呼寄せて四藩を追払い、朝廷を圧伏しようと狙っているとの噂が拡がった（伊達日記、五六〇頁、五六七―五六八頁）。あるいはそうした考えを口にする幕臣もいたかも知れない。慶喜自身は一、二カ月ほど江戸に戻ろうと考慮していた（前掲、五六四頁）。実現はしなかったが、直接に組織改革を指揮し、大奥にも挨拶して幕府内の支持を固めようとしたのではないだろうか。孤立を深めると、人はむき出しの力に頼ろうとしがちである。しかしながら、さすがに世論の動向は無視できず、彼は七月二十三日、朝旨を受けて、長州に対し末家・吉川経幹《きっかわつねまさ》および家老一人を大坂に出すように命じた。寛典への道だと説明したが、復権の段取りをまず長州父子の官位復旧から始めよと主張していた三藩が満足できなかったのは言うまでもない。

しかしながら、三藩主は次々に離京していった。越前春嶽は八月六日、宇和島宗城は同十八日、京を後にした。久光は彼らに滞京を望んだが、春嶽・宗城に滞在費を支出し続ける気力はなくなっていた。後藤が早く帰ってくれれば別の局面が展開したはずであるが、彼らの容堂への期待は低く、他に目ぼしい手立てもなかったのである。久光自身も脚気《かっけ》が重体化したため八月十五日に大坂に下った。ここで転地療養に努めたが、国元から家老島津備後《びんご》に率いられた一大隊が到着したのを機に、これと交代する形で九月十五日、鹿児島に旅立った。久光が一カ月も大坂に居続けたのは責任感の故であろう。とくに後藤象二郎の再訪は待遠しかったに違いない。容堂が王政復古に加担すれば、平和裏に政体移行が可能となるはずだったからである。しかし、彼の在京在坂の家臣たちは後藤の大坂到着を知らせないまま帰国させたのである。

薩摩の挙兵踏み込みと土佐の政権奉還運動

その一方で、薩摩の在京幹部は、空白の二カ月の間に武力挙兵論に傾いていった。八月中旬、長州から連絡役として君側の柏村数馬《かしわむらかずま》と御堀《みほり》耕助が入京した。彼らは十四日に小松帯刀の旅宿で西郷・大久保を交えつつ会談したが、その席で薩摩側は「最早《もはや》人事は尽《つき》候。此《この》上は兵力を以て模様を付替《つけかえ》る外はないと明言し、具体的な挙兵計画を示した（末松一九二一、一一五四頁）。その骨子は、①京都・大坂・江戸で同時に兵を挙げる。②京都では、在京の兵一千人を三分して、一つは御所の守衛、一つは会津邸の急襲、一つは幕府屯所《とんしょ》の焼討ちに当てる。③国元から上《のぼ》せた三千の兵で大坂城を襲い、幕府軍艦を破砕する。④江戸の定府一千に浪士を併せた勢力で甲府城に立てこもり、幕兵の西上を押える。これは薩摩単独の挙兵計画であって、内乱を起すことはできても、幕府を打倒し、新政権を樹立するのは無理だったはずである。「弊藩に於て討幕は不仕《つかまつらず》」、「弊国斃《たおれ》候時は又跡を継《つぎ》候藩も可有之《これあるべし》」と述べているように、状況の打開が目的で、成否は度外視している。

この政治的意味は長州に具体的な挙兵案を提示し、その同盟意志を確かめることにあったと思われる。柏村らはこの提案に対し、天皇の動座（御所・京都からの脱出）や宮門の確保について問返している。ただの連絡役のはずであったが、薩摩側はこれで長州が共同挙兵に乗気なことを確認したことだろう。この日は久光が離京する直前であった。長州側は久光への面会を求めたが、薩摩側は久光の病状悪化を理由に拒んでいる。家近良樹氏によると、重体だったのは確かだが、小松らは久光にまだ挙兵計画を明かしておらず、薩摩側の不一致が露呈することを回避する意味もあったという（家近二〇一一）。

その結果、九月初旬に後藤象二郎がようやく帰着したとき、薩摩側は薩土盟約を解約しようと申込み、以後互いに我が道を行くことを確認した（以下、寺村）。後藤が君側の寺村左膳とともに大坂に着いたのは九月三日、早速大坂にいた西郷に面会を申込んだところ、西郷はまず土佐の出兵如何を尋ねた。土佐側は容堂の意向に従って未だ出兵せずと答え、土佐の国論と定めた「大条理」の将軍への建白に同意を求めた。この時、西郷は返事を避けている。九月七日に後藤を京都の小松邸に招き、小松・西郷・大久保が会談したが、薩摩側は「兵力を以尽力《もってちからをつくす》」と決めたゆえ先の薩土盟約を解約したいと申込んだ。後藤は彼らの挙兵論に反対し、どこまでも建白により大条理を貫徹すべしと主張して譲らなかったが、九月十日に再度会談した際には、両者は挙兵と建白と別の道を行きはするが、互いに妨害はしないことを確認して折合った。薩摩側はその後も進行状況を知らせている。挙兵誘引のため大久保を長州に派遣すること、久光に挙兵を承認してもらうため小松を大坂に派遣すること、さらに久光が全権を家老島津備後と重臣に委任したことを伝えたのである。

ここから分るのは、当時、薩摩側が土佐の軍事力に期待していたことである。当時、土佐の京都藩邸では上京した板垣退助《たいすけ》を中心に挙兵加担論が大勢を占めつつあった（寺村、四九二頁）。しかし、後藤は容堂の意向を体《たい》してこれを抑え、将軍説得に賭けると明言した。このため薩摩は土佐に挙兵への協力を期待できなくなった。後藤が最初に入京した六月中旬以来、彼に対応していたのは小松と西郷であり、うち西郷は当初は大乗気だったものの、後藤の帰京が遅れると熱が冷めていったようである。一方、大久保の日記には後藤の動きが出てこない。大久保は再三再四、慶喜に政体一新への働きかけを阻まれてきた。慶喜に対し強烈な不信感を持っていて不思議でない。言論を以てしては慶喜の壁は破れない、島津家滅亡のリスクを冒《おか》してでも武力発動が不可欠だと確信したものと思われる。かねて長州に予告していた西郷に代り、挙兵の盟約を結ぶために長州に向ったのは大久保であった。

薩・長の挙兵盟約

九月十五日、久光が国元に旅だったと同じ日、大久保は別船で長州に向った。同十八日に山口で毛利敬親・元徳父子に対面し、「京師《けいし》（京都）之儀は一藩に引受《ひきうけ》」る決意を述べ、その上で長州末家等の大坂への召命を利用して長州が兵を送り、薩摩に加勢することを依頼し、父子の嘉納《かのう》を得た。この時、同席した木戸は繰返し計画の細部を質《ただ》している。禁門の変と長州戦争と二度存亡の危険を冒した長州はもはや失敗を許されない立場にあった。木戸と毛利元徳が特に気にしたのは幕府側に「玉《ぎょく》を被奪《うばわれ》」ないようにすることであった。戦を起しても勝利できるとは限らない。一旦は敗勢になっても、天皇の身柄を手中にすれば正当性を確保し、戦争を続けられるはずである。木戸の問いに大久保は、最初は天皇の動座先を大坂と答えたものの、問詰められて「勤王列藩之内、可然《しかるべき》地形相当之処」と答え直した（大久保日記一、三九一頁以下）。薩摩側が挙兵失敗の場合の見込みを立てていなかったのに対し、長州は天皇を西国に落延びさせ、近隣の大名を糾合して再び京都を目ざすというシナリオを考えており、これを付加させたのである。近くは禁門の変後の七卿都落ち、遠くは南北朝の戦乱が想起されていたのであろう。

ただし、長州が挙兵一辺倒だったわけではない。木戸はこの会談以前に長崎に出かけて軍備の手当を行っていたが、その際に坂本龍馬に対し、「政権奉還のことは或は難《むずかし》からん。然《しか》れども其《その》意見十にして七八に達せば、其時の形勢に因《よつ》て彼の十段目、鉄砲演劇を為すの外なし」（末松前掲、一一六九頁）と述べている。薩・長とも、挙兵策と政権奉還策を排他的な策とは考えていなかった。徳川を追詰めた後、武力行使に踏切るか否かは状況次第と考えていたのである。

大久保は藩主父子への対面後、木戸らと細部を詰めた後、翌日、条約書を交わし、さらに芸州からの使者とも会って連携を確認した上で帰京した。この時、薩・長・芸の立てた出兵計画は、薩摩が国元からの軍艦二隻をまず長州の瀬戸内側の外港であった三田尻《みたじり》に寄せ、その上で薩兵を乗せた一隻が大坂へ先発し、翌日長州が薩摩から借りた一隻に長州兵を載せ、芸州の船とともに西宮《にしのみや》に向う、その上で大坂入市の見込みが立ったら、京・大坂で同時決起するという段取りであった。期限は九月末まで、それぞれの兵は薩摩と長州の家老が率い、京・大坂の一挙後は、薩摩と芸州の藩主が各々五百の兵を率いて加勢に向うはずであった（末松前掲、一一六〇頁）。

薩摩内部の対立と揺れ

しかし、大久保が九月二十三日に帰京したとき、京都では後藤の政権返上論に注目が集っていた。土佐の討幕論者は将軍への建白は挙兵寸前にすべしと主張してもめたが、同二十日に幕府若年寄の永井尚志が後藤を呼出して建白を促すと、藩論は建白提出に決着した。この結論を西郷に持込んだところ、西郷は建白書の内容には触れず、土佐が建白したら薩摩は直ちに決起するとねじ返した。そこで後藤は巻返し工作に一層の熱を入れ、それによって薩摩藩邸は動揺を始めた。高崎正風《まさかぜ》らは挙兵反対を唱え、大目付町田久成《ひさなり》もこれに同調したため、上京した家老島津備後と小松は建白容認論に変ったのである。その結果、小松は十月二日、薩摩は建白に同意する旨、土佐に通達した。その間、土佐は芸州の辻将曹《しょうそう》も仲間に引入れている。そのような下地を作った上で、土佐は三日に老中板倉勝静、四日に摂政二条斉敬《なりゆき》に政権返上の建白を提出した（寺村、四八三頁以下）。

しかし、薩摩はこれで挙兵を断念したわけではない。従来の経験に依れば、慶喜が政権返上に踏切るか否かは疑わしく、たとえそう決断したとしても徳川の権力は傷つかず、温存される可能性が高かった。そこで、西郷と大久保は、十月八日に芸州の辻や長州の広沢真臣《さねおみ》らを招いて会議し、三藩の総意を挙兵論に引戻した上で、その決議を中山忠能《ただやす》に伝え、中山に協力を約束させて、討幕の宣旨《せんじ》を下すことまで要請した（大久保日記一、三九八頁。大久保文書二、一一頁、一八頁）。ところが翌日、長州から出兵延期の知らせが到着した。約束の九月末を過ぎても薩摩艦が三田尻に現れないため、長州は共同出兵を一旦中止し、挙兵を延期して次の機会を待つと決めたのである。しかし、薩摩と長州の在京幹部はこれを計画全体を練直す絶好の機会とした。とくに薩摩は国元で挙兵反対論が巻き起っており、それが出兵を遅延させているとの知らせが伝わった（芳二〇〇二、家近二〇一一）。なかでも藩主忠義の弟島津図書《ずしょ》（久治《ひさはる》）は島津家の存亡を論じてやまず、帰国した久光は藩内の激論を鎮静させるため、九月二十八日、家老連名の諭書を発して「討幕之挙動相催《あいもよおす》」との噂を否定した（忠義四、四五八頁）。このままでは在京幹部が長州や公家に約束した挙兵計画は足下から崩れ去ることとなる。抜本的な対応が必要となった。

薩摩藩邸が出した答は、小松・西郷・大久保が揃って帰郷し、鹿児島の重役・藩士を説得した上で、久光か藩主忠義の率兵上京を決定することであった。大久保の日記と土佐側の記録を照合すると十月十一日、もし慶喜が土佐の建白を拒否したならば挙兵し、その際は土佐もこれに加担させるという策を立てている。この条件付きの建白容認なら長州と土佐の両方、さらに芸州も味方として確保できるはずであった。かつ、薩摩国元の説得には二つの手段を講じている。一つはいわゆる討幕の密勅である。彼らは岩倉具視《ともみ》を通じて正親町三条実愛《おおぎまちさんじょうさねなる》と中御門経之《なかみかどつねゆき》の手で、慶喜を罪深い「賊臣」として「殄戮《てんりく》」せよとの「詔書」を作らせた。同時に会津・桑名を「誅戮《ちゅうりく》」すべしとの書面も作っている。勅書は関白ないし摂政の手を経ねばならないはずであるが、署名者は中山忠能・正親町三条実愛・中御門経之の三名のみであり、署名は薩摩への書面は正親町三条、長州への書面へは中御門がまとめて行った。朝廷の慣例を知る者はこれが天皇の意思だとは信じなかったはずであり、事実、その存在は後世まで秘密に付された。しかし、この「密勅」は少なくとも公卿三人と岩倉が挙兵に加担している証明にはなったであろう。しかし、国元にとってそれ以上に説得力を持ったのは、慶喜が意外にも政権返上に踏切り、さらに後藤や小松ら大藩の在京幹部の進言を容れて、大名全員の上京を命じたことであった。挙兵のための上洛に異論はあっても、大名会議のために藩主が上洛することには反対できない。藩主自らが朝召に応じて大軍勢を率いて上洛する。小松・大久保・西郷にとって、これは挙兵に直結しない点で慎重論者を説得するに都合が良く、同時に徳川方への圧力として、さらに万一開戦となったら頼りがいある軍事力として使える策であった。

第十一章

維新：「王政」・「公議」政体へ（三）——二つの「王政復古」

一　徳川慶喜の政権返上

概観：王政復古の二つの道——徳川主導か徳川排除か

慶応三（一八六七）年十月十四日、将軍徳川慶喜は朝廷に対し、政権返上を申し出た。徳川将軍家が自ら王政復古の決断を下したのである。初夏以来膠着していた政局は一挙に動き始めた。徳川慶喜は天皇の直下に大大名の連合政権を組織し、自らその首班となって日本を強国とする道を探ろうと図った。この決断は政権返上を勧めた土佐や公議論の元祖越前だけでなく、徳川三家の筆頭尾張家の支持を得、慶喜は孤立を免れて、政局を主導する立場に復帰した。これに対し、薩摩は別のタイプの王政復古に突き進もうとした。まず徳川の権力に打撃を与え、それを弾みとして、次に廃藩による日本の完全統合も展望し始めたのである。このために薩摩は長州・芸州だけでなく、土佐も巻き込もうとした。いわゆる大政奉還から薩摩主導の王政復古クーデタを経て鳥羽伏見に至る中央政局は、両者の間の厳しく果敢な知恵比べによって彩られることとなった。両者は会津と長州の兵力を隔離して戦争の勃発を回避しつつ、諸大名の多数派を味方につけて、自らの将来像を実現しようと必死の鍔迫《つばぜ》り合いを始めたのである。

徳川慶喜の政権返上の上表はこう述べている。徳川家は天皇の恩顧の下に二百余年、政権を担ってきた、いま自分がその職を奉じているが、失政が少なからず、今日の形勢に立ち至った。薄徳の致すところで慚愧《ざんき》に堪えない。しかし、現在は「外国之交際日に盛《さかん》なるにより、愈《いよいよ》朝権一途《いっと》に出」ねばならない、よって「政権を朝廷に奉帰《かえしたてまつり》、広く天下之公議を尽《つく》し、聖断を仰ぎ、同心協力、共に皇国を保護」したい、諸侯へも意見を諮問中であると述べている（慶喜公伝史料三、一八三頁）。眼目は、従来二つあった日本の頭首を天皇に一本化すること、すなわち同時代の西洋の言葉では「主権」を確立して、対外的な体面を整え、内政の混乱も軽減して、「海外万国と並立」することにあった。

政権一元化の必要は幕末十年の政争を経験した人々が身に沁《し》みて感じていたことであろう。しかし、それを徳川の政権放棄を通じて実現することには不同意の人々が少なくなかった。王政復古後のヴィジョンをもつ人々にとっては、これは長年の雲霧を吹払う快挙であり、提案した土佐のみならず、徳川慶喜も在京薩摩藩士もそう感じていた。しかし、そうしたヴィジョンを持たない人々にとって、これは秩序の破壊以外の何物でもなく、彼らはその後の政治を単なる私的な権力闘争と見なした。それはやがて大きな攪乱《かくらん》要因となる。

政権奉還の実現と慶喜の意図

土佐の後藤象二郎《しょうじろう》や福岡孝悌《たかちか》は慶応三年十月三日の建白提出後、六日と七日に老中板倉勝静《かつきよ》に面会を求めた。二度とも断られ、ようやく八日になって面談がかなったが、板倉の応対は極めて冷淡だったので、あえて会津の幹部に対しても了解を働きかけている（寺村、四九四頁）。これに対し、若年寄永井尚志《なおゆき》は積極的にこれを迎えた。原市之進《いちのしん》が八月半ばに暗殺された後、慶喜の相談相手となり、政治工作を担っていたのは彼だったが、土佐の建白の噂を聞込んで、九月二十日に後藤を呼んで建白を促した。建白後、十月九日には幕議が建白採用に動き始めたことを後藤に内報し、その後も節目ごとに面会して相談している。

慶喜は十月十三日、二条城に十万石以上の大名の在京代表者を集め、政権返上の意向を伝えた（慶喜公伝史料三、一八四頁以下）。板倉から書付けを回覧したのち、希望者を残留させて慶喜から直接に説明を行うことにし、薩摩の小松帯刀《たてわき》、土佐の後藤、芸州の辻将曹《しょうそう》の三人に会った後、備前岡山と宇和島の代表者も引見している。この時、小松らは英断を称えた上で、朝廷への速やかな奏聞《そうもん》と全大名の招集とを提案し、朝廷が政権返上を認めるよう脇から働きかけると約束した。その結果、朝廷は上表の翌十五日、建白を受納し、大名全員に対して上京を命じた。将来の根本方針は大名の「公議」により定めるが、当面は、大事件と外交は在京の藩主・藩士の「衆議」により決定し、通常の大名との関係は議奏・武家伝奏の両役が処理し、徳川の支配地や京都の取締りは従来通りとするようにと指令している。

慶喜は二十四日になって更《あらた》めて将軍職の辞退を申し出たが、朝廷は大名会議が開かれるまで従来通りの職務を勤めるように命じた。また慶喜が申し出た通り、長州代表の上坂は大名会議の開催まで見合せることを許し、さらに朝鮮に特別使節を派遣することも認めた。この前年、朝鮮は江華島《こうかとう》に襲来したフランスと戦っていた。慶喜はこれを知って両国の確執《かくしつ》を解こうと考え、政府の使節を朝鮮に送ろうとした。慶喜は依然、国政の全権行使を委ねられただけでなく、前代未聞の外交まで展開しようと計画したのである。彼は、十月十三日に諸侯代表に諮問した直後、洋学者の西周《あまね》を呼出して西洋の政体の概略を聴取り、のちにそれを文書で提出させていた（前掲、一七〇頁）。彼にとって、政権返上は不本意な譲歩や屈服ではなかった。新体制を自ら創出し、それによって日本全体の新たな指導者に変身することを決意していたのである。

徳川方の改革ヴィジョンと反対運動

幕府の中では、無論、議論が沸騰した。慶喜は十月九日、議論の末に在京幕閣が政権返上を決議すると、江戸の幕閣に対し、老中上席に任じた松平定敬《さだあき》(桑名、京都所司代)と板倉勝静の連署した書翰でその旨を伝え、同十二日には諸藩士を招集したことも知らせた。後者を受取った江戸の幕閣は、同十七日に老中以下諸有司を登城させて大評定を開いた(淀稲葉家文書、三二八―三四二頁。吉田・佐藤一九七六)。老中稲葉正邦《まさくに》がその結論を京都に書送っているが、政権返上後の対策としては三つの案が提唱された。第一は徳川軍を大挙上京させて京都を席巻し、これに薩・土・芸・長が反抗したら徹底的に抑え込むこと、第二は王政復古を建白しておいて実際は朝廷を見棄て、慶喜以下が江戸に帰ることである。稲葉はいずれも空論として退け、第三案を記している。それは京都に徳川家臣団が移住し、慶喜を首班とし、日本全体の領主(大名・旗本)が一体となった新政権を樹立することであった。政権返上を朝廷が採用したならば、公家や武家、外藩や親藩といった差別を廃して領主はすべて王臣となる、朝廷の経費は領主が石高に応じて負担することとし、慶喜は摂政・関白を兼務して公家や大名から選任される国事掛とともに政務をとる、上下二院のうち下議事院には商人も採用して議事に当らせるといった構想である。慶喜の役割を別にすれば、土佐案や後の王政復古政府と大枠は変らない。

また、この評定を病欠した老中格大給乗謨《おぎゅうのりかた》(陸軍総裁を兼任)はさらに進んで「全国の力を以て全国を守り、全国の財を以て全国の費用に当て」るという中央集権化の構想も述べている。来たるべき王政の制度は都の政府も州郡の政府も上下の議事院を核として構成し、その決議は「主《しゅ》上《じょう》」（天皇）も拒否できぬこととした上、大名の私兵は廃止して単一の海陸軍に統合し、その経費は大名に高三分の二ないし三分の一を上納させて当てようというのである。彼はさらに、「士・民」を「併合」し、これに大幅な自由を与えよと、脱身分化も主張している。稲葉と大給はヨーロッパをモデルとしつつ幕府組織の改革に当ってきた人物であった（三谷一九九七、八章）。大給の案は狙いの方向としては明治政府が実行した改革と変りがなかったと言えよう。

では、直後に薩・長が主導することになる改革とこれらはどこが違うのだろうか。公議と集権化と脱身分化を目ざす点では変りがない。違うのはその実現方法である。大給はまず政権返上を提案した土佐や芸州を説得しようと述べた。王政に復古して「帝国」の「開化」を目ざす以上は、私兵を保持する理由はないというのである。しかし、大名とその家臣たちの禄《ろく》を差し出させること、とくに有志の大名だけでなく、全大名家にそれを要求することは、口舌《こうぜつ》だけで達成できるだろうか。ここに薩摩や長州のこだわりの意味が見えてくる。すなわち、既存の政体にまず一大打撃を与えることである。武力発動を辞さず、かつ大給たちが決して認めるはずがなかった徳川家の解体をその発端に選ぶことである。

他方、江戸にいた幕臣の多くは、京都からいきなり政権放棄と見える通知を受けて、驚きかつ憤慨した。旗本だけでなく、大名でも親藩・譜代の面々の不満は大きく、これをみた紀州徳川家は、十一月三日に尾張・水戸および帝鑑間詰《ていかんのま》大名の重臣、翌日には雁間《がんのま》、その翌日には柳間《やなぎのま》の重臣を集めて、累代の恩ある将軍家が一介の領主に引下げられるのは不当だとして、「忘恩の王臣たらんよりは全義の陪臣たらん」と訴える檄文《げきぶん》を発した。江戸で議論するだけでなく、陸軍の首脳以下が京坂に赴いて諫言《かんげん》しようと主張する旗本も輩出している。京都にも同様の人々が多数いた。徳川慶喜は徳川一門の結束と利害を最優先する会津松平容保《かたもり》を帰国させ、薩・長・土・芸との衝突を回避しようと考えたが、老中板倉勝静はこれを止めている。会津は前年同様、再び慶喜の決断に不審を抱き、朝廷の賀陽宮朝彦《かやのみやあさひこ》親王や摂政二条斉敬《なりゆき》と提携しつつ、政権挽回の運動を始めた（家近一九九五）。また、津《つ》の藤堂《とうどう》家は親藩・譜代の大名の糾合を図り、十一月二十一日には幕府への政権委任を継続するように主張し、改革に関心はないとの建白書を十八藩分まとめて朝廷に差し出した（玉里五、二八七―二九二頁）。その結果、全大名の約三分の一以上が朝召の拒否を明言し、朝召に応じて上京した大名も十六家に留まった（慶喜公伝四、九六頁、九七頁）。

朝廷の受止め方――戸惑いと保守性

他方、政権返上の申出を受けた朝廷は、これを受入れはしたものの、復古後の体制を考えることには消極的であった。十月二十日に慶喜が当面の政務につき伺いを立てたのに対し、当時在京していた十万石以上の大名の代表六十余人に諮問したが、彼らは当面は慶喜の伺い通りでよしとし、新体制の枠は諸大名の上京と衆議を待って決めるべしと答えている（前掲、八五頁）。朝召の期限は十一月末までとされたが、月半ばの十一月十二日、国事掛の左大臣近衛忠房《ただふさ》ら六名は連署して王制復古後の政体について提言した。それは、諸藩封建の制を律令の郡県制に復古するのは困難と述べた上で、中央に太政官《だじょうかん》八省の制を立て、これに公家・官人および大名の家臣を任ずるという案であった。その決め方としては、朝議で決めて慶喜と上京諸藩に下すか、彼らに諮問してから朝議決定すべきかの二案を提示している（復古記一、一一四―一二一頁）。二条摂政はこの案から太政官に関する具体案を削除し、十五日に慶喜と尾張・越前に意見を問うた上で、十七日に慶喜と諸藩全体に対して諮問を下した。そこでは、旧典（古い制度）はそのままでは使えぬと認めつつも、封建を維持した上で、令の神祇官《じんぎかん》と太政官を再興し、太政官に諸大名を交代勤務させたいと述べ、さらに「新法」だけでなく、できるだけ「旧儀」に基づきたいとの意向を示している。

しかし、これを真面目に検討した武家はほとんどいなかった。慶喜は答申で、国事掛案の内容に一切触れず、諸侯の上京を待ち、その「公議」を尽して決めてほしいと、論外と言わんばかりであった（慶喜公伝史料三、一二一―一二三頁）。徳川慶喜とその幕僚はより徹底的な改革を考えており、薩・長の首脳に至っては人材登用だけでなく封建制の廃止まで視野に入れていたのだから、無理もない。四侯会議の頃から有志大名とその家臣は公卿への失望を公然と語るようになっていた。公家に実務経験がないのは周知の事実であったが、朝彦親王や近衛忠房を始め朝廷首脳はこの期に及んでもなお西洋人の忌避に拘るなど保守的な態度に終始していた。岩倉具視《ともみ》らを僅《わず》かの例外として、朝廷に人材なしとは武家の常識であった。薩摩藩主や芸州世子《せいし》が大兵を率いて入京した十一月下旬、左大臣近衛忠房と右大臣一条実良《さねよし》は職を退いた（玉里五、一八二頁。家近二〇〇四、一三九頁）。彼らの王制案が武家だけでなく、摂政からも疎んじられたのに不満だったらしい。事実、王政復古クーデタに当って摂関家が締出されたとき、誰からも批判の声は上がらなかった。

二　薩摩と岩倉具視——挙兵からクーデタへの転換

薩摩と岩倉のクーデタ計画

さて、この年（慶応三年）の変動の主導者であった薩摩に戻ろう。薩摩は慶喜の政権返上により挙兵の名目を失った。しかし、その代りに藩主自らが大兵を率いて上洛する口実を得た。土佐の後藤が後に述べたところでは、小松と後藤は、両主君の率兵上京の下、有志の大名による天皇簾前《れんぜん》の会議で王政復古を行う段取りを立てて契約していたという（丁卯、二四三頁）。小松・西郷隆盛・大久保利通が長州を経て鹿児島に帰り着いたのは十月二十六日であったが、その三日後には藩主島津忠義の上京が決まった（大久保日記一、四〇五―四〇六頁）。その後は、兵隊の編成や軍艦の新規購入に大童《おおわらわ》となっている。大久保は十一月十日に先発して土佐に向かい、容堂・後藤の出兵の約束を取り付けた後、十五日に着京した。岩倉や中御門経之《なかのみかどつねゆき》・正親町三条実愛《おおぎまちさんじょうさねなる》に会ってまず討幕密勅の処理について了解を取り付けた後、岩倉とクーデタ計画の立案に取りかかっている。一方、藩主忠義は、家老島津広兼《ひろかね》・岩下方平《みちひら》および西郷とともに十一月十三日に鹿児島を発ち、三田尻《みたじり》で毛利元徳《もとのり》と対面した後、二十三日に着京した。艦船四隻で数百の兵を運んだため、在京の先発隊と併せ、兵の総勢は一千名を超えている。この時、家老小松帯刀は鹿児島に留まった。本人は引き続き国政周旋の衝に当たるつもりだったが、足痛で身動きならず、その役割は家老岩下方平と大久保利通に引き継いだ。結果から見ると、大久保は小松の構想にきちんと従っている。慶喜と同じく、彼もまた夏頃の定評であった強硬一辺倒という世評と異なる行動を見せ始めたのである。

大久保は京都に戻った後、小松と後藤の約束を基礎として、岩倉と共にクーデタ計画を練り始めた。全大名による会議が開かれる以前に、京都に薩・土・芸の兵力を集中し、上京した有力諸侯のみで簾前会議を開き、王政復古を宣言して、天下の追随を誘おうという構想である。薩摩は長・芸と再度、挙兵を契約していたが、この度は異なる条件に直面していた。徳川慶喜が自ら政権返上を申し出たため、以前のように彼の「罪」を問うことが出来なくなったのである。むしろ、その自己犠牲は天下の同情を誘うはずだった。大久保は帰京後に岩倉に語ったように、「高明正大」な条理を掲げない限り、慶喜に対抗し、天下の支持を取付けることはできないと判断したのである（岩倉二、三八〇頁）。即時の武力発動を避け、まずクーデタを試みること、かつ土佐だけでなく、徳川親藩の尾・越も味方に引込み、天下に公平さを訴えることが、その解答だったように思われる。

薩長出兵契約の実際——薩摩主導のクーデタと長州の入京留保

ただし、この計画が長州に対して明確に語られたか否かは定かでない。長州側の記録では、薩摩藩主忠義が三田尻で長州世子に会見した際、更めて「三要件」を決議したとあるが、その原本は伝わっていない（末松前掲、一一八八頁）。同じ日、西郷が長州の出兵担当者と協議・決定した具体計画は次のようであった。①薩・長・芸三藩とも大坂を根拠とする。②薩摩は京都専任とする。③薩摩藩主は十月二十三日に入京、長州兵は二十八日に西宮に着き、薩摩からの知らせを受けてから京都に向う。④万一の際、天皇は山崎《やまざき》路（西国街道）を経て西宮へ往き、芸州まで動座する（西郷二、一九八頁）。これを見ると、薩・長・芸の間では以前と同じく挙兵計画だけが語られていて、クーデタは話題にならなかったように見える。しかし、同じ日、島津忠義が長州側に与えた親書は次のように述べている（末松前掲、一一九〇頁）。「時機変遷して処々不可に於ては、細密復考、其宜《よろしき》に叶《かない》候様取計《とりはからい》、緊要之事」、「……勅掟を奉戴し、条理名分を正して軽挙無謀に不陥事《おちいらざる》」、「機密四方に露見せし由《よし》に付《つき》、尚深く廟議可入念事《ねんをいるべき》」。これを、西郷らの②と重ねると、薩摩は長州と軍略について約束したものの、挙兵計画はすでに漏れているとして、政略ではフリーハンドを得たように見える。契約で表に出ているのは長州軍の行動であった。兵庫と大坂の間にある西宮に陣取る長州軍は海路の確保・牽制に役立つはずであり、万が一、京都で戦闘が発生した場合には薩摩の加勢に駆けつけることもできる。さらに戦況が不利となった場合は天皇を西国に落延びさせ、西国から捲土重来《けんどちょうらい》するにも使えたはずである。あらゆる展開に備えて軍勢の気炎を煽っておくことは、武家としては当然のことであったろう（幕府側の永井もそう述べている。丁卯、二三三頁）。しかし、戦闘は第一選択肢ではなかったのである。

さて、帰京後の大久保は、十一月八日に京都邸への帰宅を許されていた岩倉具視とクーデタの具体計画を練った。岩倉は以後、天皇の外祖父中山忠能《ただやす》・正親町三条実愛・中御門経之との連絡に任ずるだけでなく、大久保と極秘に会合してクーデタの計画と実行に精魂を傾けることとなる。忠義着京の前々日、大久保は岩倉にクーデタに関わる草稿の執筆を依頼したが、京都に勢揃いした薩摩の幹部は二十五日に岩下方平の旅館でこの方針を承認し、即刻、鹿児島に報告を発している（岩倉三、一六七号。大久保日記一、四〇七頁）。その中身は記録にないが、クーデタ自体の手順としては、薩・土・芸・越・尾の五藩により宮門を固め、王政復古を宣言した上で、徳川慶喜の「反正《はんせい》」を実証するための措置を取るというものだったようである（岩倉三、一六八号）。初めから徳川親藩の越・尾を計画に加えているのが眼目である。ただし、この時点ではまだ越・尾との協議はしておらず、中核的な軍事力と期待する土佐と芸州に対しても直前まで秘しておく予定であった。まだ朝敵を免じられていない長州の入京と参加は想定していない。クーデタは事実上、薩摩だけで引っ張る計画だったのである。

三　王政復古クーデタ――公議派親徳川大名の参加

越前と土佐

さて、この間、土佐の後藤が立役者として躍り出た公議派はどう動いていたのだろうか。慶喜の政権奉還を受理した後、朝廷は大名一同に朝召を発したが、その一方で幕府老中の板倉勝静は親藩の尾張・越前に迅速な上京を促した。とくに公議を創唱し、その実現に十年間尽力してきた越前は、政権返上後の公議政体の実現にあたっては最も頼りとすべき大名であった。しかし、松平春嶽は直ちには応じなかった。三度も慶喜に裏切られた経験から、当初は内心の喜びを隠しつつ素っ気ない返事を書いている（丁卯、二二〇頁以下）。しかし、慶応三年十月下旬に尾張から使者が来て徳川慶勝《よしかつ》との同時上京を要請し、さらに後藤象二郎の依頼で福井を訪れた坂本龍馬が詳しい事情を語ると、上京に踏切った（前掲、二一七―二一八頁）。兵力は携えていない。十一月八日に入京すると、翌日に帰国中の後藤に代って福岡孝悌が訪れ、政権返上運動の経緯を語り、かつ慶喜の「英断」が本物であることを証言した。同じ日、芸州の辻将曹も来て同じ観察を述べた(前掲、二二三―二二六頁)。十日には二条城で慶喜と対面し、彼の「反正」の真摯さを確認した。諸方に聞き合せた上、二十日に再度慶喜と対面した際には、互いに全面協力すると契約した(丁卯、二三八頁)。

福岡孝悌が春嶽に述べた復古改革案は、上下の議事院を立てて慶喜に主催させることを主旨とし、その決定は全大名の上京を待たず、「有名諸侯」だけで天皇簾前の会議を開いて行い、他の大名にはその決議を朝廷から通達することとし、これに反対する者は追討するというものであった(丁卯、二二五頁)。この構想は、小松帯刀ら薩摩の在京幹部が十月に鹿児島に持帰った案とほぼ重なるものだったように思われる。薩摩は武力動員による圧力を不可欠と考えたのに対し、土佐と芸州は平和裏の移行を願う点で相違があった。しかし、全大名の会議を非現実的とし、有力大名の御前会議のみで新政体を発足させるという点では両者は共通で、これが王政復古クーデタに土佐や芸州、さらに親藩の越前・尾張を加える前提となったように思われる。

さて、土佐の後藤象二郎は再び帰国して藩論をまとめ、山内容堂から出馬の確約を得た後、十一月二十一日に帰京した。この時、土佐藩邸は十五日に坂本龍馬が暗殺されたため、犯人と疑った新撰組への敵対感情に包まれていた(玉里五、二七八頁)。後藤は早速、幕府の若年寄永井尚志や薩摩・芸州と連絡を取ったようであるが、二十三日に島津忠義が着京した時には、小松帯刀の姿が見えないことにいたく失望している。彼はそこで、十一月二十五日に越前邸に招かれた際には、人の如何を問わず、「公明正大之同論藩、堂々と旗を立」、「御簾前之御誓ひ」により「公議」を立てる方針で進めば、薩摩などによる挙兵の暴論に対して勝算はあると述べている。「一藩に而《て》も同論多き方、力も強く、説も立つべし」として、諸藩糾合のため、後藤は芸州と薩摩に、越前は尾張と肥後に、芸州は因幡と備前に、分担して働きかけを始めた（丁卯、二四三頁）。偶然か否か、同じ十一月二十五日に薩摩が岩下の旅館で決定した提携の対象もこの範囲の中にあった。二十七日には、越前は暴論の首魁《しゅかい》と見なしていた大久保利通を呼んでその意思を探っている。大久保は「会議公論」は当然ながら、実現方法については邸議が割れていると述べ、いずれにせよ慶喜の反正の「御実跡」が明白になることが緊要と繰返し主張した（丁卯、二四五頁。大久保日記一、四〇七頁）。明言はしなかったが、大久保は簾前会議にはクーデタの形式と慶喜の排除が必須と考えていたのである。

薩摩と土佐の呉越同舟――競合と相乗

公議派の動きが活発になると、薩・長が提携していた公家が動揺し始めた。かつて討幕密勅の作製に協力した正親町三条実愛や中山忠能がクーデタに難色を示し始めたのである。左右大臣が辞表を提出し、関白も辞任の意向を漏《もら》し始めた以上は、「漸《ぜん》を以《もって》成」すことも可能かもしれないと言い出した。大久保利通は十一月二十九日、正親町三条実愛に対し、いま「両三藩、大兵を引《ひき》、上京」したのは、「朝廷に御兵力を備《そなえ》、至理至当之筋を以《もって》基を開《ひらき》、反命之者可掃蕩《そうとうすべき》」ためであり、このような「一大機会と云《いう》ものは千載（千年）之一時」しかないと主張して、三人の公卿の再考を求めている。十二月一日に中山忠能に強談判《こわだんぱん》してようやく彼らの意志を固め、彼ら三卿の支持を根拠として土佐等にクーデタの計画を打明けることを承諾してもらった（大久保日記一、四〇八―四一〇頁）。

十二月二日、大久保は西郷とともに後藤を訪ね、山内容堂の遅参《ちさん》を責めた上で、岩倉ら四卿の協力の下に二条摂政や朝彦親王を排除しつつクーデタを発動する計画を立てていると明かした。土佐側の記録では、その骨子は、①二条摂政・朝彦親王の排除と朝廷両役（議奏・武家伝奏）の廃止、②征夷大将軍の辞職勅許、③会津松平容保・桑名松平定敬の退職と宮門警備の罷免、④幕府領地の削減による議事院の経費の調達、⑤有栖川宮熾仁《ありすがわのみやたるひと》親王の総裁への任命、⑥議定《ぎじょう》の設置、および下院への「門地」を問わぬ人材抜擢。⑦土・薩・芸・尾・越による宮門の警備、異論者の追討（寺村、五〇一頁）。大久保の日記では、後藤は「雷同」したという。しかし、これは薩摩の計画の全貌を明かしたものではなかった。将軍職の廃止は当時織り込み済みの問題で、話題は朝廷制度の改廃に向けられたが、大久保らは肝心の徳川権力に打撃を与えるための方策（後述）は語らなかった。予定された期限は十二月五日であったが、後藤は容堂の着京までクーデタの決行を待つように求め、四、五日間を限度として延期を認めさせた。

当時、クーデタ計画の中心にあったのは岩倉具視と大久保利通で、西郷は軍事面を分担していた。クーデタの目星が付いた十二月五日、大久保は国元あての報告で計画の骨子を次のように述べている（大久保文書二、一四九号）。①「摂・関・議・伝・国事掛を被廃《はいされ》、太政官を設け、三職（総督・議定・参与）被置《おかせられ》、人材御登庸《とうよう》（賢侯・有志公卿・官武無差別）、所謂《いわゆる》衆議粋出、議事院の法に倣《ならい》て、参与の職には堂上《とうしょう》・地下《じげ》之差別なく、陪臣《ばいしん》・草莽《そうもう》といえども人傑《じんけつ》を以《もって》御抜擢相成《あいなり》候由」、②当日直ちにこの根本を決めて発令する。③徳川慶喜の所置については、五藩（薩・土・芸・尾・越）を朝議に加えて、尾・越を通じて「反正・謝罪」を命ずる。その要求は、「官一等を降《くだし》、領地返上、侯列に下《くだり》、罪を闕下《けっか》に奉待《まちたてまつる》」（闕下は天皇の御前の意）というものであった。それを真摯《しんし》に受入れるならば、「公平寛大之御処置」が「至当」である。④会・桑については、「反正之廉《かど》」がないため、守護職・所司代を廃し、帰国を命ずる。⑤長州については、即日、寛大の処置を決め、上京も命ずる。⑥条約国・列藩・農工商への布告案も用意してある。

大久保が当時最も気にしていたのは、この計画を摂政と朝彦親王から隠すことであった。新政権から彼らを排除し、他方で岩倉たち平公家（低家格の公家）に枢要の地位を与えるに不可欠だったからであろう。逆に、慶喜については楽観している。「於幕《ばくにおいて》究《（ママ）》而干戈《かんか》を以て動候義は万々無御座《ござなく》、今は会而已《のみ》之事に相成候」とある。おそらく後藤が、慶喜が戦争回避に出ることを保証したのではないだろうか。大久保が土佐との提携を重視したのはこの時点では専らこの点にあったように見える。会津については、幕権復古を主張していた他の藩が「尊王」はともかく「尊幕」は止めたと観察したせいか、その影響は「差知れたる事」と書いている。軍事衝突が起きたとしても、小規模に止まると見たのである。これは、いささか楽観的すぎるのではなかろうか。一度、会津との衝突が起きると、桑名だけでなく、幕臣もいきり立って連鎖反応が発生し、慶喜が制御できなくなる可能性は多分にあったはずである。ただ、会津の挑発を避けることには十分注意し、とくに宿怨の仲にある長州と会津の接触は回避しようと配慮した。クーデタの計画では長州の復権に関する朝議は政体一新の決定後に回し、クーデタへの参加も求めないことにしている。西宮に着いた長州の軍勢に朝廷から、大坂に入るよう命じたのも、上京させないためだったと思われる。

この楽観論は、同時に西郷が鹿児島に送った報告にも共有されている。「幕府においては弥《いよいよ》反正の姿にて、決して動揺いたす勢いは相見得ず候え共《ども》、会桑の処は如何にも安心は出来申す間敷《まじき》か」、「此節の処にて、幕府も有り難がり候事と相察せられ候」（西郷二、八二頁）。

大久保利通を始め、岩下・西郷らは、クーデタ決行の前日、十二月八日に、同盟の公卿に最後の決意を固めさせようと、岩倉に書翰を送った。そこには、普通の会議でなく、クーデタに訴える必要を次のように説明している。「二百有余年の太平の旧習に汚染仕り候人心に御座候得《ござそうらえ》ば、一干戈《かんか》を動かし候而《そうろうて》、返《かえ》って天下の眼目を一新、中原《ちゅうげん》を定められ候御盛挙《せいきょ》と相成るべく」、「戦いを決し候て、死中活を得るの御着眼、最も急務」（大久保文書二、一五四号）。この時、最も重視したのは徳川慶喜に「反正・謝罪」させることであった。慶喜への謝罪要求は、文久二年政変以来の長州や何度も公議政体への移行を妨害された薩摩には自明のことだったかも知れない。しかし、自ら政権返上を申し出た慶喜に対するこの要求には無理があり、在京の諸藩代表の中にはそのように考える者が少なくなかった。新政権が最初に行った改革を考えると、慶喜はいわば近世の政治社会全体の罪を被《かぶ》らされたと言えるのかも知れない。大久保や岩倉は、慶喜がこの試練と屈辱を耐え、受入れたならば、新政府に迎え入れるのが当然と考えていた。しかし、どんな結果が出るか、当時の誰にも予想はつかなかったのである。

会津と長州の隔離

さて、十二月五日に大久保・西郷からクーデタ計画を打明けられた後藤象二郎は、即夜、越前松平春嶽邸を訪ね、これを伝えた（書簡集、八七頁）。翌日になって大久保に尾・越への伝達を要請し、撥《は》ね付けられたが、実際はその前に事を漏していたのである。後藤は徳川家に深い恩誼《おんぎ》を感じていた容堂の忠実な家臣として、心中は「芋邸《いもてい》違算失望」（芋は薩摩、違算は見込み違いの意）を願っていた。彼は越前のみならず、幕府の永井尚志にまでこの計画を伝えた。春嶽も行動を起し、即日、腹心中根雪江《ゆきえ》を慶喜に派遣した上で、翌日には直接に慶喜と対面して対策を熟議した。その際に彼らが最も気にしたのは京都での戦乱を回避することであり、とくに会津の動きが懸念の的となった。

越前春嶽は入京後、会津の幹部に政権返上を支持するよう説得に努めた。しかし、彼らは徳川家は王命を奉ずべしとの原則は認めつつも、藩内の多数意見に押され、朝廷に国政運営ができるとは思えず、「旧幕之御制度より外に治平之見込」はないと答えている（丁卯、二四五頁）。王政復古派はこのため、土佐・越前・尾張といった親徳川の藩であっても会津と桑名の免職と帰国を必須と考えるようになった。その一方、十一月末には長州の代表が軍勢を引連れて西宮に上陸した。朝廷はかつて命じた長州代表の大坂召喚を取消していたが、長州は薩摩・西郷との契約に従い、これを無視して出兵してきたのである。中を取持った芸州は連絡の行違いとして取繕《とりつくろ》ったが、京都では長州兵の即時上京の噂が広まった。西宮から京都に至る街道の要衝、山崎関門は津の藤堂家が守っていたが、同藩は幕府の復権運動をしている最中であったため、当然、長州からの通過打診を拒んだ（末松前掲、二二〇二頁）。万が一山崎で津と長州の戦闘が始まれば、クーデタによる籐前会議の行方は怪しくなり、これに会津が加わると一挙に大規模な内乱に拡大するおそれがあった。そのため、薩摩は長州に対し一旦は上京せず、大坂に行くように工作している。

他方、朝廷では長州の所置について議論がもめ始めた（丁卯、二五四頁）。摂政と朝彦親王は、会津の入説を受けて長州を国元に退去させようと図ったが、議奏たちは反対した。結局、摂政は十二月八日に至ってようやく長州の官位復旧と入京許可とを決定している。ただし、長州兵はその後も慎重に振舞った。「着京即刻戦争」のつもりで上京し、朝廷から入洛許可を得て山崎関門を通過はしたものの、京都西南郊に留まってクーデタの進行を待ち、その終了後、十日になってようやく代表が参内したのである（末松前掲、一二〇二頁）。もし長州がクーデタに加わっていたならば、会・桑との戦争は避けられなかったかもしれない。クーデタを実行した二つの王政復古派は、長州の不在という条件下で、ようやく慶喜と会・桑との分断、そして後者の排除への可能性を確保したのである。

四　クーデタから内戦へ――慶喜議定就任工作と徳川方の反抗

王政復古クーデタ

慶応三年十二月八日、待ちに待った容堂が着京した。この日、朝廷は長州の処置や五卿ら勅勘を受けていた公卿たちの赦免などについて朝議を開いたが、議論は紛糾し、これらを決めて散会したのは九日の早朝であった。出席者一同は退庁したが、それを確認した後、中山忠能は摂政・中川宮・左右大臣を始め二十一名の親王・公卿の参朝を禁ずる勅命を伝えた。以後の朝議を仕切ったのは、中山、正親町三条実愛、中御門経之であったが、謀主の岩倉も大久保・西郷と同道して久しぶりに参朝している。彼らは前夜、岩倉邸に薩・土・尾・越の幹部を呼び、クーデタの趣旨と宮門警備の配置の命令書を伝えていた（書簡集、九一頁。大久保日記、四二一頁。丁卯、二五五頁）。これに芸州を加えた五藩は、その通り出動し、御所の外郭九門の中に入って内郭に通ずる六門等を押え、朝召のない者の出入りを防いだ。この措置は宮門の内外にいる者の運命を分けた。御所の外部に排除された者は発言の場を失っただけでなく、武力行使も難しくなった。禁門の変の長州と同じく、五藩への攻撃は即天皇へのそれを意味し、朝敵にされかねない立場に置かれたのである。

前夜来の朝議に同席した尾・越・芸の藩主は残留を命じられ、その後、昼過ぎになって召しを受けた島津忠義、次いで山内容堂が参朝した。朝廷側で召しを受けた人物には有栖川宮熾仁、仁和寺宮嘉彰《にんなじのみやよしあきら》、山階宮晃《やましなのみやあきら》の三名の皇族があった。また、朝議の会場とされた小御所《こごしょ》には、五藩の幹部数名ずつも陪席を命じられた。午後五時から開かれた朝議では、まず中山忠能が趣旨を説明したが、これに対し、春嶽と容堂が大いに異論を唱えた。焦点は徳川慶喜の不在である。とくに容堂は、二百余年の太平を致した徳川氏、とくに自ら政権奉還を行った慶喜を疎外するのは「公議」に反するとし、熱心に慶喜の参内を求めた。これに岩倉と島津忠義が反論したが、大久保は敢て下の席から進み出て助太刀《すけだち》した。慶喜の邪正を判断するには「先《まず》其《その》官位を貶《へん》し、其所領を収」めるという試練を与え、それに不平の色がないことを確かめた上で、参内と採用を決めるべきだと述べたのである（丁卯、二六〇頁。大久保日記一、四一四頁）。

これに対し、後藤象二郎は容堂の論の擁護に努め、議論は紛糾した。容堂を支持するのは越前に加えて尾張・芸州、岩倉を支持するのは薩摩のみで、五藩幹部の意見は君公と同意見であった。

紛糾の末、一旦休憩に入り、その間、大久保と後藤が談判を試みたが、大久保は頑として譲らなかった。再開後、春嶽と容堂は譲歩し、岩倉・大久保の立てた手順通り、「降官・納地」を二条城の慶喜に伝え、その承諾を取付けることに決まった（前掲）。会津と桑名を守護職・所司代から解任し、帰国を命ずることも予定されたが、慶喜自らが彼らの職を解いたとの知らせがあったので、帰国だけ命ずると決めている（丁卯、二二六一頁）。この日にはまた、新政府の核をなす三職が発表された。総裁に有栖川宮、議定《ぎじょう》に山階宮・仁和寺宮・中山・正親町三条・中御門・尾張慶勝・越前春嶽・土佐容堂・薩摩忠義・安芸浅野茂勲《もちこと》、参与に大原重徳《しげとみ》・万里小路《までのこうじ》博房《ひろふさ》・長谷信篤《ながたにのぶあつ》・岩倉具視・橋本実梁《さねやな》を任じ、その他の参与は五藩から三名ずつを推薦することになった（玉里五、二二九六―二二九八頁）。散会したのは真夜中であった。

兵力引離しと薩摩の政略転換

翌十二月十日、越前春嶽と尾張慶勝は二条城へ向った。城内は殺気に満ちていた。前日、尾張と越前の重役は岩倉の頼みで二条城を訪ね、クーデタが討幕の挙でないと説明して板倉に鎮撫を依頼していたが、この日も沸騰は止まず、尾・越二侯を裏切者と嫌忌する者が少なくなかった。朝旨《ちょうし》の伝達は論外の空気だったため、慶喜のみと密談し、取りあえず将軍職辞職の請書《うけしょ》を出し、降官納地についてては幕臣が落着いてから返答するとの報告をした（丁卯、二二六二頁以下）。これに対し、西郷と大久保は即刻処分を承諾するように主張したが、春嶽は戦闘暴発のおそれを理由にこれをかわしている（書簡集、八三頁）。一方、慶喜は城中の旗本に直接鎮静を説得していたが、会・桑の挙動を懸念して、その兵公称四千五百を城中に収容して監視下に置いた。十二日にはさらに、旗本・会・桑全員を率いて大坂に下ることを決め、尾張慶勝を通じて、朝廷に尾・越二侯の勧めにより下坂すると報告し、即夜、大坂に向った（丁卯、二六五―二六六頁）。慶喜の兵力引離しの決断により京都での兵乱発生の可能性は消えたのである。

翌十三日、岩倉具視は薩摩の参与に対し二つの指針を提示し、いずれを取るか答えるように命じた。その「第一等」の策は薩・長の軍事力のみによる決戦、「第二等」は尾・越による周旋を続け、慶喜が「反正」を実行したならば、議定職に採用し、さらに摂政と朝彦親王を除く公卿・大名を広く登用するという案であった。薩摩側は、八日以来の経緯によれば「第二等」以外の選択の余地はないと答えた（玉里五、三〇八頁）。その結果、以後、政局の主題は慶喜の処遇をめぐる交渉に移ることになった。

王政復古の布告

さて、同じ十二月十三日、新政府は王政復古の布告について評議を行い、その成文を翌十四日に公表した。今日、目にする王政復古の布告は、前日に任命された五藩選出の参与を加えた朝議で甲論乙駁《こうろんおつばく》し、その上で決められたものである（丁卯、二六七頁。玉里五、三〇一―三〇二頁）。最初の部分を引用しよう。

> 一、徳川内府《ないふ》、従前御委任大政返上・将軍職辞退之両条、今般被聞食《こんぱんきこしめされ》候。抑《そもそも》、癸丑《きちゅう》〔一八五三年〕以来未曽有《みぞう》之国難、先帝頻年被悩宸襟《ひんねんしんきんをなやまされ》候御次第《おんしだい》、衆庶之所知《しるところ》に候。依之《これにより》、被決叡慮《えいりょをけっせられ》、王政復古、国威挽回之御基被為立《おんもといたてさせられ》候間《あいだ》、不論既往《きおうをろんぜず》、更始一新、自今《じこん》摂関・幕府等廃絶、即今先《そっこんまず》仮りに総裁・議定《ぎじょう》・参与之三職を置《おか》れ、万機可被為行《おこなわせらるべく》、諸事神武創業始に原《もと》づき、搢紳《しんしん》・武弁《ぶべん》、堂上《とうしょう》・地下《じげ》之別なく、至当の公議を竭《つく》し、天下と休戚《きゅうせき》を同《おなじ》く可被遊叡念《あそばさるべきえいねん》に付《つき》、各《おのおの》勉励、旧来驕惰《きょうだ》之汚習を洗ひ、皇国之為め忠誠を可尽《つくすべく》候事。（〔　〕内は引用者）

将軍職の廃止は既定の方針であった。したがって、ここでは摂関を始めとする朝廷官職の全廃と新政体の建立が主題となっている。その中で重要なのは、公家と武家の別や官位の高下を問わず対等な立場に立ち、徹底的に「公議」を行いたいと述べている点である。参与に公卿と陪臣をともに挙用したのはその具体例であるが、これをすぐ「上の参与」と「下の参与」とに分けたように、脱身分化は直ちに実現したわけではない。他方、この変革は「神武創業」を目標とした。武家政治の否定だけならば摂関制に戻れば良く、摂関制の否定なら律令制に戻れば良いはずだが、それを跳び越えて日本王朝の創業の時に戻ろうとしている。「復古」と言っても、先例のない時代を目標としたので、創業には大幅な自由度が生じた。この条件が天皇の統治下における西洋制度の本格的導入を可能としたのである。なお、変革における遠い過去の参照は王政復古に限ったことではない。十四代将軍徳川家茂は文久の洋式軍制改革に当り、江戸初期に「復古」しようと述べている。十八世紀の西洋で生み出された啓蒙や進歩の思想が広まる以前の世界では、徹底的な変革は「復古」の名で正当化された。日本の維新はその代表例なのである。ただし、西洋の制度導入が喫緊の課題と意識されだすと、「復古」は直ちに「進歩」や「文明」という変革象徴により置換えられることとなる。

尾・越の慶喜参加周旋と薩摩の決戦転換

さて、新政府は復古令を公布した十二月十四日から大坂の徳川慶喜の処遇を検討し始めた。徳川方の武装決起を回避しつつ、小御所会議で尾・越に託すことが決まった旧将軍家の処分を実現するのが課題であった。この時、越前春嶽は土佐容堂と緊密な連絡を取りつつ、岩倉・薩摩が主張した「降官・納地」の要求を切下げるように動いた。官位の引下げは官を辞して「前内大臣《さきの》」と名乗、不名誉の度を減じてすぐ合意できたが、問題は「納地」であった。たとえ一旦のことであっても、名目上、慶喜は全領地を献上し、自らと旗本の運命をすべて朝議に任せることになるからである。そこで、容堂は自ら筆をとって「所領の内を御用途に年々差出候様可仕《つかまつるべく》」と、薩摩が最初に土佐に相談した時の条件に戻した案を記し、これを後藤に持たせて岩倉と交渉させた（玉里五、三〇九頁）。岩倉は再三これを撥《は》ね付けたが、結局考慮を受入れた。

その後両者の交渉は停滞したが、十二月二十二日になって尾張慶勝が大坂に説得にゆきたいと上申すると動き始め、二十三日から翌朝にかけての朝議により、結局、「御政務用途之分、徳川領地の内より夫々《それぞれ》取調之上、天下之公論を以御確定可被為在《あらせられるべく》候事」と決まった（玉里五、三一二頁）。岩倉と大久保・西郷は事前に協議して「御確定」の箇所を「返上」とすることを譲歩の最低線としていたのであるが、中山忠能らが動揺して越・土に同意したため、これを破られてしまったのである。朝議は、尾・越二侯を大坂に送り、二十五日から三日間と期限を切って結果を報告するように命じた。この周旋が成功すれば、徳川慶喜は入京を命じられ、議定に任命されるはずであった。

この決定は薩摩にとって極めて不本意なものであった。彼らがクーデタを計画したのは、政体一新を徳川権威の打破から始めるためであり、そのために敢て慶喜の名誉を傷つけ、一大名としての統治権すら奪いかねない条件を押しつけようとしたのである。それが無効になっただけではない。政権返上からクーデタに至るまで最重要の盟友としてきた土佐が尾・越と結んで薩摩の主張に公然と反対し始めたため、その軍事力もあてにならなくなった。大久保・西郷と岩倉は新政府内で孤立し始めた。必須と考えていた会津と桑名の帰国も、大坂にその兆候は見えず、むしろ京との中間にある要所、淀や伏見では、幕府歩兵や新撰組を始め旧幕勢力による反攻の兆しも日々強まっていった。

そうした状況で、大久保たちは長州に期待を移し始める。長州軍は十二月十八日に屯所を京都西南郊の光明寺から東南郊の大伽藍《がらん》東福寺に移し、これに毛利元功《もといさ》（長州支藩徳山の世子）率いる増援部隊が西宮から加わった。二十一日には薩・土・芸の兵とともに伏見の警備を始めている。二十四日には新政府から藩主毛利敬親《たかちか》・元徳《もとのり》父子が上京するようにとの沙汰《さた》を得、二十六日には毛利元功が参内した上、その翌日には広沢真臣《さねおみ》と井上馨《かおる》が参与に任じられた。長州は完全に復権し、京都市中に確たる存在を示し始めたのである。

これとほぼ同時に、文久三（一八六三）年の八月十八日の政変以降、長州、さらに太宰府に匿《かくま》われていた五卿も二十七日に入京・参内し、直ちに三条実美《さねとみ》が議定、東久世《ひがしくぜ》通禧《みちとみ》が参与に任命された。その日、天皇は御所内郭の門内から薩・土・芸に長州が加わった軍事操練《そうれん》を見ている。薩兵だけで約千五百人、大久保は壮観だったと記しているが、それを使う日が近づきつつあると自覚していただろうか（大久保文書二、一四二頁）。長州や五卿の復権は、京都における反徳川の気勢を煽り、薩摩が当初から考えていたもう一つの選択肢、徳川方との開戦に接近し始める状況を作り出した。

慶応三年の大晦日、大坂から尾張慶勝と越前春嶽が帰り、慶喜の辞官・納地に関する請書を差し出した。慶喜が入洛し、議定に任じられる手続が始まるはずであった。他方、京都では、クーデタを知った徳川の旗本たちが江戸から大坂に押しかけ、会・桑と共に武装して入洛するという噂も伝わってきた。そうなると、クーデタ以来の成果は水泡に帰することになる。大久保は追詰められた結果、慶応四（一八六八）年正月二日、方針転換を決意し、慶喜が上洛する前に長州と共に決戦に訴えることにした（大久保文書二、一六九号）。その機会は翌日、徳川方から開かれた。

変革と戦争回避を工夫した一年

慶応三年夏の四侯会議の挫折から翌年初めの鳥羽伏見の戦いの勃発までの中央政局は、武力行使の可能性を明示した上での多数派工作を主軸に展開した。政局を主導した薩摩は、徳川慶喜に王政復古と公議政体を受入れさせるには脅迫が必須と考え、長州と挙兵の契約を結んだ。これに対し、土佐は従来の政見を抛《なげう》って来たるべき公議政体の具体像を提示し、慶喜の自発的な政権返上を促して、内戦を回避し、徳川の主導権を維持しようと図った。薩摩は長州と挙兵準備を進める一方で、慶喜に対しては政権返上を勧めた。慶喜は意外にもその受入れを決断し、その結果、薩摩は優先順位を変えて土佐との提携に踏み切り、それによって国元の挙兵反対論を抑え、藩主自らの率兵上京を実現した。薩摩は長州・芸州との出兵契約は維持したが、挙兵は棚上げし、朝廷が招集した大名会議が開かれる以前に王政復古のクーデタを決行した。そこに長州は不在で、参加した五藩のうち、徳川権威の打倒に執心したのは薩摩だけで、残り四藩は土佐・尾張・越前など徳川慶喜を支持する大名であった。

この計画を事前に知らされていた慶喜は冷静に対応し、会・桑を連れて大坂に退去した。薩摩は長州の復権を実現する一方で、挙兵や長州の入京は回避した。長州の足止めと幕臣・会・桑の京都立退きは京都での内戦勃発の可能性を封じた。この平和の中、土佐と尾・越は慶喜と旧幕府への懲罰色を和らげ、慶喜の新政府への参加を実現しようと運動し、年末にはその成功一歩手前まで近づいた。

しかし、慶喜はクーデタに憤激した幕臣を抑えきれず、開戦への道を開いた結果、政治的成功を手放した。慶応三年後半の政治家たちは、戦争の可能性を絶えず意識しながら、その都度、戦争の回避を選択し、もっぱら政治ゲームで勝つ工夫を凝らした。最後は開戦に行着くことになったが、この政治的知恵比べは無駄にはならなかった。慶喜は抵抗を避け、彼の擁護に全力を傾けていた土・尾・越は新政府に留まってその有力な構成員となった。クーデタで掲げられた「公議」の理念は彼らによりさらに発展させられ、逆に武力反抗する大名は東北の一隅に留まった。維新における政治的死者の少なさは、抜本的な改革を多数派工作を通じて行おうとした、この年の努力に負うところが少なくなかったのではないだろうか。

第十二章

明治：政体変革の三年半——「公議」・「集権」・「脱身分」

慶応四（明治元、一八六八）年正月三日、京都南郊の伏見《ふしみ》と鳥羽《とば》街道で、上京を図った徳川方と京都側に陣をおく薩摩・長州との間に戦いが始まった。戦いは一進一退の後、二日目には薩・長側が優勢となり、その翌々日には徳川方は京・大坂の関門をなす山崎の南に押しやられて、大坂に退いた。その情勢下、大坂城にいた徳川慶喜は江戸に逃亡し、主のいなくなった大坂城は火を発して徳川方は総崩れとなった。

この鳥羽伏見の戦いは小規模な戦闘であったが、政権と日本の行方を左右する分岐点となった。勝利者の薩・長は新政府における主導権を獲得し、日和見《ひよりみ》を決め込んでいた諸大名は次々と雷同《らいどう》、その結果、秩序の抜本改革への道が開かれることになった。徳川慶喜が新政府の首班となっていたならば、新国家は王政下の連邦の域に留まったことであろう。王政復古を機として公議と集権と脱身分を狙う点で、二つの王政復古案は同じ方向を目ざしていたが、薩・長による徳川権力への挑戦と破壊は、より急進的かつ徹底的な変革を可能としたのである。

以下では、この新政権の下で、「公議」と「集権」の追求がいかにして脱身分――その柱は武士身分の解体と被差別民の平民統合――にまで行き着いたのか、その決定的関門となった政体変革のあらましをスケッチすることにしよう。

一 「一新」の制度――国家基本法「政体」の意味

概観：明治初年の政治課題

王政復古を実現した時、新政府の指導者が新たな秩序について明確な設計図を持っていたわけではない。土佐による政権奉還の建白、さらに王政復古の詔勅に見えるように、そこには、全国政権を天皇の下に統一し、「公議」を体現しうる国制を設けようとする点で、大まかな合意はあった。また、この政府が身分を問わず「人材登用」すべきことも、政治運動に奔走した志士たちの間では当然と考えられていた。さらに、その一部は近い将来に中央集権、すなわち日本の完全統合が必要なことも意識していた。しかしながら、最後の点は容易に口外できることではなかった。新政府発足の五カ月後に本格的な内乱が始まったが、それが決着を見る前に、もし政府首脳が廃藩の意向を公言していたら、大名のかなりが東北大名による反抗に加担し、したがって内乱は泥沼に陥っていたかもしれない。

先回りをして結果を見ると、これらの課題は当事者の予想以上に徹底的かつ円滑に解決された。新政府は発足の四カ月後に最初の国家基本法、「政体」を制定して中央政府への権力集中の理念を示し、同時に人材登用と公論採用の制度を定めた。戊辰内乱の終結した翌明治二(一八六九)年には、東京に諸侯と諸藩の代表を集めて郡県化の可否など来たるべき政体について議論させ、その上で版籍奉還を行い、さらに連邦に画一の制度を導入した。そして、その二年後には廃藩置県を断行して日本を中央集権国家に変えたのである。その後、武士の家禄《かろく》を解消する方針を打出し、発足九年目にはその制度を確立した。廃刀と相まって、ここに近世の世襲的支配身分だった武士は完全に解体されることとなったのである。

発端には大まかな目標だけがあったのだが、十年後には人類史上稀に見る大規模な社会変革が実現していた。明治政府は、これらの願望をどう具体化していったのだろうか。以下ではまず、発足直後の新政府が自らをどう組織したかを瞥見《べっけん》することから始めたい。

公議派大名の去就

伏見と鳥羽で戦闘が始まり、正月七日に慶喜の追討令が下されると、それまで慶喜擁護に努めていた土佐・越前・尾張・宇和島の諸侯は容易ならぬ立場に立たされた。この日、土佐の山内容堂は慶喜を見限り、議事院による公議に今後を賭けようと決意し、友邦の賛成を得ている（伊達日記、六四四―六四五頁）。土佐はその一部ながら徳川方と戦い、新政府での地歩《ちほ》を辛うじて確保したばかりであった。他方、薩・長優勢の中、新政府の中心に立つことになった岩倉具視は、復古クーデタの主要メンバーであった公議派諸侯を政府の有力メンバーとして確保し続けようと図った。旧将軍家の処分も新政府の組織も、全国の大名の支持取付けも、薩・長だけに依存しては不可能だったからである。このため、新政府の当面の課題が慶喜の追討に移ってからも、公議派大名は新政府の中で重きをなし続けることになった。

その役割は旧将軍家の降伏を内乱への拡大ぬきに実現することだけではなかった。彼らは新政府にその組織構想と人材も供給した。新政府には幾多の仕事が押寄せた。戦争の兵站《へいたん》、拡大する直轄領の統治、西洋との外交、経費の調達・借入、人材の動員、そして組織自体の整備である。クーデタの直後には頂上部に三職が組織されたが、その手足となる組織がないと政府は成立たない。従来の朝廷組織が役に立たないのは自明だったので、それに代る実務組織が必要になった。周知のように、これは明治元年一月十七日の三職七科の設置と徴士《ちょうし》制度の公布とにより始まった。

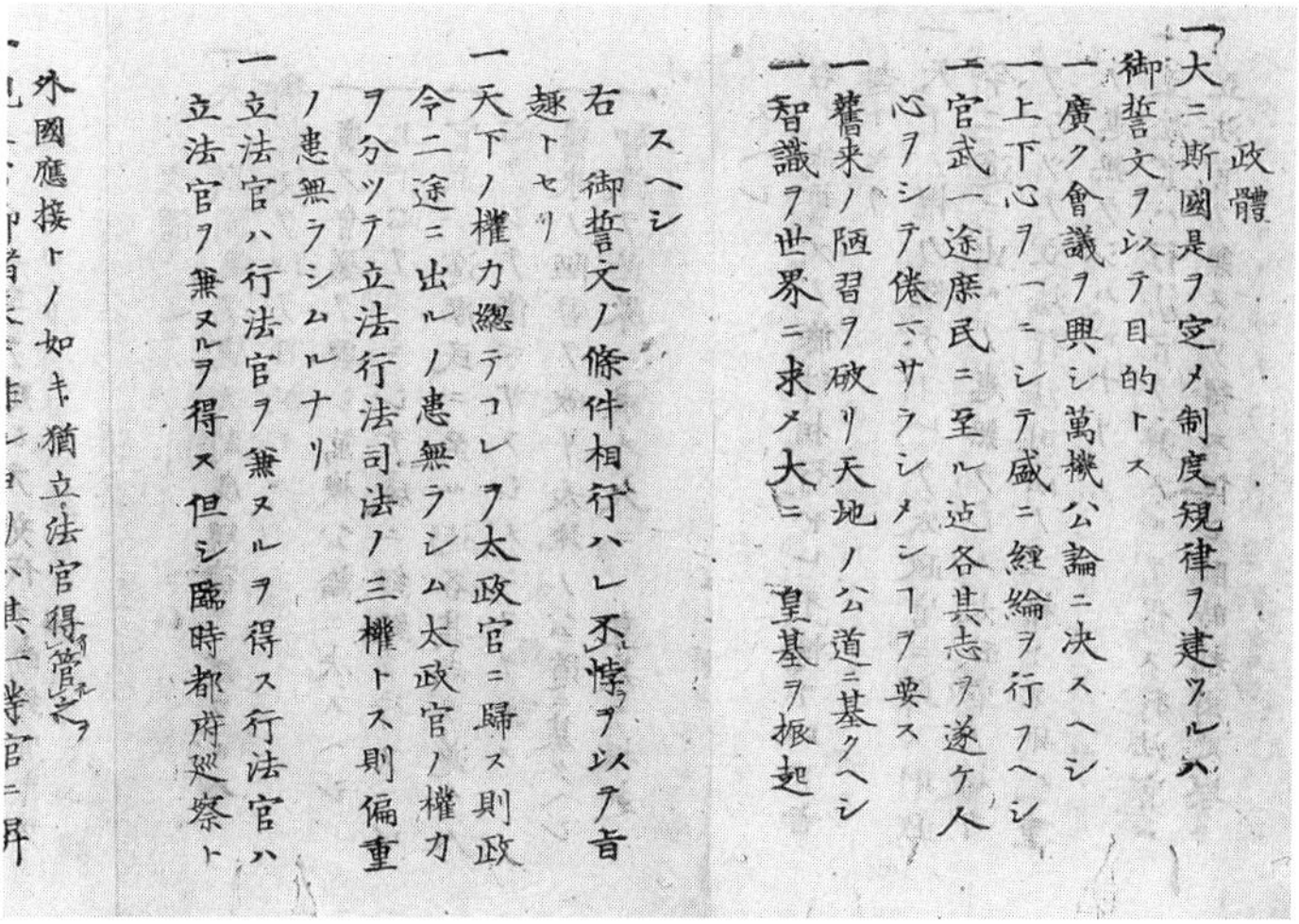

政體
一大ニ斯國是ヲ定メ制度規律ヲ建ツルハ
御誓文ヲ以テ目的トス
一廣ク會議ヲ興シ萬機公論ニ決スヘシ
一上下心ヲ一ニシテ盛ニ經綸ヲ行フヘシ
一官武一途庶民ニ至ル迄各其志ヲ遂ケ人
心ヲシテ倦マサラシメンヿヲ要ス
一舊來ノ陋習ヲ破リ天地ノ公道ニ基クヘシ
一智識ヲ世界ニ求メ大ニ　皇基ヲ振起
スヘシ
右　御誓文ノ條件相行ハレ不悖ヲ以テ旨
趣トセリ
一天下ノ權力總テコレヲ太政官ニ歸ス則政
令二途ニ出ルノ患無ラシム太政官ノ權力
ヲ分ツテ立法行法司法ノ三權トス則偏重
ノ患無ラシムルナリ
一立法官ハ行法官ヲ兼ヌルヲ得ス行法官ハ
立法官ヲ兼ヌルヲ得ス但シ臨時都府巡察ト
外國應接トノ如キ猶立法官得管之

写真 12-1　『政体』（1868 年）提供：ジャパンアーカイブズ

官制はその後、何度も建替えられていったが、まとまった形式をとって最初に制定されたのは、鳥羽伏見の約四カ月後に公布された「政体」（明治元年閏四月二十一日）であった。

「政体」（一）：目的としての「五箇条誓文」

「政体」は文字通り政府の「体」を記した法令で、政府はこれをパンフレットにして販売した（和泉屋市兵衛刊）。冒頭に、一カ月ほど前に公布したいわゆる「五箇条《ごかじょう》誓文《せいもん》」を引用し、これを目的として政府を組織すると唱《うた》い、その上で政府組織の原則と中央・地方政府の官職のあらましを記している（写真12-1）。近代最初の国家基本法と言ってよい。後の法制史家は、近代西洋の憲法を基準としてこれを眺め、国民の人権規定がないために近代憲法とは言えないと軽視してきた。しかし、ほとんど無から立ち上げられた政府にとって、その組織原則を天下に明示することは実務の処理のみならず、正当性を確保するためにも必須の課題であった。ここには幕末政治十年の成果が集約され、それによって以後の改革の出発点を与えた。国民の権利は新政府が安定した後に検討が始まる。幕末と明治をつなぐ維新の原点とみるべき法令であるから、以下、少し詳しく紹介しよう。

まず、五箇条誓文である。引用しよう。

一　広く会議を興《おこ》し、万機公論に決すべし
一　上下心を一にして、盛《さかん》に経綸《けいりん》を行ふべし
一　官武一途、庶民に至る迄、各其志を遂げ、人心をして倦《う》まざらしめんことを要す
一　旧来の陋習《ろうしゅう》を破り、天地の公道に基《もとづ》くべし
一　智識を世界に求め、大に皇基《こうき》を振起《しんき》すべし

これは元々、土佐の福岡孝悌《たかちか》が鳥羽伏見の直後に諸侯会盟を提唱し、そのために越前の三岡《みつおか》八郎（由利公正《ゆりきみまさ》）と組んで書いたものであった。京都に諸侯を招集し、新たな政体を立てるというアイデアは、土佐の政権奉還の提唱に始まるものであり、新政府が全国から支持を取付けるには

いずれ必要となるはずの手続きであった。福岡・三岡による立案にはしかし、短期的な政治的意味もあった。土佐・越前は徳川慶喜の追討に同意したものの、その追討の方法や処分案について発言する必要があった。この問題を諸侯会議の招集に結びつければ薩・長の勢いを牽制し、処分を穏和なものに留められるだろうとの思惑があったのではなかろうか。しかし、三月になって長州の木戸孝允《たかよし》が「国是」確立を提唱したとき、彼らの草稿は書換えられて、より一般的な意味を担うようになった。木戸は原案の「列侯会議を興し」という文言を「広く会議を興し」に変え、冒頭に置いた。この変更により第一条は普遍性を獲得した。次いで、第二条以下は、日本に生まれた人々が身分を問わず、国家の経営に参画し（第二条）、かつ自己実現も遂げて（第三条）、日本を興隆させること、そのためには「天地の公道」を基礎に据え、敢えて慣習を破壊し（第四条）、国外からも優れた智識を導入すべし（第五条）と述べている。ここに言う「天地の公道」とは横井小楠が愛用した言葉で、儒学を背景とする人類「普遍の道」を言う。全体としては、国家としての目標を簡潔に記しており、維新期だけでなく、近代に一貫する「国是」として後世から参照されるにふさわしいものになったと言って良いだろう。

「政体」（一）：官制の制定と脱身分化の開始

「政体」は冒頭に五箇条誓文を掲げた後に中央政府の組織原則を述べている。第一条ではまず

「天下の権力、総《すべ》てこれを太政官《だじょうかん》に帰す」と宣言・命令した。ようやくに成功した権力の一元化は新政府が死守すべき課題だったが、ここでは政府の全体を太政官と呼んで権力の所在を明示している。諸藩に対する優越が要点である。第一条の後半は「太政官の権力を分《わか》って立法・行法・司法の三権とす。則《すなわち》偏重の患無《なか》らしむるなり」という文言が続いている。この三権分立の規定は起草者がたまたまアメリカの組織を参照して書いたそうであるが、その実際の関係は、後に記されている官制も参照すると次のようであった。太政官の中では「議政官《ぎせいかん》」の上局（議定《ぎじょう》・参与の会議体）が立法の全権を掌握し、その決定を他の官庁が執行する。そのうち「行政官」は議定のうちの二人が輔相《ほしょう》として天皇を補佐し、国内事務と宮中庶務の統轄に当る組織であり、他に神《じん》祇《ぎ》、会計、軍務、外国、司法の五官が置かれて事務を分掌した。

従来、「政体」は三権分立を規定したものの、司法権が独立しておらず、のちに行政権が立法・司法に対して圧倒的に優勢となったため、近代的な国家基本法と見なされてこなかった。しかし、成立したばかりの政府に熟慮の時間はなく、西洋の法体系に詳しい者も徳川の臣下以外にはいなかった。新政府は聞きかじりの知識を材料に間に合せの制を設けるほかはなかったのである。「政体」の評価に当っては、成立過程よりは、実際の運用の中で何が重視され、何が棄《す》てられたのかを見る方が重要であろう。

この点で最初から後々まで大きな意味を持ったのは第三条である。九等からなる官制のうち、一等官には「親王・公卿・諸侯」でない限り昇れない。（天皇が）「親しきを親しみ、大臣を敬する」ためである。同時に、「藩士・庶人といえども徴士の法を設け、二等官に至るを得る」、（それは）「賢を尊ぶ」ためであるとも規定している。この規定により、二等官以下は原則上、男性なら誰でも就任できることになった。

要するに、幕末にしきりに唱えられた「人材登用」が制度化されたわけである。十年後の西南内乱までに庶民出身者が政府上層の二十パーセントを占めるようになった事実を見ると、この規定は実際に行われたことが分る（升味一九六五）。身分を問わぬ中央政府への人材登用はすでに安政四（一八五七）年に越前の橋本左内《さない》が提唱したことであった。当時は高官への登用は想定外であったが、十年間の動乱の中で政治運動家たちの間では自明のことになったようである。彼らの教育は私的欲望の表現を禁じていたから、これを直接的に主張した人は稀であった。しかし、「尊王」にせよ、「攘夷」にせよ、「公議」にせよ、彼らの訴えたスローガンは多分に、隠された出世欲の間接的表現だったように思われる。

無論、彼らが台頭したのはその行動力・説得力・判断力・実務能力の賜物であった。近世の政治決定は君公の裁可なしには無効だったが、君公たちは家臣によるお膳立てを自明の前提として行動し、互いの外交に当っても直接に面談する機会は乏しかった。このような政治慣行の下では、家臣の側に経験を積み、政務に熟達した人材が蓄積されることになる。その上、幕末の政争は生残った者たちを鍛えに鍛え抜いていた。政府が彼らを徴士として集めたとき、二等官以下の官職に就いた大名家臣が主導権を握るのは自然の成行きであり、一等官の身分的制限は、政府の機能上、大きな障碍《しょうがい》とはならなかった。ちなみに、この第三条の「親しきを親しみ」や「賢を貴ぶ」という表現は、坂本龍馬が死の直前に尾崎三良《さぶろう》（三条家家臣）らと書いた官制案を引継いだものである。龍馬のもう一つの遺産と言って良いだろう（維新史五、三〇頁）。

次の第四条は、「各府各藩各県、皆貢士《こうし》を出し、議員とす。議事の制を立つるは輿論《よろん》公議を執る所以《ゆえん》なり」と規定している。藩をはじめ地方組織は中央政府の議政官に「貢士」という代表を送ることになった。議政官は上下二局からなったが、上局と下局は全く異質な存在であった。上局が太政官の全権を担う機関であったのに対し、下局は「上局の命を承り、議する所」、すなわち諮問機関であった。この下局の主役が貢士だったのである。諮問機関に過ぎないとはいえ、この地方代表による「公議」は廃藩置県まではかなり重要な役割をはたした。周知のように、議政官下局が名を変えた公議所《こうぎしょ》は政府による果敢な廃藩提案に対し消極的な議論や答申をすることになるが、政府はこの場により各藩の動向を網羅的に観察し、とりあえず版籍奉還は実現したのである。公議所なしに諸藩の意見を知ろうとしたら、かなりの困難を覚えたに違いない。

徴士と貢士は全国から網羅的に集められた。府藩県の代表であった貢士だけでなく、徴士も出身は多様であった。鳥羽伏見に戦勝した薩・長や復古クーデタに参加した大大名がいくら功績を挙げたと言っても、彼らによる政権独占は不可能であった。二百以上もの単位からなる国家連邦にあっては、新政府を生延びさせ、その能力を高めるには、全国からの人材動員が不可欠だったのである。幕府の実務家が中下級のみならず上級の官職に採用されていったのは当然の結果であった（渋沢一九八四）。徴士たちは任用にあたり朝臣《ちょうしん》に引上げられた。これにより君公との主従関係は断ち切られたのである。諸藩の中には当初、人材を徴士に引抜かれることを警戒する声があったが、新政府が安定するにつれて、むしろ徴士に採用された藩出身者を通じて勢力維持を図るように変っていった。

「政体」は他の条で、立法官の行政官への兼任禁止、私宅での談合禁止、任期の四年限定と「公選入札」による改選、供連れの人数制限、在官者からの租税徴収、太政官の権限の府藩県に対する優越などを規定した。うち、最初の二つは実行されなかった。「政体」自体、行政官トップの輔相《ほしょう》が議政局上局のメンバーを兼任すると規定している。政務の急増と人材不足の当時にあって、行政官に人材、したがって権力が集中してゆくのは自然なことであり、明治元（一八六八）年九月に議政官は廃された。また、私宅での議事はむしろ主流となった。初期の政府は上級の官に公卿と諸侯を採用したが、実際の決定は政権奉還や復古クーデタなどを画策・実行した岩倉、大久保利通、後藤象二郎《しょうじろう》、さらに鳥羽伏見の前後から加わった三条実美《さねとみ》、広沢真臣《さねおみ》、木戸孝允など少数の人々が担わざるを得なかった。彼らは私宅に集会したり、互いに行き来して、次々に現れる懸案を処理していったのである。公式の制度の官員と非公式の決定集団との乖離は、廃藩置県時に「政体」に代る太政官三院制が定められ、その際に三条と岩倉を除く公卿や諸侯がほぼ全員政府を退くまで続いた。その中途、明治二年五月に官の公選が実施された（三等官以上の官吏が上級職を選挙した）が、それはこの官職と実質的な決定権者の乖離《かいり》を解消する臨時の処置として利用されたのであった。

「政体」の後、官制は何度も改訂された。急進的な変革の時代には制度は繰返し改訂される。当時、最も重要だったのは頻々《ひんぴん》と出現する緊急課題の処理で、制度はその都合に合せて随時変更された。人事も同様で、無能と思われた者は直《ただ》ちに淘汰《とうた》された。また、官職に就いた公卿や諸侯は、会議のなかで旧家臣の徴士と対等に議論せざるを得なくなった（佐々木四、六二頁）。五箇条誓文の「広く会議を興し、万機公論に決すべし」は、実際には政府官僚の日常からまず始まったのである。新政府は、その寄合い所帯という性質上、政府の内部でも、諸藩との関係でも、決定を「公議」「公論」に拠るほかはなかった。

新政府の対西洋外交

他方、新政府は外交を独占し、対外的な正当性を確保することにも腐心した。鳥羽伏見の直後に神戸で岡山藩兵が攘夷事件を起したとき、これを直ちに処決した上で、正月十五日に諸国公使に王政復古と和親の方針を通告し、翌々日には国内にも対外和親を布告した。その後、二月末には諸国公使の参内謁見という古来絶えてなかった儀礼の執行に踏切ったが、その直前には堺《さかい》で仏兵との衝突が起き、参内《さんだい》の際にも英国公使ハリー・パークスが襲撃されるという突発事に見舞われている。新政府はこうした薄氷を踏む状況に直面しながら、開国への断固たる意志を表明し、西洋諸国の支持取付けに努力した。徳川との武力衝突の発生後、西洋諸国から局外中立を宣言されたため、旧幕府が注文していた軍艦などの引取りには失敗したが、内政干渉の回避には成功している。その一方、諸藩に対しても、「政体」によって外国との盟約や外国人の雇用を禁止した。中央政府による外交と戦争の独占は連邦国家の統合性を維持するに必須の条件であった。

二 戊辰内乱――規模の限定性・副次効果の大きさ

西国・尾張以西の付和雷同

明治元年正月七日、新政府は在京諸侯に対して徳川慶喜追討を正式に発令し、諸侯に対して帰《き》趨《すう》を明らかにするように迫った。前日の慶喜逃亡によって鳥羽伏見の戦いは終わり、課題は全国諸藩から忠誠を取付けることに移ったのである（以下、軍事面は保谷徹二〇〇七による）。徳川方が総崩れとなったのは、老中稲葉正邦の居城だった淀城が敗走を始めた徳川方の入城を拒み、さらに味方だったはずの津藩藤堂《とうどう》家が山崎の関門で徳川方を横から砲撃したのがきっかけだった。京都近辺の諸藩は直ちにこれに雷同し、その動きは西国一般へ拡がって、西国の諸藩は平和裏に新政府を支持し始めた。唯一の例外は長州が備後《びんご》福山城に迫ったときで、若干の戦闘が発生したが、すぐ福山側が開城して終った。大手の譜代大名は他に山陽筋では老中板倉勝静《かつきよ》の備中《びっちゅう》松山のほか、姫路、四国の伊予松山、讃岐《さぬき》高松があったが、いずれも直ちに開城し、新政府が指名した岡山藩や土佐藩による管理を受入れた。山陰筋では小浜《おばま》酒井家で問題が生じたが、藩主の身柄拘束だけで片付いた。西国は一カ月も経たない間に新政府支持に雪崩を打ったのである。とくに目立つのは、現役老中の居城である淀や備中松山で、家臣団が主君を見捨て、逆の側に付いた事実である。

他方、東海筋でも雷同が拡がった。桑名では頑強な抵抗が予想されたが、その家臣団は主不在の中で開城に踏切った。さらに尾張徳川家では徳川慶勝《よしかつ》が旧幕支持に拘《こだわ》る重臣十数名を殺して新政府支持を固めた。こうして本州中央部にも雷同の波が及んでゆき、その結果、征討大将軍として出陣していた仁和寺宮喜彰《にんなじのみやよしあきら》親王は正月二十八日には京都に凱旋《がいせん》し、錦旗《きんき》と節刀《せっとう》を返還した。

江戸の開城

平定の作業はこれで一段落し、政局の焦点は東帰した徳川慶喜の処置と幕臣たちの去就に絞られた。慶喜の降伏が順調に運ぶならば、新政府は全国の支持を集め、国内には再び平和が訪れるはずであった。新政府は二月九日に総裁有栖川宮熾仁《ありすがわのみやたるひと》親王を東征大総督に立て、彼は十五日、参謀の西郷隆盛や林玖十郎《くじゅうろう》（宇和島）とともに東征の途に下った。東征軍は本営を駿府《すんぷ》（静岡）に置き、東海道・東山道《とうさんどう》・北陸道・奥羽の四方面から江戸攻略に向った。各方面の諸大名への方針は以前と同様、新政府への支持取付けが最優先され、たとえ一旦相手が敵対姿勢を見せたとしてもまず帰順を勧め、帰順した後には征討軍の先頭に据えてその意志を固める方針を取った。江戸総攻撃の日取りは三月十五日と定められた。

これに対し、江戸に帰還した徳川慶喜は恭順の姿勢を示した。正月二十三日に勝海舟を陸軍総裁、矢田堀鴻《やたぼりこう》を海軍総裁、大久保忠寛《ただひろ》を会計総裁に抜擢し、徳川宗家の組織の徹底的な脱身分化を図る一方、箱根や碓井《うすい》など関東に入る関門を固めて、一応、武力動員の準備をしたものの、フランス公使ロッシュの再三にわたる武力反抗の提案は退けている。彼は禁門の変後の長州と同様の立場に陥ったわけであるが、自身の生命、自家の処分、旗本の処遇、いずれも皆目《かいもく》見通しが付かなかった。京都との交信は一門で個人的にも親しい松平春嶽《しゅんがく》を通じて行ったが、新政府側の態度が強硬なことが分ると、二月九日には鳥羽伏見の責任者を罷免・処罰した上で、自らは江戸城から上野寛永寺《かんえいじ》に退き、謹慎を始めた。会津・桑名に対しては江戸を退去し、国元に帰るように命じている。長州が三家老を処刑し、その首を差し出したのと比べると軽い措置と言えよう。春嶽を通じてこれを知った新政府側は厳しい態度を取った。寛永寺の輪王寺宮能久親王《りんのうじのみやよしひさしんのう》が三月七日に駿府を訪れて謝罪書を伝達し、嘆願を重ねても採用せず、前将軍夫人和宮《かずのみや》からの嘆願も退けている。強硬姿勢の明示により、慶喜が全面降伏を受け入れるか否かを試したのであろう。三月十三日には江戸の入り口、品川宿に東海道軍、板橋宿に東山道軍が到着した。

慶喜はこれに対し、全面恭順を決意した。陸軍総裁の勝に全権を委ね、その勝は駿府の総督府に山岡鉄舟《てっしゅう》を派遣して西郷との間に交渉を始めた。総攻撃予定の前日、十四日に勝と西郷は江戸の薩摩下屋敷《しもやしき》で会見し、降伏について合意した。西郷は総攻撃の延期を布告し、駿府ついで京都に急行して、太政官の了解を取り付けた。その結果、四月四日に先鋒総督は江戸城に入って次の勅旨を伝え、その後、十一日に至って江戸城は無事開城された。旧幕府の根幹部分に限っては、慶喜の意向通り、一戦も交えず新政府に降伏したのである。その条件は次の通りであった。

①徳川の家名を存続させる。慶喜は死一等を減じて、水戸で隠居・謹慎する。②江戸城を尾張藩に預ける。③軍艦・銃砲を新政府側へ引渡すが、後に一部を返す。④江戸城に居住する臣下は城外に退去・謹慎する（大奥勤めの女性たちも含む）。⑤慶喜の謀反《むほん》を助けた家臣は、死一等を減じた上で処分し、総督府に報告する。

これらはかつての幕府による長州処分案と比べ、項目によって軽重に差異があるが、いずれの場合も重刑を科さない点で寛典だったと言って良いだろう。武力発動をできるだけ回避し、関東平定を速やかに成功させたいという意志が働いていたことが分る。

幕臣の去就

しかしながら、無論、幕臣の中には不服の者もあった。すでに古屋作左衛門の率いる歩兵や近藤勇らの新撰組が北関東や甲州に向って江戸を後にしていたが、江戸開城前後には歩兵奉行大鳥圭介《けいすけ》に率いられた歩兵約二千や撒兵《さんぺい》約千五百などが脱走した。彼らは結局、宇都宮を経て日光に向い、会津の後援を受けながら北関東や白河口で討伐軍と戦闘を繰返した。歩兵や新撰組は隊が解散されたら直ちに失業する。世禄《せいろく》（世襲の家禄）を持つ旗本と違って、彼らは生計も出世の望みも戦争（の期待）のみに依存していたのである。討伐軍の板垣退助によると、旧幕の歩兵は集団行動の訓練ができていた分、諸藩兵よりはるかに手強《てごわ》かったそうである（宇田二〇〇九、四二六頁。野口二〇〇二）。

さて、開城は円滑に進んだものの、総督府は江戸市中を十分掌握できなかった。牢人たちが組織した彰義隊《しょうぎたい》が勢力を拡げ、寛永寺に入り込んで上野の山に約二千名が立て籠《こも》ったのである。江戸市中と北関東の武力抵抗が連動することを恐れた新政府は、副総裁三条実美を江戸に送り、まず徳川宗家を存続させる方針を布告した後に、五月十五日に至って彰義隊の武力討伐に踏切った。このとき、彰義隊に担がれていた寛永寺の輪王寺宮は脱走して品川から幕府軍艦に搭乗し、海軍とともに北に向った。

新政府は五月二十四日、徳川宗家を駿府あらため静岡に転封し、七十万石を下付すると宣言した（以下、原口一九七二上）。旧幕臣たちにはこの時、朝臣への登用、静岡移住、士籍離脱の三つの選択肢があった。静岡に移住して徳川との主従関係を維持した中には、新設の沼津《ぬまづ》兵学校で最新の西洋学と兵学を教授・学習する者もあったが、彼らは後に新政府に徴《ちょう》されたり、有力藩に兵学教授として雇われたりしている。その一方には帰農《きのう》し、西洋での需要が急増中だった茶の栽培で生計を立てる人々も現れた。主家の領地が急激に縮められたとき、思い切って武士身分を離脱したのであるが、いずれ他大名の家臣にも同様の境遇が訪れることとなる。

旧旗本の多数派は運命を甘受したが、幕末に新規の取立てや抜擢を受けた人々の中にはなお抵抗を続ける者があった。その代表例は海軍で、新政府への引渡しを拒んだ艦隊を使って江戸の鎮将府に圧力をかけ続け、八月に至って北に脱走した。仙台領で旧歩兵らを収容した後、蝦夷地箱《えぞちはこ》館《だて》で榎本武揚《たけあき》を中心に抵抗を続けた。

他方、旧幕臣の中には、民間に下った上で、言論で抵抗する者も現れた。柳川春三《しゅんさん》ら、幕末の江戸城で西洋新聞を抄訳して回覧に供することを業としていた洋学者の一部は、商業新聞を発行して東北勢の抵抗と討伐軍の苦戦を書立てたのである（福地一八九四）。西洋から新たなコミュニケーション手段として新聞が導入されたとき、それはまず政治宣伝に使われ、それが禁止された後は「文明」の立場から新政府を監視・批判する手段に転じた。新政府への抵抗は、「公論」を支え、作り出すマス・メディアも生み、それまでは個人間と会議に限られていた「公論」空間を爆発的に拡大することになったのである（三谷二〇〇四）。

東北と越後での戦乱

江戸が開城した後、南関東以西はほぼ新政府の統治を受入れたが、北関東以北には不穏な空気が漲《みなぎ》りつつあった（佐々木一九七七）。当時、衆目が向ったのは、復古クーデタの際に最も警戒され、鳥羽伏見では薩・長との戦いの先頭に立った会津、および前年末に江戸で薩摩屋敷を攻撃し、幕臣暴発のきっかけを作った庄内《しょうない》の動向であった。会津に対しては、はやく正月十七日に追討令が出されたが、庄内については薩摩側に多大の遺恨《いこん》があったものの罪名は明確ではなかった。征討総督府は二月に奥羽鎮撫総督を置いた際、会津には責任者の死を以ての謝罪を要求し、庄内については伊予松山・讃岐高松と同様の扱いをする方針をとった。鎮撫総督は三月二十三日に海路、仙台に到着し、二十九日、仙台・米沢に対し会津の討伐を命じた（以下、事実は保谷二〇〇七による）。

かつて第一次長州征討の際、幕府は西国の諸大名を動員し、包囲網を敷かせた。総督は親藩から出したが、征討には全大名の協力を求めたのである。実際に戦闘が行われた第二次征討では親藩・譜代しか協力しなかったが、拠点は国持の居城広島に置き、同藩の協力を得ている。慶応四年の新政府も当初は同様の行動をとり、総督は京都から九条道孝《みちたか》を送り、これに長州と薩摩の参謀を付けたものの、征討の主体は会津近傍の国持大名、仙台と米沢に求めたのである。

これに対し、会津と庄内は四月十日に抗戦同盟を結んだ。庄内は奥羽総督府が提示した罪状に納得せず、会津と提携して抵抗する道を選んだ。この同盟は仙台を始めとする奥羽諸藩の参加を誘い、やがて江戸を押え、さらに薩・長の朝廷支配を覆そうと展望していたという。総督府はこれより先、仙台と天童《てんどう》、さらに秋田藩に庄内の追討を命じていたが、この時点では、東北諸藩が新政府に就くか、反抗に回るかは予想できなかった。

東北諸藩のほぼ全体が反抗に回ったのは、会津・庄内と新政府との調停工作が失敗したためである。会津はすでに北関東の旧幕歩兵を支援しており、庄内も四月下旬には侵攻した薩・長の小部隊と交戦を始めていた。その状況で、新政府から征討を命じられた仙台・米沢は、かつての薩摩が長州に対して行ったように、調停工作を試みた。三月末、会津に使者を送り、恭順謝罪を勧めたのである。その条件はかつての長州と同じ、開城、削封、家老二、三名の首級《しゅきゅう》であった。交渉は難航したが、会津は四月二十一日に至って開城と削封のみを認めることにし、仙台・米沢両藩に謝罪嘆願の使節を送った。嘆願という名であったが、禁門の変後の長州が京都に送った使節と同じく、強硬な態度で応じたのである。

これに対し、総督府は閏四月三日、嘆願を拒否し、会津容保自らが総督府に出頭するように要求した。仙・米二藩はこれに対し、同十一日、白石《しろいし》（仙台藩の南部）に奥羽諸藩の重臣を集めて会議を開き、会津の寛典を求める総督あての嘆願書をまとめて十四藩の署名を得た。翌日、仙・米両藩主が自ら九条総督に面会し、容保の伏罪《ふくざい》の様子を伝えた上で提出している。諸藩の重臣はさらに、「列藩衆議」の結論として、王政一新に当っては戦争を避け、世論に即して行動すべきであり、とくに農繁期の戦争は望ましくない、寛大の沙汰が下るなら奥羽全体の鎮撫も容易になるはずだと述べた。しかし、総督はこれに難色を示し、十七日に至って却下した。仙・米両藩はこれを不当として会津への征討軍を解き、他の藩もこれに同調した。二十日には総督府参謀の世《せ》良修蔵《らしゅうぞう》を暗殺している。二十二日には庄内への征討軍も解兵し、五月三日に至っては、八箇条からなる盟約を作製・署名して奥羽列藩同盟を発足させた。

かつての長州が孤立していたのに対し、会津と庄内は近隣諸藩の同情を得、新政府への嘆願支援から同盟による武力反抗までを実現した。この違いはどこにあるのだろうか。長州にも津和野・鳥取や岡山など、同情する大名はいた。しかし、進んで救解に努めたり、同盟して戦争に加担する者は現れなかった。調停できる立場にあったのは薩摩だったが、その支援は間接的に留まった。もともと薩摩が長州のライヴァルだったせいもあるが、禁門の変の記憶にはいまだ生々しいものがあった。これに対し、慶応四年の会津は東北諸藩と敵対関係に立ったことはなかった。彼らには、会津と新政府の対立は会津と薩・長との私的な権力闘争に見えたはずである。会津、さらに奥羽諸藩と結べば、介入の機を逸して薩・長に壟断《ろうだん》されてしまった朝廷を我が手に奪取できるかも知れない。仙台を始め、東北の大藩の中にはそのような野心が膨らんでいったのではあるまいか。この翌年、戦後の土佐は薩・長に対抗するために四国同盟を結ぶことになる。その行動を参照すると、慶応四年の奥羽列藩同盟の背後に同様の野望を見たとしても、あり得ぬことではないと思われる。

しかし、幕末の政治は単なる権力闘争だったのだろうか。安政四年以来、会津と同じく徳川親藩だった越前家の橋本左内は、日本全国の力を結集するために、徳川一門だけでなく、国持を含む有力大名の政権掌握を考え、さらに身分を超えた人材登用を主張していた（第六章）。それは西洋主導のグローバル化の中で危機に直面していた日本を救うに必須の改革構想であった。その観点からすれば、王政復古により成立した新政府は決して薩・長の私有物ではなかった。しかも薩・長の中には木戸孝允のようにすでに廃藩を次の目標に立てている者もあった。

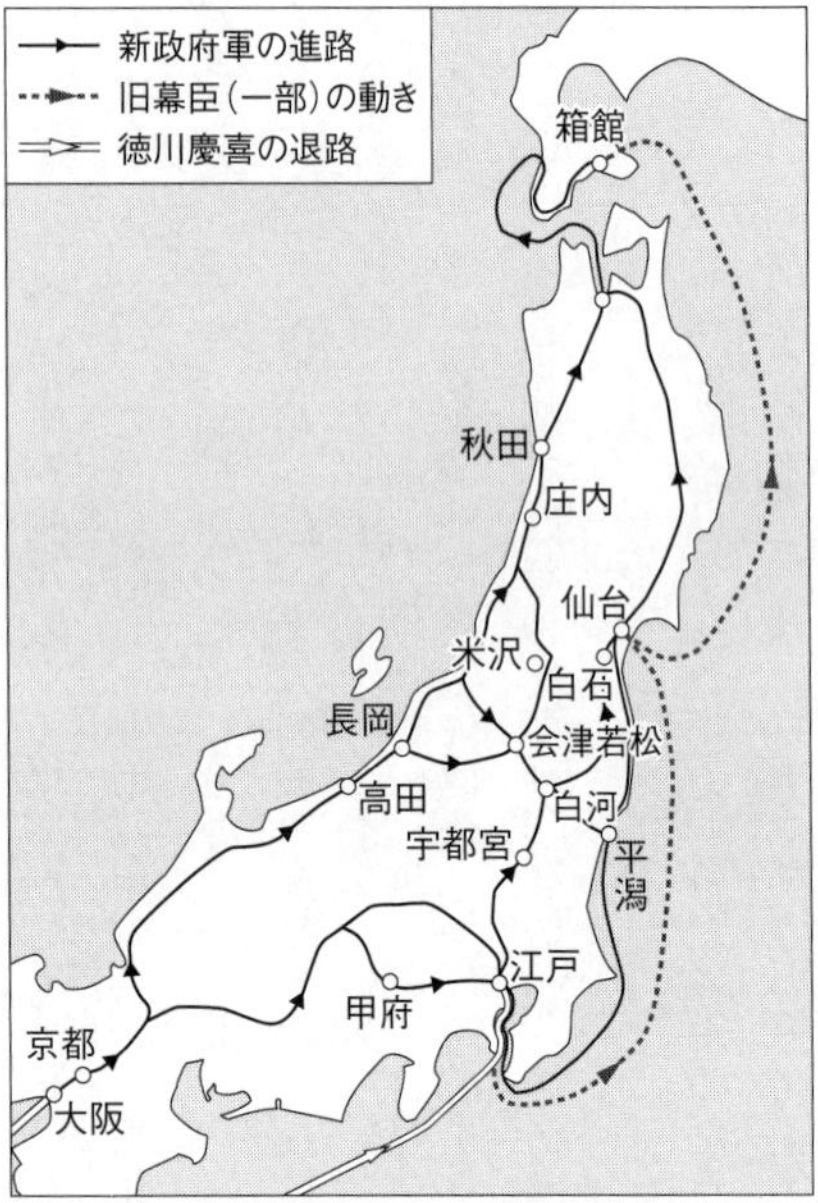

図 12-1　戊辰内乱略図（鳥海ほか 2015 をもとに作成）

このような日本の未来像を奥羽列藩同盟は持っていたのだろうか。白石の会議所は七月になって「公議府」と命名されたが、付け焼刃の感を免れない。

戦局の展開については専書に譲り、要点のみを記す（保谷前掲）。戦いが長引いたのは白河口、すなわち関東から奥羽への入口であり、同時に会津と一山のみを隔てた場所で、閏四月二十日から七月下旬まで攻防が続いた。征討軍の主力はしかし、六月中旬に海路により仙台を目ざした。磐城平《いわきたいら》の南、平潟《ひらかた》に上陸し、海岸沿いと内陸との二手に分れて北上した。仙台が降伏したのは九月十五日である。庄内に対しては、いち早く同盟を離脱した秋田藩が攻撃の主力となった。七月一日から南下したが、逆に押返され、城下に一山隔てた地まで攻め込まれている。会津落城の翌日、戦闘では勝っていた庄内が自ら降伏して戦闘が終った。

越後でも戦端が開かれた。長岡牧野家の重臣河井《かわい》継之助《つぐのすけ》が新政府軍との対決に踏切り、五月上旬から七月末まで激しい攻防を繰広げている。最後の山は無論、会津だった。薩摩の伊地知《いじち》正治《まさはる》と土佐の板垣退助に率いられた征討軍は、八月二十三日に城下に押寄せ、会津側と凄惨な戦闘を繰広げた。会津は約一カ月後、九月二十二日に降伏・開城した。これにより東北・北越の内乱は終結したが、蝦夷地の旧幕府軍はそのまま箱館で越冬した。春が来て征討軍がこれを降したのは五月十八日であった。

戦争の副次効果

戊辰内乱は同時代に起きたアメリカ南北戦争や普仏戦争に比べれば小規模の域に留まった。アメリカ南北戦争は約五年間続き、その戦死者は六十一万人余に上った。普仏戦争は期間は十カ月ほどで戊辰内乱とさほど変らないが、死者の数はドイツ側が約四万五千、フランス側が約十四万、合計十八万五千ほどであった（Clodfelter 2017）。その前の普墺戦争まで加えると死者の数はもっと大きくなる。死者が約一万三千余人だった戊辰内乱は戦争自体の規模として大きいとは言えないだろう（奈倉二〇〇五）。

しかし、その政治的・歴史的意味は大きかった。新政府への抵抗勢力がなくなり、その正統性が確立したというに留まらない。むしろ、その副次効果に絶大なものがあった。武家の世襲身分制に与えた打撃がそれである。

打撃はまず新政府による兵力動員から始まった。新政府は諸藩の動員に当り、小銃と大砲を備えた部隊のみを要求した（保谷二〇〇七）。これは伝統的な武士による戦闘隊形の否定であった。戦国までの戦闘は、煌《きら》びやかな甲冑《かっちゅう》に身を固めた侍が、馬上ゆたかに多くの従者を従えて出陣するのが基本形であった。しかし、新政府の首脳は、長州戦争の経験から銃隊以外は戦力にならぬと知っていたのである。銃隊では、身分の上下を問わず単身で隊伍に入り、対等な立場で行動せねばならない。上級武士がその地位を維持したいなら将校になる以外にないが、それは事前に教育を受け、戦術に熟達した者のみに可能なことであった。将校になれない者は後方に留まる外はない。その上、実戦で武功を挙げた者は当然、戦後に報賞として地位を引上げられ、無功の者は評判を落すことになる。新政府軍がこのように組織されると、対抗する側も同様の組織を作らねばならない。こうして、諸藩に動員がかけられ、実戦が展開する中で、敵味方を問わず、武士の地位の平準化が進んだのである。

他方、戦場への動員は各藩の財政を急激に悪化させた。当面は多く借金や藩札発行に頼ったが、給禄も削減せざるを得ない。下級武士の削禄には限界があるから、結局は上級武士の給付を削減するほかはない（落合一九九九。土佐については谷干城一、一七四頁）。こうして武士の収入が平準化し始めたが、削禄の影響は武家の内部構造も変えていった。上級武士は陪臣たちを藩直属部隊に放出する一方、同時に家内奉公人も削減して身の回りの世話に必要な最小限に留めざるを得なくなった（宮地一九九九）。こうして生活様式も中級武士に近づいていったのである。

戊辰内乱にはほとんど全ての藩が巻込まれた。小藩には軍隊を差し出す能力がなかったが、中規模以上は等し並みに動員をかけられ、それを通じて家臣団の再編成を余儀なくされたのである。これは廃藩後に急進する脱身分化の重要な条件となった。さらに、諸藩の中には財政が行き詰り、統治を放棄する者が出現した。姫路藩は戦塵なおさめやらぬ明治元年十一月に版籍奉還を申し出たが、明治三年に入ると盛岡藩が統治権を返上している。財政に行き詰り、それを東京政府に転嫁する以外になくなったのである（松尾二〇〇一）。

三　地域間競争と「公議」「集権」「脱身分」

戊辰内乱が蝦夷地を除いて半年たらずで落着し、武力反抗する主体がなくなった後、政府の課題は東京に権力を集中することに移った。戦争への動員が終った後、どう諸藩を新政府につなぎ止めるか、すなわち新たな戦乱の芽を摘み、東京への集権を進めることが喫緊の問題となったのである。その方策は天皇の下での全国大での公論、すなわち東京会同《かいどう》であった。戊辰内乱で討滅された大名は一つもなく、未だに近世同様に二百数十もの小国家が生きていた。同時代のドイツと異なって、工業化を背景にひたすら覇権獲得を目ざすプロイセンのような藩は存在せず、解兵後にまた戦争を引き起すのは難しかったから、軍事的な強制統合は不可能となっていた。したがって、集権化を進める方法としては諸藩の間の公論以外になかったのである（以下、政府側の動きについては、松尾前掲、青山二〇一二、奥田二〇一六を参照）。

「公議」による統合

新政府は会津開城の直前、天皇が江戸あらため東京に着く頃、諸藩が「貢士」に代る「公議《こうぎ》人《にん》」を差し出すように命じた。彼らにまず尋ねた問題は奥羽越諸藩の処置であった。喫緊の問題を諸藩の「公論」に懸けたのである（奥田前掲）。年末には「公議所」を設置し、公議人たちに対し、天皇が東京に再幸する来春に再集結するように命じた。その後、太政官に「議事体裁《ていさい》取調御用」（総裁山内容堂、掛《かかり》秋月種樹《たねたつ》・森有礼《ありのり》・神田孝平《たかひら》ら）を置き、議事の組織や議題などの準備を重ねている。

明治二年二月二十五日、政府は詔書で公議所の設置を布告し、三月七日、公議人二百二十七人を集めて開局した。この時、「自諸侯至上士処置規則案《しょこうよりじょうしにいたる》」が下問され、十二日以後ほぼ五日に一度会議を行い、修正の上、四月八日に可決・上奏している（『公議所日誌』明治文化全集四）。その間、官員や公議人、さらに箱訴の形で民間人が投じた議案も順次討議に上されていったが、六月に閉局するまで少なくとも六十六の議案が提出された（『官版議案禄』前掲）。その中で最も重要だった議案は正月に薩・長・土・肥の四藩主が願い出た版籍奉還に関わる問題であった。森有礼は公議人に「御国体之儀に付問題四条」を提示した。①現在の国体は封建・郡県相半ばするが、将来はどうすべきか。②封建・郡県のいずれに帰すべきか。③封建とする場合、どのように人情・時勢に合わせるか。④郡県にする場合はどうか（『公議所日誌』）。新政府のリーダーの一部はかねて郡県化を狙っていたが、これを最も強い利害関係を持つ藩代表に対して公然と持出したのである。

大名の連邦を単一の集権国家に変えようというアイデアは王政復古の前後から現れた（青山二〇一二）。最も初期のものは慶応三（一八六七）年十一月二日に薩摩の洋学者寺島宗則《てらじまむねのり》が君公に献じた上書であるが、鳥羽伏見の直後には長州の伊藤博文がイギリス公使官員アーネスト・サトウに対し版図返上を木戸孝允とともに上申するつもりだと語っている。その木戸は長州から上京して参与に任じられた直後、二月三日に三条・岩倉あての上書で土地人民の返上を主張した。彼はまた、一旦帰国したときに毛利敬親《たかちか》にこのアイデアを話し、ほぼ了解を得たようである。ただし、藩内ではこれに強い反対論が生じ、彼は以後、この点については口を閉ざすことになった。

伊藤は明治二年正月「国是綱目」を上書して中央集権化と官職世襲の廃止を主張したが、同様に非難を受け、一歩後退している。森有礼はこうした裏面で展開していた動きを公開された制度空間に持出したのである。

森は五月四日、四十藩と昌平校《しょうへいこう》の賛同を得て「御国制改正ノ議」を議案として提出し、その第一条で「皇国一円、私有の地を公収し、政令一に出《いづ》るを要す」と主張した。これに対し、同日には他に六十一藩が「郡県議」、四十六藩が「封建議」、二十一藩が「御国体封建議」、三十六藩が「国体論節略」、六藩が「御国体議」、七藩が「奉対御国体問題四条」を提出している（『公議所日誌』）。これらは「郡県議」を含め、すべて連邦体制を維持しながらより統合度を高めようという案であった。政府は会津開城の直後、「藩治職制」を公布して府・藩・県に一様の制度（執政・参政・公議人など）を導入し、人材を登用するように命じていたが、その体制を維持し、「封建に郡県の意を寓《ぐう》し」たい、つまり、藩体制を維持しながら、太政官の意向をより強く体現したいというのが多数意見だったのである。

他方、政府はかねて諸侯を東京に招集していた。五月二十二日に在府の諸侯などを参朝させ、「知藩事」への選任や蝦夷地の開拓につき諮問した（法令全書二、一八四頁）。次いで六月二日、まず戊辰内乱の功労に対して「賞典禄《しょうてんろく》」を下した上で、十七日、時勢と公議の名の下に版籍奉還の建白を聴許した。この時、諸侯は知藩事として従来と同じ土地を朝臣の資格で統治させることとした。公議所ではこれを世襲とする案もあったが、太政官は木戸孝允の強い反対により非世襲とした。同時代には、プロイセンを盟主とした「北ドイツ連邦」が創られ、フランスとの戦争後、ドイツ帝国に拡大されたが、そこでは領邦君主の地位は維持された（フルブロック二〇〇五）。明治初年の日本は知藩事の非世襲という点で、版籍奉還の時、既により高度な集権に踏切ったのである。同日、「公卿・諸侯之称」を廃し、「華族」という共通の身分を設けた。二十五日には知藩事に対して「諸務変革」を達し、藩治の実態調査を行い、知藩事家禄を現石収入の十分の一とすべきこと、一門以下平士までをすべて「士族」と称し、給禄を改革すべきことなどを命じている（法令全書二、二三八頁）。連邦制の大枠は維持しながら、各藩内の様々のレヴェルで脱身分化と画一化を進めようと図ったのである。「諸務変革」に基づく地方制度の改革は、翌年九月、「藩制」として結実したが、その時には既に郡県化への条件が熟しつつあった。

以上の過程を集権化の失敗と見なすことはできない。各藩の人士は、それまでは想定外にあった廃藩という事態がありうることを意識せざるを得なくなった。これに各藩における財政の窮迫、減禄による藩士の生活難、さらに藩存立の正当性の喪失が加わると、諸藩の中では統治意欲の減退が生ずることとなる。

有力諸藩の覇権競争——藩軍事力の処理

他方、一部の藩は、こうして成立した府藩県三治の体制下、薩・長と主導権を争おうと狙っていた。軍事覇権を追求できる機会は一旦去った。しかし、もう一度戦乱が起きればどうか。鳥羽伏見で薩・長に後れを取った大名、例えば土佐は薩・長から新政府の主導権を奪おうと狙い、薩・長の不和対立を煽り、東北の不満や朝鮮との紛争を利用して挙兵の機をつかもうと窺った（佐々木四、一二頁、三六五頁、四〇〇頁、四三四頁。宇田前掲、四四三頁。谷干城一、二〇九頁。川田一九三九、一七七頁）。土佐に限らず、和歌山（奥田二〇一六、一五八頁）なども再度の戦乱を待望しつつ軍事力の強化を図っていたのである。

しかし、東北諸藩に再起の気力は残っていなかった。また、新政府自体を破壊しようとする勢力も増えなかった。大村益次郎《ますじろう》、横井小楠《しょうなん》ら政府要人の暗殺が続いた結果、政府は敵対勢力への監視を強め、捜査線上に浮び上がった公家や牢人は、雲井龍雄《たつお》をはじめ、事前に捕縛され、処罰された（宮地一九九九）。問題は戊辰内乱に戦功を上げた軍隊の処遇にあった。ほかならぬ薩摩・長州・土佐の兵隊は、凱旋した後、国元で強い勢力を獲得した。それは各藩内部に強い軋轢《あつれき》をもたらしただけでなく、東京政府にとって最大の脅威となったのである。

この難題に対し、政府は明治二年十月、薩・長・土の三藩から東京に兵を差し出させ、さらに毛利敬親、島津久光・西郷隆盛を上京させて対処しようとした。献兵は薩摩に歩兵二大隊・砲兵一大隊、長州に歩兵一大隊、土佐に歩兵一大隊・騎兵一小隊・砲兵半大隊を割当てている（川田一九三九、一八四頁）。これは翌年正月に実現したが、薩・長首脳の東京引抜きは失敗している。木戸孝允と大久保利通を帰藩させ、それぞれ毛利敬親、島津久光・西郷隆盛を連れて上京させようとしたのだが（大久保伝中、七二七頁以下。佐々木四、二一六頁、三〇〇頁）、大久保は久光と西郷の説得に失敗し（大久保日記二、八九頁）、木戸は山口でいわゆる脱隊騒動に直面したのである。

長州では戊辰戦後に解兵し、翌年に部隊の整理を図ったが、三年一月下旬、長州戦争以来主力を構成していた奇兵隊や振武隊が再編への不満から反乱を起した。たまたま帰省中だった木戸孝允が他の部隊を率いて辛うじて鎮圧している（木戸伝下）。東京政府に徴されて活躍する同藩人に対し、地元に残った人士は不遇の感を免れなかった。とくに戊辰に戦功を上げながら地位に恵まれなかった軍幹部はそうであった。彼らの多くは打破られて降伏したが、中には他藩に逃亡して反抗を続け、士族反乱の種をまくものもあった。とはいえ、長州ではこの事件を機に軍隊整理の問題は早期に片付いた。そうなると、木戸らの関心は他の有力諸藩、とくに薩摩が東京政府への集権にどれほど協力するかに向くことになる。

一方、土佐は軍事力の強化を急速に進めた。王政復古時の立役者だった後藤象二郎や司法官に徴された佐々木高行《たかゆき》が東京政府で活躍する一方、藩元では、板垣退助や片岡健吉、谷干城《たてき》ら戊辰の功労者が大胆な削禄を伴う軍制改革を断行したのである（宇田前掲、四一九頁以下）。板垣は幕末には挙兵論の急先鋒で、王政復古の前後には出番がなかったが、鳥羽伏見で戦争が始まった後は土佐の軍事指揮官として水を得たかのような活躍をした。凱旋後は家老に取立てられ、版籍奉還の後は大参事として藩政に携った。天下再乱への備えがその主たる関心事であった（佐々木四、四〇〇頁）。明治二年九月には四国の琴平に四国十三藩の会議を招集し、常設化している。土佐が中央に出兵したときに周辺の藩が国元を襲わないようするのがその狙いであった（宇田前掲、四四五頁。佐々木四、一六九―一七〇頁。谷干城一、二〇九頁。川田一九三九、一七七―一八一頁）。政体では諸藩間の盟約は禁じられていたので、わざわざ同盟ではないと断ったが、結局、三年八月末、解散を命じられた（佐々木四、四一三―四一四頁、四三八頁）。

明治三年五月、政府は「藩制」の原案を公議所の後身である集議院に下問した。そこには、各藩の現石高の一割を藩知事の家禄とし、残り九割の政費のうち十八パーセントを海陸軍費に割当て、その半分を海軍費として政府に上納すべしという条があった（青山二〇一二、二一一頁）。これに対し、薩・長・土いずれの議員も反対している。鹿児島の大参事伊地知正治は会議をボイコットしたが、土佐の谷や片岡の言い分を見ると、戊辰の功労がある藩は特別扱いすべきだということであった（佐々木四、三八九頁）。版籍奉還後、土佐は常備四大隊に郷兵四大隊を加えたフランス式三兵を造ろうとし、後者の募兵を計画していた（宇田前掲、四四一頁）。その一方、東京では山内容堂を先頭に濫費が進み、藩元での財政やり繰りは困難を極めた。このため、谷らは募兵を中止し、さらに急激な節倹を計画した。ところが、容堂はこれに激怒し、後藤と板垣を藩元に送って対抗的な改革を行わせた。十一月七日、「士族文武の常職を止め、同一人民中の族類に帰」すと宣言し、士族には世禄を止めて禄券《ろくけん》（国債）を与えることにしたのである（佐々木四、四七四頁）。これは脱身分化の到達点たる家禄処分の先駆けをなす措置であった。しかし、「人民平均の理」を理由に掲げたとはいえ、これは熟慮に基づく改革ではなかった。東京からの集権圧力の下、なお藩の軍事力を維持するための苦肉の策だったのである。中央政府は諸藩に「士族」内の階級を単純化するよう命じていた。板垣はこれに直前まで反対していたが、突如、士族自体の「常職を解く」ように立場を転じたのである（宇田前掲、四五二―四五三頁）。彼はその後も藩単位の政治運動に熱心であった。翌明治四年の廃藩の直前にも、長州の提唱した議会設置論に賛意を表しつつ、その公議人の選出基盤は藩に置くように主張している（佐々木五、一一八頁）。しかし、廃藩置県はこうした藩間対抗の地盤を変えた。地方の藩組織間の競争が、東京政府内部での地位争いに姿を変えるのである。藩軍事力の解体は戦乱の可能性を低めたが、その後も出身藩単位の権力争奪は続いた。政府内部での「藩閥《はんばつ》」や党派の争いに転化したのである。しかしながら、大きな例外が廃藩の後にも遺った。薩摩である。

西郷隆盛の立場は、凱旋後、藩元に留まった点では板垣によく似ている。彼は薩摩に帰っただけでなく、さらに湯治のため田舎に引き籠《こも》った（家近二〇一二）。政府側は彼の東京出仕を望んだが、明治二年春に大久保が帰郷して説得した時には、田舎から鹿児島に戻って藩政に当るに留まった。藩内では凱旋兵が勢力を得、二年前に討幕挙兵への反対を唱え、この時は国父《こくふ》久光と結んでいた保守勢力との間に厳しい対立が発生していた。西郷はその間の調停で手一杯だったようである。翌三年春、再び大久保が来て久光と西郷に上京を勧誘したが、また失敗している。この時、久光は大久保に対し知藩事の設置や身分制改革など新政府による諸改革を手厳しく批判し、大久保を驚愕させている。その矛先は地元にいた西郷に特に向けられたようである（大久保日記二、八九頁。家近二〇一一。西郷三、五〇頁、七五頁）。板垣は新時代を楽しむ藩主を持っていたが、西郷の境遇は逆であった。また、西郷は藩の軍事力を頼りに中央政治を牽制したり、一波乱を起そうとは考えていなかった。こうした事情の下、西郷は明治四年春に岩倉具視が勅使として大久保とともに来訪したとき、上京に応ずることにした。久光もまたこれを止めなかった。

西郷の上京はいわゆる三藩献兵の一環であった。政府は前年、朝廷守衛のため薩・長・土から常備兵を差し出させていたが、『藩制』公布後には、一段と軍事集権化を進めようと図った。閏十月二十日に各藩に大坂の兵学寮に生徒を送るように命じ、各藩えり抜きの若者を直属軍の将校として育成しようと図った（佐々木四、四六七頁）。また、十一月十三日には府藩県に対し、「全国募兵」のため一万石に兵士五人ずつをやはり大坂に差し出すように命じている（前掲、四七八頁）。こうした施策を重ねた上で、政府は再び献兵を命じた。薩摩から歩兵四大隊・砲兵四隊、長州から歩兵三大隊、土佐から歩兵二大隊と騎・工・砲二隊ずつである（川田一九三九、一八八頁）。御親兵と称されたが、東京を守るためというよりは、地方の軍事力を藩組織から引離すのが目的だったと解する方が自然であろう。藩軍事力を解体するのは難しいが、そのまま東京に引抜いて親兵とすれば、抵抗は少ない。初めは長州と薩摩のみを対象としたようだが、岩倉の判断で土佐も組込まれたという（佐々木四、四八二頁）。西郷がこれに応じたのはいくつかの理由があっただろう。親兵が中央政府の軍事力として恒久化されるなら、とかく長州から非難される薩摩の「尾《び》大《だい》の弊」（しっぽが頭を振り回す弊害）は小さくなる（西郷三、八一頁）。彼の理想は王政復古が完成し、天皇の政府の権力が確立することにあったから、三藩献兵によって東京政府の重みが増し、薩摩の比重が軽くなることは望ましいことだった。他藩に比べて過大な軍事力がもたらしていた財政難も和らぐだろう。献兵と同時に東京の警察力（邏卒《らそつ》）として薩摩人が大量採用されたが、同じ効果をもったはずである。その一方、藩元では凱旋派と守旧派の対立が緩和されるかもしれない。無論、東京にいれば、久光に面と向かって糾弾されることもなくなるはずである。

三藩献兵はそれだけで中央政府の安定性を増す巧妙な工夫であった。しかし、東京に三藩の大兵力が集結した後、その間の調整はどうするのだろうか。もしこれが藩間政治と連動するなら、天皇の膝元で市街戦が勃発することもありうる。当時、政府内部では、「政体」に代る官制改革や人事が専ら議論されていたが（佐々木五）、東京に集結した軍人たちにとっては三軍間の調和の方が緊急の課題となっていたはずである。周知のように、七月に突然断行された廃藩置県では、長州出身の軍事指揮官たちがイニシャティヴを取った。元来の提唱者だった木戸孝允を始め、政府要人の間を彼らが奔走し、最後に西郷の諾《だく》の一言で決まったのであるが、親兵の将校たちにとってそれが必須の課題だったと考えれば、この経緯は理解しやすいだろう。

皇居に招集された藩知事たちに廃藩の詔書が伝えられた明治四（一八七一）年七月十四日、木戸孝允は次の有名な感慨を日記に記した（木戸日記二、七〇頁）。

余、郡県の策を定め、三条公、岩倉公に建言す。決て不可行《おこなうべからず》の言あり。又僅々の同志に相謀《はかる》。

或は黙して不語《かたらず》、或は期難。故に余一の謀略を設け、今日諸侯の封土、皆朝敵徳川より授与するの姿にして、天子の璽章《じしょう》を不見《みず》、於于此《ここにおいて》は益明大不正《ますますだいふせいあきらかなり》、名分は如何立天下《いかがてんかにたつ》哉と。依《よっ》て版籍奉還の説を主張し、説薩《さつをとき》、其より土・肥に及び、終に朝廷に奉奏せり。於于此《ここにおいて》又種々の議論満于天下《てんかにみつ》。世間目して余を欲殺《ころさんとほっする》の説不少《すくなからず》。同藩同志の士と雖《いえど》も、醸危疑《きぎをかもし》、誹謗《ひぼう》を聞く、日としてなきはなし。……然るに今日此機に至る。又先年余を敵視せしもの、却て余の力を助け、不知《しらず》々々宿志の達する期に至る。実に人世之事、不可期《きすべからず》。……

彼は鳥羽伏見の後に上京した直後、三条と岩倉に密かに郡県化を提案し、奥羽越の内乱終結後、十二月には再度これを提案した。その中では、もし一年前、廃藩が全国一様に行われていたならば、会津と戦う必要はなかったはずだと述べている（木戸日記一、一五九―一六二頁）。当時、会津人にこれが理解できたか否かは分らない。他藩でも多数は同様だっただろう。土佐の佐々木高行はその日記に木戸を不平家だと冷笑しているが、遠大な理想を持たず、日常の業務に心力を傾注する者にはそう見えるかもしれない。木戸は新政府の高官が維新の理想像を共有してくれないことに強い焦慮を抱き、とくに同藩人の無理解を嘆き続けていた。版籍奉還の実現は公議を尽した、それなりの成果であった。しかし、木戸の理想からすると、それは不本意な措置にすぎない。奉還の容認は現実への敗北ではなく、自ら講じた戦略的後退の結果だと回顧してようやく納得できるものだったのではないだろうか。

第十三章
明治：改革急進と武力反乱

概観：集権と脱身分化、内乱の待望

廃藩は、幕末の政争十年の結果として日本の政界に設定された公議・集権・脱身分の三課題のうち、集権を実現する重要な関門となった。集権化には東京の行政中枢を拡大し、ここに藩を解体して得た税と軍事力と人材を集中することが必要であり、その努力は廃藩決定後直ちに始まった。他方、廃藩はそれまでは政府の内部に限られていた脱身分化を一気に社会全体に拡げていった。廃藩の翌月、政府は被差別身分の廃止をはじめ様々の身分的制限の撤廃を布告している。藩の解体自体も脱身分化を促した。これにより士族の三分の二が失業し、徒食《としょく》の生活に追いやられたのである。それはまた、中央政府にも大きな負担を課した。各藩の租税だけでなく負債も引き受けたため、士族の家禄《かろく》を解消せざるを得なくなったのである。近世身分制の中核をなしていた武士身分はこうして解体され、日本列島に生まれ育った人々は、ごく僅《わず》かの皇族・華族をのぞき、天皇の下に平等な権利と義務を持つ「臣民」＝「国民」に変えられていった。

これら集権化と脱身分化の過程では「公論」が重要な役割をはたした。ただし、明治一桁《けた》の時代にあっては戊辰《ぼしん》内乱の余燼《よじん》がくすぶり、とくに薩・長・土など戊辰の勝者たちの地元では内乱の再来を待望する士族が少なくなかった。彼らは言論と武力の両方を用いて東京政府を打倒し、自らがこれに取って替わろうと夢見たのである。政府は廃藩に先立って三藩から兵力を差し出させ、これを予防したのであるが、征韓論の政変により薩摩と土佐の兵の多数が国元に帰ったため、再び地方からの反乱を懸念せねばならなくなった。明治九（一八七六）年、政府が帯刀を禁止し、さらに家禄の最終処分を決めると、西南日本の士族の一部が武力反乱に立上がり、とくに鹿児島士族が起こした反乱は戊辰内乱に匹敵する犠牲者を出す大内乱となった。東京政府はかろうじてこれを鎮圧したが、それは戊辰に成立した中央政府の生存可能性を高める一方、その外部にいた野心家たちに権力追求の方法を変えさせた。武力を諦め、もっぱら言論によって政府と対抗し、議会の設立を手掛りに権力に割り込む戦略をとるように促したのである。西南内乱の後、明治十年代の日本では「公議」の制度化が主たる争点となり、国民の政治参加と動員の枠を誰がどう創ってゆくかが課題となった。安政五年政変に始まった政治動乱はこうして終りを告げ、未来を見据えつつ、政府と民間がどんな政治社会を建設すべきかを争点に競争する時代が始まったのである。

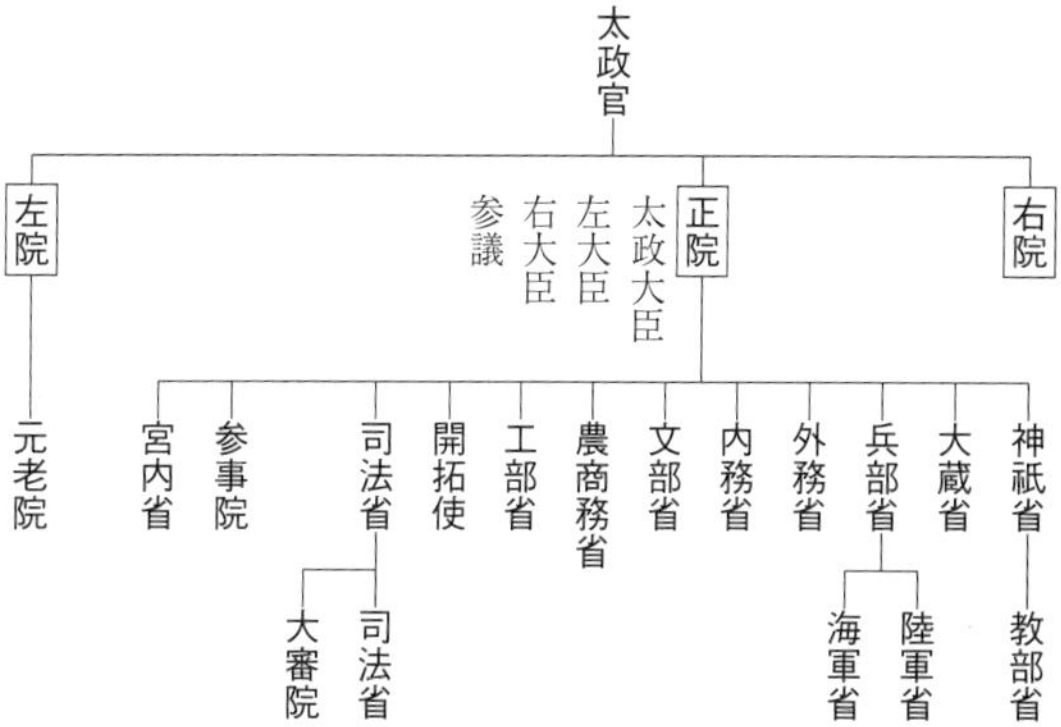

図 13-1　太政官の職制（廃藩置県後）

太政官の官制

廃藩後の政治を概観するに先立って、ここでその直後に制定された太政官《だじょうかん》の職制を見ておこう。制度がやや落ちついた頃のものを図13―1に示す。政府は「政体」を継承して太政官と呼ばれ、大臣（太政大臣、左右大臣）と参議からなる正院《せいいん》を中心に、官選議員からなる左院および各省の代表からなる右院《ういん》の三院で構成された（法令全書四、二九六頁以下、三一七頁）。正院は天皇を補佐し、政務すべてを決定する機関で、太政大臣には三条実美《さねとみ》が就任し、左大臣は概ね欠員で、右大臣には岩倉具視《ともみ》が任命された。太政官の決定は彼らと参議若干名の合議で行われる。右院は長官・次官（卿《きょう》・大輔《たいふ》）たちの連絡機関に過ぎず、のちに廃止された。行政事務は神祇《じんぎ》・外務・大蔵・兵部《ひょうぶ》・文部・工部・司法・宮内の八省に分掌された。うち神祇省は一時太政官と併立していたものを太政官内部に回収した組織で、明治五（一八七二）年に教部省《きょうぶしょう》と改称され、同十（一八七七）年には廃省となる。また兵部省は明治五年に陸軍省と海軍省に分割された。追加された省もあり、明治六（一八七三）年に内務省、明治十四（一八八一）年に農商務省が設けられた。

左院は議事機関であるが、正院はその決議に拘束されず、参考とするだけであった。ただし、民間からの上書《じょうしょ》を受け付け、その優れたものを正院に回付し、さらに新聞に公表する権限も与えられており、これが民間の「公議」「公論」を吸収し、促進する役割を果たした。明治七（一八七四）年の「民撰議院設立建白」を受付け、これを自らの御用新聞『日新真事誌《にっしんしんじし》』に掲載したのは左院である（牧原一九九〇）。官制はこの後もしばしば改廃されたが、その大枠は明治十八（一八八五）年の内閣制度の導入まで十四年間にわたってほぼ維持されることとなった。

一　脱身分化へ――身分解放政策

廃藩の直後、政府は世襲身分を解体する様々の措置を一気に展開した。まず、明治四（一八七一）年八月九日に散髪脱刀の許可が布告されたが、これは当時最も分り易かった身分標識の除去を促す措置であった。近世まで日本人の身分は髪型でほぼ識別できた。人口の多数を占める武家や町人・百姓はまげを結《ゆ》う一方、制外の人々は結髪《けっぱつ》せず、坊主や医者のように剃髪《ていはつ》したり、総髪《そうはつ》にしたりしていたので、遠目でも大凡《おおよそ》の身分は分ったのである。帯刀も重要で、庶民も短い脇差《わきざ》しは差したが、大刀《だいとう》と脇差しの二本を帯びるのは武家に限られていた。この布告の後も結髪を続ける人はあり、脱刀も個人の意思に任されていて、一律に帯刀禁止が行われたのは明治九年のことであった。しかし、この散髪・脱刀許可の措置によって身分標識が曖昧《あいまい》になり、身分の識別が難しくなったのは確かである。

続いて八月十七日には士族の庶民への敬礼強要や無礼討ちが禁じられた。二十三日には婚姻が華族から平民に至るまで自由化され、さらに二十八日には穢多《えた》・非人《ひにん》の称を止めて身分・職業とも平民同様とすることが布告された。これらは年末の十二月十八日に布告された華士族・卒に対する農工商就業の許可と相まって、政府が廃藩を機に脱身分化の方針を社会一般に拡充する急進政策に打って出たことを示している。

これら一連の脱身分化政策を立案し、実行していったのは大蔵省で、その中心にあったのは渋《しぶ》沢栄一《さわえいいち》であった（丹羽一九九五。渋沢栄一詳細年譜。今西二〇〇四）。彼は北関東血洗島《ちあらいじま》（現埼玉県深谷《ふかや》市）の豪農商の家に生まれ、幕末に尊攘運動に飛び込んだ後、一橋《ひとつばし》家に仕官したが、幕府瓦解の際には徳川慶喜の弟清水昭武《てるたけ》の随員としてフランスにいた。帰国後、静岡に移住し、藩財政の建設に勉めていたが、明治二（一八六九）年末、東京政府に呼び出されて民部省租税正《そぜいのかみ》に就任した。民部省は地方統治を司る官庁で、民部大輔と大蔵大輔を兼任していた上司の大隈重信《おおくましげのぶ》（佐賀出身）や下僚の杉浦譲《ゆずる》（幕府出身）らとともに働いた。着任早々そこに「改正掛」を創って、戸籍・駅逓《えきてい》その他、政府と民間をつなぎ、日本全国を通貫する社会基盤を創設するために精力的に働いている。廃藩後に民部省がなくなると、大蔵大丞《だいじょう》として上司の大輔井上馨《かおる》（長州出身）とともに、廃藩直後の激務を担うことになった。八月には大蔵省の職制や事務章程を立案し、そのかたわら改正掛長として立案していた穢多非人身分解放令なども公布している。

こうした脱身分化の政策は一見唐突に見え、彼自身の関係書類も遺《のこ》っていない。ただ、自叙伝『雨夜譚』によると、彼が尊攘運動を始めた動機には、領主の代官に献金を要求された際に理不尽な辱《はずかし》めを受け、「百姓などというものは実に馬鹿馬鹿しい」と痛感したことがあったという。世襲的な身分制度への恨《うら》みは骨髄に達し、それが被差別身分の解放立案の背景となっていたようである。これに対し、新任の大蔵卿大久保利通はかねて大蔵省の急進的な集権政策を懸念し、その牽制に勉めてきた。廃藩後は大蔵卿となって省の要職に保守的な人物を配置した。しかし、渋沢の働きは余人をもって代えがたく、しかも大久保は岩倉使節団の副使として海外に出たため、その後も渋沢は井上馨や参議の大隈重信とともに大蔵省の要《かなめ》として活躍を続けることとなった。

穢多・非人の平民統合は生業の喪失にもつながった。近世に穢多は動物の死体処理など、非人は乞食《こじき》などの職業を独占していたが、この規制撤廃の措置は被差別民以外の参入を可能とし、それによって経済的困窮をもたらすことにもなったのである。同様の措置は盲人団体にも取られ、明治四年十一月三日に当道《とうどう》の「官職」が廃止された。明治初期の解放・自由化政策は長期的観点からは大きな意味を持ったが、短期的には当事者に突然の荒波として襲いかかった。法制上の平等化にもかかわらず、社会的偏見が長く続いたのも周知の通りである。

脱身分化政策の根底にあったのは王政復古を通じた「王土王民《おうどおうみん》」の実現という理想であった。地域的・身分的に分断された日本に画一・公平の制度を施き、そこに生まれ育った人々が十分に自己実現できるような条件を整えるという方針である。民部・大蔵省は租税負担の公平を理想とし、従来は課税されていなかった人々や土地への課税を計画した（丹羽一九九五）。近世では、支配身分の公家・武家とその城地・住居は非課税であり、寺社領も同様であったが、被治身分の中でも都会の商工業者や被差別民は課税対象とされていなかった。大蔵省は国家の費用を全国民で負担するのは当然であり、そのほとんどを農民に頼っている現状は不公平であると考え、明治四年の後半に普遍的な課税のために様々の制度を設けた。穢多・非人の解放も一面では租税の一律負担を実現する前提条件として行われたものであった。

二 「国民」育成策――教育と徴兵

学校教育の普及・奨励

脱身分化政策は束縛を緩めるだけではなかった。国民一般に対する教育の普及および国軍への動員という積極的な平等化策も講じられている。廃藩後に新置された文部省は明治五（一八七二）年八月、「学制」を制定し、全国に大中小三レヴェルの学区を設け、大学校八、中学校二百五十六、小学校五万三千七百六十を置くことを計画した。フランスを範とした大規模な制度構想で、そのまま実現されることはなかったが、小学校の普及には成功している。「学事奨励に関する被仰出書《おおせいだされしょ》」で文部省は、当時福沢諭吉が『学問のすすめ』で提唱したように、全国民が「農工商及び婦女子」に至るまで学問に励み、自立した主体となることを期待したが、その中では特に「邑《むら》に不学の戸なく家に不学の人なからしめんことを期す」と宣言し、親たちが子供を少なくとも小学校に通学させるように奨励している。小学校は各学区の負担によって設立・運営され、政府は勧奨に努めただけだったが、六年後には約半数の学区が設立されており、就学率もその後着実に上がっていった（中村一九九二）。教育の内容は近世の寺子屋の「読み書き算盤《そろばん》」に、翻訳書などによって地理その他の知識を追加した程度であったが、庶民教育の累積効果は大きく、後の経済的・文化的発展の重要な基盤となった。

これに対し、政府が直接に資金を投入したのは高等教育機関であった。西洋の科学技術を身につけた人材を養成するためである（東京大学一九八四）。当初は旧幕府の昌平校《しょうへいこう》（漢学）と開成所《かいせいしょ》・医学所（洋学）を引き継ぎ、国学教育も組込んだ「大学校」を設けたが、漢学者と国学者が主導権を争い始めてその収拾に苦しんだ結果、その双方を排して洋学校のみを存置・拡充することにした。ただし、文部省の設けた東京大学はその一部に過ぎない。明治十九（一八八六）年までに高等教育を受けた学生の半数は各省が独自に設けた学校から出ている。工部省の工部大学校、司法省の法学校、開拓使の札幌農学校、農商務省の東京農林学校、海軍の兵学校、陸軍の士官学校などである。当時の日本政府は西洋から実用的な科学・社会技術を導入することを迫られたため、リベラル・アーツを根幹に置く欧米の大学とは異なるタイプの高等教育に力を注いだのである。これらの学校には官費制を設けるものがあった。初期の入学生の大半は士族の子弟であり、廃藩と家禄処分により解体されてゆく士族に救済の手を差し延べる意味も託されたためである。入学や進級には厳しい試験が課されたが、これをくぐり抜け、健康に恵まれた者は大いに学び、国家有用の人材として社会に出て行った。卒業生の一部はさらに官費で欧米留学に送られ、帰国後はお雇い外国人の教員を代替してゆくことになる。

なお、小学校と高等教育機関をつなぐべき中等学校は後々まで不備のままであった。地方社会は藩校を改組して中学校を作ろうとしたが、洋学に通じた教員の確保は容易でなく、高等教育を目ざす学生たちは直接に東京・大阪に遊学し、「英漢数」（英語と漢文と数学）の塾に通った。福沢諭吉の慶應義塾《けいおうぎじゅく》や中村正直《まさなお》の同人社《どうじんしゃ》などがその雄であり、「原書」による高度の教育も行ったため、明治日本に多くの知的指導者を輩出している。

国民からの徴兵

他方、政府は徴兵制も導入した。これは政府による保護の対価として庶民にも国防の負担を求める政策である。明治五年十一月、陸軍大輔山県有朋《やまがたありとも》が徴兵令に先だって布告した「徴兵告諭」は「我朝上古の制、海内挙て《かいだいあげ》兵ならざるはなし。……列藩版図を奉還し、辛未《しんび》の歳〔明治四年〕に及び遠く郡県の古《いにしえ》に復す。世襲坐食《ざしょく》の士は其禄を減じ、刀剣を脱するを許し、四民漸く《ようや》自由の権を得せしめんとす。是れ上下を平均し、人権を斉一にするの道にして、則ち《すなわ》兵農を合一にする基なり」と、脱身分化の一環として位置づけている。庶民に対して協力要請してはいるものの、むしろ「武士の常職を解く」ことを強調し、「双刀を帯び、武士と称し、抗顔坐食し、甚しきに至ては人を殺し、官其罪を問はざる者の如き」と、士族一般に厳しい批判を浴びせている。

当時の政府は軍事力を薩・長・土三藩の「近衛兵《このえ》」（明治五年三月親兵を改組）に依存していたが、彼らは東京の政府より出身県の意向に左右されることが多かった。全国四カ所（明治六年一月六カ所に増置）に設けた鎮台《ちんだい》でも、その主力は異なる藩出身の士族の寄せ集めで、上官は逃亡や反抗などの統制に苦心していた（谷干城一、二三九頁）。政府としては戦場の経験はなくとも自ら養い訓練した徴兵の方が信用でき、これを各鎮台に配置して治安維持に当たろうとしたのである。薩摩出身の熊本鎮台司令長官であった桐野利秋《としあき》は転任に際し、後任の谷干城《たてき》に山県の徴兵策を「彼《か》れ土百姓《どびゃくしょう》等を衆《あつ》めて人形を作る。果して何の益あらんや」と罵った（谷干城前掲）。当時多発していた一揆に対し、府県はその都度、地元の士族を徴募して鎮圧していたので、これは実情に即した発言であった。しかし、政府にとって軍隊の不服従ほど恐るべきことはない。のち、桐野は西南内乱の首謀者の一人となったが、その猛攻を熊本鎮台の徴兵は実際によく防ぐことになる。

三　地域間統合政策――土地人民の調査と交通・通信基盤の建設

教育と徴兵のほかにも、廃藩後の政府は矢継ぎ早に様々の事業を興した。うち集権化との関連で重要だったのは、かねて準備を始めていた人口や国土の実態把握や交通・通信のインフラストラクチャーの整備である（丹羽一九九五。中村一九九二）。これらなしには廃藩に伴う租税の集中や士族家禄の処分などは行い得なかった。

人口と国土の把握

まず、人口の把握である。政府は廃藩直前の明治四年四月に戸籍法を公布していたが、これは近世の宗門人別帳《しゅうもんにんべつ》を基礎としたもので、村・町ごとに世帯を構成する人名・年齢などの現況を記したが、人々の移動や穢多・非人の身分解放への配慮に乏しいものだったため、翌年実施された第一回の調査の後、修正されている。他方、廃藩後に家禄の処分が主要課題として浮上したが、その実施に備えて政府は廃藩の十日後に旧藩に対して士族・卒の禄高と人員の調査を命じ、明治六年三月にこれを確定した（落合二〇一五）。

次に、国土の把握である。政府の全国統治には日本の全体を示す地図が必要であった。明治三年六月、旧幕府の国絵図《くにえず》を府藩県に配り、これを修正して最新版を作成させていたが、将来計画としては三角測量による精図の作成が必要であった。そのため廃藩直後の明治四年八月、工部省（卿は伊藤博文《ひろぶみ》）に工学寮測量司を置いて測量技術者の養成を始め、明治九年に至って本土と島《とう》嶼《しょ》の実測に着手した。

交通・通信インフラの整備

他方、東京政府は交通・通信のインフラ整備にも熱心に取り組んだ（中村一九九二）。大蔵省の狙う経済発展に不可欠な施策だったが、政治面でも、中央の命令を地方に伝えたり、地方からの反乱に対処するために必須であった。近世には、街道は狭くて車の運行ができず、しかも大河には橋を懸けなかったので、人と情報の輸送にしか使えず、物流は海と川の水運に依存していた。幕末と戊辰内乱の時代には各街道の交通量が激増し、宿駅《しゅくえき》や助郷《すけごう》の村々の疲弊が甚だしくなる一方、幕府・諸藩が導入した蒸気船により太平洋や瀬戸内の海運が開けるという変化も生じた。新政府はこれに対し明治五年に宿駅の制度を廃止して民間の負担を軽減し、従来の常飛脚《じょうびきゃく》問屋に陸運会社を組織させて陸運を純商業ベースで再建した。その一方、政府は定額・前払いの郵便制度を設けたが、しばらく後、その輸送は陸運元会社に業務委託することにした。当時は道路や橋の整備状況がまちまちだったので、例えば東京―大阪間の郵便は、鉄道・馬車・舟・人力をつないで運ばれている。政府は明治六年に至って郵便の民間営業を禁じてこれを独占した。政府内部の通信手段を確保するに必要だったが、それだけでなく、民間の信書の検閲も可能となった。

廃藩後の東京政府は府県等と膨大な通信を交し始めた。政府が日々に新制度を布告する一方、地方側は個々の問題について一々東京に「伺い」を立て、「指令」を仰がねばならなくなった。郵便制度はそのインフラを用意したが、十分ではなかった。政府の発した法令を地方に届けるには、まず必要部数を印刷することが必要だったが、当時の政府には造幣局以外に優秀な印刷機がなかった。そこで、御用新聞を指定して法令や人事情報を掲載させ、それを買い取って府県などに送るという工夫をしたのである（岡田二〇一三）。

この公文通達の民間委託は新聞の普及と人材発掘に大きな影響を与えた。政府は便宜供与の対価に地方からの新聞投書の郵便代を無料としたが、これにより投書者は急増して、新聞は地方と中央の間に公論を循環させるメディアとなった。新聞はさらに投書者の中から優秀な人材を記者にリクルートしたが、これをステップに官界や産業界に進出した者も少なくない。中学校が不備の時代にあって、新聞は地方の人材を中央にくみ上げるポンプともなったのである（三谷二〇〇五）。廃藩後の政府が展開した輸送・通信インフラの整備は、政府と民間の双方で、地方と首都の間の情報と人材の流通を緊密化させていったのである。

この過程で政府は西洋最先端の交通・通信技術を利用した。まず利用したのは西洋海運会社の蒸気船である。幕末の一八六七年に日本との定期航路を開設した太平洋郵船は、七〇年に横浜・神戸・長崎・上海を結ぶ航路、翌年には横浜・箱館間の航路を開いた（小風一九九五）。これは国内の主要港の間に大量かつ迅速な輸送と通信のインフラを提供することを意味した。政府は海運の外国依存を脱却するため、廃藩後に日本国郵便蒸気船会社を作らせ、各藩から収納した船舶を払下げて、東京—大阪間の定期航路を開設させている。のち台湾出兵に際してこの会社が協力を拒んだため、急遽《きゅうきょ》汽船十三隻を香港で購入し、岩崎弥太郎《やたろう》（土佐出身）に委託して軍の輸送に当らせた。三菱汽船会社の台頭はここに始まった。

政府は次いで電信と鉄道で開港地を首都や大都会と結んだ。明治二年九月にまず横浜から東京までの電信線、翌年三月には横浜—東京新橋間の鉄道を着工している。後者は明治五年五月に開通し、七年五月には神戸—大阪間の鉄道も開通した。民部省改正掛は三年三月に「電信機・蒸気車を興造」すべしと上申したが、その狙いは英・仏に倣ってこれらを全国に普及し、各地方の経済発展と地域間の文化共有を促し、日本全体の富強を実現することにあると説明している（丹羽一九九五）。これに対し、政府の中には不要不急として反対する意見もあった。例えば西郷隆盛は、「外国の盛大を羨《うらや》み、財力を省みず、漫《みだ》りに争いを起こしなば、終に本体を疲らし、……此涯《きわ》蒸気仕掛の大業、鉄道作りの類、一切廃止」と断じている（西郷三、八五頁）。のち、彼が反乱に立ち上がったとき、東京政府は直《す》ぐさま増援軍を九州に送ったが、それは蒸気海運と七年四月に開通した長崎—東京間の電信線なくしては不可能のことであった。

政府による産業育成策は多岐にわたった。交通・通信インフラを始めとする官営事業は主に工部省が担当し、農業やこれを基礎とする軽工業の育成は征韓論政変後に設けられた内務省が所管した。後者の目的は西洋技術を導入しつつ民間事業を奨励しようとするもので、富岡製糸場における生糸生産技術の改良と普及はその代表的なものであるが、本書ではこのいわゆる殖産興業政策はすべて経済史の専書に譲ることにする（中村一九九二。杉山二〇一二。梅村・山本一九八九）。

四　財政統合と家禄処分

明治四年七月に廃藩を決定したのち、政府は十一月に県治《けんち》条例を定め、藩知事に代わって県《けん》令《れい》・権県令を置くこととし、県庁の事務分掌を定めた。この頃に二百七十余に上っていた藩は七十二県に再編成され、翌年春には各地に他府県出身の県令が赴任して統治を始めた。

政府収入の増加と地租改正

廃藩により政府は名実ともに日本全体の政府となったが、それは全国の租税を入手可能にしたと同時に、各藩が積み重ねていた負債（藩債・藩札）を背負い込むことも意味した。まず歳入の増加であるが、廃藩後の一八七三年一月からの一年間の歳入を以前の一八六九年十月から翌年九月までの歳入と比べて見ると、二千九十六万円から八千五百五十一万円まで約四倍に急増している。廃藩前の政府の通常収入の大半は旧幕府領の年貢で、その石高は全国の約四分の一だったから、ほぼそれに比例して通常収入が増えたことが分る。うち租税の占める割合は四十五パーセントから七十六パーセントに上昇した。これは戊辰内乱の急場に余儀なくされた太政官札の発行や借入金への依存が和らいできたことを意味する（森震二〇一四）。

廃藩後の政府は歳入を安定させ、計算可能性を高めるため直ちに地租改正《ちそかいせい》に取りかかった（丹羽一九六二。中村一九九二。佐々木寛司二〇一六）。近世までの年貢・雑税および夫役《ぶやく》を廃し、全国の土地を私有財産と認めて正式の売買を可能とした上で、所有者を認定してこれに地券を交付し、そこに記した土地の価格に税をかけることにしたのである。政府は第一回の地方官会同に地租改正法案を付託し、その議決を経て、明治六年七月にこれを公布した。全国平均して増減なしという基本方針を立て、全国で土地の面積と地価を調査・決定するという膨大な作業を行った。その間、増税への不安による一揆や異議申立ても多発したが、田畑宅地のほとんどは明治九年、山林原野は同十四年までに完了した。その途中、十年一月には農民騒擾《そうじょう》と士族反乱の挟撃への懸念から地租を地価の三パーセントから二・五パーセントに引下げている。その結果、地租の負担は幕末の年貢より低下したものの、他方で府県の地方税や村町の民費《みんぴ》は引上げられたので、全体としては税負担に大きな変化はなかったようである。

地租改正により政府は予算を立てやすくなった。しかし、収入がほぼ固定されたため、実際に使える予算は物価の変動に大きく左右されるようになった。また、国民の側でもかなりの変化が生じた。近世の年貢は村単位で課されたため、事情あって負担困難となった家計は村の負担で凌ぐことができたが、以後は家ごとに課税されたため相互扶助による調整は難しくなったのである。

藩の借財と藩札の解消

一方、東京政府は同時に、士族への家禄や各藩が戊辰前後に積み重ねてきた借財、さらに大量の藩札も引き受けることになった。幕末の諸藩の多くは借財の借り換えで財政赤字をしのいでいたが、戊辰内乱への動員はこれに拍車をかけた。戦争遂行のため藩札の大量発行や国内外からの借金を余儀なくされたのである。大藩の中には、内乱終結後、解兵どころか薩・長に対抗するために外国人教官を招いて大規模な軍拡を行い、さらに借金を積み重ねるものもあった。土佐や和歌山はその典型である（谷干城一。中村一九九二、八五頁）。東京政府はこれらすべてを背負い込まざるを得なくなった。とはいえ、廃藩はその軍隊の解散も意味したから、いわば武力反乱の可能性を借金の棒引きで軽減したと見なすこともできる。

明治政府は明治四年十二月末、新紙幣を発行し、藩札と交換することを布告した（中村一九九二）。当時流通していた藩札は四千七百万円から九千数百万円と推計されているが、政府が交換に応じたのは約二千三百万円と半分以下であった。他方、藩債の実態把握はかなり時間がかかり、明治六年三月になってようやく処理法が決まった（中村一九九二。落合二〇一五）。総額は約七千八百万円でこれも年間収入に匹敵するほどの額である。うち外債は約三百七十万円で、西洋に頭が上がらなかった政府はすべて現金で返済した。これに対し、内国債のうち約半分は切捨てられ、かつ公債は新旧とも時価が極端に下がったため、藩債は最終的には八割が切り捨てられる結果となった。このため、戊辰以来、政府貸付けの主役として働いた大坂の豪商で、生き残ったのは三十四家のうち九家のみとなったという。

家禄の処分

政府の負担はこれに止まらなかった。最大の問題は士族への家禄を各藩から引き継いだことである。例えば、一八七三年の一年間で士族の家禄と華士族への賞典禄《しょうてんろく》（戊辰内乱の戦功や王政復古の功業に対して下されたもの）などの経費は総歳出の四十三パーセントにも上っている（森震二〇一四）。廃藩により士族は一旦全員が解職されたが、県庁に再就職できた者は約三分の一に過ぎなかった。借財の返済に追われ、かつ国家建設のために新規事業の必要を痛感していた政府にとって、この「常職を解いた」人々への支出は頭痛の種だったに違いない。したがって、政府は廃藩の直後から家禄処分の方策を真剣に模索し始めた（落合二〇一五）。

これを主導したのは、岩倉使節団の出発後、大蔵省の実権を握った井上馨大蔵大輔である。彼は華士族の家禄を約三分の二に削減した上で、これを禄券に変えて一時に支給し、次第に国が買い上げて解消に持ち込むという方針を立てた。大久保の代理として大蔵卿を兼任した参議西郷隆盛の同意も取り付けて、明治五年二月には太政官の内決を得ている。ただし、華士族が禄券を直ちに一斉に売却するとその価値が一気に低下することが懸念されたため、政府が買い支えることにし、その資金として外債を募集することにした。これを担当したのは吉田清成《きよなり》（大蔵少輔《しょう》。薩摩出身、欧米留学経験あり）で、彼は米英に出かけて募集に当たった。アメリカでは駐米公使森有礼《ありのり》が家禄を私有財産と見なして家禄処分自体に反対し、おりから岩倉使節団で滞米中の木戸孝允も慎重論に転じたため失敗したが、イギリスでは千八十三万円の募集に成功している。大蔵省は明治六年三月に処分すべき禄高・人員を確定し、処分の条件も和らげて準備を整えた。しかし、井上は岩倉使節の留守中に競うように事業展開を始めた各省の予算要求と衝突し、窮地に陥った。参議の西郷は鹿児島にいて不在であり、大隈も彼を擁護しなかったため、五月に渋沢栄一とともに辞職に追い込まれ、これによって家禄処分は一旦頓挫《とんざ》をみている。

同年、征韓論政変が収束した後、十二月に政府は家禄税と家禄奉還制を制定し、家禄の処分に取りかかった。家禄税は賞典禄以外を対象とするもので全体で一割余の家禄削減となった。陸海軍の経費を常職なき士族から徴収することを名目とし、在職の高等官にも官禄税を賦課《ふか》することで正当化を図っている。家禄奉還制は大隈大蔵卿の発案で、士族を農工商業に誘導することを目的とし、家禄・賞典禄とも、奉還を願い出た者に一時に家禄六年分を現金と高利の禄券と半額ずつで与えることにした上、官有林野の払い下げという優遇策も用意した。その資金には外債を当て、翌年には、当初百石未満に限った対象者を百石以上にも拡げている。

その後、政府は明治八（一八七五）年九月、地方により現米と現金とまちまちだった家禄の支給法を現金に一本化し、事務の合理化を図った上、翌九年八月、金禄《きんろく》公債証書発行条例を公布した。すべての家禄・賞典禄を金禄公債に置き換え、禄の高に反比例して五年分から十四年分の公債を下付し、それを三十年で買い戻すという制度である。これにより華士族が世襲してきた家禄は最終的に処分された。これに対し、あからさまな反対を主張した士族は少なかった（落合前掲）。政府内では木戸孝允のように慎重論を唱える有力政治家もあったが、士族は概ね静かに受け入れたようである。彼らの教育は生計への不満を語ることを妨げていた。他方、すでに世論形成に大きな影響力を持つようになっていた新聞では、士族の存在意義について活発な論争が行われた。天下国家を支える「元気」と公私における「廉恥《れんち》」は士族固有の性質であり、これを積極的に生かすべしという意見と、平民にもそれは可能であり、「座食」する士族は「無用の人」に過ぎないという意見との対立であったが、士族が常職を解かれた以上、後者の主張が優位に立つのはやむを得ないことであった（落合前掲）。

ただし、士族自身にとっても、この権利剝奪は一種の解放感をもたらしたようである。磯田道史が幕末・明治初期の加賀藩下級武士の家計を分析したところでは、その支出のかなりは冠婚葬祭に伴う交際費に充《あ》てられていた。とくに葬儀の比重は大きく、年収の四分の一にも上っていた（磯田二〇〇三）。家禄の処分はこれらの儀礼に不可欠な親戚や菩提寺《ぼだいじ》との付合いを削減するように仕向けた。家内奉公人の削減も同様であり、これらの措置は近世武士の地位に伴った「身分費用」の重圧からの解放も意味したのである。

とはいえ、家禄処分後の士族に生計の困難がのしかかったのは事実である。金禄公債の利子だけで取り縮めた生活を維持できたのは士族の約五パーセントに過ぎず、他は新たな収入源を求めねばならなかった(中村一九九二)。政府は当初から農工商業への誘導を図っていたが、慣れない事業に打って出て失敗する者が続出したのは周知の通りである。彼らはまた次世代の教育にも心を砕かねばならなかった。その反面、新時代は志を持つ個人には機会をもたらした。親族間の相互扶助が弛《ゆる》んでゆく一方、個人が運よく生きる道を探り当てた場合には、家族ともども前代には不可能だった社会的上昇を経験している。廃藩と家禄処分は支配身分を共同体から解放した。平民や被差別身分においてもそれは同様であったが、士族はこの脱身分化という社会的激変をもっとも鮮明に体現したと言えるだろう。

五　留守政府クーデタと征韓論政変

岩倉使節団の冒険

廃藩後の政府の急進化は、その後半年も経たない明治四年十一月に政府首脳の半分が西洋を目ざして世界一周に出かけたことにも見える。正使岩倉具視(右大臣)と副使大久保利通(大蔵卿)は王政復古クーデタの首謀者であり、副使木戸孝允(参議)は長州戦争の指導者で、廃藩を率先して提唱した政治家でもあった。残留した政府首脳は太政大臣三条実美と参議の西郷隆盛（薩摩）、板垣退助（土佐）・大隈重信（肥前）である。使節は副使伊藤博文・同山口尚芳《なおよし》、および書記官十名（多くは洋行経験者）、理事官六名、大使随員六名、その他を含めて約五十名の随行者、さらに山川捨松《やまがわすてまつ》や津田梅《うめ》ら五名の少女を含む約六十名の西洋留学生を同伴していた（田中一九七七）。彼らも知っていた十七世紀のロシア・ピョートル大帝の西欧訪問を除けば、空前絶後の遺外使節団と言って良いだろう。

これは文字通りの冒険の旅であった。彼らをサンフランシスコに運んだアメリカ号は同年夏、横浜港内で火災事故を起して沈没し、二年後には僚船ジャパン号が香港と横浜の間で行方不明になっている。海の危険ばかりではない。これは政治的にも危険な賭《かけ》であった。留守を預った正院のメンバーは三条と西郷以外は鳥羽伏見以降に政界に登場した新参者であり、参議の中に長州出身者はいなかった。出身藩のバランスが崩れたのである。これを懸念して井上馨は、使節団出発の前に政府首脳と各省長次官に約定《やくじょう》を結ばせ、使節不在の間には「内地の事務は大使帰国の上、大に改正する目的なれば、其間可成《なるべく》丈け新規の改正を要すべからず」との約束をさせた（西郷三、一七四頁。佐々木五、二三五頁）。しかし、留守政府はこれを守らなかったのである。

留守政府の紛糾

明治五年の初期は大きな波乱もなく過ぎた。しかし、五月に予算編成が始まると各省は新規事業のため競って多大な要求を行った（中村一九九二。勝田二〇一七。渋沢一九八四）。山県有朋陸軍大輔は一千万円、大木喬任《たかとう》文部卿は二百二十五万円、江藤新平《えとうしんぺい》司法卿は九十六万円、山尾庸三《ようぞう》工部大輔は三百六十万円を要求したのである。藩債整理などに備えて余剰金を蓄積しようとしていた井上大蔵大輔は歳入を四千万円と控えめに見積り、それを目途に陸軍省八百万円、文部省百万円、司法省四十五万円、工部省二百九十万円と査定した。これは彼と各省の間に厳しい対立を生み、正院による調整に不満を感じた井上は十月下旬から翌明治六年一月まで引き籠っている。大隈の周旋によって文部・工部両省が妥協すると井上はようやく出仕したが、今度は江藤を始め司法省幹部が辞表を提出して執務を拒んだ（勝田二〇一七。佐々木五、三六六頁）。正院の大臣・参議が調整すべきところ、西郷は十一月から島津久光《ひさみつ》に対処するため鹿児島に出かけて不在、板垣は見て見ぬふり、大隈も及び腰で、三条実美の一身に重責が振りかかった。困惑した三条は、一月に在欧州の岩倉にあてて大蔵卿の大久保と参議の木戸を早期帰国させるよう、架設されたばかりの電信で要請する羽目に陥った。

この混乱の発端は、留守政府のメンバーが「文明」「進歩」の実績を使節団が米欧視察の成果を持って帰国する前に挙げようと競争し始めたことにあった（大隈一九七二。佐々木五、三七九—

三八〇頁）。同じ長州出身の山尾と井上が対立したのもそのためである。しかし、それは出身藩の間の権力闘争とも絡み合った。中心にあったのは江藤司法卿（肥前）と井上の対立である。江藤は明治五年四月、司法卿に就任すると大蔵省管下の府知事・県令が握っていた裁判権を司法省の管轄に移す方針を打出し、八月には司法事務職制を制定して体系的な制度を設計した上、九月から実行に移していった（中村一九九二）。それに必要な予算を井上は削ろうとしたのである。当時の大蔵省は東京による地方統治の掌握と藩債整理などを課題としており、それを地方における行政・司法一体の体制を利用して進めようとしていた。江藤の政策は大蔵省にとっても井上個人にとっても大きな打撃であった。

これと併行して陸軍省でも問題が起きた（中村一九九二）。山県大輔は薩摩出身の川村純義《すみよし》・西郷従道《つぐみち》少輔とともに徴兵制を基本とする軍制を計画し、明治五年三月、まず親兵を廃して近衛兵を新置した。薩・長・土三藩から献兵された親兵を順次、各鎮台で訓練した徴兵により置換えてゆこうとしたのである。西郷はこの方針を承認したが、篠原国幹《くにもと》や桐野利秋《としあき》以下、薩摩出身者は大いに不満で、板垣が事実上統率していた土佐出身者も同様であった。同七月、鹿児島出身の近衛兵はその都督《ととく》であった山県排斥の騒動を起し、おりから天皇の鹿児島行幸に随行していた西郷は急遽帰京《きゅうきょ》して、結局、西郷が陸軍元帥《げんすい》に就任し、山県と都督を交代することで収拾している（家近二〇一七）。山県はそれでも徴兵制の導入に執心し、翌六年一月にこれを実現したが、江藤司法卿は前年末に発覚した山城屋和助の公金使い込み事件で山県を追及し、結局山県は六年四月には陸軍大輔の辞任にまで追込まれた。

佐賀出身者の人事クーデタ

このように留守政府では長州出身の実務主管者が孤立を深めていったが、それと逆に佐賀出身者の台頭が顕著となった。参議の大隈に加え、各省の卿にも副島種臣《そえじまたねおみ》（外務卿）、大木、江藤が就任している。佐賀藩は近世に長崎の警備を担当し、ペリー来航以前から鋼鉄製の大砲を造るなど、西洋との繋がりが深い大名であったが、幕末の中央政局にはまったく関与しなかった。安政五年政変の後、鍋島直正《なべしまなおまさ》が井伊大老と結んだため他藩から疎んじられたせいである。しかし、そのために藩内の人材は全員が温存された。戊辰内乱で北陸道先鋒に動員されてからは強力な火力で新政府に貢献して一気に評価を高め、大隈を先頭に人材を東京に送り込んだ（佐々木四）。王政復古にも鳥羽伏見にも無関係な新参者であったが、その人材は重宝されたのである。

佐賀出身者はさらに土佐と組んで太政官の権力を奪い取る挙に出た。明治六年四月十九日、参議に司法卿の江藤、文部卿の大木、左院議長の後藤象二郎が同時に任命された。これは前年来の紛争と決定不能を解決するため正院の強化を図り、そのために各卿に参議を兼任させようとした措置である（勝田二〇一七）。正院はさらに五月二日、太政官の職制を「潤飾《じゅんしょく》」の名で変更し、決定権を太政大臣と参議に集中した。天皇に上奏し、裁可の印を押せるのは太政大臣だけとし、参議を「内閣」の議官と位置づけて事務全般の決定権を与えたのである。これを権力的観点から見ると、肥前・土佐の政治家は卿から参議に昇任した上で、今度は各省を従属的な地位に置き、とくに大蔵省の権限を大幅に削ったことになる。これらの措置は岩倉使節の出発前に取り決めた約定に違反するものであった。また、これにより王政復古や鳥羽伏見に貢献した薩・長の参議は内閣にただ二人となった。武力発動はなかったものの、佐賀と土佐による事実上の人事クーデタが起きたと言って良いだろう。

　井上大蔵大輔は追詰められて、五月五日、部下の渋沢と共に辞表を提出した。西郷は山県を極力かばったが、大隈は井上をかばわなかった。井上と渋沢はこの時、財政状況を詳細に記した書面を上奏したが、これは民間にリークされて世の物議を醸した。このため、内閣は大隈に大蔵省事務総裁を兼任させ、六月九日に至って会計見込表を公表して財政に余裕があることを示し、世論の鎮静を図った（佐々木五、三八九頁）。この時、井上の辞職に同情の声はなかった。大蔵省が差し押えていた尾去沢《おさりざわ》銅山を競売に付し、友人の会社に払下げたことを江藤から追及されている最中だったからである。辞職後の彼は大阪で貿易に携ったが、一年後には政界に復帰する。これに対し渋沢はその後政府に一切関係せず、民間の事業興隆に精力的に取組むことになった。

　このクーデタに対し、帰京したばかりの西郷は何ら発言しなかった。明治六年五月二十六日に大久保が帰国したが、彼とどんな話をしたか記録がない。大久保は大蔵省の省務に復帰せず、参議への就任依頼も断って、八月には富士登山を手始めに関西への旅行に出かけた。岩倉大使が帰国するまで故意に泰然と傍観することにしたのである（大久保文書四、五二二頁）。他方、西郷は折から結髪帯刀の士二百余人をつれて上京してきた島津久光への対応で頭が一杯だったようである。参議を辞職し、大久保と交代することを考えていたという（家近二〇一七）。そこに征韓問題が跳込んできた。

征韓論の争点浮上

七月二十九日、西郷は突如、朝鮮問題への関心を示し始めた。板垣への書翰《しょかん》で、こじれにこじれた日朝関係の打開のため朝鮮に派遣してほしい、朝鮮側は自分を暴殺するはずだから武力征討の名ができると述べたのである（家近前掲）。これより先、明治政府は戊辰内乱の終結が確実になった明治二年一月、釜山に対馬藩からの使節を送って国交の更新を申込んだが、朝鮮側はこれに応じず、以後、両国の関係は不調を続けた（次章を参照）。他方、明治政府の内外では、木戸や板垣を始め国内政治の観点から征韓を主張する論がしばしば提唱された。幕末の攘夷論と同じく、国内改革の手段に対外戦争を利用しようという趣旨であった。明治六年の当時は徴兵令に脅かされた近衛兵の中に、戦争によって士族の存在意義を証明したいという願望が拡がっていた。その矛先は朝鮮でも台湾でも構わなかった。熊本鎮台の桐野利秋（薩摩出身）は台湾での琉球人虐殺事件に注目して、鹿児島分営の部下を台湾に送って出兵に備えた調査をさせ（谷干城一、四三一頁)、副島外務卿は前年に鹿児島県令大山綱良《つなよし》が建議した征台案の検討を始めていた。また朝鮮についても動きがあった。副島はこの年の北京出張の際に清朝に朝鮮介入の意思がないとの感触を得て帰国していた。そのとき、釜山倭館《わかん》に日本を侮辱する掲示がなされたとの情報が入り、政府内外にあった征韓論者は一斉に騒ぎ出したのである。中でも板垣は熱心で、朝鮮に軍艦を派遣し、国交を強要すべしと主張した。

西郷は従来、朝鮮問題には無関心だったが、一旦目を付けると火の付いたように熱中した(以下、家近二〇一七による)。三条に働きかけて閣議を開かせ、八月十七日に朝鮮への遣使について「内決」を得、十九日には天皇の裁可を得ている。ただし、岩倉使節団出発前の約定に従えば、正式決定は岩倉大使の帰国後となるはずであった。この動きに対し、七月二十三日に帰国していた木戸は三条や西郷に再三にわたり反対意見を述べている。また、板垣は西郷に死に急ぐべきでないと諌《いさ》めてもいる。実のところ、遣使即暴殺という西郷の想定には無理があった。朝鮮政府は江華島《こうかとう》でフランスやアメリカと交戦していたが、外国の使者を冷たくあしらうことはあっても、殺すことはなかったのである。しかし、西郷は使者暴殺から武力征討へという二段階論を当然視し、彼の死後に発動すべき征韓の軍略を戊辰会津戦の軍事英雄、板垣と伊地知正治《いじちまさはる》に委ねている(家近前掲)。

政府の大分裂

岩倉大使は九月十三日に帰国した。彼は朝鮮遣使は緊急課題でないとし、樺太《からふと》で起きたロシア人と日本人の衝突事件の方を重視して、決定の先送りを図った。また、鹿児島出身の陸軍幹部、西郷の弟従道と野津《のづ》鎮雄《しずお》・道貫《みちつら》兄弟は軍備不足を懸念して開戦に連なる遣使に反対する動きを見せた。西郷はこれに焦慮を深め、副島に働きかけて三条に閣議の開催を促した。その一方、木戸は伊藤博文を通じて反対勢力の糾合に努め、大久保を参議に引出して、彼の手で阻止しようと画策した。大久保はこれに逡巡したが、結局、西郷との対決を覚悟し、アメリカ留学中の息子たちに遺言を認《したた》めた後に、十月十二日に参議に就任した。閣議は十四日に開かれ、三条と岩倉が用意していた延期論と西郷の即行論の間で議論が交された。大久保・大隈・大木以外の参議（木戸は怪我のため欠席）が西郷の論に動揺して結論に至らず、翌日も会議が開かれた。三条は延期論でまとめる心積りだったが、大久保以外の参議が即行論を支持し、とくに副島と板垣が大久保と激論を繰返したため、結論は三条と岩倉の預かりとなった。彼らの出した結論は遣使即行である。西郷や板垣の背後にある近衛兵や東京の巡査の暴発を恐れたためであった。これに対し、大久保は十七日、三条邸に赴いて辞表を提出し、これに木戸と岩倉が続いた。三条は西郷を招いて決定再考の意向を示したが、西郷は拒絶した。その翌早朝、三条は苦悩の余り人事不省に陥った。天皇は王政復古クーデタの首謀者だった岩倉と大久保はこの偶発事を利用して挽回を図った。天皇は太政官職制どおり岩倉を太政大臣の代理に指名した。そこで西郷・板垣・副島・江藤の四参議は岩倉邸に赴き、十月十五日の決定を奏上するように要求したが、岩倉は閣議決定と自己の意見の両方を奏上すると答えた。その裏面では、大久保が内廷工作をした。宮内卿の徳大寺実則《さねつね》に連絡を取り、天皇が延期論を採るように内奏してもらったのである。その結果、岩倉は二十三日、両論を上奏し、翌日、天皇は延期論を嘉納《かのう》するとの勅錠《ちょくじょう》を下した。

西郷は最終決定を待たずに辞表を提出した。参議と近衛都督の辞任は認められたが、陸軍大将の地位は据置かれた。続いて板垣・後藤・江藤・副島の四参議も辞表を提出し、二十五日、いずれもが聴許《ちょうきょ》された。明治政府は発足六年後に最初の大分裂をみたのである。

六　西南内乱――維新動乱の終結、暴力と公論の分岐

革命政府は不安定でしばしば分裂する。その時、政権は下野した政治家たちの無力化に全力を傾け、下野側も反抗を企てて、そこに暗殺や内戦が発生する。この征韓論政変も例外ではなかった。

薩・土兵の帰国と佐賀の乱

政変に伴って薩・土の近衛兵が国元に帰った。西郷とともに薩摩の近衛兵や巡査は続々と帰郷し、土佐の近衛兵もその大部分が東京を去った（谷干城一、四二三頁）。廃藩直前の献兵で残ったのは長州出身者だけであり、これに伴って東京政府は再び薩摩・土佐の軍事力との対峙を意識せざるを得なくなった。東京に残留した兵も忠実とは言切れなかった。岩倉は翌明治七年一月に暗殺未遂事件に遭遇した後、もう一つの選択肢だった台湾出兵を決行し、近衛兵の不満を和らげざるを得なくなっている。

東京政府が無力だった一方、下野した参議たちは元気だった。公論または武力反乱に訴えて反撃することになる。西郷以外の四前参議は他の四名とともに連署して七年一月にいわゆる民撰議院設立建白を左院に提出した（鳥海一九八八。勝田二〇〇三）。左院はこれを『日新真事誌』に掲載させた。政府の中に正院に対抗する勢力があったのである。この建白は提出者が直前まで在官していた政府を「有司《ゆうし》」専制と決めつけ、その弊害を矯《た》め、「天下の公議」を張るために民撰議院を設立せよと提唱した。幕末以来の大義だった「公議」の制度化を、誕生間もない新聞という公論メディアを利用して世に広く訴えたのである。この民撰議院建白の『日新真事誌』掲載は他の新聞の注意を引き、民撰議院をめぐる論争を新聞と新聞の間に引き起した。民選議院の必要を否定するものは稀で、論争はもっぱら開設時期の早晩をめぐって展開している。この論争は他の論点に関する公論も触発した。左院への建白では日本の改革をめぐって様々な提案がなされていたが、公論は以後、新聞という公開された場で活発に展開することになる（牧原一九九〇。三谷二〇〇五）。

ただし、当時の日本において公論は暴力と背反するものではなかった。江藤新平は建白の署名直後に佐賀に赴き、二月初旬、現地の「征韓党」や「憂国党」が企てた反乱に巻込まれて首領に担がれている。政府は迅速に対応し、大久保利通に処分の全権を与え、佐賀に急派した。鎮台兵を主力とする政府軍はまもなく反乱軍を打破り、江藤は佐賀を脱出して鹿児島、さらに高知に向った。しかし、西郷も板垣も彼に取合わず、江藤は高知県で逮捕されて佐賀に戻され、四月十三日、処刑・梟首《きょうしゅ》された（佐賀の乱）。政府が暴力に暴力を以て対したのは、無論、薩摩・土佐に睨《にら》みを効かすためであった。

島津久光の起用と木戸・板垣の復帰

東京政府はこうして分裂後最初の危機を切抜けた。しかし、東京にも大きな問題が生じていた。木戸が台湾出兵に抗議して辞表を提出する一方、島津久光を西郷らと隔離し、懐柔するため四月二十七日に左大臣に任命した結果、久光が明治政府の改革政策を内部から全面否定し始めたことである。木戸はその後山口県に帰って前原一誠《まえばらいっせい》ら郷里の旧友を慰撫《いぶ》したり、若者の軽挙を諌《いさ》めたり、士族授産の方法を講じて脱隊騒動の関係者をその対象に入れたりして、長州が再び反乱源となるのを予防しようと努めた(木戸伝下)。これに対し、久光の登用は政府内に少なからぬ混乱をもたらした(勝田二〇〇三)。久光は翌月に早速、礼服の洋装・地租改正・徴兵制などに反対して旧制に戻すよう上書し、これを大久保が認めぬなら自らを免職せよと要求した。さらに大隈を罷免し、副島を復職させることまで求めている。これに対し、三条は久光が辞職すると暗殺や反乱を呼ぶのではないかと懸念したが、岩倉は断固としてその要求を拒んだ。その後、久光は自邸に引き籠って抗議したが、台湾出兵が清国との間に開戦の危機をもたらすと、この問題は一旦棚上げとなった。政府は大久保を全権として清国に送る一方、八月末には開戦に備えた準備を始めている。大久保の尽力と駐清英国公使の仲介により辛うじて妥協が成立し、戦争は回避された。

こうして対外危機は凌いだのであるが、国内の問題は依然未解決のままであった。

台湾事件の解決により大久保は威信を高めた。前年に設立した内務省を基盤として民力涵養《かんよう》に意を注ぐ一方、政体全般の再強化のため木戸の政府復帰を図った。そのために働いたのは伊藤博文である。伊藤は下関で木戸の意向を聴取し、その上で東京と山口の中間にあたる大阪で大久保と木戸を引合わせる段取りを立てた(大久保伝下。木戸伝下)。大久保はわざわざ二カ月の賜暇《しか》をえて下阪し、八年一月初旬に木戸と会談したが和解は進捗しなかった。結局、伊藤を呼寄せて再度会談を重ね、ようやく木戸に復職を承諾させている。元老院・大審院の設立や地方官会議の開催などの制度改革が条件であった。その一方、伊藤と共に周旋に当った井上馨は板垣退助の来阪も求め、前年の民撰議院建白の趣旨を汲《く》んで立憲政に漸進する方針で合意した上、木戸と引き合せてその承認を得た。こうした手順を踏んでから、二月十一日、大久保・木戸・板垣の懇談が行われ、木戸と板垣の政府復帰が決まった。

漸次立憲政体樹立の公約

両人が参議に任官した後、伊藤が政体取調の任に当り、その案に基づいて、四月十四日に元老院・大審院・地方官会議の設置が布告された。うち元老院は上院に相当する組織で主要法令は必ずその議を経ることとされ、大審院は全国三カ所の上等裁判所と府県の裁判所の上に立ててこれを統轄する最高裁判所であり、のちに司法権が行政権から独立する前提となった。地方官会議は前年に開かれるはずのところ、日清危機により延期されていたのを実行したもので、人によってはこれを地方から民選議会の経験を積上げてゆく出発点と位置づけていた。この時の詔勅は、「朕《ちん》、今誓文《せいもん》の意を拡充し、茲《ここ》に元老院を設け以て立法の源を広め、大審院を置き以て審判の権を鞏《かた》くし、又地方官を召集し以て民情を通し公益を図り、漸次に国家立憲の政体を立て、汝衆庶《しゅうしょ》と倶《とも》に其慶《たまもの》に頼《たよ》らんと欲す」と述べている。立憲政体の導入について大まかな展望を示したに過ぎないが、天皇が自ら宣言し、コミットしたことは、以後、政府内外に大きな影響をもたらすことになった。

このいわゆる大阪会議は木戸と板垣の復帰によって島津久光を牽制し、同時に土佐の分離志向を抑制する意味も持っていた。しかし、参議となった板垣は元老院章程の審議に際して天皇権限の制限を主張するなど、元来の急進論に立ち戻り、木戸の漸進論と対立を始めた。他方、久光は三条・岩倉に対して先の復古建言への回答を求めて止まず、これを宥《なだ》めるため両者は一旦、久光を元老院の議長に充てることを考えた（岩倉公実記下、一二六二頁）。これは実現せず、実際には有《あり》栖川宮熾仁《すがわのみやたるひと》親王が議長に就任している。その後、岩倉は台湾出兵の失策のショックから引き籠り、療養生活を送った。九月になると再び三大臣の間に協調を図ろうと試みている。しかし、久光はあくまでも服制と暦制の復古に拘泥し、さらに民権論では対極にあるはずの板垣が提唱した内閣・省卿分離論にも同調し始めた。折から朝鮮で江華島事件が発生し、政府は再び緊張に覆われたが、板垣と久光は持論を主張して止まず、板垣と久光は三条の罷免まで上奏するに至った。天皇や政府首脳がこれを容れられるはずがない。結局、両名は十月末、同時に政府を去ることになった。こうして政府内部の混乱は収まったが、しかし、東京政府はまたしても薩摩と土佐の脅威にさらされることとなったのである。

公論と政府批判の高揚

一方、板垣が大阪会議の後、愛国社を設立し、さらに立憲政体の詔勅が公布されると、民間では新聞・雑誌を舞台として公論が盛上がった。それを象徴する雑誌に『評論新聞』がある（三谷二〇〇五）。明治八年三月に創刊されたこの雑誌は、アカデミックな記事により世を啓蒙した『明六雑誌』と同じ小型の雑誌で、大手新聞の印刷機が空いた時間を利用して不定期に刊行された。情報提供でなく「評」と「論」の掲載に特化し、読者からの投書に多くを依存し、同一紙面に複数の意見を併列するというユニークな編集方針をとった。開化論も守旧・復古論も、民権論も国権論も掲載している。しかし、同年六月に政府が改訂新聞紙条例と讒謗律《ざんぼうりつ》を公布した後に編集者が交代すると、その後は政府攻撃に専念するようになった。鹿児島出身者の経営の下、大久保利通の日清談判は成功とは言えぬと暴露し、江華島事件が起きると征韓を主張し、はては「圧制政府転覆すべきの論」という人民の抵抗権・革命肯定論を主張する投書まで掲載したのである。政府は編集者を逮捕して圧力をかけたが、同誌の政府批判はかえって急進化し、発行部数も伸びて、明治九年七月の発禁までに編集責任者が二十五人も逮捕されることになった。その発行部数は多くはなかったようであるが、問題はこれが鹿児島で歓迎されたことである。これを読んだ鹿児島の人士が東京政府は専制政府に相違なく、首都は強い不満を持つ世論に満たされていると信じ込んでも不思議でない内容であった。

鹿児島の反政府体制

さて、その鹿児島では、西郷の帰郷後、新たな変化が生まれていた。西郷は専ら田舎に住み、農耕や狩猟の傍ら、温泉をめぐって心身を休めていたが、彼を追って国元に帰った旧近衛兵は鹿児島に新たな軍事組織を創ってこれに若者たちを誘い、さらに県政も牛耳《ぎゅうじ》り始めたのである（以下、主に小川原二〇〇七、家近二〇一七、猪飼二〇〇四による）。明治七年六月、鹿児島城内に私学校を設け、その銃隊学校は元近衛局長官篠原国幹、砲隊学校は元宮内大丞村田新八《しんぱち》が指導することとし、分校を県内各地に設けた（猪飼二〇〇四。小川原二〇〇七）。西郷や桐野らの賞典禄をもとにして戊辰戦没者の子弟のための学校も設けている。これらの学校は若者に対し、士の道を究め、事ある時は一身の犠牲を厭わぬよう導くことを目標とし、士官養成のために外国人教師も雇っていた。また、旧下士官のためには鹿児島の北方に吉野開墾社を設け、授産と心身の鍛練の方策とした。鹿児島県令は全国と異なって地元出身の大山綱良が勤めていたが、大山はこれらを援助し、さらに地租改正の実行のため西郷に依頼して各区長や戸長・学校長などに私学校の人材を任命していった。その結果、鹿児島県は私学校の支配する独立国の観をなし始めたのである。

私学校は『評論新聞』に「確議」と題する檄文を公表し、欧米に対する日本の屈従を恥辱とし、政府と「洋癖」を非難して、「天下の士族」はこれを矯正する任に当るべしと主張した。東京政府は対外的には弱腰でありながら、内に向っては「専制」政府であり、腐敗にまみれていると見なすのが私学校共通の理解であった（小川原二〇一五）。幕末の幕府非難を継承する発想と言えよう。

西郷は、この頽勢《たいせい》挽回の機会は対外危機とともに訪れ、その時こそ鹿児島士族を役立てられるはずと期待していた。ところが、台湾をめぐる危機は去り、樺太をめぐるロシアとの緊張は明治八年五月の樺太千島交換条約で解消し、政府下野のきっかけとなった朝鮮問題も、九年二月の日朝修好条規の締結でこれまた解決した。私学校の蓄積した鬱憤《うっぷん》・憤懣《ふんまん》はどこにも晴らすことができなくなったのである。彼らは日常的な勤労を通じて身を立て、社会にも貢献するという発想を欠いていた。動乱を機会に戦功を挙げ、一挙に栄職に就くという道しか念頭になかったのである。その最中、東京政府は明治九年三月に帯刀を禁止し、八月には家禄の最終処分を決めた。彼らは金銭問題への不満を露《あらわ》にしないよう教育されていたが、内心は士族の存在価値を否定されたと感じて煮えたぎっていたに違いない。桐野は西郷の外患待望論はもう古いと嘲《あざけ》った（小川原前掲）。鹿児島では、東京の「奸臣《かんしん》を討ち、民の疾苦《しっく》を救う」とか、「内政を改革し、民権を張る」と唱えて、政府打倒に挙兵しようとする熱狂的な空気が充満していった。

西国の諸反乱と西郷の挙兵

西国では小さな反乱が立て続けに起った。明治九年十月二十四日にまず熊本で敬神党《けいしんとう》が決起し、熊本県令や熊本鎮台司令長官らを斬殺した。これは決起日を神籤《みくじ》で決め、西洋式の銃も忌避するという集団だったため、直ちに鎮台兵によって鎮圧されている。その三日後には秋月《あきつき》の士族が決起し、その翌日には長州の萩で前原一誠らが反乱を起した。これらの人員はいずれも二、三百名で、相互の連携も十分でなかったため、短期間で鎮圧された。

鹿児島でも呼応しようとの声が上がったが、西郷は一旦は押え込んだ。しかし、翌十年一月末、政府が汽船を送って鹿児島の弾薬庫から弾薬の回収を試みると、私学校党は弾薬庫を襲い、武器・弾薬を掠奪した。一千名以上が加わったというから、この時点で事実上反乱は始まったことになる。西郷は急報を受けて鹿児島に帰り、二月五日に桐野・篠原ほかの幹部と会議した。これより先、内務省警視局長川路利良《かわじとしよし》(鹿児島出身)は情勢探索のため鹿児島出身の警官十数人を送り込んでいたが、私学校党はその数人を捕まえ、拷問《ごうもん》して西郷暗殺計画なるものを自白させた。家近氏が指摘するように、西郷は初め軽挙を憤っていたが、この陰謀の露見を告げられると態度を変え、本気で東京政府の打倒を決心したようである。私学校党による巧みな情報操作に搦《から》め取られたと見えるが、西郷はさらに首謀者は川路の背後にある、すなわち大久保に違いないと信じ込んだようである。彼は大山県令を通じて挙兵の理由を「政府へ尋問の筋有之《これあり》」と公表した。西郷は先の政変で大久保に裏切られたと感じ、その裏工作を武士にあるまじき卑劣な振る舞いと見ていたはずである。そのような先入観があれば、密偵を暗殺者と読替え、その張本人を大久保とする解釈は受入れやすくなる。確かに彼の戦いは非妥協的なものとなった。山また山を越え鹿児島に戻ってまで戦いを続けた執念は大久保が再度裏切ったことへの抗議と考えて初めて理解可能となるのではないだろうか。

さて、薩摩の遠征軍組織は迅速だった（図13-2）。まず城下士《じょうかし》（鹿児島城下に住む藩士）と輜重《しちょう》兵約一万六千名を七大隊に編成し、二月十五日から順次熊本鎮台に向って出発している。大雪の中の行軍であったが、早くも十九日には近郊に到着し、二十一日には城下に侵入して攻城戦を始めた。これに対し、十九日、政府から電報で征討を命じられた熊本鎮台は、谷干城司令長官の下、兵力の手薄（約三千数百名）を考慮して籠城《ろうじょう》戦を採用し、抵抗に入った。薩軍は容易に陥落しないと判断し、二十二日には主力の北上を決めた。政府側は小《こ》倉《くら》分営の第十四連隊を急派して迎え撃ったが、熊本北方の田原《たばる》坂《ざか》下まで後退を余儀なくされ、以後戦闘は主にこの坂をめぐって展開した。政府側の対応は迅速で、早くも二十二日には福岡

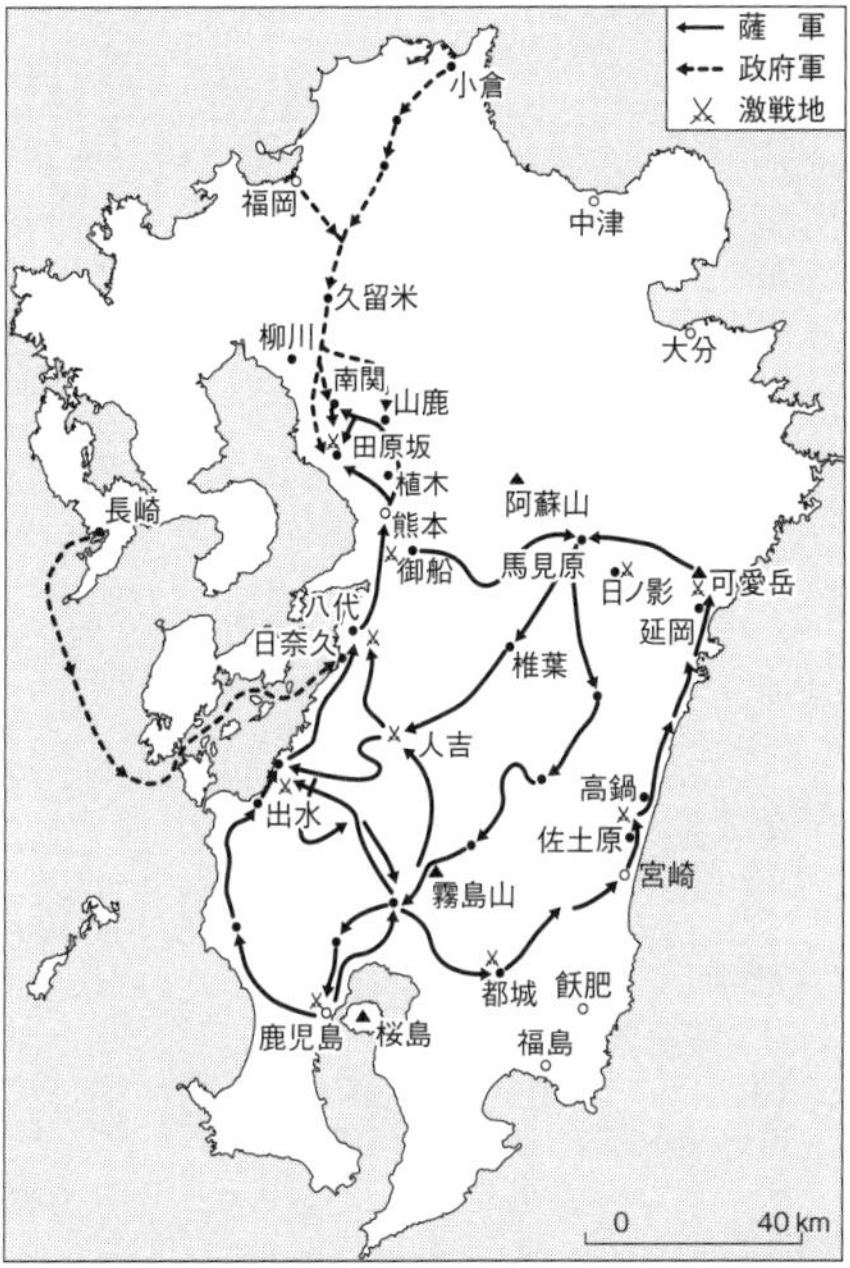

図 13-2　西南内乱略図（小川原 2007 をもとに作成）

に第一、第二旅団が上陸し、二十五日には戦線に到着したが、田原坂の戦いは膠着し、政府軍が突破するまで約一カ月も続いた。その一方、熊本鎮台では籠城が長引くにつれ食糧と弾薬が欠乏し、四月半ばまでしか持たない状態となった。これに鑑みた官軍は熊本の南から背面軍を送ることにし、三月下旬、兵を二カ所に上陸させ、八代《やつしろ》を越えて北上させた。その結果、四月十四日、熊本城への入城に成功し、ここに熊本攻防戦は終った。

薩軍は九州の西側では北上に失敗したが、その後、南下して人吉《ひとよし》に陣を敷いた後、六月初めにこれを攻略されると、東海岸の宮崎に移って、再び北上を始めた。先に大分《おおいた》方面に向った別働隊が三千ほどいたので、これと合流すれば交通の要衝小倉・関門海峡まで攻上れるかも知れなかった。ただ、人吉陥落後は食糧弾薬が逼迫《ひっぱく》し、逃亡者が相次ぐようになった。そのほとんどは熊本退却後に強制的に動員された外城《とじょう》（藩内各地に置かれていた支配拠点）の士であったが、私学校党の生残りはなお意気盛んだった。とはいえ、政府軍は兵士・武器弾薬・食糧を豊富に動員できたから、その後の戦いは事実上は追撃戦となっている。七月三十一日に宮崎が陥落した後、北に向った薩軍約三千五百は八月中旬、延岡《のべおか》で決戦に打って出た。戦闘の最中、各地方から参戦した諸隊は次々と官軍に降伏している。十七日、西郷は解軍を宣言し、陸軍大将の軍服を焼却した上で、深夜に包囲網を突破して可愛岳《えのだけ》をよじ登り、姿をくらました。この時脱走に成功した将兵は約五百であったが、彼らのほとんどは九州の背骨をなす山脈を縦走した上で、九月一日、突如鹿児島に姿を現し、これを占領して城山に陣を敷いた。政府側が包囲作戦をとった結果、戦争は長引き、投降勧告を拒絶した西郷たちが戦いの中で死んだのは二十四日であった。

西南内乱の謎

この西南内乱には理解しにくいことが多々ある。東京政府を攻撃するのならば、なぜ幕末に倣って直接兵を東京湾に送らなかったのか。傭船《ようせん》が少数に留まったとしても、精兵を送れば政府は慌てたはずである。薩軍は地上を大軍で北上する道を取った。これに合理性があるなら、それは道々に応援が駆けつけることしかない。実際、熊本では民権論者の宮崎八郎（一時『評論新聞』に関与）ら協同隊が参戦しており、東海岸の日向からは延岡・高鍋《たかなべ》・福島・佐土原《さどわら》・飫肥《おび》・都城《みやこのじょう》など、また大分県中津《なかつ》からも有志の士族が集っている（小川原前掲）。彼らは東京の「専制」批判という共通項を持っていたという。しかし、九州以外からの応援は稀であった。呼応のため注視していた土佐も動かなかった。維新の政治家がしばしば参照していた中国の王朝末期のように、味方を雪だるまのように増やして政府を追込むには明確な大義名分が不可欠だったはずである。西郷は人一倍、大義を重んずる人物であり、第一次長州征討や征韓論争の際には自らその意義を力説している。その西郷はこの一世一代の大反乱を起したとき、何も語らなかった。謎と言うほかはない。

ともかく、この西南内乱は、約一万五千という戊辰内乱全体に匹敵するほどの犠牲者を出して終った。死者の少ない明治維新の中では稀に激しく大規模な戦いであった。とくに根こそぎ動員をかけられた鹿児島県での若者の犠牲は顕著であった。しかし、鹿児島に西郷を恨む声は少ない。逆に大久保たち在官人への冷たさは未だに続いているかに見える。これまた大きな謎である。

武力反抗との訣別

眼を日本全体に移せば、この戦いは戊辰内乱が生み出した軍乱の時代に終止符を打った。地方に残った最大の軍隊を壊滅させると同時に、反政府運動の形態を変えた。薩軍への呼応の機会を窺《うかが》っていた板垣たち土佐民権派はこれを中途で断念し、それでもなお武力反乱を狙った者たちは残らず逮捕されている（小川原二〇一七）。暴力の行使を止むなく断念した在野政治家は、この後、専ら言論に頼らざるを得なくなった。世界の近代史は、民主化の初期に暴力と言論とが手を携えて登場することを示している。この両者がいつ、どのようにして袂《たもと》を分つのかが近代史の見所なのであるが、日本の場合は西郷の引き起した大規模な内乱が逆説的にも暴力との訣別の関門となったのである。

翌明治十一（一八七八）年五月十四日、いまや文字通り明治政府の柱石となっていた大久保は、士族授産の相談に訪れた福島県令山吉盛典《やまよしもりすけ》に次のように語った（勝田一九二八）。

抑《そもそも》、皇政維新以来已《すで》に十ヶ年の星霜《せいそう》を経たりと雖《いえど》も、昨年に至る迄は兵馬騒擾《そうじょう》、不肖《ふしょう》利通、内務卿の職を辱《かたじけの》うすと雖も、未だ一も其努《そのつとめ》を尽す能《あた》わず。加之《しかのみならず》、東奔西走、海外派出等にて職務の挙らざるは恐縮に堪へずと雖も、時勢不得止《やむをえざる》なり。今や事漸《ようや》く平《たいら》げり。故に此際勉めて維新の盛意を貫徹せんとす。之を貫徹せんには三十年を期するの素志《そし》なり。仮《か》りに之を三分し、明治元年より十年に至るを一期とす。兵事多くして則《すなわち》創業時間なり。十一年より二十年に至るを第二期とす。第二期中は最も肝要なる時間にして、内治を整え民産を殖するは此時にあり。利通不肖と雖も十分に内務の職を尽さん事を決心せり。二十一年より三十年に至るを第三期とす。三期の守成《しゅせい》は後進賢者の継承・修飾するを待つものなり。利通の素志、如斯《かくのごとし》。故に第二期中の業は深く慎みを加へ、将来継ぐべきの基《もとい》を垂るゝを要す。……

この直後、大久保は皇居に向う途中で凶刃に倒れた。彼がここに示した過去・未来の展望は西南内乱の勃発と終結によって初めて可能となったものである。大隈や伊藤などの「後進賢者」も確かに明治一桁の時代を創った優れた政治家であった。しかし、幕末から「王政」「公議」の日本を目ざして奮闘し、戊辰内乱がもたらした戦争への誘惑をこうして始末した先進がいなければ、彼らの仕事はもっと難しいものになっていたに違いない。

終章

明治維新と人類の「近代」

維新を世界史に位置づける

今までの章では、明治維新のなかで生じた政治的事件を追い、それが権力の構造、さらに社会構造の激変をもたらした様子を見てきた。喩《たと》えて言えば、近世末期の日本は発酵を始めた液体に満たされたもろい瓶《びん》のようなものであって、ペリー来航を機に様々の政治運動によって揺さぶられると、中身が一気に噴出して瓶まで破壊してしまったといった観がある。

本書を結ぶに当たっては、この変革を巨視的・かつ長期的観点から見直してみたい。まずは維新を触発し、同時に進行しつつあったグローバル化、すなわち交通・通信網の世界連結の動きに日本がどう組み込まれたかを観察し、次いで日本の中の激変が逆に周囲に及び、「東アジア」というリージョン（地域）の想像力を生み出したことを見る。最後には、人類の近代を遡り、十七世紀以後に登場した秩序の構成原理をいくつか取り出して、十九世紀の日本がそれらとどのような関係を持ったかを観察する。これにより維新に始まる近代の日本を世界史の中に位置づける糸口を提示してみたい。

一　グローバルな交通・通信網への包摂

太平洋横断航路の実現と西洋への視察・留学者の派遣

アメリカが日本にM・C・ペリーを送ったとき、その背後には地球を一周する交通路を創ろうという壮大なヴィジョンがあった。これを立案した国務長官ダニエル・ウェブスターは、この企ては「諸大洋を結ぶ蒸気船航路の最後の鎖」となるだろうと述べている（三谷二〇〇三）。しかしながら、太平洋の定期航路第一船がサンフランシスコを旅立ったのは、日米和親条約の約十二年後、一八六七年一月一日のことであった（ペリー一九九八）。これは、アメリカの西海岸の人口が少数に留まる一方、人口の密集する東海岸が欲していた中国の茶や絹は、すでに確立していた大西洋―インド洋経由の航路で入手できたからである。アヘン戦争の後、欧米と中国の貿易は隆盛に向い、日本と修好通商条約を結んだ後には中国航路を日本にまで伸ばした。イギリスのP&Oは一八五九年に上海―長崎、六四年に上海―横浜、フランス郵船は六五年に上海―横浜の定期航路を開いている(小風一九九五)。たまたまフランスで蚕《かいこ》の病気が流行ったため、これらの航路は日本からの蚕種《さんしゅ》の輸出で潤うことになった。蒸気船が発達して、インドから無風の紅海を通ってスエズに上陸し、地中海に抜ける航路が利用可能になると、インド・中国と欧米の時間距離は飛躍的に縮まった。一八六九年のスエズ運河開通後はこれがヨーロッパ・アジア間の主要な貿易ルートになる(ヘッドリク一九八九)。この趨勢の中で、一八六七年に太平洋に定期航路が開設されたのは、貿易以外の需要が発生したからである。北米では大陸横断鉄道の建設がブームになっていた。北米の人口はいまだ希薄だったから、鉄道会社は中国から苦力《クーリー》(肉体労働者)を呼寄せてその大量需要を満たしたのである。北米の大陸横断鉄道は全球的な交通網の重要な「鎖」となったが、その建設自体がもう一つの「鎖」である太平洋横断航路を創ったのである。

明治政府は、この大洋横断定期航路と大陸横断鉄道の組み合わせを精力的に活用した。一八七一年六月に主要な大藩から有力者を選抜して欧米に送り、普仏戦争など欧米の実情を見学させた(石附一九九二)。その半年後には全権大使岩倉具視《ともみ》が率いる大規模な使節団を多数の留学生とともに米欧の回覧に送っている。彼らの欧州滞在中、世界初のSF作家ジュール・ヴェルヌは、『八十日間世界一周』という冒険小説を書いたが、そのルートは岩倉使節団のものとほぼ重なっていた。

ヨーロッパからの電信ケーブル

岩倉使節団が旅立った年、日本はもう一つの絆で世界と結びつけられた。一八七一年、海底電信のケーブルが長崎に上陸したのである(大野二〇一二。有山二〇一三)。序章でも触れたように、一八六六年にイギリスの会社がイギリスとカナダを結ぶ大西洋横断ケーブルの実用化に成功したが、これを機に地球の要地を電信線で結ぶ事業が爆発的に広まった。ヨーロッパから中国に向けては陸と海と二つの電信線が引かれている。一つはデンマークに本社を置く大北電信会社のものでシベリアの陸路をとってヴラジヴォストークに達し、もう一つはイギリスの会社のもので、南回りで主に海底をインドに向い、さらに香港に到達した。後者から上海への延長線とヴラジヴォストークを結ぶため長崎に中継基地が設けられ、それによって日本は世界と結ばれたのである。上海—長崎—ヴラジヴォストークの電線を敷設した大北電信はその翌年には関門海峡経由で東京と長崎の間にも電線を敷設した。長崎を窓口として東京も世界の電信網と結びつけられたのである。岩倉使節団は予定より帰国が遅れたが、政府内の混乱に直面した留守政府は、早速この電信を使って帰国を催促した。ただし、当時の通信は不安定であった。中継局が多数あり、その都度モールス符号を打ち直すとノイズが増して判読が難しくなった。また、中継局で通信の中身を覗いたり、通信を握りつぶすことも可能であった。岩倉たちはそこで正式の打ち合わせは定期船による郵便で行っている（大野二〇一二）。

このように、十九世紀後半の日本は、地球規模の交通・通信網の形成に当って重要な「鎖」を提供し、維新後はいち早くこれを利用して、以後の発展の基盤としたのである。

二 「東アジア」の誕生

旧来の東アジア秩序

十九世紀のグローバル化に組み込まれた日本は、その内部を変えただけでなく、外部に対しても強い影響を与えることとなった。ユーラシア大陸の東端、北太平洋の西岸に、従来と異なるリージョナルな想像力「（東）アジア」を生みだし、さらに十九世紀末以降に至っては世界政治の一員として登場したのである。

本書第一章に述べたように、日本の近隣には、歴史始まって以来、中国の王朝を中心とするリージョナルな国家間関係があった。維新の直前、十八世紀後半を取ってみると、清朝という巨大な王朝があり、周辺の国々は、その皇帝から冊封《さくほう》されたり（朝鮮、琉球、ベトナムなど）、冊封は受けないが朝貢《ちょうこう》はしたり（タイなど）していた。いずれも中国との貿易で利益を得ていたが、中には政治的関係をもたず、互市《ごし》、すなわち貿易のみをしていた国もあった。長崎を窓口にして中国商人を招いた日本や広州に赴いて茶貿易をしたイギリスなど西洋の国々がその典型である。清朝の西北方の国々も大汗（皇帝と同一人物）に対して朝貢に類する関係を結び、貿易の利益に与かっていた。

この国際関係は二国間関係の束として存在した。また、上下の関係からなることも特徴とした。中国と冊封・朝貢関係に入った周辺国の首長たちは皇帝ないし大汗と君臣関係を結んだのである。互市のみを行った場合は、君主間に上下関係はなかったが、清朝は来訪する商人たちを冊封・朝貢の国以下の存在として位置づけていた。

この伝統的な地域秩序では国々の関係は疎遠でもあった。大海中にある日本は無論のこと、朝貢国の場合も多くは中国と頻繁な交渉を持ったわけではない。清朝は大陸上にある周辺国に臣従を要求し、従わなかった場合は軍を送ったが、服従させた後は直接の統治下には置かなかった。その目的が諸君主から臣従の礼を受け、天下の主宰者としての地位を表現することにあったからである。清朝と最も密接な関係を持った国は朝鮮であったが、藩属国として年に数回も使者を派遣したものの、内政・外交いずれについても清朝から直接に干渉されることはなかった。また、周辺国同士の関係も希薄であった。日本と朝鮮の関係がその典型で、国交儀礼としての朝鮮通信使の派遣は二百数十年の間に十二回しか行われなかった。

隣国との国交と主権原理

しかし、十八世紀末から来訪し始めた西洋の国家使節は別の秩序原理を持ち込んだ。十七世紀の三十年戦争の終結に際して創られた「主権」の原理、すなわち諸君主の間に国の大小を問わず対等な関係を設定することである。十八世紀末に中国を訪れた彼らは中国側のルールに従わざるをえなかったが、十九世紀に入ると中国皇帝と自国の国王との間に対等な儀礼を設けることを要求し始め、それが少なからぬ摩擦を生むことになった（以下、詳しくは、三谷・並木・月脚二〇〇九を参照）。

維新後の日本はこの摩擦を加速した。一つは、従来は疎遠だった隣国とより深い関係を持つようになったことである。中国とは近世初頭以来、国交がなかったが、日清修好条規（一八七一年）を結んでこれを解消し、朝鮮とは国交を更新して、条約に基づいてより密接な関係を築こうとした。正式の国交が従来からの経済関係を発展させたのは言うまでもない。こうして、維新は日本の外交態度を変え、それによって東アジアの国家間関係を密接なものに変えたのである。

日本は同時に主権の原理も持ち込んだ。清朝の冊封・朝貢・互市、いずれのルールも無視し、西洋諸国に対すると同様に「独立国」同士の対等関係を築こうとしたのである。これは中国との間ではある程度、成功した。日清修好条規により対等な条約を結んだだけでなく、その批准書交換の際には清朝皇帝との謁見《えっけん》に際してほぼ対等な儀礼を行った。全権大使副島種臣《そえじまたねおみ》は、正殿の脇の建物においてではあったが、皇帝に対して三跪九叩《さんききゅうこう》とは異なる対等な礼式を実現したのである。それは従来、皇帝に接見を許されず、対等な儀礼も認めてもらえなかった西洋の諸公使にも適用された。

しかし、この主権原理の持ち込みは朝鮮との間では厳しい摩擦を生んだ。一八六八年、戊辰内乱がほぼ終結した頃、明治政府は対馬を介して日朝関係を担当する東萊府《とうらいふ》に国交更新を申込もうとしたが拒否された。それは使臣の持参した書翰に「皇上」の文字があったためである。朝鮮にとって「皇」を使う資格があるのは清朝の皇帝だけであった。かつ、日本の天皇が清朝の皇帝と対等な関係に立つならば、皇帝の臣下である朝鮮国王は日本の下位に立つこととなる。近世に江戸の「大君」と対等な関係を結んでいた朝鮮国王としてはこの変化を容認できない。この時、上下関係に基づく従来の秩序観と西洋由来の対等秩序観がぶつかってしまったのである。両国の外交官は摩擦を回避し、対立の拡大を抑えるため、君主の名を出さないで条約を結ぼうとしたが、それが実現するまでには日本が国交更新を申し込んでから八年の歳月を要した。

日本はまた、琉球に対しても主権の原理を以て臨もうとし、それが清朝との間にも厳しい対立を呼び起こした。琉球は一四世紀に沖縄本島に三山が成立して以来、統一王朝ができた後も中国の王朝に朝貢し、冊封されてきた。他方、十七世紀初頭には薩摩の島津家の侵攻を受け、中国への朝貢はその使臣の管理下に置かれていた。いわゆる二重朝貢の体制にあったのである。これは、複数の大国の狭間にある小国にしばしば見られる外交政策で、十九世紀初頭のカンボジアのタイ・ベトナムとの関係や、ワラキア・モルドヴァのオスマン・ハプスブルク・ロシアとの関係にも見られる。ただし、琉球と清朝の関係は儀礼と貿易に留まるもので、官吏が駐在して王府の政策を掣肘《せいちゅう》した薩摩との関係はより密接なものであった。

明治政府には、当初、日本政府が薩摩にとって代わり、天皇が琉球王を藩王に冊封して、二重朝貢体制を維持しようとの案もあったが、主権原理に即して琉球国を廃し、その領域を純然たる国土に編入しようという考えが次第に有力となった。一旦、国王を藩王としてその東京移住を命じ、さらに清朝への朝貢を禁じた後、一八七九年に併合し、沖縄県としたのである。

「アジア」という想像力の誕生

琉球の排他的領土としての編入は、清朝の側に強い反発を生んだ。しかし、両国はいずれも戦争ができない状態にあった。日本政府は西南内乱の直後で疲弊を極めており、清朝は新疆《しんきょう》でロシアとの緊張を抱えていたためである。このため、両国ではともかく戦争を回避し、敵対感情を和らげようと工夫するものが現れた。関心を琉球から朝鮮に移し、これをロシアの脅威から守るため、日中が協力しようとの主張である。共通の敵としてロシアをはじめとする西洋を想定し、内部の結束は「同文同種」、共通の文化と人種を基礎として育てようとした。一八八〇年、曽根《そね》俊《とし》虎《とら》が結成した「興亜会《こうあかい》」がその代表的な結社で、中国語の学校を設け、漢文の会報を発刊して、日・清・韓の貿易と人的交流を増進しようと図った（並木二〇一二）。

この時、「亜細亜《あじあ》」という概念が「西洋」と対抗する概念として鋳直《いなお》された。「アジア」という概念はヨーロッパで生まれたもので、元来は空虚であった。中世末期のヨーロッパ人は世界を三分し、ユーラシア大陸の東方を南方の「アフリカ」と並べて「アジア」と呼んだ。それはキリスト教徒のヨーロッパと異なって、イスラム教・ヒンドゥ教・仏教・儒教など、多種多様な宗教や文化を持つ空間であった。「その他大勢」という扱いだったのである。他方、東アジアは中国に生まれた漢字と儒教、さらに大乗仏教などの文化要素を共有していたが、その住民が世界の他地域と区別される一体性を意識することはなかった。しかし、琉球をめぐって日清対立が生じたとき、これを緩和するため、西洋からの脅威と文化の共有を根拠に「亜細亜」の共通性が語られ始めたのである。この当時、日本や中国の知識人はトルコをはじめ中央アジアやインド以西で起きた西洋による侵略に注目していた。しかし、「亜細亜」を語る時、彼らが実際に思い浮かべていたのは漢字文化圏であった。「東亜《とうあ》」という語もあったが、「亜細亜」でこのリージョンを指す方が多かったようである。

以上のように、ユーラシア大陸の東方海上に鎖国・孤立していた日本は、西洋によるグローバル化の波に組み込まれ、それを機に国内を変革した上で、近隣とも積極的に関わるようになった。そのとき、伝統的な国際関係の秩序原理に代えて、西洋の創りだした「主権」の原理を準則にしたのであるが、それは自らを「主権国家」にしただけでなく、ユーラシアの東辺に「アジア」ないし「東アジア」という新たなリージョンを創り出すことになった。十九世紀のグローバル化は個々の国家を変えただけでなく、新たなリージョナルな想像力も生み出したのである。

三　人類の「近代」と日本の維新

西洋的秩序原理との距離

明治維新で行われた変革は、対外関係に限らず、「近代」の西洋の創り出した秩序の文法に符合することが少なくなかった。符合と呼ぶのは、必ずしも模倣したわけではなかったからである。例えば、王政復古による政権の一元化は内生的なものであって、西洋の「主権」の原理を参照して行ったものではなかった。そもそも世界一般に君主はただ一人なのが普遍的な姿なのであって、六〇〇年あまりそこから逸脱していた日本は、西洋による侵略に深刻な危機を感じた時、政権の一元化を緊急課題と認識した。君主の一身に国内にある大小様々の領主を超越する権力を集中するという運動が生まれ、それが結果的に十七世紀の西洋が生み出した「主権」の原理に適合する政治体制を創りだしたのである。王政復古後には、意識的に西洋国際法への準拠も始めた。諸国との対等交際、排他的領土の確保などがその内容であった。その結果、日本は「欧州的帝国」（井上馨）となった。

類似した現象は、幕末政治を導いた「公議」「公論」の主張が「国民」を創りだし、それを基礎とする立憲制として結実した点にも認められる。「民主」への接近である。幕末には西洋を参照した政治家は稀であったが、明治になると、こぞって西洋への視察・留学に出かけ、西洋の文物を学んだのは周知の通りである。

歴史的時間の三層

このような史実に鑑みると、明治維新の意味を俯瞰するには、近代の「西洋」が創りだした秩序の文法との関わり方を参照する必要が出てくる。以下では、フェルナン・ブローデルが創始し、これを二人の日本人研究者が敷衍した「時間の多層性」モデルを参照しつつ、俯瞰を試みてみよう。

ある劇的な事件が単なる一過性の事件に終わらず、秩序を整序する新たな規範を作り出し、それが逆に日常に起きる個々の事件を拘束し始めることがある。規範の中には千年を超える「長期持続」もあるが、多くの持続期間は百年ないし数百年の中間的な生命を持つ。上に見た「主権」、「国民」、「民主」、さらに「帝国主義」などが中間層に属する秩序規範の代表例であるが、近代初期に誕生した「科学」の社会への埋め込みは中間層を超えて長期持続の域に達するに違いない。

かつてフェルナン・ブローデルは、歴史の時間は一様に流れず、長期的に構造が持続する面と、短期的にめまぐるしく変化する面と、二つのレヴェルがあり、これらを中間にある層が媒介すると指摘した（ブローデル一九八五―九九）。長期持続の身近な例には食習慣がある。例えば、東アジアの北部では、小麦の加工食品（麺）と肉が基本セットとして食されるが、日本を含むその南部では、蒸した米（飯）と魚が基本セットである。最近の日本人には朝食にパンを食べる人が増え、中国北部でも米飯が好まれるようになったが、長い歴史から見るとそれは瞬時のことに過ぎない。このように生活文化を見ると、千年、二千年を越える構造の長期的安定性が地域ごとに見られる。これが長期持続であり、我々はほとんど無意識のうちにその枠の中で暮らしていて、その外部を考えることがない。これに対し、我々が日々気にかけているのは大小様々の事件である。その多くは社会の枠組みを変えることはないが、事件によっては比較的に大きな、やや持続性のある構造変化を引き起すこともある。日本の近代で言えば、明治維新やアジア太平洋戦争がその代表例である。また、経済は日々に人々の注意を引きつけているが、その構造変動は政治ほど目立つことはない。しかし、いわゆる「産業革命」のように、長期に累積すると大きな構造変化を生み出す。社会全体における飢餓の消滅、富裕化、また長命化などがそれである。

ブローデルは長期・短期の二層に加えてそれを媒介する中間層も考えた。物理学の金子邦彦と経済学の安冨歩《やすとみあゆむ》はこれを出発点に複雑系のモデルを考案した。ミクロ・レヴェルでの短期の変化

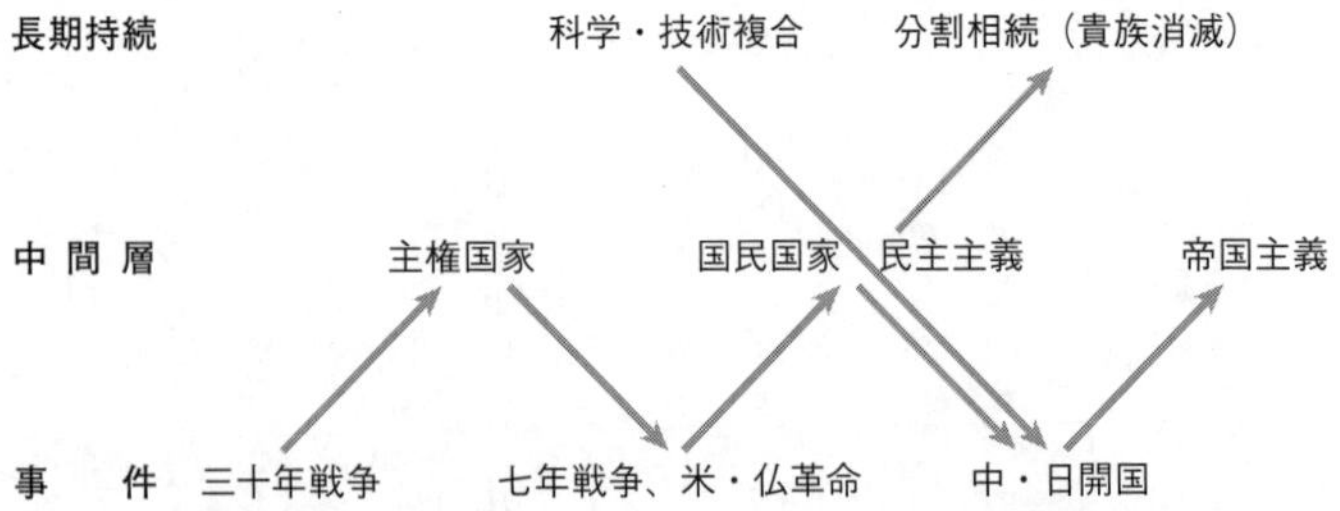

図終-1　歴史的時間の３つの層

とマクロ・レヴェルの長期持続が互いに相互作用するメカニズムを考え、抽象的なモデルとして提示したのである（金子・安冨二〇〇二）。ここに示す図終―1は、それにグローバル化の第三・四波の時代を当てはめ、中間層に、当時生成した秩序構成の原理を書き込んだものである。主権国家・国民国家・民主主義・帝国主義といった政治的な枠組みであるが、これらは一旦生成した後には日々に生ずる諸事件を縛り、人々がその外では生きてゆけないようにしている。

最初に生成した秩序規範は「主権」という国際関係の文法である。これはイギリス国王をはじめとする諸君主がローマ教皇の権威に反抗した事件から始まり、十七世紀の中欧を襲った三十年戦争という大災厄を収束させるために結ばれたウエストファリア条約によって定着したとされている（高澤一九九七）。この点はすでに触れたので省略し、現在の地表で主権による分割を免れているのは南極だけだという事実を指摘するに留める。

次いで、十八世紀の終わりには北米ついでフランスに革命が起き、その中から「国民」と「民主」の秩序規範が生まれた

（ホブズボーム二〇〇一。三谷二〇一二）。政治秩序を王族や貴族などの世襲身分でなく、成人すべてが主体となって構成するという原則である。その主体の名としては「市民」（英語でシティズン）や「国民」（同ネイション）が使われたが、両者を構成する人々は概ね重なることが多く、呼び名としての「市民」は国内での秩序形成の文脈、「国民」は外国との対抗関係の文脈で使われることが多い。「市民」は、自らの家族経営のほか、地域の秩序形成にも与《あずか》る存在、すなわち「民主」の主体である。身近な領域でなく、やや大きな政治的共同体に関しては「代表」を選挙してこれを担う制度が考案された。「民主」を実現する方法は公開の場での討論すなわち「公論」である。一方、「国民」は、外国の攻撃から国家を防衛する主体であって、そのために身を犠牲にする義務が課せられた。ただし、フランス革命時の人権宣言に見られるように、当時の「人」は男性のみを指しており、女性については、西洋・非西洋を問わず、二十世紀の第一次世界大戦の頃になって、ようやく包摂が始まった。また、ここに登場した「国民」の観念は世界に広く受け入れられたが、「民主」の主体としての「市民」観は必ずしもそうではない。世界最大の人口を持つ中国一つとってもあきらかである。

明治維新と「国民」「民主」

十九世紀初頭の西洋で生まれたこれらの秩序原理に対し、明治維新はどんな関係に立ったのだろうか。ここまで見てきたように、「国民」に相当する存在を創るように政治体制が変革され、それに「民主」の要素が加味されていったわけであるが、意識的な模倣が行われたのはやはり維新の後半であった。幕末の政治運動を動機づけたのは西洋による侵略からの防衛という課題意識であった。中に千年王国的な願望や理想の政治体制への希求が混じることもあったが、政治運動の主流では外圧からの防衛が優先され、それらはほぼ封じ込められた。安政五年政変に際して登場した「公議輿論」「輿議公論」や「王政復古」という課題も、国家防衛という根本要請から派生したものであった。このうち、「王政復古」は、西洋では革命以前の世襲貴族の支配を復元し、「国民」や「民主」という秩序規範を否定しようとする「反動」の運動であった。これに対し、維新期の日本では逆に、「王政復古」は人々の「国民」化や「公論」を促進した。武士の政治家たちは「王政復古」を名として、庶民も国家防衛に動員しようとした。水戸の天狗《てんぐ》党や長州の奇兵隊がその典型例である。新政府が発足初期に公布した「政体」で、庶民も二等官まで登用できる制度を設けた上、廃藩直後に被差別民を平民に統合し、さらに徴兵の制度を設けたのも、やはり動員の論理が基底にあった。これら脱身分化の措置は「一君万民」を理想としてなされ、それが、同等の権利を持つ「国民」を形成したのである。

「国民」の形成は幕末に生まれたもう一つの課題、「公論」の主張によっても促進された。「公論」は幕末には大大名の一部の政権参加の主張に留まったが、新政権の下では、まず五箇条誓文の第一条に掲げられて一般化された（「広く会議を興し、万機公論に決すべし」）。政府内部で諸決定にあたって実践される一方、民間にも参加の機会が開かれて建白が奨励された。ここまでは国内の政治運動の延長と見なすことができる。しかし、明治六年の政府大分裂の後に提唱された民選議院は同時代西洋の理想と制度を参照し、借用することなくしてはあり得ぬことであった。民間から議員を選挙して法律と予算の決定を委ねよという発想は日本や東アジアの伝統にはなかったものである。

政府を専制政府と見なし、人民の政治参加を認めよとの主張は、西南内乱の結果、暴力の行使と袂《たもと》を分かった。「公論」の主張はここに「自由民権」の運動として拡大してゆき、それを支援した「財産と教養」を持つ庶民の上層は、「国民」の中核的担い手となっていった（牧原一九九八）。十九世紀初頭以来、北米と西欧に拡がった「国民」と「民主」の動きが、日本でも同様の階層によって担われ始めたのである。

国家防衛という動機から始まった政治運動は、「公議」と「王政」という二つの課題を生んだが、一方では王政復古と中央集権を機に脱身分化が行われて「国民」形成の条件を生み出し、他方では「公論」が民間運動に転化して事実上の「民主」の運動を生み出した。これらが新政府発足の二十三年後、西洋型憲法に基づく国会の開設で一応、制度化されたのは周知の通りである。

秩序原理の消長と持続性——「帝国主義」「分割相続」「科学・技術複合」

十九世紀にはさらに「帝国主義」も広まった(ポーター二〇〇六)。古代以来、人類には時に、特定の国家が支配領域を拡張し、多種多様な言語・宗教・文化をもつ人々を一つの広域秩序のもとに組織しようとする動きが生ずることがあった。これを始動した民族は他民族を支配・搾取し、優越を誇るのが常であったが、他方では広域秩序を構成・維持するために普遍的な制度を建て、異種の人々を巻込み、かつ様々の知識や技術を流布させるという側面も伴った。近代のそれが以前と異なるのは、「帝国」の領域が一つのリージョンにとどまらず、世界のあちこちに設けられ、しかも諸「帝国」が互いに競い合ったことである。二十世紀の初頭、それまで人口希薄だった砂漠や密林のアフリカをヨーロッパの列強(スーパー・パワーズ)が分割競争したのはその極限の姿であった。東アジアでは、日本が日清戦争以後、この列に加わっている。しかしながら、科学技術の社会への埋め込みを通じて激化した「帝国」の再現運動は、二十世紀前半に生じた二度の世界大戦によってやや後退した。「国民」の根強さとは対照的である。世界大戦の代償があまりにも大きかったのが響いたのであろう。アメリカや中国のように、今日でも「帝国」を自負したり、目ざしたりする国はあるが、その方法はハードパワーより、ソフトパワーに多くを依存するようになっている。

さて、人類の「近代」には、政治以外の面でも、中間層や長期持続のレヴェルに属する原理が生まれ、事件の層を支配し続けてきた。資本主義がその最も顕著なものであるが、その他にも重要なものがある。例えば、アメリカやフランスの民法で規定された分割相続制である。王族や貴族による支配は一子による財産相続なくしては永続しない（ド・トクヴィル二〇〇五）。古代以来、人類の親しんできた君主制は、中国の辛亥《しんがい》革命とヨーロッパの第一次世界大戦により激減したが、その存続基盤はそれ以前から掘り崩されていたのである。他方、先進工業国では、近年、特定のグループが富を寡占する傾向が強まっているようである（ピケティ二〇一五）。しかし、現在、参政権は国民に拡散しており、統治権の基盤も以前と違って土地支配ではなくなった。貴族と異なって、現在の富裕層は直接に国家権力に関与していない。しかし、関係が消滅したわけではなく、その政治権力との関わりは以前より見えにくくなったに過ぎないようである。

「近代」には、さらに技術に対して科学が結合した。狩猟にせよ、料理にせよ、人類は技術の発明によって他の動物と別の存在となった。しかし、十九世紀には技術が科学と結合し、飛躍的な能力を提供するようになった。例えば、電気は科学なくしては使えないエネルギーであった。科学の応用が人類にもたらした威力は、世界的な電信網の形成一つをもっても明かであろう。この科学と技術の複合は、先にみた中間層に属する秩序原理より長続きし、長期持続の域に至るかもしれない。かつての長期持続は、食文化のような自然環境と直結する領域や、言語や法のような社会的技術の領域に生まれ、したがって顕著にリージョナルな性格を帯びていた。しかし、十九世紀以来の人類は計画的な技術開発、制度化された科学研究を社会に埋め込んだ。人類は今や絶えず増殖する技術を頼りに生きており、それはグローバルに斉一である（マクニール父子二〇一五）。これが無くなるのは人類、少なくとも文明が死滅するときであろう。

以上のように、人類の「近代」には、西洋でいくつかの重要な秩序原理や知的枠組みが生成した。十九世紀の第３四半期に日本で生じた明治維新は、このような環境で発生した事件の一つであった。当時の日本人は出発点では同時代にこのような枠組みが生成していたことを知らなかった。しかし、まず軍事的脅威に対処するために科学・技術複合に注目し、ついで「主権」や「国民」の概念に符合するような政体変革にたまたま踏込んだのである。新政府を創ってからは意識的にこれらを応用し始め、「公論」を「民主」に発展させて、現在に至っている。

この過程では西洋モデルの採用に批判的で、日本「古来のあり方」や儒教の道徳的重要性を強調する人々も現われた。しかし、それはイデオロギー的な反発に留まっている。日本に限らず、中国もインドもイスラムも、右に見た秩序モデルに代替できるほどの規範を生み出していない。西洋産の秩序規範に従うことへの不快感は世界中で語られている。しかし、彼らが社会の公正・平等・安寧・自由を実現する代替モデルを提示しているわけではない。「近代」の西洋が創り出したモデルを上回り、人類に普遍的に歓迎されるような秩序規範ははたしてどこに生まれるのであろうか。

参考文献

青山忠正『高杉晋作と奇兵隊』吉川弘文館、二〇〇七
青山忠正『明治維新』吉川弘文館、二〇一二
赤嶺　守『琉球王国』講談社、二〇〇四
G．アキタ『明治立憲政と伊藤博文』東京大学出版会、一九七一
秋田　茂『イギリス帝国の歴史』中央公論新社、二〇一二
秋月俊幸『日露関係とサハリン島』筑摩書房、一九九四
秋月俊幸『日本北辺の探検と地図の歴史』北海道大学図書刊行会、一九九九
秋月俊幸『千島列島をめぐる日本とロシア』北海道大学出版会、二〇一四
朝尾直弘編『日本の近世　一　世界史の中の近世』中央公論社、一九九一
朝尾直弘編『日本の近世　七　身分と格式』中央公論社、一九九二
安達裕之『異様の船』、平凡社、一九九五
鮎沢信太郎・大久保利謙『鎖国時代日本人の海外知識』乾元社、一九五三
鮎沢信太郎『山村才助』吉川弘文館、一九五九
有山輝雄『情報覇権と帝国日本　Ⅰ』吉川弘文館、二〇一三
荒野泰典『近世日本と東アジア』東京大学出版会、一九八八
荒野泰典・石井正敏・村井章介編『アジアの中の日本史　Ⅱ　外交と戦争』東京大学出版会、一九九二
『井伊家史料』五・六（東京大学史料編纂所編）東京大学出版会、一九五九・六九
飯島　渉『感染症の中国史』中央公論新社、二〇〇九

家近良樹 編『もうひとつの明治維新』有志舎、二〇〇六
家近良樹『西郷隆盛と幕末維新の政局』ミネルヴァ書房、二〇一一
家近良樹『徳川慶喜』吉川弘文館、二〇一四
家近良樹『西郷隆盛』ミネルヴァ書房、二〇一七
猪飼隆明「士族反乱と西郷伝説」、松尾正人編『明治維新と文明開化』吉川弘文館、二〇〇四
生田美智子『外交儀礼から見た幕末日露文化交流史』ミネルヴァ書房、二〇〇八
生田美智子『高田屋嘉兵衛』ミネルヴァ書房、二〇一二
石井　孝『日本開国史』吉川弘文館、一九七二
石井　孝『増訂　明治維新の国際的環境』吉川弘文館、一九六六
石上英一ほか 編『講座　前近代の天皇　二』青木書店、一九九三
石川松太郎『藩校と寺子屋』教育社、一九七八
石附　実『近代日本の海外留学史』中央公論社、一九九二
李　元雨『幕末の公家社会』吉川弘文館、二〇〇五
磯田道史『武士の家計簿』新潮社、二〇〇三
板垣退助 監修『自由党史』五車楼、一九一〇（岩波書店、上、一九五七）
板沢武雄『日蘭文化交渉史の研究』吉川弘文館、一九五九
井上　勲『王政復古』中央公論社、一九九一
稲田雅洋『自由民権の文化史』筑摩書房、二〇〇〇
井野邊茂雄『新訂増補　維新前史の研究』中文館書店、一九四二
今井宇三郎・瀬谷義彦・尾藤正英編『水戸学』岩波書店、一九七三
今西　一「『四民平等』と差別」、新井勝紘編『自由民権と近代社会』吉川弘文館、二〇〇四

岩井茂樹「朝貢と互市」、川島真編『東アジア近現代通史　一』岩波書店、二〇一〇
『岩倉公実記』（多田好問編）全三巻、原書房、一九六八
『岩倉具視関係文書』一・三（日本史籍協会編）一九二七・三〇（復刻　東京大学出版会、一九八三。オンデマンド版　二〇一四）
上田美和『石橋湛山論』吉川弘文館、二〇一二
J．ヴェルヌ『八十日間世界一周』全二巻、光文社、二〇〇九
I．ウォーラーステイン『史的システムとしての資本主義』岩波書店、一九九七
A．ウォルソール『たをやめと明治維新』ぺりかん社、二〇〇五
宇田友猪『板垣退助君伝記』一、原書房、二〇〇九
宇津木六之丞・佐々木克編『史料　公用方秘録』サンライズ出版、二〇〇七
海原　徹『近世私塾の研究』思文閣出版、一九八三
梅村又次・山本有三編『開港と維新　日本経済史　三』岩波書店、一九八九
大石慎三郎『田沼意次の時代』岩波書店、一九九一
大久保利謙『大久保利謙歴史著作集』二、吉川弘文館、二〇〇七
『大久保利通日記』全二巻（日本史籍協会編）一九二七（復刻　東京大学出版会、一九六九）
『大久保利通文書』全十巻（日本史籍協会編）一九二七—二九（復刻　東京大学出版会、一九八三）
大隈重信『大隈伯昔日譚』早稲田大学大学史編纂所、一九七二
大谷　正『日清戦争』中央公論社、二〇一四
大野哲弥『国際通信史でみる明治日本』成文社、二〇一二
大平祐一『目安箱の研究』創文社、二〇〇三
大山　梓編『山県有朋意見書』原書房、一九六六

岡田昭夫『明治期における法令伝達の研究』成文堂、二〇一三
小川亜弥子『幕末期長州藩洋学史の研究』思文閣出版、一九九八
小川原正道『西南戦争』中央公論新社、二〇〇七
小川原正道『西南戦争と自由民権』慶應義塾大学出版会、二〇一五
奥田晴樹『維新と開化』吉川弘文館、二〇一六
落合弘樹『秩禄処分』中央公論新社、一九九九（改訂版　講談社、二〇一五）
『鹿児島県史料　忠義公史料』（鹿児島県歴史資料センター黎明館編）全七巻、鹿児島県、一九七三―七九
『鹿児島県史料　玉里島津家史料』（鹿児島県歴史資料センター黎明館編）全十巻・補遺二巻、鹿児島県、一九九一―二〇〇二
笠谷和比古『主君「押込」の構造』平凡社、一九八八
笠谷和比古『近世武家社会の政治構造』吉川弘文館、一九九三
勝田孫弥『大久保利通伝』全三巻、一九一〇（復刻　臨川書店、一九七〇）
勝田孫弥編『甲東逸話』富山房、一九二八
勝田政治『〈政事家〉大久保利通』講談社、二〇〇三
勝田政治『明治国家と万国対峙』角川書店、二〇一七
勝俣鎮夫『戦国時代論』岩波書店、一九九六
加藤栄一・北島万次・深谷克巳編著『幕藩制国家と異域・異国』校倉書房、一九八九
加藤康昭『日本盲人社会史研究』未来社、一九八五
金井之恭『校訂　明治史料顕要職務補任録』柏書房、一九六七
金澤裕之『幕府海軍の興亡』慶應義塾大学出版会、二〇一七
金子邦彦・安冨歩「共依存的生滅の論理」、社会経済史学会『社会経済史学の課題と展望』有斐閣、二〇〇〇

二
紙屋敦之『大君外交と東アジア』吉川弘文館、一九九七
苅部　直『「維新革命」への道』新潮社、二〇一七
川北　稔『工業化の歴史的前提』岩波書店、一九八三
川路聖謨『長崎日記・下田日記』平凡社、一九六八
川田瑞穂『片岡健吉先生伝』立命館出版部、一九三九（復刻　湖北社、一九七八）
芳　即正『島津久光と明治維新』新人物往来社、二〇〇二
D．キーン『日本人の西洋発見』中央公論社、一九六八
岸本美緒「東アジア・東南アジア伝統社会の形成」、『岩波講座世界歴史　十三』、岩波書店、一九九八a
岸本美緒『東アジアの「近世」』山川出版社、一九九八b
鬼頭　宏『文明としての江戸システム』講談社、二〇一〇
木戸公伝記編纂所『松菊木戸公伝』全二巻、臨川書店、一九七〇
『木戸孝允日記』一（日本史籍協会編）一九三二（復刻　東京大学出版会、一九六七）
木村紀八郎『大村益次郎伝』鳥影社、二〇一〇
桐原健真『松陰の本棚』吉川弘文館、二〇一六
久住真也『幕末の将軍』講談社、二〇〇九
久住真也『長州戦争と徳川将軍』岩田書院、二〇〇五
久米邦武『現代語訳　特命全権大使　米欧回覧実記』全五巻、慶應義塾大学出版会、二〇〇八
A．クレイグ「木戸孝允と大久保利通」、S．クレイグ編『日本の歴史と個性』下、ミネルヴァ書房、一九七四
黒田明伸『貨幣システムの世界史』岩波書店、二〇〇三

Clodfelter, M., *Warfare and Armed Conflicts: A Statistical Encyclopedia of Casualty and Other Figures, 1492-2015*, 4th ed., Jefferson, North Carolina: McFarland, 2017
桑野栄治「高麗・朝鮮王朝をめぐる国際環境と王権」、原尻英樹・六反田豊編『半島と列島のくにぐに』新幹社、一九九六
小泉順子「ラタナコーシン朝初期シャムにみる『朝貢』と地域秩序」、村井章介・三谷博編『琉球からみた世界史』山川出版社、二〇一一
黄　遵憲『日本雑事詩』平凡社、一九六八
『孝明天皇紀』（宮内庁蔵版）全五巻、吉川弘文館、一九八七
小風秀雅『帝国主義下の日本海運』山川出版社、一九九五
小杉　泰『イスラーム帝国のジハード』講談社、二〇〇六
後藤敦史『開国期徳川幕府の政治と外交』有志舎、二〇一四
五野井隆史『日本キリスト教史』吉川弘文館、一九九〇
ゴロヴニン著、井上満訳『日本幽囚記』全三巻、岩波書店、一九四三―四六
『西郷隆盛全集』全六巻、大和書房、一九七六―八〇
斎藤　真『アメリカ政治外交史』東京大学出版会、一九七五
斎藤　真『アメリカ革命史研究』東京大学出版会、一九九二
『再夢紀事』（中根雪江著、日本史籍協会編）一九二二（復刻『再夢紀事・丁卯日記』東京大学出版会、一九七四）
『昨夢紀事』（中根雪江著）全四巻（日本史籍協会編）一九二〇（復刻　東京大学出版会、一九八九）
佐々木克『戊辰戦争』中央公論社、一九七七
佐々木克『幕末政治と薩摩藩』吉川弘文館、二〇〇四

佐々木高行『保古飛呂比』四・五、東京大学出版会、一九七三・七四
佐々木寛司『地租改正と明治維新』有志舎、二〇一六
E.サトウ『一外交官の見た明治維新』全二巻、岩波書店、一九六〇
佐藤誠三郎『「死の跳躍」を越えて』都市出版、一九九二
佐野真由子『幕末外交儀礼の研究』思文閣出版、二〇一六
塩出浩之編『公論と交際の東アジア近代』東京大学出版会、二〇一六
斯波義信『華僑』岩波書店、一九九五
渋沢栄一『楽翁公伝』岩波書店、一九三七
渋沢栄一『雨夜譚』岩波書店、一九八四
渋沢栄一『徳川慶喜公伝』全八巻、龍門社、一九一八(復刻『徳川慶喜公伝』全四巻、平凡社、一九六七―六八。うち「史料篇」全三巻復刻　東京大学出版会、一九七五)
「渋沢栄一詳細年譜(ウェブサイト)」渋沢栄一記念財団、
https://www.shibusawa.or.jp/eiichi/kobunchrono.html
清水唯一朗『近代日本の官僚』中央公論新社、二〇一三
S.シャーマ著、栩木泰訳『フランス革命の主役たち』全三巻、中央公論社、一九九四
M.B.ジャンセン『坂本龍馬と明治維新』時事通信社、一九七三
M.B.ジャンセン『日本と東アジアの隣人』岩波書店、一九九九
新保博・斎藤修編『日本経済史　二　近代成長の胎動』岩波書店、一九八九
末松謙澄『防長回天史』全十二巻、一九二一(復刻　柏書房、一九八〇。同　マツノ書店、一九九一)
杉原　薫『アジア間貿易の形成と構造』ミネルヴァ書房、一九九六
杉山伸也『日本経済史』岩波書店、二〇一二

杉山正明『クビライの挑戦』講談社、二〇一〇
鈴木暎一『藤田東湖』吉川弘文館、一九九八
鈴木　淳『明治の機械工業』ミネルヴァ書房、一九九六
鈴木　淳『新技術の社会誌』中央公論新社、二〇一三
S．ズナメンスキー『ロシア人の日本発見』北海道大学図書刊行会、一九七九
『周布政之助伝』全二巻（周布公平監修）東京大学出版会、一九七七
『続再夢紀事』全六巻（村田氏寿・佐々木千尋著、日本史籍協会編）一九二一―二二（復刻　東京大学出版会、一九七四
『続徳川実紀』全五巻、経済雑誌社、一九〇五―〇七（復刻『新訂増補　国史大系』四八―五二、吉川弘文館、二〇〇七）
園田英弘『世界一周の誕生』文藝春秋、二〇〇三
J．ダイアモンド『銃・病原菌・鉄』全二巻、草思社、二〇〇〇
高木博志編『藤波言忠「京都御所取調書」』上・下、二〇〇四
高澤紀恵『主権国家体制の成立』山川出版社、一九九七
高埜利彦『近世日本の国家権力と宗教』東京大学出版会、一九八九
高橋　敏『国定忠治』岩波書店、二〇〇〇
高橋　敏『小栗上野介忠順と幕末維新』岩波書店、二〇一三
高橋秀直『日清戦争への道』東京創元社、一九九五
高橋秀直『幕末維新の政治と天皇』吉川弘文館、二〇〇七
高橋裕史『イエズス会の世界戦略』講談社、二〇〇六
高村直助『小松帯刀』吉川弘文館、二〇一二

高村直助『永井尚志』ミネルヴァ書房、二〇一五
瀧井一博『ドイツ国家学と明治国制』ミネルヴァ書房、一九九九
瀧井一博『文明史のなかの明治憲法』講談社、二〇〇三
太政官『政体』和泉屋市兵衛、一八六八（http://id.ndl.go.jp/bib/000000440866）
田代和生『近世日朝通交貿易史の研究』創文社、一九八一
『伊達宗城隠居関係史料』（宇和島伊達文化保存会監修、藤田正編集・校注）創泉堂出版、二〇一四
『伊達宗城在京日記』（日本史籍協会編）一九一六（復刻　東京大学出版会、一九七二）
田中　彰『岩倉使節団』講談社、一九七七
『谷干城遺稿』全二巻（日本史籍協会編）靖献社、一九一二（復刻　全四巻、東京大学出版会、一九七五—七六）
田保橋潔『近代日鮮関係の研究』下、朝鮮総督府中枢院、一九四〇（復刻　宗高書房、一九七二）
田保橋潔『増訂　近代日本外国関係史』刀江書院、一九四三（復刻　原書房、一九七六）
C. M. チポラ『大砲と帆船』平凡社、一九九六
塚田　孝『近世身分制と周縁社会』東京大学出版会、一九九七
塚本学編『日本の近世　八　村の生活文化』中央公論社、一九九二
辻達也編『日本の近世　二　天皇と将軍』中央公論社、一九九一
堤　隆『黒曜石　三万年の旅』日本放送出版協会、二〇〇四
角山　栄『茶の世界史』中央公論社、一九八〇
坪井善明『近代ヴェトナム政治社会史』東京大学出版会、一九九一
鶴田　啓『対馬からみた日朝関係』山川出版社、二〇〇六
鶴見祐輔『後藤新平』二、勁草書房、一九六五

「寺村左膳手記」、『維新日乗纂輯』三（日本史籍協会編）一九二六（復刻　東京大学出版会、一九六九）
東京大学『東京大学百年史』通史一、東京大学、一九八四
A．ド・トクヴィル『アメリカのデモクラシー』一、岩波書店、二〇〇五
徳富猪一郎『陸軍大将川上操六』第一公論社、一九四二
徳富蘇峯『吉田松陰』岩波書店、一九八一
R．トビ『近世日本の国家形成と外交』創文社、一九九〇
豊見山和行『琉球王国の外交と王権』吉川弘文館、二〇〇四
鳥海　靖『日本近代史講義』東京大学出版会、一九八八
鳥海靖・三谷博・渡邉昭夫『現代の日本史』山川出版社、二〇一五
永積　昭『オランダ東インド会社』近藤出版社、一九七一
中村　哲『明治維新』集英社、一九九二
並木頼寿・井上裕正『中華帝国の危機』中央公論社、一九九七
並木頼寿『近現代の日中関係を問う』研文出版、二〇一二
奈倉哲三「招魂　戊辰戦争から靖国を考える」、『現代思想』二〇〇五年八月号
波平恒男『近代東アジア史のなかの琉球併合』岩波書店、二〇一四
西澤美穂子『和親条約と日蘭関係』吉川弘文館、二〇一三
丹羽邦男『明治維新の土地変革』御茶の水書房、一九六二
丹羽邦男『地租改正法の起源』ミネルヴァ書房、一九九五
野口武彦『幕府歩兵隊』中央公論新社、二〇〇二
野口武彦『長州戦争』中央公論新社、二〇〇六
羽賀祥二『史蹟論』名古屋大学出版会、一九九八

萩原延寿『遠い崖　アーネスト・サトウ日記抄』全十四巻、朝日新聞社、一九九八―二〇〇一
『橋本景岳全集』二（日本史籍協会編）一九三九（オンデマンド版　東京大学出版会、二〇一六）
橋本政宣『近世公家社会の研究』吉川弘文館、二〇〇二
羽田　正編『海から見た歴史』東京大学出版会、二〇一三
浜下武志「東アジア国際体系」、有賀貞・山本吉宣編『講座国際政治』一、東京大学出版会、一九八九
速水　融『江戸の農民生活史』日本放送出版協会、一九八八
速水融・宮本又郎 編『日本経済史　一　経済社会の成立』岩波書店、一九八八
原　剛『幕末海防史の研究』名著出版、一九八八
原口　清『明治前期地方政治史研究』全二巻、塙書房、一九七二―七四
原尻英樹・六反田豊 編『半島と列島のくにぐに』新幹社、一九九六
伴五十嗣郎 編『松平春嶽未公刊書簡集』福井市立郷土歴史博物館、一九九一
坂野潤治『明治憲法体制の確立』東京大学出版会、一九七一
坂野正高『近代中国政治外交史』東京大学出版会、一九七三
東久世通禧述、高瀬真卿 編『竹亭回顧録　維新前後』博文館、一九一一（復刻　東京大学出版会、一九八二）
T．ピケティ『二十一世紀の資本』みすず書房、二〇一四
尾藤正英『日本の国家主義』岩波書店、二〇一四
平川　新『紛争と世論』東京大学出版会、一九九六
フォス美弥子 編『幕末出島未公開文書』新人物往来社、一九九二
深井雅海『図解　江戸城をよむ』原書房、一九九七
福岡万里子『プロイセン東アジア遠征と幕末外交』東京大学出版会、二〇一三

福地源一郎『懐往事談　附・新聞紙実歴』民友社、一八九四
藤井譲治編『日本の近世　三　支配のしくみ』中央公論社、一九九一
富士川英郎『菅茶山と頼山陽』平凡社、一九七一
藤田　覚『幕藩制国家の政治史的研究』校倉書房、一九八七
藤田　覚『幕末の天皇』講談社、一九九四
『復古記』（太政官編）一八七二―一八八九（刊行　全十五巻、内外書籍、一九二九―三一。復刻　東京大学史料編纂所編、全十五巻、一九七四―七五。同　マツノ書店、二〇〇七）
古田元夫『ベトナムの世界史』東京大学出版会、一九九五
M．フルブロック『ドイツの歴史』創土社、二〇〇五
F．ブローデル『物質文明・経済・資本主義』全六巻、みすず書房、一九八五―九九
D．R．ヘッドリク『帝国の手先』日本経済評論社、一九八九
J．C．ペリー『西へ！』PHP研究所、一九九八
E．ベルツ『ベルツの日記』全二巻、岩波書店、一九七九
『奉答紀事　春嶽松平慶永実記』（中根雪江著）東京大学出版会、一九八〇
保谷　徹『戊辰戦争』吉川弘文館、二〇〇七
保谷　徹『幕末日本と対外戦争の危機』吉川弘文館、二〇一〇
A．ポーター『帝国主義』岩波書店、二〇〇六
B．M．ボダルト＝ベイリー『ケンペルと徳川綱吉』中央公論社、一九九四
『堀田正睦外交文書』千葉県史料近世編、千葉県、一九八一
E．J．ホブズボーム『資本の時代　一八四八―一八七五』全二巻、みすず書房、一九八一・八二
E．J．ホブズボーム『帝国の時代　一八七五―一九一四』全二巻、みすず書房、一九九三・九八

E．J．ホブズボーム『ナショナリズムの歴史と現在』大月書店、二〇〇一
前田耕作『玄奘三蔵、シルクロードを行く』岩波書店、二〇一〇
前田　勉『江戸の読書会』平凡社、二〇一二
『真木和泉守遺文』（有馬秀雄編）伯爵有馬家修史所、一九一三
牧原憲夫『明治七年の大論争』日本経済評論社、一九九〇
牧原憲夫『客分と国民のあいだ』吉川弘文館、一九九八
W．H．マクニール『疫病と世界史』全二巻、中央公論新社、二〇〇七
W．H．マクニール『戦争の世界史』下、中央公論新社、二〇一四
W．H．マクニール・J．R．マクニール『世界史』全二巻、楽工社、二〇一五
升味準之輔『日本政党史論』一、東京大学出版会、一九六五
松浦　玲『横井小楠』筑摩書房、二〇一〇
松尾尊兊編『石橋湛山評論集』岩波書店、一九八四
松尾正人『廃藩置県の研究』吉川弘文館、二〇〇一
松沢裕作『自由民権運動』岩波書店、二〇一六
松本英治『近世後期の対外政策と軍事・情報』吉川弘文館、二〇一六
B．マリノフスキ『西太平洋の遠洋航海者』講談社、二〇一〇
丸山眞男『丸山眞男講義録』七、東京大学出版会、一九九八
水谷三公『王室・貴族・大衆』中央公論社、一九九一
三谷　博『明治維新とナショナリズム』山川出版社、一九九七
三谷　博『ペリー来航』吉川弘文館、二〇〇三
三谷　博編『東アジアの公論形成』東京大学出版会、二〇〇四

三谷　博「公論空間の創発」、鳥海靖・三谷博・西川誠・矢野信幸編『日本立憲政治の形成と変質』吉川弘文館、二〇〇五
三谷　博『明治維新を考える』有志舎、二〇〇六（岩波書店、二〇一二）
三谷博・並木頼寿・月脚達彦編『大人のための近現代史』東京大学出版会、二〇〇九
三谷　博「一九世紀東アジアにおける外交規範の変化」、明治維新史学会『講座明治維新　一』、有志舎、二〇一〇
三谷　博「『我ら』と『他者』」、同『明治維新を考える』岩波書店、二〇一二
三谷博・李成市・桃木至朗「『周辺国』の世界像」、秋田茂ほか編著『「世界史」の世界史』ミネルヴァ書房、二〇一六
Mitani, Hiroshi, *Meiji Revolution*, Oxford Research Encyclopedia of Asian History, 2017 http://asianhistory.oxfordre.com/view/10.1093/acrefore/9780190277727.001.0001/acrefore-9780190277727-e-84
三谷　博『日本史の中の普遍』東京大学出版会（二〇一八近刊）
『水戸市史』中巻（五）、水戸市、一九九〇
『水戸藩史料』（徳川家蔵版）上編坤、吉川弘文館、一九一五
三宅紹宣『幕長戦争』吉川弘文館、二〇一三
宮地正人『幕末維新期の社会的政治史研究』岩波書店、一九九九
宮地正人『歴史のなかの新選組』岩波書店、二〇〇四
村井章介・三谷博編『琉球からみた世界史』山川出版社、二〇一一
村上陽一郎『技術（テクノロジー）とは何か』日本放送出版協会、一九八六
『明治年間法令全書』（内閣官報局編）原書房、一九七四—

『明治文化全集』（明治文化研究会編）日本評論社、一九六七―七四
母利美和『井伊直弼』吉川弘文館、二〇〇六
茂木敏夫『変容する近代東アジアの国際秩序』山川出版社、一九九七
桃木至朗編『海域アジア史研究入門』岩波書店、二〇〇八
森　震「明治前期の国家財政」、『経営学研究論集』四十一巻、明治大学、二〇一四
S.モリソン『ペリーと日本』原書房、一九六八
森谷公俊『アレクサンドロスの征服と神話』講談社、二〇〇七
守屋　毅『村芝居　近世文化史の裾野から』平凡社、一九八八
文部省『維新史』五、明治書院、一九四一
矢内原忠雄『帝国主義下の台湾』岩波書店、一九八六
山川菊栄『覚書　幕末の水戸藩』岩波書店、一九七四
山崎正董『横井小楠伝』マツノ書店、二〇〇六
K.ヤマムラ『日本経済史の新しい方法』ミネルヴァ書房、一九七六
横山昭男『上杉鷹山』吉川弘文館、一九六八
横山伊徳『開国前夜の世界』吉川弘文館、二〇一三
吉田金一『近代露清関係史』近藤出版社、一九七四
吉田常吉『井伊直弼』吉川弘文館、一九六三
吉田常吉『安政の大獄』吉川弘文館、一九九一
吉田常吉・佐藤誠三郎編『幕末政治論集』岩波書店、一九七六
吉田伸之編『日本の近世　九　都市の時代』中央公論社、一九九二
吉田伸之『成熟する江戸』講談社、二〇〇九

『淀稲葉家文書』（日本史籍協会編）一九二六（復刻　東京大学出版会、一九七五）
E．ルナンほか『国民とは何か』インスクリプト、一九九七
R．ルビンジャー『日本人のリテラシー』柏書房、二〇〇八
L．ロバーツ「土佐と維新」、近代日本研究会『地域史の可能性』山川出版社、一九九七
渡辺　浩『東アジアの王権と思想』東京大学出版会、一九九七
渡辺　浩『日本政治思想史』東京大学出版会、二〇一〇
渡辺美季『近世琉球と中日関係』吉川弘文館、二〇一二

あとがき

やっと、辿り着いた。そんな感じである。

本書は、『19世紀日本の歴史』（放送大学教育振興会、二〇〇〇年）の改訂版である。前著は山口輝臣氏との共著で、明治期のほとんどについて氏の手を煩わせたが、この度は終始単独で執筆し、記述も大幅に増やしている。まったくの新しい本と言って良い。

放送大学の教科書として前著を出版した後、二、三年で単著の改訂版を出す予定だったが、十数年後になってしまった。この間、遊んでいたわけではない。目立った特定の原因が見えない維新のような変革をどう説明すべきか、複雑系を含む理論的な検討をしたり（『明治維新を考える』初版、二〇〇六年）、本書でも重要な柱となっている「公論」の歴史を東アジアの中で比較検討したり（『東アジアの公論形成』二〇〇四年）、東アジアのリージョナル・ヒストリーや歴史認識の問題を取り上げたり（『国境を越える歴史認識』〔劉傑・楊大慶氏と共編〕二〇〇六年。『大人のための近現代史――十九世紀編』〔並木頼寿・月脚達彦氏と共編〕二〇〇九年）、様々な分野に手を広げた結果、戻れなくなってしまったのである。『愛国・革命・民主』（二〇一三年）でこれらをまとめた後、ようやく維新の史料解読に時間が割けるようになったが、その後も再度の勉強は遅々として進まなかった。

本書中、幕末史の大半は、筆者が学習院女子短期大学に勤務していた頃に作った講義ノートに基づいている。『徳川慶喜公伝』や越前松平家の史料、さらに吉田常吉・佐藤誠三郎編『幕末政治論集』（一九七六年）を読みながら書いた。今から三十年前のことで、その後も東京大学教養学部で繰り返し講義していたので、この解釈は筆者には自明のものとなっていた。しかし、世間ではおそらく初見に属するものがほとんどかも知れない。前著の出版後、門下生がまるで分からぬと言っていたので、今回はできるだけ敷衍《ふえん》し、丁寧に書くように努力した。これに対し、幕末の終わり近くは勉強のし直しが必要だった。その点で、久住真也氏の将軍家研究に負うところが少なくない。また、筆者にとって、水戸や長州の尊攘運動は未知の領域だった。この点では、『水戸市史』（中巻五）に収められた横山伊徳氏による水戸天狗党の乱の記述がよい導き手となったが、その部分を書き終えた後、筆が止まってしまった。いくら維新全体で犠牲者が少なかったとはいえ、個々の騒乱や内戦はやはり凄惨である。書いていて、大学入学直後にキャンパス内で目にした言葉と腕力による暴力が思い出され、滅入ってしまった。先には長州戦争も戊辰内乱も西南内乱も待ち構えている。とても続けられない。しばらく維新のグローバル化との関係を書いたり、話したりしてやり過ごしたが、ようやく書き継ぐ元気が出てきたのは八カ月後だった。

幕府最後の年はいささか土地勘もあったので、『鹿児島県史料　玉里島津家史料』など基本史料を読み直しながら明治への繫がりと飛躍とを書くことができたが、その後に至っては学生時代以来、久しぶりの勉強となった。先学の著書のいくつかを拝見した上で、土佐の指導者たちの史料を読んだが、それが幸いして今までとは異なる視点から明治初期十年の歴史を書けたのではないかと思う。無論、浅学ゆえ、思わぬ間違いや脱落もあるだろう。その点はぜひともご叱正いただきたい。

西南内乱まで書き終えた後、気力が尽きた。政治史としては、国会の開設まで書かないと完全ではない。また、近年、大きな成果を上げてきた社会史や数量経済史の成果も取り入れることができなかった。しかし、幕末と明治の政治を一貫して書いた書物は意外に少ない。経済史は維新前後の連続性を明らかにしてきたが、政治史を辿り直すと、断絶と飛躍の面の理解が深まる。明治維新は外圧に触発されて始まったが、その過程の大半は国内での問題設定と解決の努力の中で展開した。明治に入ると西洋の文物が大量輸入され、その後の進路に大きな影響を与えたが、その選択は維新の過程で発見された課題に基づいていた。本書はその内部過程を幕末まで遡って理解するために役立つはずである。

本書は史料のすべてを先学が編纂してくださった史料集に依拠している。また、史実・解釈の両面で渋沢栄一『徳川慶喜公伝』（一九一八年）や末松謙澄『防長回天史』（一九二一年）に負うところが多い。これらは実業界と政界で卓越した業績を上げた著者たちが、維新の古老と大学出たての歴史家たちに委嘱して収集・整理した史料および素稿をもとに、最後は自ら筆を執ってまとめ上げたものである。史料的な信頼性と着実で公平な解釈の双方を備えた名著であり、これらと比べると、片々たる小著は文字通り月とすっぽんの存在に過ぎない。しかし筆者には後世代ならではのアドヴァンティジがある。その後の先学・同学による研究が一部ではあるが参照できたこと、そして日本をグローバルな文脈に置いて見直せたことである。今後、より本格的な維新通史が著されるに違いないが、従来の解釈に一石を投じ、それらの礎となるならば、ありがたい。

本書の最終段階では、様々の方にお世話になった。坂田美奈子、池田勇太、塩出浩之の三氏は多忙をおしてわざわざ初稿をチェックして下さった。索引の作成については、呉永台、藤澤匡樹、王琪潁の三氏のご協力を得た。誤りが残っているとするなら、無論、すべて著者の責任である。

最後になってしまったが、NHK出版の倉園哲氏に心から御礼を申し述べたい。氏は筆者が朝日カルチャーセンターで行ってきた講義をわざわざ一年間聴講し、その上で出版を申し出てくださった。実際に原稿を書き始めてからは、タイミング良く督促をいただき、最後の段階では原稿を綿密に読んで記述を大幅に改善してくださった。実際、氏の鞭撻がなければ、途中のどこかで挫折したに違いない。「やっと辿り着いた」と書けるのはまったくもって氏のおかげなのである。

二〇一七年十一月

著　者、識　す

人名索引

あ行

会沢正志斎　97-101, 102, 154, 159
赤松小三郎　264
秋月種樹　330
晃親王（山階宮）　201, 244, 245, 296, 297
浅野長祚　113
浅野茂勲　297
朝彦親王（青蓮院宮、中川宮、賀陽宮）　152, 184, 192, 196, 200-206, 208, 227, 242-244, 258, 281, 282, 290, 291, 294, 295, 298
安島帯刀　153
篤姫　136, 140
阿部正外　210, 219, 223-225, 228, 230
阿部正弘　109-113, 116, 133, 136
姉小路公知　178, 179, 184
有栖川宮熾仁親王　→熾仁親王
有馬新七　154, 155, 177
安藤信正　165, 168-170, 178, 181
井伊直弼　5, 70, 117, 119, 120, 141-153, 155-157, 159, 165, 168, 170, 175, 178, 181, 265, 366
家近良樹　268, 380
池内大学　184
池田茂政　208, 210
池田慶徳　191
板倉勝静　152, 172, 173, 175, 182, 219, 227, 230, 232, 233, 251, 253, 265, 271, 277, 279, 281, 287, 297, 318
伊地知正治　327, 336, 369
板垣退助　82, 269, 321, 327, 335-338, 363-365, 368-371, 373-376, 384
一条実良　283
伊藤博文　122, 221, 231, 331, 332, 352, 363, 370, 374, 375, 385
稲葉正邦　279, 280, 317
井上馨　122, 221, 231, 302, 346, 359, 360, 363-365, 367, 374, 398
井上清直　146
井原主計　214
入江九一　216
岩倉具視　27, 153, 156, 166, 173, 178, 184, 243, 273, 283, 284, 286, 290-293, 295-298, 300, 301, 308, 315, 331, 338-340, 343, 362, 364, 367, 369-372, 374, 376, 389, 391
岩崎弥太郎　354
岩下方平　284, 286, 289, 292
岩瀬忠震　117, 144, 146, 148, 153
上杉鷹山　55
ダニエル・ウェブスター　388
ジュール・ヴェルヌ　27, 389
鵜飼吉左衛門　151, 153
鵜飼幸吉　151, 153

梅田雲浜　151, 153
江川英龍（太郎左衛門）　108
江藤新平　364-367, 371, 373
榎本武揚　322
大木喬任　364, 366, 370
正親町三条実愛　169, 178, 184, 244, 250, 273, 284, 286, 289, 290, 295
大久保忠寛　172, 175, 232, 234, 319
大久保利通　156, 227, 229, 230, 232-234, 239, 248-250, 252, 254, 260, 267-273, 283, 284, 286, 289-293, 295-298, 301-303, 315, 334, 335, 337, 338, 346, 359, 362, 364, 367, 368, 370, 371, 373-375, 377, 380, 381, 384, 385
大隈重信　346, 360, 363, 364, 366, 367, 370, 374, 385
大塩平八郎　69
太田資始　153
大鳥圭介　321
大原重徳　173, 177, 243, 244, 250, 297
大村益次郎　226, 239, 334
大山綱良　369, 378, 380
小笠原長行　182, 187, 188, 230, 232, 238, 240, 242
緒方洪庵　84, 137
大給乗謨　279, 280
小栗忠順　170, 174, 175, 180
尾崎三良　314
ラザフォード・オールコック　120, 121, 172, 228

か行

笠谷和比古　54
柏村数馬　267, 268
和宮　120, 166-169, 172, 178, 192
片岡健吉　335, 336
勝海舟　76, 171, 175, 223, 234, 242, 244, 319
加藤康昭　75
金子邦彦　399
河井継之助　327
川路聖謨　153
川路利良　380
川村純義　365
賀陽宮朝彦親王　→朝彦親王
神田孝平　330
来島又兵衛　214-217
吉川経幹　221, 238, 266
木戸孝允（桂小五郎）　86, 153, 173, 215, 226, 231, 233, 234, 262, 270, 311, 315, 326, 331, 332, 334, 335, 339, 340, 360, 361, 362, 364, 368-370, 373-376
木村敬蔵　152
桐野利秋（中村半次郎）　264, 351, 365, 368, 378-380
ジェイムズ・クック　90
久坂玄瑞　122, 153, 173, 177, 184, 185, 214-217
日下部伊三次　149, 150, 153
九条尚忠　142, 150, 178
九条道孝　323, 324
久世広周　165, 169, 170, 173

工藤球卿　96
国司信濃　214, 215
雲井龍雄　334
黒田清隆　233
黒田斉溥　133
玄奘三蔵　21
乾隆帝　46, 88
康有為　31
光格天皇　68
孝明天皇　118-124, 142, 149, 150, 152, 156-159, 166, 167, 169, 173, 178, 185, 186, 192, 196-200, 204-207, 218, 238, 242-246, 258, 259
久我建通　142, 178
古賀侗庵　98, 100
後藤象二郎　262-269, 271, 273, 277, 283, 284, 287-291, 293, 296, 297, 301, 315, 335, 336, 366, 371
近衛忠熙　150, 152, 178, 184, 191
近衛忠房　191, 201, 282, 283
小林良典　151
小松帯刀　231, 233, 248, 252, 254, 260, 261, 267-269, 271-273, 277, 278, 283, 284, 288
後水尾天皇　67
ヴァシーリー・ゴロヴニーン　94, 95, 97
クリストファー・コロンブス　21
近藤勇　320

さ行

西郷隆盛（吉兵衛）　140, 216, 220-223, 231-234, 248, 251, 260, 261, 263, 267-269, 271-273, 283-286, 290-295, 298, 301, 318, 320, 334, 337-339, 355, 359, 360, 363-365, 367-373, 378-380, 382-384
西郷従道　365, 370
斎藤弥九郎　86
酒井忠義　151
坂本龍馬　231, 233, 262, 270, 287, 288, 314
佐々木顕発　152
佐々木高行　335, 340
笹本正治　78
アーネスト・サトウ　331
沢宣嘉　208
三条実万　142, 152
三条実美　123, 178, 179, 184, 188, 192, 201, 208, 214, 216, 302, 315, 321, 343, 363, 364, 370, 374
志筑忠雄　93
品川弥二郎　261, 263
篠原国幹　365, 378, 380
渋沢栄一　208, 346, 367
フランツ・フォン・シーボルト　120
島田左近　178
島津図書（久治）　272
島津忠義　155, 174, 183, 261, 264, 272, 284-286, 288, 296, 297
島津斉彬　133, 134, 136, 139-

141, 148
島津斉興　155
島津久光　122, 123, 155, 156, 173-175, 177, 179, 183, 198-202, 204, 205, 234, 245, 248-252, 258, 261, 264-266, 268, 269, 272, 334, 337-339, 364, 368, 373, 374, 376
島津広兼　284
島津備後　266, 268, 271
清水昭武　345
杉浦譲　346
周布政之助　122, 185
諏訪忠誠　219, 225
関鉄之介　154, 156
関山糺　260
世良修蔵　325
副島種臣　366, 394
曽根俊虎　395

た行

高崎正風　271
高杉晋作　153, 188, 214, 221, 225
高田屋嘉兵衛　95
鷹司輔熙　152, 184, 191
鷹司政通　143, 152
高野長英　47
高橋多一郎　154-156
武市半平太（瑞山）　122, 178, 179
武田耕雲斎　210, 211
伊達宗城　136, 148, 197, 199, 200, 202, 204, 223, 245, 248, 250, 252, 254, 265, 266
谷干城　335, 351, 381
田沼意尊　210, 212
田沼意次　92
田丸稲右衛門　209
熾仁親王（有栖川宮）　290, 296, 318, 376
茅根伊予之介　153
辻将曹　271, 272, 277, 288
津田梅　363
寺島宗則　331
寺村左膳　268
徳川家定　134-136, 141, 144, 148, 159, 207
徳川家斉　68, 89, 108, 136, 137, 207
徳川家光　172
徳川家茂（慶福）　123, 124, 137, 141, 143-145, 147, 148, 151, 157, 159, 165, 169, 172, 181, 185, 186, 199, 201-203, 206, 207, 209, 225, 229, 232, 241, 242, 245, 300
徳川家康　43, 64, 220
徳川家慶　108
徳川綱吉　68, 136
徳川斉昭　85, 115, 116, 133, 134, 137, 139-143, 147-149, 153-155, 159
徳川秀忠　67
徳川慶篤　137, 148, 187, 209, 210
徳川慶勝　136, 147, 148, 186, 198, 208, 219, 220, 223, 224, 232, 234, 265, 297, 298, 301, 302

徳川慶喜　134, 136, 137, 138, 140, 141, 147-149, 153, 157, 159, 174, 179, 183, 185, 187, 196, 197, 199-201, 205-207, 210, 212, 216, 241-254, 259, 260, 263, 266, 269, 271, 273, 275-279, 281-289, 291-293, 295-298, 300-305, 308, 311, 317-320, 345
徳大寺公純　191
徳大寺実則　371
戸田氏栄　113
豊臣秀吉　40, 43, 101
鳥居耀蔵　108

な行

長井雅楽　157, 168, 169, 172, 173, 177
永井尚志　153, 222, 265, 271, 277, 286, 288, 293
中岡慎太郎　231
長岡良之助（護美）　223
中川宮　→朝彦親王
中根雪江　223, 234, 249, 293
長野義言　141-143, 151
中御門経之　244, 250, 273, 284, 286, 295, 297
中村正直　350
中山忠光　189-191, 208
中山忠能　178, 184, 272, 273, 286, 288, 290, 295-297, 301
中山愛親　68
長谷信篤　250, 297
鍋島直正　139, 254, 265, 366
ナポレオン（ナポレオン・ボナパルテ）　95
ナポレオン三世　125
西周　278
二条斉敬　191, 196, 200, 206, 208, 243-245, 250, 253, 258, 271, 281, 282, 290
仁和寺宮嘉彰　296, 318
野津鎮雄　370
野津道貫　370

は行

ハリー・パークス　228, 246, 247, 265, 316
橋本左内　103, 116, 137-142, 153, 199, 313
橋本実梁　297
蜂須賀斉裕　136
林玖十郎　318
林子平　47, 97, 129
林大学頭　85
原市之進　249, 277
タウンゼント・ハリス　117, 120, 121, 135, 138, 145, 146, 157, 247
東久世通禧　302
土方久元　231
ジェイムズ・ビドゥル　110
一橋慶喜　→徳川慶喜
ピョートル大帝　363
平川新　81
平野国臣　208
広沢真臣　272, 302, 315

広瀬淡窓　83
福岡孝悌　277, 288, 310
福沢諭吉　84, 98, 137, 171, 348, 349
福原越後　215-217
藤田小四郎　208
藤田東湖　85, 103, 140
藤井良節　178
エフィム・プーチャーチン　114, 138
古屋作左衛門　320
フェルナン・ブローデル　398, 399
マシュー C. ペリー　27, 85, 86, 102, 103, 108, 110-116, 127-136, 139, 168, 366, 387, 388
ヴィトウス・ベーリング　91
堀田正睦　116-118, 141-144, 146, 157
本寿院　141
本荘宗秀　219, 224, 240
本多利明　96
本多正純　43
本間精一郎　178

ま行

真木和泉　189, 190, 193, 215-217
牧野忠恭　225
益田右衛門介（弾正）　190, 216
町田久成　271
松平容保　180, 185, 196, 197, 200, 202-204, 206, 224, 232, 242, 281, 290, 294, 297, 324
松平定敬　196, 206, 279, 290, 294, 297
松平定信　68, 89, 92-94
松平忠固　138, 147, 159
松平直克　199, 203, 209, 210, 219, 227
松平乗全　152
松平茂昭　220
松平慶永（春嶽）　5, 133, 134, 136-139, 141, 143-145, 147, 148, 153, 173-175, 179-181, 183, 185, 197, 199, 200, 202, 203, 205, 223, 242, 245, 248, 250-254, 258, 265, 266, 287, 288, 293, 294, 296-298, 300, 302, 319
松平頼徳　210, 211
松前崇広　224, 225, 228, 229
間部詮勝　151, 153
万里小路博房　297
前原一誠　373, 380
マーク・マンコール　32
水野忠精　172, 210
水野忠邦　108, 109
水野忠成　95
水野忠徳　187
三岡八郎（由利公正）　310, 311
箕作省吾　47
御堀耕助　267
宮崎八郎　385
宮地正人　86
村田新八　378
明治天皇　245, 250, 286, 302, 330, 365, 369-371, 375, 376

毛利敬親　169, 190, 214, 238, 251, 261, 269, 270, 302, 331, 334
毛利元功　302
毛利元徳　177, 180, 214, 238, 251, 261, 269, 270, 284, 302
本居宣長　44, 83
森有礼　330-332, 360

や行

薬師寺元真　144
安冨歩　399
矢田堀鴻　319
柳川春三　322
山内豊信（容堂）　145, 148, 177, 178, 181, 183, 197, 199, 200, 202, 204, 248, 250, 252, 254, 263, 266, 268, 269, 284, 288, 290, 293, 295, 296, 297, 300, 308, 330, 336
山内豊範　178, 179
山岡鉄舟　320
山尾庸三　364
山鹿素行　44
山県有朋　261, 263, 350, 351, 364, 365, 367
山川捨松　363
山口尚芳　363
山階宮　→晃親王
山城屋和助　365
コウゾウ・ヤマムラ　53
山村才助　47
山吉盛典　384
横井小楠　85, 86, 116, 175, 311, 334
吉田清成　360
吉田松陰　86, 103, 116, 119, 153, 158
吉田東洋　177
能久親王（輪王寺宮）　319, 321
吉村寅太郎　191

ら行

頼三樹三郎　153
アダム・ラクスマン　91, 93
ラ・ペルーズ　90
林則徐　106
ニコライ・ペトロヴィッチ・レザーノフ　94, 110
レオン・ロッシュ　125, 319
ルーク・ロバーツ　81

わ行

渡辺浩　49

事項索引

事件については年表を参照されたい。

あ行

愛国社　376
アメリカ　4, 18, 24–27, 90, 100, 104, 107, 111, 113–115, 117, 120, 135, 146, 188, 228, 247, 312, 327, 360, 369, 370, 388, 404, 405
イギリス　23, 26, 37, 54, 88–92, 95, 106–108, 114, 115, 117, 119, 120, 122, 123, 125, 138, 172, 185–189, 221, 227–229, 265, 331, 360, 389, 390, 392, 400
一・会・桑　123, 196, 216, 219, 224, 226, 227, 232, 233, 235, 242, 243, 258
一統垂裳　31
岩倉使節団　24, 27, 346, 359, 360, 363, 364, 369, 389, 390
穢多・非人　72, 77, 345–347, 352
奥羽列藩同盟　325, 326
大蔵省　344–347, 352, 359, 360, 365, 367
大坂城　124, 225
沖縄　394, 395
お雇い外国人　349

か行

海外渡航　42, 105, 117, 124
華夷観念　33, 35, 45, 46
海軍伝習　116, 130, 170, 171
外国人教官　349, 358, 378
開成所　349
開拓使　349
海底ケーブル　24, 390
解兵　222, 223, 225, 242, 244, 325, 330, 335, 358
海防　63, 93–97, 99, 108–113, 115, 116, 126, 129, 130, 133, 139
家格　52, 56, 57, 60, 61, 66, 136, 147, 291
学制　348
華族　333, 342, 345
樺太　41, 94, 114, 115, 370, 379
家禄処分　336, 349, 359–362
官位・官職・位階　61, 62, 64, 66, 67, 76, 77, 79, 197, 200, 229, 251, 252, 266, 294, 296, 299, 300, 309, 313–316, 332, 347, 371
漢学　83, 84, 130, 349
寛典　152, 153, 220, 232, 234, 265, 266, 320, 324
議事機関　344
議定　290, 291, 297–299, 301, 302, 312
議政官　312, 314, 315
議奏　65, 66, 169, 178, 184, 201, 214, 244, 250, 252, 278, 290, 294
奇兵隊　188, 226, 335, 402
行政官　312, 315

京都守護職　180, 183, 185, 186, 192, 196, 200, 202, 204, 206, 215, 291, 297
京都所司代　151, 192, 206, 215, 279, 291, 297
挙兵　154, 155, 177, 186, 190, 196, 208-210, 225, 262, 267-273, 283-286, 289, 303, 304, 334, 335, 337, 379, 380
儀礼　34, 40, 46, 59, 64-66, 68, 171, 181, 247, 251, 316, 361, 392-395
禁裏　50, 58, 61, 63, 64, 66-69, 76, 78, 79, 128, 182, 186
金禄公債　361
国持　63, 133, 134, 150, 168, 183, 207, 323, 325
郡県制（郡県化）　282, 307, 331, 333, 340
軍制改革　163, 165, 169, 170, 171, 174, 175, 300, 335
軍役　73
慶賀使　41
県治条例　356
元老院　374-376
御威光　46, 112, 156, 182, 219, 220, 238
航海遠略（進出）論　98, 157, 167, 168, 170
江華島　278, 369, 376, 377
公議所　314, 330, 332, 336
公議政体　205, 238, 244, 258, 259, 287, 293, 303
公議人　330-332, 337
公議派　123, 198, 242, 245, 248-250, 258-260, 287, 289, 308
公議輿論・輿議公論　5, 6, 166, 314, 402
公使　120, 125, 172, 187, 228, 246, 247, 265, 316, 319, 360, 374, 394
貢士　314, 330
皇族　5, 64, 66, 199, 201, 296, 342
交通・通信インフラストラクチャー　351-355
講武所　171
工部大学校　349
国学　44, 68, 84, 349
国際法　397
国事掛　184, 201, 279, 282, 291
国体　98-101, 331, 332
御前会議・簾前会議　57, 144, 149, 184, 203, 244, 283, 284, 288, 289, 294
近衛家　69, 136, 141, 216, 229, 250
近衛兵　350, 365, 368, 370, 372, 378

さ行

左院　343, 344, 366, 372, 373
最恵国待遇　107
左・右大臣　66, 150, 191, 200, 201, 282, 283, 289, 295, 343, 362, 373
削封・削禄　222, 223, 232, 249,

251, 324, 328, 329, 335
座頭　76-78
三跪九叩　34, 247, 394
参議　343, 346, 359, 360, 362-364, 366-368, 370-372, 375, 376
参勤　40, 41, 85, 171, 174-176, 178, 179, 193, 220, 224
三条家　69, 314
三職　291, 297, 299, 308
讒謗律　377
参与　115, 133, 173, 181, 183, 197, 198, 200-205, 230, 291, 297-299, 302, 312, 331
私学校　378-380, 382
士官学校　349
四国同盟　325
司法省法学校　349
下関　126, 190, 221, 223, 227, 228, 231, 233, 374
上海　24, 26, 107, 354, 389, 390
衆議　133, 191, 204, 229, 230, 278, 282, 291, 324
集議院　336
主権　23, 276, 393-398, 400, 406
朱子学　45, 47, 69
将軍上洛　122, 173-177, 180, 183, 184, 201, 224
賞典禄　332, 359-361, 378
昌平校　332, 349
殖産興業　3, 355
諸務変革　333
神祇官・神祇省　282, 312, 344
人材登用　171, 282, 306, 307, 313, 326
新撰組　206, 215, 288, 302, 321
清朝　32, 34, 69, 87, 91, 104, 247, 369, 391-395
親王　152, 184, 196, 200, 201, 203, 205, 206, 208, 242-244, 258, 281, 282, 290, 291, 294, 295, 298, 312, 318, 376
親藩・家門　61-63, 133, 134, 149, 150, 153, 173, 203, 237, 261, 264, 279-281, 285-288, 323, 325
親兵　179, 182, 186, 192, 338, 339, 350, 365
新聞・雑誌　322, 344, 353, 354, 361, 372, 373, 377
（改訂）新聞紙条例　377
スエズ運河　389
征夷大将軍・徳川将軍　39-41, 53, 119, 230, 246, 251, 275, 290
正院　343, 344, 363, 364, 366, 372
征韓　342, 355, 360, 368, 369, 371, 373, 377, 383
政権参加　133, 140, 163, 196, 199, 200, 204, 205, 220, 223, 235, 248, 249, 402
政事総裁　174, 180, 199, 203, 209
「政体」　140, 213, 307, 309, 311, 312, 315-317, 339, 402
征長　204, 206, 220, 230, 238-245
世襲身分　4, 47, 128, 328, 344, 346, 401
摂関家　283

世禄　321, 336
宗属関係　34, 36, 37
卒　345, 352

た行

大学校　348, 349
大嘗祭　68
大審院　374, 375
大政委任論　68, 208
大政奉還　→政権返上
大北電信会社　390
大名会議　223, 229, 230, 242-244, 252, 273, 278, 303
台湾　354, 368, 372-374, 376, 379
太宰府　222, 231, 302
太政官　282, 291, 312, 314, 315, 320, 330, 332, 343, 344, 359, 366, 371
太政官札　356
溜間　62
地位と能力の不整合、「権」と「禄」の不整合　61, 63, 69, 134, 139
地租改正　357, 374, 378
知藩事　332, 333, 337
地方官会議・地方官会同　357, 374, 375
地方税　357
徴士　308, 313-316
朝貢　33, 34, 37, 40, 41, 43, 392-395
朝鮮　33, 36-40, 43, 45-47, 69, 87, 89, 91, 94, 97, 101, 102, 104, 138, 247, 278, 334, 368, 369, 376, 379, 391-395
朝鮮通信使　40, 89, 92, 247, 392
長州処分　197, 198, 214, 232-234, 238, 244, 320
朝敵　211, 213, 218, 230, 231, 287, 296, 340
徴兵（制）　350, 351, 365, 368, 374, 402
鎮台　350, 351, 365, 368, 373, 380-382
対馬　39-42, 89, 92, 120, 170, 215, 368, 394
詰間　59, 62, 63, 147
適々斎塾　84, 137
出島　42
天狗党　154, 159, 211-213, 219, 402, 424
電信・電報　24, 354, 355, 364, 390, 405
ドイツ、プロイセン　121, 126, 167, 169, 327, 330, 333
東京会同　330
東京大学　349
同人社　350
当職　66, 184, 244
当道　76, 77, 347
討幕の宣旨・密勅　272, 273, 284, 289
東北諸藩　3, 324, 325, 334
徳川三家　63, 133, 136, 259, 275
外様　61-63, 133, 134, 173, 203, 219, 237
富岡製糸場　355

な行

内閣　344, 367, 376
内務省　344, 355, 374, 380
長崎　24, 39, 41, 42, 59, 93-95, 113-117, 130, 231, 262, 265, 270, 354, 355, 366, 389, 390, 392
仲間　76-80
南北朝　270
二重朝貢・両属　37, 41, 394, 395
日光　209, 211, 321
『日新真事誌』　344, 372
日清修好条規　393
日朝修好条規　379
日本国郵便蒸気船会社　354
人別　74
沼津兵学校　321
農商務省　344, 349
農民騒擾・一揆　81, 112, 351, 357

は行

陪臣　133, 139, 171, 226, 252, 281, 291, 299, 329
廃刀　307
廃藩　5, 259, 276, 307, 314, 315, 326, 329, 333, 337, 339, 340-346, 348, 349, 351-354, 356-359, 362, 372, 402
箱館　114, 322, 327, 354
旗本　53, 58-60, 64, 67, 70, 132, 136, 139, 140, 148, 171, 220, 232, 246, 260, 279-281, 298, 300, 303, 319, 321, 322
藩校　138, 349
藩制　333, 336, 338,
藩属　34, 44, 115, 392
版籍奉還　307, 314, 329, 331-333, 335, 336, 340
藩治職制　332
兵庫　118, 121, 124, 152, 168, 172, 224, 228, 229, 245-254, 260, 262, 286
『評論新聞』　377, 378, 383
武威　168, 172
風説留　86
服制　171, 199, 376
武家伝奏　65, 66, 184, 201, 214, 244, 250, 252, 278, 290
釜山　40, 368, 369
府藩県三治　333
普仏戦争　327, 389
フランス　23, 37, 90, 104, 107, 110, 111, 115, 117, 120, 125, 188, 228, 278, 319, 327, 333, 336, 345, 348, 369, 389, 400, 405
無礼討ち　123, 189, 345
封建　282, 331, 332
ボトムアップ　59
香港　107, 354, 363, 390

ま行

マス・メディア　322
満州（族）　32, 33, 35, 36, 138
三田尻　216, 270, 272, 284, 285
三菱汽船会社　354

身分解放令　5, 346
民撰議院設立建白　344, 372
民部省　346, 355
名賢侯　199, 200, 203, 205, 207, 263, 265
目安箱　81
『明六雑誌』　377

や行

山口　222, 269, 335, 373, 374
有志大名　136, 149, 205, 213, 280, 282, 283
郵便　353, 354, 391
洋学（者）　47, 129, 132, 278, 321, 322, 331, 349
輿議公論　→公議世論
横浜鎖港　124, 187, 197, 199, 203-205, 209, 212, 219, 223, 227

ら行

邏卒・巡査　339, 370, 372
陸運会社　353
立憲政体樹立の詔勅　376
琉球　33, 37, 39, 40-43, 46, 87, 94, 110, 111, 113, 115, 129, 368, 391, 394-396
令　61, 66, 282
領事裁判権　107, 126
両役　65-67, 184, 214, 278, 290
列参　142, 184, 238, 243-245, 250
牢人（浪人）・浪士　133, 139, 151, 153, 177-179, 191, 197, 208, 212, 231, 267, 321, 334
ロシア　48, 91, 93-97, 103, 108, 113-115, 117, 120, 126, 135, 138, 170, 363, 370, 379, 395
禄券　336, 359, 360

わ行

倭館　40, 369
忘れ得ぬ他者　45

明治維新史　主要事項年表（月日は旧暦による）

1755-63		英仏七年戦争（英が北米とインドで勝利）
1768-79		英クック、太平洋探検
1783-87		露シェリホフ、北太平洋探検
1785-88		仏ラ・ペルーズ、太平洋探検
1791	（寛政 3）	老中松平定信、異国船取扱規程を布告
		林子平、『海国兵談』出版（水戦の重要性を主張）
1792	（〃 4）	露ラクスマン、蝦夷地根室に来航、通商を要求
1793	（〃 5）	松平定信、相模・伊豆海岸を巡視後、解任
1801	（享和 1）	志筑忠雄『鎖国論』著述
1804	（文化 1）	露レザーノフが長崎来航、通商を要求
1807	（〃 4）	露海軍士官、エトロフ・カラフトを襲撃
1808	（〃 5）	英軍艦フェイトンが長崎湾に侵入
1810	（〃 7）	初めて江戸海口に海防体制を敷く
1811	（〃 8）	朝鮮通信使を対馬で応接（最終回となる）
1813	（〃 10）	捕虜の高田屋嘉兵衛と露ゴロヴニーンを相互送還。以後、日露緊張緩和
1825	（文政 8）	異国船打払令を布告
		会沢正志斎『新論』執筆（尊王・攘夷を主張）
1837	（天保 8）	徳川家慶、将軍就任。江戸近海の海岸巡検を命令
1838	（〃 9）	古賀侗庵『海防臆測』執筆開始。翌年、蛮社の獄
1839	（天保11）	アヘン戦争勃発（-1842、香港に英拠点成立）
1841	（〃 12）	幕府、老中水野忠邦を中心に天保改革開始
1842	（〃 13）	江戸海口に警備体制を敷く。異国船打払令を撤廃
1843	（〃 14）	水野忠邦、解任。阿部正弘、老中就任
1846	（弘化 3）	琉球で仏、浦賀で米が通商要求。打払復活検討へ
1848	（嘉永 1）	米、西海岸を領土編入。翌年、ゴールドラッシュ
1849	（〃 2）	幕府、御国恩海防令を布告
1851	（〃 4）	米、日本への使節派遣を決定
1852	（〃 5）	蘭が米使節の来航を予告
1853	（〃 6）	6月　米ペリーが浦賀に来航
1854	（安政 1）	3月　日米和親条約を締結。英・露とも開港条約

1855（安政 2） 蘭、観光丸を寄贈。長崎で海軍伝習開始
1856（ 〃 3） 8月 阿部、通商による富国強兵策に転換。堀田正睦を老中再任
中国と英仏のアロー戦争勃発（-1858）
1857（安政 4）
3月 堀田、通商・通信への漸進策を決定
8・9月 蘭・露と追加条約で通商を規定
11月 米ハリス江戸城で将軍と謁見。越前橋本左内・薩摩西郷隆盛、大奥に一橋慶喜の将軍継嗣を入説
1858（安政 5）
2月 堀田、対米条約の勅許を求めて上京。水戸陰謀論登場
3月 孝明天皇、大名への再諮問後に再上奏せよと命令
4月 井伊直弼、大老就任
6月 日米修好通商条約に調印。徳川斉昭・松平慶永ら不時登城。徳川慶福の嗣立公表
7月 大老、不時登城関係者を一斉処罰（安政五年政変）
蘭・露・英・仏（9月）とも修好通商条約を締結
8月 天皇、水戸に幕政批判の勅を下す（戊午の密勅）
9月 京都で尊攘志士の逮捕開始。関白九条尚忠の地位動揺
10月 徳川家茂、将軍就任
12月 天皇、条約の事情了解、和親条約への引き戻し猶予
1859（安政 6）
2月- 左大臣近衛忠熙以下の廷臣、辞官・落飾・謹慎
7月 横浜・長崎を条約国に開港、通商開始
8月 幕府、徳川斉昭永蟄居。松平慶永・徳川慶勝、一橋慶喜隠居・謹慎。山内豊信謹慎。堀田正睦ら隠居。岩瀬忠震・永井尚志ら免職・謹慎。水戸安島帯刀ら死刑。他に遠島・追放など多数
10月 橋本左内死刑。長州吉田松陰死刑（以上、安政大獄）
11月 薩摩島津忠義、大久保利通ら「誠忠組」に鎮静を要請
12月 幕府、水戸に勅諚返納の朝旨を伝達

1860（万延 1）

1月　遣米使節、批准書交換のため出発。咸臨丸も渡航

3月　水戸浪士ら、井伊大老を暗殺（桜田門外の変）

6月　岩倉具視、天皇に上書して、王政復古を長期目標とし、条約引き戻しを条件に和宮降嫁を許諾するよう進言

12月　幕府、プロイセンと修好通商条約を締結

1861（文久 1）

2月　露艦、対馬の一部を占拠（–8月）

5月　長州長井雅楽、航海遠略策による公武周旋開始

　水戸浪士ら英国公使館の東禅寺を襲撃

1862（文久 2）

1月　老中安藤信正、坂下門外で襲撃され、負傷

2月　徳川家茂と和宮の婚儀、挙行

4月　島津久光、藩兵1000余を率いて入京。寺田屋事件

5月　徳川家茂、改革宣言。洋式軍制への改革を開始

7月　長州、藩是を航海遠略から破約攘夷へ転換

　幕府、勅使の要求により、一橋慶喜を将軍後見職、松平春嶽を政事惣裁職に任命

8月　薩摩、英国商人らを無礼討ち（生麦事件）

閏8月　会津松平容保を京都守護職に任命。参勤交代を緩和

9月　将軍上洛を決定

11月　幕府、井伊政権関係者を処罰。被害者を大赦・名誉回復

　勅使、将軍と上座に着いて対面。幕府、攘夷公約

12月　朝廷、国事御用掛を設置。翌年2月、国事参政・国事寄人も設置

1863（文久 3）

2月　一橋・春嶽・容保・山内容堂・伊達宗城ら京都集結

　尊攘浪士ら、等持院の足利氏木像の首を抜く

3月　将軍参内、庶政委任の勅。賀茂社に行幸、将軍随従

4月　石清水に行幸。将軍、攘夷期限を5月10日と奉答

5月　幕府、生麦賠償金支払。長州、関門海峡で米商船を砲撃

6月　将軍東帰に出発。真木和泉入京、攘夷親征を主張

長州藩主、家老に攘夷親征の黒印状を交付
7月　鹿児島湾で薩英戦争（まもなく講和）
8月　大和行幸の詔勅。中山忠光ら大和で挙兵
宮廷クーデタにより尊攘派が京都退去（8月18日政変）
11月　天皇、上京の久光に戦争回避と関東委任の意向を表明
12月　幕府、鎖港使節を欧州に派遣
天皇、二条斉敬を関白、中川宮・山階宮を国事掛、慶喜・春嶽・容保・容堂・久光・宗城を朝議参与に任命
1864（元治 1）
1月　天皇、将軍に宸翰を下付。攘夷猶予・参与優遇を命令
幕府、春嶽・久光らの幕議参与要求に反撃開始
2月　久光ら、御前会議で横浜鎖港に反対
天皇、会津容保に宸翰を下付、提携を依頼
3月　朝議参与廃止。春嶽・久光ら帰国
水戸天狗党、筑波で挙兵
4月　天皇、将軍に庶政委任の詔勅。公武合体体制成立
5月　長州、京都奪回のための出兵を発令
6月　新撰組、尊攘志士を急襲（池田屋事件）
江戸城、政治空白（-6月下旬、条約維持論者復帰）
7月　長州、京都へ侵攻して敗北、朝敵となる（禁門の変）
8月　四国連合艦隊、下関砲台攻略。長州、講和
天狗党の乱、拡大（11月、半数脱出。12月、敦賀で降伏）
9月　尾張徳川慶勝、征長総督を受諾。西郷隆盛を参謀に起用
11月　長州、三家老を処刑、首級を提出
12月　高杉晋作、功山寺で挙兵
慶勝、征長軍解兵、最終処分の大大名会議付託を提案
1865（慶応 1）
2月　朝廷、入京の阿部正人・本荘宗秀を譴責、将軍進発を要求
長州尊攘派、政権奪回。5月、木戸孝允帰国。「待敵」へ
4月　幕府、将軍進発を布告（閏5月-、将軍大坂常駐）
閏5月　中岡慎太郎、木戸と西郷の下関会談を企図、失敗

7月　薩摩、長崎で長州の武器購入を仲介
9月　四国連合艦隊、兵庫沖で条約勅許を要求。長州再征勅許
10月　将軍、職を賭して条約勅許を獲得。大久保利通の大大名会議工作失敗

1866（慶応 2）
1月　薩長盟約（立合い坂本龍馬）。朝廷、長州処分案を勅許
6月　幕長開戦
7月　家茂病死。徳川慶喜、継戦を主張
8月　慶喜宗家を継統。解兵、松平春嶽と公議政体移行を模索
　　大原重徳ら宮中で列参、二条関白・朝彦親王を弾劾
10月　列参関係者処罰
12月　徳川慶喜、将軍に就任
　　孝明天皇死去。翌年正月、明治天皇践祚

1867（慶応 3）
2月　薩摩、越前・土佐・宇和島に上京を要請
　　慶喜、大名に兵庫開港について諮問
3月　慶喜、英国公使ほかを大坂城で引見
5月　四侯会議。長州赦免と兵庫開港の先議如何で慶喜と対立
　　朝廷、二問題の同時解決を裁定
　　薩摩、武力動員を決定。長州との同盟に動く
6月　土佐後藤象二郎、王政復古・大名議会を提唱。薩土盟約
9月　後藤、容堂の承認を得て帰京。政権奉還運動を開始
　　大久保、山口で挙兵盟約を締結。芸州も巻込む
10月　薩、中山忠能らの協力を得て討幕の宣旨を用意
　　慶喜、政権奉還を上表（14日。翌日、勅許・大名招集）
　　薩の小松帯刀・西郷・大久保、鹿児島へ一旦帰国
11月　島津忠義、率兵上京（中途で長州と出兵再契約）
　　薩、クーデタ計画に転換。大久保、岩倉と立案
12月 5日　後藤、薩から計画を聞き、越前と慶喜側近に通知
　　9日　長州赦免。王政復古、慶喜に降官・納地要求を決議
　　12日　慶喜、旗本・会津・桑名を連れて下坂
　　14日　王政復古を布告。慶喜との周旋を尾・越に委託

20日　長州兵、京都南郊の東福寺に移動
24日　慶喜への要求を切り下げた上、慶勝・春嶽大坂へ
長州藩主父子に上京命令
25日　江戸薩摩藩邸、庄内藩らにより焼き討ち
30日　尾・越、帰京。慶喜の請書提出、議定就任確定

1868（慶応 4、明治 1）
1月 3日　鳥羽・伏見の戦い勃発
7日　慶喜追討令
17日　新政府、対外和親を布告
2月 3日　新政府、慶喜親征を布告
4月11日　江戸城開城
閏4月21日　「政体」公布（2等官以下に藩士・庶民を登用）
5月 3日　奥羽越列藩同盟形成
15日　上野彰義隊壊滅
24日　徳川宗家、静岡移封（70万石）
9月22日　会津若松、降伏。翌年5月、箱館の榎本武揚降伏

1869（明治 2）
1月20日　薩・長・土・肥、四藩主、版籍奉還を上表
3月 7日　公議所開局
5月22日　諸侯を招集、知藩事選任諮問
6月17日　版籍奉還を聴許
25日　庶務変革を通達

1870（明治 3）
1月　薩・長・土三藩から献兵。長州で脱隊騒動勃発
5月　「藩制」案を集議院に下付。9月、藩制を公布
11月　土佐、士族の常職を解き、平民に統合
12月　雲井龍雄ら謀反罪で処刑。翌年3月、外山光輔ら逮捕

1871（明治 4）
2月　薩・長・土三藩から献兵、親兵とする（のち近衛兵）
7月14日　諸侯を招集し、廃藩置県の詔書を下付
8月28日　穢多・非人を止め、平民に統合。11月、当道廃止
8月　国際電信線が長崎に到達

11月12日　岩倉具視全権大使ら米欧に出発
1872（明治 5）
8月　学制制定
11月　徴兵詔書
1873（明治 6）
5月　太政官制を潤色。参議の大半が佐賀・土佐出身に
10月　征韓論政変。西郷ら下野。薩・土出身兵、帰郷
1874（明治 7）
2月　佐賀の乱
4月　台湾出兵
1875（明治 8）　3月　木戸・板垣が政府復帰。漸次立憲政体樹立詔勅
1876（明治 9）
2月　日朝修好条規調印
3月　廃刀令
8月　家禄・賞典禄を廃止、公債に置き換え
1877（明治10）　2月　西南内乱勃発（-9月）。板垣ら武力使用断念
1881（明治14）　政変。大隈重信下野。10年後の国会開設公約
1890（明治23）　第1回帝国議会開会

三谷 博（みたに・ひろし）
1950年、広島県福山市生まれ。跡見学園女子大学教授、東京大学名誉教授。専門は19世紀の日本・東アジア史。東京大学大学院人文科学研究科国史学専門課程修了。東京大学文学博士。学習院女子短期大学助教授、東京大学教授などを経て現職。
著書は『明治維新とナショナリズム――幕末の外交と政治変動』（山川出版社、サントリー学芸賞）、『ペリー来航』（吉川弘文館）、『明治維新を考える』（有志舎／岩波書店）、『NHKさかのぼり日本史 5 幕末 危機が生んだ挙国一致』（NHK出版）、『愛国・革命・民主――日本史から世界を考える』（筑摩書房）、『東アジアの公論形成』（編著）『大人のための近現代史――19世紀編』（共編著、いずれも東京大学出版会）など。

NHK *BOOKS* 1248

維新史再考
公議・王政から集権・脱身分化へ

2017（平成29）年12月25日　第1刷発行
2018（平成30）年10月30日　第6刷発行

著　者　三谷 博

発行者　森永公紀
発行所　NHK出版
東京都渋谷区宇田川町41-1　郵便番号150-8081
電話 0570-002-247（編集）　0570-000-321（注文）
ホームページ　http://www.nhk-book.co.jp
振替　00110-1-49701
装幀者　水戸部 功
印　刷　三秀舎・近代美術
製　本　三森製本所

Printed in Japan　ISBN978-4-14-091248-5 C1321

NHK BOOKS

＊歴史（Ⅰ）

出雲の古代史　門脇禎二
法隆寺を支えた木　西岡常一／小原二郎
「明治」という国家（上）（下）　司馬遼太郎
「昭和」という国家　司馬遼太郎
日本文明と近代西洋―「鎖国」再考―　川勝平太
百人一首の歴史学　関　幸彦
戦場の精神史―武士道という幻影―　佐伯真一
知られざる日本―山村の語る歴史世界―　白水　智
古文書はいかに歴史を描くのか―フィールドワークがつなぐ過去と未来―　白水　智
日本という方法―おもかげ・うつろいの文化―　松岡正剛
関ヶ原前夜―西軍大名たちの戦い―　光成準治
江戸に学ぶ日本のかたち　山本博文
天孫降臨の夢―藤原不比等のプロジェクト―　大山誠一
親鸞再考―僧にあらず、俗にあらず―　松尾剛次
陰陽道の発見　山下克明
女たちの明治維新　鈴木由紀子
山県有朋と明治国家　井上寿一
明治〈美人〉論―メディアは女性をどう変えたか―　佐伯順子
『平家物語』の再誕―創られた国民叙事詩―　大津雄一
歴史をみる眼　堀米庸三
天皇のページェント―近代日本の歴史民族誌から―　T・フジタニ
禹王と日本人―「治水神」がつなぐ東アジア―　王　敏
江戸日本の転換点―水田の激増は何をもたらしたか―　武井弘一
外務官僚たちの太平洋戦争　佐藤元英
天智朝と東アジア―唐の支配から律令国家へ―　中村修也
英語と日本軍―知られざる外国語教育史―　江利川春雄
象徴天皇制の成立―昭和天皇と宮中の「葛藤」―　茶谷誠一
維新史再考―公議・王政から集権・脱身分化へ―　三谷　博

※在庫品切れの際はご容赦下さい。